Günter Krenn
Romy Schneider

atb aufbau taschenbuch

Günter Krenn, geb. 1961, Studium der Philosophie und Theaterwissenschaft an der Universität Wien. Wissen schaftlicher Mitarbeiter des Filmarchiv Austria. Zahl reiche Publikationen zum Film u. a. über Billy Wilder, Louise Brooks und Walter Reisch. Er lebt in Wien.

Bei Aufbau und im Aufbau Taschenbuch liegen von ihm ebenfalls »Romy & Alain. Eine Amour Fou« und »Die Welt ist Bühne. Karlheinz Böhm. Die Biographie« und »Serge und Jane. Biographie einer Leidenschaft« vor.

Romy Schneiders Schönheit, ihre zahllosen Affären und ihr tragisches Schicksal beschäftigen die Phantasien von Millionen. Rast- und ruhelos war sie auf der Suche nach Anerkennung, nach körperlicher und seelischer Erfüllung, nach geistiger Anregung und irdischer Führung. Doch an ders als andere Biographen zeichnet Günter Krenn das Leben der Diva nicht allein anhand der Skandale nach, die es begleiteten, sondern nimmt ihre mehr als sechzig Filme in den Blick. In unablässiger Folge drehte sie mit den berühmtesten Regisseuren ihrer Zeit, wie Claude Chabrol, Orson Welles, Luchino Visconti und Andrzej Zulawski, und verausgabte sich dabei völlig – getrieben von dem Ziel, das verhasste Klischee der »Sissi«-Filme loszuwerden. Krenn geht darüber hinaus auch auf das komplizierte Verhältnis zwischen dem Star und der Öffentlichkeit ein. Nur zu oft trennte Schneider nicht mehr zwischen privater und öffentlicher Tragödie, sondern stilisierte ihre innersten Abgründe zu öffentlichen Inszenierungen, von denen sie medienwirksam profitierte und an denen sie zugleich zerbrach.

»Günter Krenn hat das Leben der Schauspielerin fern der Schlagzeilen nachgezeichnet.«

Berliner Zeitung

»… angenehm schnörkellos und unpathetisch – und dennoch hochspannend.«

Freundin

Günter Krenn

Romy Schneider

Die Biographie

atb aufbau taschenbuch

Dieser Band entstand in Zusammenarbeit mit

DEUTSCHE KINEMATHEK MUSEUM FÜR FILM UND FERNSEHEN

FILM ARCHIV AUSTRIA

Redaktion: Rolf Aurich, Wolfgang Jacobsen

Mit 68 Abbildungen

MIX
Papier | Fördert gute Waldnutzung
FSC® C083411

ISBN 978-3-7466-7067-6

Aufbau Taschenbuch ist eine Marke der
Aufbau Verlage GmbH & Co. KG

5. Auflage 2022
Vollständige Taschenbuchausgabe

Die Originalausgabe erschien 2008 bei Aufbau,
einer Marke der Aufbau Verlage GmbH & Co. KG
Umschlaggestaltung
Originalcover Andreas Heilmann, Hamburg
unter Verwendung eines Fotos von eyedea/laif grafische
Adaption capa Design, Anke Fesel
Druck und Binden CPI books GmbH, Leck, Germany
Printed in Germany

www.aufbau-verlage.de

Inhalt

I. 1938–1964

II. 1965–1982

Anhang

Ich verfüge über dreizehn Versionen meines Lebens. Heute wähle ich die siebte, aus Liebe zur Zahl Sieben.

Hugo Pratt,
Die Sehnsucht, überflüssig zu sein

I.

1938–1964

Der Verrat der Bilder

»Ich bin eine unglückliche Frau von 42 Jahren und heiße Romy Schneider.«[1] Am 23. April 1981, vierzehn Monate vor ihrem Tod, erscheint in der deutschen Illustrierten »Stern« ein Interview, das sich wie die Bilanz einer Gescheiterten liest. Ausgehend von der erneuten Distanzierung vom *Sissi*-Klischee, offenbart das Gespräch eine viel tiefer gehende Problematik, die Romy Schneiders Leben durchzieht. Mit vierzehn Jahren verlässt sie die bürgerlich behütete Welt und betritt die Filmstudios. Das weitere Leben, so scheint es, findet im Kino, als Vorlage dafür bzw. als Reflexion darauf statt. Auf dem Film- und im Jet-Set, verfremdet in Illustrierten und Magazinen, eine wechselvolle Erfolgsgeschichte auf der Leinwand, mehrere gescheiterte persönliche Beziehungen. »Was für ein Leben«, fragt sie 28 Jahre nach ihrem Filmdebüt, »was für ein Leben ist daraus geworden?«[2] Nur etwas mehr als ein Jahr bleibt ihr noch Zeit, eine Antwort darauf zu finden.

Auf dem Grabstein Romy Schneiders in Boissy-sans-Avoir steht ihr bürgerlicher Name Rosemarie Albach, der sich dort beinahe wie ein Inkognito liest. Darunter meißelte man »23 - 9 - 38 – 29 - 5 - 82«. Zwischen den beiden Lebensdaten wirkt das »bis« wie ein Gedankenstrich, unter dessen Länge sich das eigentlich Wesentliche im Leben eines Menschen verbirgt. In dieser mathematischen Strecke hat der Tod wirklich sein sprichwörtliches »Gleichmachendes«, und nur die Daten menschlicher Zeitrechnung scheinen wesentlich. Das Phänomen Romy Schneider beginnt jedoch vor und endet nicht mit den Lebensdaten. Wo also soll man anfangen? Jean-Paul Sartre führt in seiner Flaubert-Biographie *Der Idiot der Familie* aus: »In einen Toten tritt man ein wie in eine offene Stadt. Entscheidend ist, daß man von einem Problem ausgeht.«[3]

Fünfzehn Jahre vor ihrer bitteren Schlussbilanz, als sich ihre Karriere nach dem Bruch mit dem deutschen Film gerade wieder neu zu formen beginnt, steht Romy Schneider sich selbst und ihrer Situation mit einer Art von abgeklärtem Interesse gegenüber. »Ich nehm mich gar nicht ernst. Es mag wohl so aussehen manchmal, aber ich nehm mich nicht ernst«, erklärt sie 1966 in Hans-Jürgen Syberbergs TV-Film *Romy – Porträt eines Gesichts*, »bestimmt nicht so ernst, um darüber nachzudenken, mich zu fragen: ›Warum interessieren sie sich für mich, so viel … außer der Arbeit? Warum?‹ […] Ich will's nicht wissen. Ich mein: Ich will es wissen, aber das soll mir jemand anderer erklären. […] Ich weiß es nicht!« Ihren Beruf dagegen nimmt sie sehr ernst. Der Sermon endet mit einer Hoffnung, die sie ihr ganzes Leben lang äußern wird: »Ich hoffe, eines Tages, dass man sagen wird: Ihre Arbeit … Was sie gemacht hat … Was sie spielt. Was man da oben sieht, sei es im Theater oder im Kino.«

Bilder verraten etwas – im doppelten Sinne des Wortes, hierin liegt ein Schlüssel zum Verständnis von Romy Schneider. Sie spiele Rollen, jedoch niemals sich selbst, betont sie, jede andere Interpretation sei falsch. Als Schauspielerin sei sie hemmungslos, privat das Gegenteil. Zwar habe sie das Gefühl, dass im Laufe ihrer Karriere von Film zu Film mehr von ihrem eigentlichen Ich zum Vorschein käme, aber: »Jeder, der glaubt, ich sei wie in meinen Filmen, ist ein Idiot.«[4] Mit Sätzen wie diesem bemüht sie sich immer wieder vergeblich darum, Biographie von Filmographie zu trennen und widersetzt sich damit dem Wunsch des Publikums und der Medien, beides zu vereinheitlichen. Man ist angesichts der Problematik versucht, diese Lebensbeschreibung der Schauspielerin Romy Schneider in Anlehnung an René Magritte mit einem »Das ist keine Biographie« zu untertiteln: Auf einem seiner bekanntesten Bilder hat der belgische Maler unter die realistische Darstellung einer Pfeife geschrieben: »Ceci n'est pas une pipe – Das ist keine Pfeife.« Darstellung und Realität sind zweierlei, auch wenn unser den Bildern verpflichtetes Denken sie oft unter demselben Begriff erfasst und zu verstehen glaubt. Der eigentliche Titel des beschriebenen Bildes lautet bezeichnenderweise: »La trahison des images – Der Verrat der Bilder«.

Hoffnungen, Vermutungen, Verleumdungen werden ebenso wie künstlerische Darstellungen in Wirklichkeiten umgemünzt und als solche tradiert. Die mündliche Überlieferung hat bisweilen scharfe Zähne. Ihre Bisswunden manifestieren sich schriftlich. »Und sehen Sie, das meiste, was über mich geschrieben wurde, sind Lügen – Lügen von unfähigen, dummen Journalisten. Was mich vorantreibt? Vielleicht, weil ich mich immer wieder von neuem bestätigen muß. Alles, was ich tue, mache ich nur unter diesem Gesichtspunkt: Was kann ich, was bin ich wert, kann ich noch besser werden?«[5]

Man nannte sie postum das deutscheste aller Mädchen des deutschsprachigen Nachkriegsfilms, integralen Bestandteil einer vergangenen Traumwelt, die nie wirklich existiert hatte. Ihr Leben scheint retrospektiv aus mehreren Vergangenheiten zu bestehen, aus denen man wählen kann. Ihre Geschichte mäandert bereits zu Lebzeiten in unbestimmte Kanäle, über die man in der Presse gut Bescheid wissen wollte, um darüber gerne und zu viel zu berichten. Bis heute ist ihre Präsenz in der jeweiligen Gegenwart durch Bild- und Printmedien gesichert. Eine Auswahl ihrer Filme wird regelmäßig gezeigt, spätestens anlässlich von Geburts- oder Todestagen. Ihr Gesicht bleibt von unzählbaren Bildern her vertraut. Jahrzehnte nach ihrem Tod erscheinen neue Bücher über die Schauspielerin Romy Schneider, viele von Menschen, die ihr nahezustehen vorgeben und dies mit Possessivpronomen im Titel beweisen wollen. Zum Phänomen Schneider scheint zu gehören: Jeder hat seine eigene Romy-Schneider-Interpretation. Ihre Geschichte kann nicht zu Ende erzählt werden, weil sie längst symbiotischer Teil der Geschichte von Millionen Zuschauern geworden ist. »Ich verleihe mich zum Träumen« nannte sich folgerichtig und frei nach Gabriel García Márquez eine Ausstellung Ende der 1990er Jahre, die den »Mythos Romy Schneider« zu erläutern suchte. Immer neue Fotobände erscheinen, jedes Negativ, auf dem sie zu sehen ist, wird entwickelt, die Bilder werden von Textpassagen umrahmt, deren Herkunft oft nicht belegt ist. »Ich, Romy« übertitelt sich ein Textkompilat aus Tagebucheintragungen und Interviewzitaten. Aber wer war dieses »Ich«?

»Wie soll man ihnen erklären«, fragt der Autor des mit dem Namen Alain Delon unterzeichneten öffentlichen Abschiedsbriefs nach Schneiders Tod 1982, »wer du warst, und wer wir sind, wir, ›die Schauspieler‹? Wie ihnen sagen, daß wir durch das Spielen, das ›Interpretieren‹, das Ein-anderer-Sein, als wir wirklich sind, wie Verrückte und Verlorene werden?«[6] Man mag den Schreiber manieristischer Verklärung bezichtigen, eine Ver-rückung des »Ichs« ist dem Schauspielerberuf zweifellos immanent, manchmal auch gepaart mit Verlorenheit in der eigenen Existenz.

»Was kann man heute von einem Menschen wissen?«[7], fragt Jean-Paul Sartre 1964, um der Frage in seiner mehrbändigen Flaubert-Analyse nachzugehen. In einer Biographie totalisiert man einen Menschen als Mittelpunkt seiner Zeit, reflektiert Geschichte anhand seiner Person. Die Vorgehensweise an sich ist plausibel: Das Leben der zu porträtierenden Person soll aus einem individuellen, künstlich nachgeschaffenen »Ich« heraus verstanden werden, um damit unserer eigenen Wahrnehmung möglichst nahezukommen. Fakten, Details und Spekulationen rund um ein Leben werden dramaturgisch geordnet, historische Daten, Ereignisse, Kunstprodukte werden in einer nachträglich eingeführten Determination aus der Vita belegt und begründet. Sym- oder Antipathie sollen dabei einer Empathie weichen, Interpretationen möglichst behutsam eingesetzt werden und im Idealfall dem Leser vorbehalten bleiben. Im günstigsten Falle ist das, was der Biograph zu leisten imstande ist, »nur eine Ehrung, eine vergängliche Blume auf einem Grab, das dauert«, wie Paul Valéry es formulierte.[8]

Man könnte damit beginnen, diesem Bild seine Metaphorik zu nehmen und das Bezeichnete darin zu materialisieren. Nach dem 29. Mai 1982 wird aus Romy Schneider auf einem kleinen Friedhof nahe Paris wieder Rosemarie Albach. Mit diesem Familiennamen und seiner Geschichte beginnt auch ihre eigene.

»Das einzig Wahre für einen Schauspieler ist die Bühne«

Ihr ganzes Leben lang wird den Filmstar Romy Schneider der beinahe angstvoll zu nennende Respekt vor dem Begriff »Theater« nicht verlassen. »Das einzig Wahre für einen Schauspieler ist die Bühne«[9] ist ein Satz, der in dieser oder ähnlicher Form immer wieder in Interviews fällt. Auf dem Theater allein beweise sich der gute Akteur, im Gegensatz zu serieller Atelierarbeit sei dort nichts wiederholbar. Neben eigenen, zwar geringen, aber auf ihre Art außergewöhnlichen Erfahrungen mit dem Medium dokumentiert die Feststellung auch einen gewissen dynastischen Stolz. Väterlicherseits waren Romy Schneiders Vorfahren bis in die fünfte Generation Schauspieler, deren Name sich von Feretti in Retty gewandelt hatte und die im Laufe der Jahrhunderte von Italien über Österreich-Ungarn nach Deutschland gelangt waren. Das mimische Talent der Familie schien sich auf jeglicher Bühne bewähren zu können, denn Giovanni Maria Mastai-Feretti gelangte als Pius IX. im Jahre 1846 zu päpstlichen Würden. Als Romys Großmutter Rosa Albach-Retty Ende der 1970er Jahre ihre Autobiographie vorbereitete, überlegte sie, dass Romys Verwandtschaft mit einem Papst die Medien zweifellos interessieren würde, fragte aber spöttisch: »Glauben Sie, daß man das dem Papst antun soll?«[10]

Romy Schneiders Urgroßeltern sind der Schauspieler und Regisseur Rudolf und die Sängerin Käthe Retty (geborene Schäfer), ihre Großmutter die Schauspielerin Rosa Retty, die 1874 in Hanau geboren wird und 105 Jahre später in Baden bei Wien verstirbt. Sie ist von 1891 bis 1894 am Deutschen Theater in Berlin engagiert und gehört von 1903 bis 1958 stolze 55 Jahre lang dem Wiener Burgtheater an, das bis zum Ende der österreichisch-ungarischen Monarchie 1918 noch »k.u.k. Hofburgtheater« heißt und zu deren Ehrenmitglied man sie 1928 macht. Sechzehn Jahre zuvor, am 13. Mai 1912, wird sie per imperialem Dekret zur »Hofschauspielerin« ernannt, eine vom Kaiserhaus finanzierte Equipage bringt sie fortan zu Proben und Vorstellungen. Die Familie Habsburg kennt sie aus der Nähe. 1898 beobachtet sie Kaiserin Elisabeth zwei Monate vor deren Tod in einer Gastwirtschaft und erlebt, wie ungeniert die Monarchin dabei mit ihrem künstlichen Gebiss hantiert. Bis ins hohe Alter erinnert sich Rosa Retty an den Menschenauflauf, als man die ermordete Kaiserin von Genf nach Wien in die Hofburg bringt, an die Kandelaber der Straßenlaternen mit den abgeschraubten Brennern, mit denen die Mariahilfer Straße vom Westbahnhof bis zur Ringstraße wie von Fackeln erhellt wird. Einige Jahre danach gewährt Kaiser Franz Joseph ihr eine Audienz, und sie zeigt sich durchaus angetan von dem greisen Monarchen: »Er war zu diesem Zeitpunkt weit über achtzig, hatte sich aber Figur und Haltung eines Jünglings bewahrt.«[11]

Durch die bekannteste Filmrolle ihrer Enkelin bleibt sie den populärsten Repräsentanten der k.u.k.-Monarchie weiterhin »verbunden« und erlebt dabei mitunter seltsame Situationen: In den späten 1950er Jahren besucht die Burgschauspielerin mit Freunden die Wiener Kapuzinergruft, in der die Gebeine der habsburgischen Herrscher aufbewahrt werden. Als der Pater Guardian den Sarkophag der Kaiserin Elisabeth beschreibt, assoziiert eine Besucherin spontan: »Jessas, die Sissi, die Romy is g'storben?«[12]

1970 gratuliert Otto Habsburg-Lothringen der 95-Jährigen zum Geburtstag. Fiktion und Realität überschneiden sich in diesem Moment für eine Frau, die in zwei Jahrhunderten gelebt hat. Sie bedenkt kurz für sich, dass, nachdem ihre Enkelin die Kaiserin Elisabeth gespielt hat, der vor ihr

Stehende ihr »Urgroßneffe« wäre. In die Konversation fließt das nicht ein: »Wir redeten von alten Zeiten. Von der Wirklichkeit natürlich. Nicht vom Film.«[13]

Rosa Retty steht noch mit altösterreichischen Theaterlegenden wie Adolf von Sonnenthal und Josef Kainz auf der Bühne. Letzterer wird ihr väterlicher Freund und Mentor (»Merke dir, Rosi, die höchste Kunst ist nichts anderes als potenzierte Natur.«[14]), sie wird 1958 als erste Schauspielerin mit der nach ihm benannten »Kainz-Medaille« ausgezeichnet. 1899 heiratet Rosa Retty den Offizier Karl Walter Albach (1870–1952), die Theaterzettel führen sie seit diesem Zeitpunkt als Rosa Albach-Retty. Auf einem Foto aus dem Jahre 1896 trägt Karl Albach k.u.k.-Uniform, kunstvoll gezwirbelten Schnurrbart und den treuherzigen Blick, den sein Sohn Wolf später erfolgreich im Leben wie im Film auf- und einsetzen wird. Martialisch wirkt er nicht, eher wie ein in des Kaisers Rock posierender Charmeur. Nicht der schwere Säbel ziert die auf ihm ruhende Hand, sondern ein schwerer Ring am kleinen Finger derselben.

Am 28. Mai 1906 wird ihr Sohn Wolfgang Helmut Walter Albach geboren. Als Kind versucht seine Mutter, die er stets mit »Roserl« anredet, ihn für die zu Märchen umgedichteten Theaterklassiker zu interessieren, seine Aufmerksamkeit gilt jedoch eher den Berichten über Eifersuchtsmorde und Kasseneinbrüche, die ihm das Dienstmädchen Anna aus der »Neuen Freien Presse« und der »Kronen Zeitung« vorträgt. Er spricht breiten Wiener Dialekt, und seine Mutter bezeichnet ihn als dickköpfig: »Wie später Romy, war auch er als Kind immer darauf bedacht, seinen Willen unter allen Umständen durchzusetzen.«[15] Als weiteres Charakteristikum ihres Sohnes definiert Rosa Albach-Retty eine gewisse Leichtlebigkeit: »Er konnte schwer nein sagen. Film, Autos und Frauen waren, solange er jung war, die Leitmotive seines Lebens. Später las er eine Menge guter Bücher und befasste sich mit Religion und Philosophie.«[16]

Der erste Theaterbesuch langweilt oder, österreichisch gesprochen, »fadisiert« ihn. Trotzdem entscheidet er sich

Jahre später für die Bühne. Nachdem sie ihren »Wolfi« mit einiger Mühe durch die Mittelschule gebracht hat, akzeptiert Rosa Albach-Retty seinen Entschluss, das Reinhardt-Seminar zu besuchen, um wie seine Vorfahren den Schauspielberuf zu ergreifen. Wolf Albach, der seinem eigenen später wieder den Namen Retty anhängt, wird 1926 an das Burgtheater engagiert, wo er in einigen Stücken an der Seite seiner Mutter agiert. Arthur Schnitzler vermerkt in seinem Tagebuch am 22. März 1927: »Die Retty vorzüglich als Comtesse; ihr Sohn Albach spielte sehr nett ihren Sohn.«[17] Talentsucher der Ufa erspähen den »sehr netten« jungen Bonvivant 1932 und laden ihn zu Probeaufnahmen nach Berlin ein. Er erhält eine Rolle neben Lilian Harvey in *Zwei Herzen und ein Schlag* und hat auf Anhieb Erfolg. In der Folge wird er in zahlreichen weiteren Leinwandproduktionen spielen, welche die Sodaperlen der leichten Unterhaltung im Titel tragen. Erst 1959 kehrt Albach-Retty ans Burgtheater zurück und bleibt dort bis zu seinem Tod 1967 engagiert.

1933 präsentierte er seiner Mutter die (erste) »Frau seines Lebens«, die deutsche Filmschauspielerin Magda Schneider. Seine zukünftige Gattin entstammt einem völlig anderen sozialen Umfeld. Die am 17. Mai 1909 als Maria Magdalena Schneider in Augsburg-Pfersee geborene Tochter eines Installateurs erarbeitet sich ohne künstlerischen Rückhalt innerhalb ihrer Familie nach Anfängen als Stenotypistin über Konservatorium und Ballettschule eine erfolgreiche Karriere als Sängerin, Bühnen- und schließlich auch Filmschauspielerin. Nach dem Augsburger Stadttheater gelangt Magda Schneider an das Münchener Theater am Gärtnerplatz. Dem folgen Engagements nach Wien und 1930 die erste Filmrolle in *Boykott*. Zwei Jahre später entsteht *Zwei in einem Auto* unter der Regie von Joe May in Paris; das Drehbuch schreibt Ernst Marischka, der über zwanzig Jahre später für die Karriere ihrer Tochter wegbestimmend sein wird.

Magda Schneider berichtet in ihren Memoiren von einem

Hollywood-Angebot, das sie ablehnt. Als Gründe gibt sie Bodenständigkeit an und die Tatsache, sich gerade mit dem Wiener Schauspielkollegen Albach-Retty verlobt zu haben, den sie 1933 während der Dreharbeiten zu *Kind, ich freu mich auf dein Kommen* kennengelernt hat. Am 11. Mai 1937 heiraten die beiden auf dem Standesamt von Berlin-Charlottenburg, die kirchliche Trauung folgt am 2. August in St. Bartholomä am Königsee in Bayern, in der Gegend liegt auch das künftige Familiendomizil, in dem die anschließende Feier abgehalten wird. Als Trauzeugen fungieren die Eltern des Bräutigams, man einigt sich auf den Familiennamen Albach.

Rosa Albach-Retty war vom Fleiß ihrer Schwiegertochter angetan, ihrer selbstgestalteten Karriere und vor allem ihrer Darstellung der Christine Weyring in Max Ophüls' Verfilmung von Arthur Schnitzlers *Liebelei* (1933), eine Rolle, in der ein Vierteljahrhundert später auch ihre Enkelin Romy zu sehen sein wird. Weitere Charakterrollen werden Magda jedoch nicht angeboten. Zwischen 1933 und 1943 drehen Schneider und Albach-Retty dafür neun gemeinsame Filme, avancieren neben Lilian Harvey und Willy Fritsch zu einem der Standard-Liebespaare des deutschen Films, übertreffen diese sogar zeitweilig an Popularität.

Ein Paar auf der Leinwand, das auch im Leben eines ist, fasziniert das Publikum und schürt phantasievolle Spekulationen. Zu ihren größten Erfolgen gehören *Geschichten aus dem Wiener Wald* (1934), *Die Puppenfee* (1936) und *Zwei glückliche Menschen* (1943). Letzterer entsteht, als sie privat längst nicht mehr miteinander glücklich sind und ihre Ehe ein Auslaufmodell.

Im März 1938 erhält Rosa Albach-Retty die Nachricht, dass sie im Herbst Großmutter wird. In ihren Memoiren gibt sie an, den Namen des Kindes ausgesucht zu haben, indem sie die Vornamen der beiden Großmütter (Magda Schneiders Mutter hieß Maria) zu Rosemarie kombinierte. Der Name der Mutter bildet den zweiten Vornamen. »Das Mädchen Rosemarie«, wie Rosa Albach-Retty in ihren

Memoiren später in Anspielung auf den gleichnamigen »Skandalfilm«[18] scherzt, genauer gesagt Rosemarie Magdalena Albach, kommt am 23. September 1938 im Wiener Billrothkrankenhaus, heute als Rudolfinerhaus bekannt, zur Welt. Zu den Gründungsvätern des Spitals gehörten der Mediziner Theodor Billroth und Kronprinz Rudolf, der Sohn jener österreichischen Kaiserin, die Romy Schneider siebzehn Jahre später verkörpern wird. Einige Monate zuvor steht Magda Schneider noch in *Die Frau am Scheidewege* vor der Kamera und kaschiert während der sechswöchigen Drehzeit ihren Fünf-Monats-Bauch unter einem Arztkittel. »Ich habe Romy an einem Abend bekommen [...] Ich lag im Kreißsaal eines Krankenhauses in Wien, über mir ein großes Fenster, durch das ich die Blätter im Kastanienbaum sehen konnte. Kurz nach 22 Uhr war Romy da – pumperlg'sund.«[19] Das kleine Mädchen ist 51 Zentimeter groß und wiegt 3,2 Kilogramm.

Der Ehemann ist fern, ein Umstand, der in den kommenden Jahren immer mehr zur Gewohnheit wird. Wolf Albach-Retty dreht zu jener Zeit in Berlin, die Schwiegereltern besuchen Mutter und Kind noch in derselben Nacht. »Mit dem goldblonden Flaum, der sich in vielen kleinen Kringeln um ihr Köpfchen legte, den großen blauen, langbewimperten Augen und den zwei Wangengrübchen sah sie wie einer von den Blasengeln aus, die in der kleinen Kirche am Königsee, wo ihre Eltern heirateten, über dem Altar schwebten.«[20] Nicht weit entfernt von besagter Kirche, an deren Putten Rosa Albach-Retty ihre Enkelin erinnert, befindet sich die Auffahrt zum Obersalzberg. Dort residieren in den folgenden Jahren Menschen, die eher an profane Verkörperungen der apokalyptischen Reiter gemahnen. »Ein paar von Romys Spielkameraden waren Kinder von hohen Parteifunktionären. Einmal wurde sie von Gerda Bormann, der Frau des Reichsleiters und Hitler-Sekretärs, zu einer Kinderjause eingeladen. Dabei lernte sie auch die beiden älteren der sieben Bormann-Kinder kennen.«[21]

Wer die Eltern dieser Kinder sind und wozu sie sich von einer abstrusen »Vorsehung« berufen fühlen, erfährt Romy Schneider erst Jahrzehnte später. Fragen an ihre Mutter, warum sich die Familie ausgerechnet in jener Gegend niedergelassen habe, werden von dieser nur unzureichend beantwortet.[22] Erst Jahre später werden Romy Schneider die historischen Zusammenhänge bewusst. Der Regisseur Bertrand Tavernier erinnert sich: »Sie machte mir gegenüber zumindest zwei Anspielungen auf die Vergangenheit ihrer Mutter. Einmal, während eines Abendessens, nahm sie meine Hand und fragte mich mit Tränen in den Augen: ›Weißt du, dass meine Mutter ihre Ferien immer in Berchtesgaden verbracht hat? Weißt du das?‹ Sie wirkte verletzt, verwundet, zutiefst getroffen und auch zornig über die Vergangenheit, die sie nicht akzeptieren konnte. Später machte sie noch eine Bemerkung darüber, welche Scham sie empfand, wenn sie daran dachte, dass ihre Mutter der NS-Ideologie positiv gegenüberstand, über ihr damaliges Verhalten, und begann wieder zu weinen.«[23]

Gemälde von Carl Rottmann und Caspar David Friedrich sowie einige Romane Ludwig Ganghofers machten die Gegend um Berchtesgaden bereits im 19. Jahrhundert zu einem populären Anziehungspunkt für Künstler und Industrielle, der Hinter- und der Königssee wurden zahlreichen Malern beliebte Motive. 1877 öffnete die Pension Moritz auf dem Obersalzberg, 1923 trug sich Adolf Hitler zum ersten Mal als Gast ein, später wählte er die Gegend als Sitz seiner Residenz und Ort für Staatsempfänge. Zehn Jahre nach seinem ersten Besuch ließ er den Obersalzberg zum »Führersperrgebiet« erklären und mit dem Berghof im Zentrum für 50 Millionen Reichsmark zu einem NS-Repräsentationszentrum ausbauen, in dem neben SS-Kasernen etliche Parteigrößen wie Göring, Speer und Bormann ihre Freizeitschlösser in unmittelbarer Nähe zum Führer errichteten.

Von Sommerurlauben und gelegentlichen Atelieraufenthalten der Eltern in Wien abgesehen, sieht Rosa Albach-

Retty ihre Enkelin erst nach dem Krieg wieder. Romy verbringt ihre Kindheit in der Obhut ihrer Großeltern mütterlicherseits im Hause »Mariengrund« im bayrischen Schönau, zwischen Berchtesgaden und Königssee, wohin ihre Mutter sie vier Wochen nach ihrer Geburt bringt. Für die nächsten zehn Jahre ist das ihre Welt. Schroffe Berge, darunter dichter Waldwuchs, Häuser aus Stein und Holz, üppige Blumenwiesen. Magda Schneider erwirbt das Grundstück 1934.[24] Ihre Eltern organisieren den Bau des in noblem Stil adaptierten oberbayrischen Bauernhauses mit den Initialen »M. S.«, der 1935 abgeschlossen ist, und bewirtschaften es, während Magda ihrer Filmtätigkeit nachgeht. Zeit ihres Lebens wird Romy Schneider hierher zurückkehren, über den schmalen, gewundenen Weg hinter dem Holztor die Anhöhe zum Anwesen hinauf, mit dem Bauerngarten, von dem aus man die Berge ringsum betrachten kann. Die Mauern weißgekalkt, dunkles Holz, ein Brunnen, Blumen auf den Balkonen, ein Schwimmbassin mit steinernem Rand, Hundegebell. En miniature steht das Gebäude auch als Vogelhäuschen im Garten. Romys Zimmer ist nicht besonders groß, auf einer Holztäfelung lagern Stofftiere und Puppen, später selbst bemalte Holzteller, Bücher, Schallplatten. In den ersten Lebensjahren wacht eine aus Anif bei Salzburg stammende Kinderschwester namens Hedwig über die kleine Romy, die deren Namen mit »Deda« und »Hedy« in die Kindersprache übersetzt. »Deda« berichtet Magda Schneider in Briefen und Karten von den Fortschritten ihres Sprösslings, in denen die zu Dreharbeiten abgereiste Mutter wie in einem Tagebuch die Entwicklung ihrer Tochter nachlesen kann. Vom Zweiten Weltkrieg, der drei Wochen vor ihrem ersten Geburtstag beginnt, bemerkt die kleine Rosemarie in den kommenden sechs Jahren nichts. Während die deutsche Wehrmacht und Sowjettruppen gemäß dem Ribbentrop-Molotow-Pakt Polen unter sich aufteilen, freut sie sich über einen Puppenwagen, einen Bären, einen Kreisel und ein Äffchen.

Ein weitaus interessanteres Präsent erhält das Mädchen

kurz bevor es drei Jahre alt wird. Am 21. Juni 1941 wird ihr Bruder Wolf-Dietrich (Wolfdieter) Albach geboren, auch er wächst bei den Großeltern in Berchtesgaden auf. Den Erinnerungen ihrer Umwelt zufolge dominiert sie ihn, wie für ältere Geschwister wohl nicht ungewöhnlich, behandelt ihn wie lebendes Spielzeug, probiert an ihm aufgeschnappte Schimpfworte wie »gscherter Sauhammel« aus. Romys eigene Erinnerungen an jene Zeit sind zumeist wenig hilfreich: »Es ist alles so lange her. Mir fehlen die Bilder für diese Erinnerungen. Es interessiert mich nicht mehr, und doch betrifft es mich immer noch.«[25] Die ihr fehlenden Bilder sind in Form von Fotografien festgehalten und wirken heute wie einem Heimatfilm entnommen. Das blondgelockte Kind mit Wolf Albach-Rettys Augen im Jagdrucksack des Vaters, den dieser fahrradfahrend über der Schulter trägt. Romy neben ihrer Mutter, beide in lokaler Tracht. Einen ausgestopften Fuchs aus der Trophäensammlung ihres Vaters funktioniert die Kleine zum Reittier um, was diesen bald wie ein abgeliebtes Stofftier aussehen lässt. Die Aufnahmen scheinen eine pastorale Idylle zu dokumentieren. Ihre Eltern bekommen die Kinder jedoch nur zu Gesicht, wenn diese zwischen den Dreharbeiten hier kurz urlauben. Die Prospekte der Filmgesellschaften werden für Romy zu Familienalben, aus denen ihr die Eltern in eleganter Kleidung, perfekt frisiert und geschminkt, fröhlich zulächeln.

Eine Deutsche aus Wien

»Der Inhaber dieses Passes ist Deutscher« liest man auf dem am 13. Januar 1976 in Paris ausgestellten Pass von Rosemarie Magdalena Albach. Darunter ist vermerkt: »Künstlername Romy Schneider«. Ihrer Freundin Christiane Höllger schreibt die Schauspielerin 1976: »Deine Rosemarie M. Albach – geb. 1938 in Wien und keine ›stolze Trümmerfrau‹ (Gott sei's gedankt oder wem immer!)«[26]

Formal wird Romy Schneider, der kein österreichisches Lexikon die Staatsbürgerschaft verweigern würde, zwar in Wien, jedoch nicht in Österreich geboren. Seit dem 13. März 1938 liegt der »Reichsgau Wien« in der »Ostmark«, einem Teil »Großdeutschlands«. Im März sieht Rosa Albach-Retty auf einem Empfang im Wiener Rathaus Adolf Hitler. Die Familie, aus der Romy Schneider hervorgeht, ist dem Führer und Reichskanzler nicht unbekannt, bereits einige Jahre zuvor war ihm Magda Schneider in München vorgestellt worden. Zu jener Zeit lebt die Schauspielerin zur Untermiete bei einer Frau, deren Tochter mit Heinrich Hoffmann befreundet ist, der sich später mit dem stolzen Titel »Leibfotograf des Führers« schmückt. An einem Silvesterabend lernt die junge Schauspielerin einen Herrn Hitler kennen, der sie als theaterbegeisterter Operettenkenner mit Ovationen und floralen Grüßen bedenkt. Rosa Albach-Retty zitiert in ihren Memoiren Hitlers später geäußerte Bemerkung: »Ja, Magda Schneider [...] ich hoffe, Sie wissen, daß ich damals in München nur Ihretwegen ins Theater gekommen bin.«[27] Magda Schneider spart diese Szene in ihren Erinnerungen aus.[28]

In ihrem Buch berichtet Rosa Albach-Retty, sie selbst habe bereits 1910 oder 1911, als sie zu Besuch bei einer Freundin war, deren Wiener Villa gerade renoviert wurde, von einem Maurer gehört, der nur Milch trinke und sich von der Besitzerin zwei Nietzsche-Bände ausgeborgt habe. Nachdem er die zurückgab, fand die Besitzerin darin zwei handgemalte Visitenkarten, auf denen der Name »Adolf Hitler« stand. Ein Vierteljahrhundert später sieht Albach-Retty vom Balkon des Wiener Burgtheaters aus den einstigen Maurer im offenen Wagen die Wiener Ringstraße entlangparadieren. Später besucht er zwei Mal das Burgtheater, während sie in Vorstellungen von *Einen Jux will er sich machen* und *Romeo und Julia* auf der Bühne steht.

Die politische Entwicklung in Deutschland nimmt umgehend Einfluss auf die künstlerische Produktion des Landes. Die Dreharbeiten zu Magda Schneiders und Wolf Albach-Rettys erstem gemeinsamen Film *Kind, ich freu mich auf dein Kommen* findet 1933 unter der Regie von Kurt Gerron in Berlin statt. Eines Tages werden die Aufnahmen von einem SS-Trupp unterbrochen, der sich vor dem jüdischen Regisseur aufstellt und das Horst-Wessel-Lied intoniert. Die Filmleute stimmen, so Rosa Albach-Retty, nolens volens ein, ihr Sohn habe als einziger den Hitlergruß unterlassen. Magda Schneider muss daraufhin mit dem Hinweis, er kenne als gebürtiger Österreicher die Gebräuche des Landes noch nicht, die aufgebrachten Störenfriede besänftigen. 1941 wird Albach-Retty Parteimitglied, es darf vermutet werden, aus Karrieregründen. Seine Frau erwähnt diese Szenen in ihren Memoiren nicht, berichtet aber von Gerrons Verhaftung und Deportation 1943 sowie seiner Ermordung 1944.[29]

Magda Schneider ist 1941 bei Adolf Hitler auf dem Berghof am Obersalzberg geladen. Es ist eine formale Audienz gemeinsam mit anderen Geladenen, einem Handschlag von höchster Seite, belegt durch Filme und Fotos, die später als Beleg eines nahen Verhältnisses ausgelegt werden, für das es keine weiteren Beweise gibt.[30]

Präzise Listen zu führen gehört von allem Anfang an zum unverzichtbaren NS-Instrumentarium. Gefürchtet sind jene, auf denen sich Personen wiederfinden, die in irgendeiner Form den menschenverachtenden Konventionen des Dritten Reiches nicht entsprechen und daher mit Berufsverbot, Inhaftierung, im schlimmsten Falle den Todeslagern zu rechnen haben. Daneben existieren aber auch Listen, auf denen jene Personen verzeichnet sind, die das Dritte Reich als »unverzichtbare« Künstler betrachtet. Mit kühler Strategie entwirft man bereits vor dem Angriff auf Polen Szenarien für jene Schauspieler, die man »in Kriegszeiten und danach« nicht entbehren will. Rainer Schlösser, der Leiter der Theaterabteilung im Reichsministerium für Volksaufklärung und Propaganda , erstellt nach den Vorschlägen diverser Propaganda-Ämter eine erste Liste von »unabkömmlichen« Künstlerpersönlichkeiten. Auch Magda Schneider-Albach wird in diese eingetragen.

Ihr Mann fehlt zunächst wie manche andere prominente Persönlichkeit, was für Historiker auf politische Präferenzen Schlössers schließen lässt und die These bestätigt, wonach »das Propagandaministerium keineswegs in erster Linie um die Förderung von ›Parteigenossen‹ bemüht ist, vielmehr nach dem durch die rassistischen und ideologisch determinierten Berufsverbote bedingten kulturellen Aderlaß um jeden ›Prominenten‹ kämpft. ›Prominent‹ wird man – selbst aus der Sicht der Propagandazentralstellen in Berlin – durch finanziellen Erfolg (die Grenze liegt bei Jahresgesamteinnahmen in der Höhe von RM 100000), der auf entsprechende Publizität und Publikumswirksamkeit schließen läßt.«[31] Fakt ist: Romy Schneiders Eltern gehören zu den vielbeschäftigten Schauspielern des Dritten Reiches. Wolf Albach-Retty findet sich auf der »Gottbegnadeten-Liste« für »Künstler im Künstlerkriegseinsatz«, Unterpunkt Film, die 280 männliche und 227 weibliche Darsteller verzeichnet.[32] Magda Schneider erscheint dort nicht, wohl aber ihre Schwiegermutter Rosa Albach-Retty. Es sind Listen, die wenig über die politischen Sympathien der Aufgelisteten aussagen, als vielmehr etwas über die Einschätzung einflussreicher NSDAP-Beamter, wer als für die Unterhaltungsindustrie wichtig befunden wird. Zu den Spitzenverdienern zählen beide nicht. In der letzten Gagenliste der Wien-Film ist 1945 vermerkt, dass Wolf Albach-Retty ein Pauschalhonorar von 30000 Reichsmark pro Film erhält, Magda Schneider kommt auf 25000. Zum Vergleich: Gustaf Gründgens erhielt 60000, Willy Fritsch 50000 und Attila Hörbiger 40000, Theo Lingen 22000 Reichsmark. Paul Hörbiger hatte einen Jahresvertrag von 150000. Bei den Damen erhielten Paula Wessely 120000, Marika Rökk 70000, Brigitte Horney und Kristina Söderbaum 60000, Marte Harell 30000 Reichsmark. Nach diesen Listen wurde Albach-Retty immer pauschal honoriert, Magda Schneider dagegen konnte auch Tageshonorare von 700 RM erhalten.[33]

Man darf sich das Kind Romy Schneider als einen glücklichen Menschen vorstellen, auch wenn sich in den Erinnerungen der Bekannten und der Familie jene Jahre auf die obligaten Anekdoten reduzieren. Rosa Albach-Retty erzählt oft von dem kindlichen Sprachfehler, mit dem die kleine Rosemarie betrauert, dass ihre Großmutter mit anderen Akteuren anstatt mit ihr spielen muss: »Geh nicht weg! [...] Dieses blüde, blüde Burgtheater nimmt mir meine Oma weg.«[34] Am 7. Juni 1939 notiert die Familie, dass Rosemarie zum ersten Mal ohne Hilfe stehen kann, eine Woche später die ersten Worte spricht, »Mamama« und »Papapa«. Illustriert wird Romys Eigenwilligkeit gern mit einem Vorfall anlässlich eines Besuches im Wiener Prater. Als der Vater sie nach einigen Ringelspielfahrten zur Heimreise auffordert, setzt sie sich aus Protest auf den Gehweg und weigert sich, mitzukommen. Nachdem gutes Zureden nicht fruchtet, schleift Albach-Retty sie zum Auto, wobei sie sich das Hinterteil wundscheuert.

Dem gemeinsamen Domizil bleibt der Familienvater zunehmend fern, kommt auf Besuch, frönt seinem Hobby, über das man 1939 lesen kann: »Wenn ich Ferien hab, bin ich nicht mehr elegant, Gott sei Dank. Dann steig ich in Lederhosen, lege meinen alten Janker an und zieh hinaus ins Revier ...‹ Das sagt Wolf Albach-Retty, der mit seiner Frau Magda Schneider und dem Töchterchen Rosemarie ein schönes Landhäusel bei Berchtesgaden besitzt. Und dazu gehört eine eigene Jagd. ›Aber ich knall nicht drauflos. Das Schönste ist doch, wenn man die Natur in ihren tiefsten Geheimnissen belauschen darf! Sehen Sie, das ist meine private Leidenschaft.‹«[35] Seine mitunter intimen Verhältnisse zu manchen weiblichen Filmpartnerinnen ebenfalls als eine Form praktizierten Waidwerks auszulegen, wie es Kommentatorinnen später spöttisch tun, ist wohl eine zulässige Metapher. Magda Schneider versucht die Rolle ihres zunehmend abwesenden Ehemannes zu relativieren, indem sie vor allem über seine positiven Absichten den Kindern gegenüber spricht, dabei aber auch grundlegende Probleme durchblicken lässt: »Wolf war ein rührender Vater. Er gab sich schrecklich viel Mühe, seine Unbeholfenheit mit Kindern zu überwinden. Es gibt ja Menschen, die mit Kindern nichts anzufangen wissen, und es fällt ihnen auch schwer, den rechten Kontakt zu ihren eigenen zu finden. In unserem Fall mag das an den langen Zeiten der Trennung gelegen haben.«[36]

Für Romy blieb, so die Einschätzung Magda Schneiders, der Vater dadurch ein fernes Wesen, und die Kleine entwickelt sich ihrer Darstellung nach zu einem ausgesprochenen »Mutterkind«. Durch die vielen Trennungen habe Romy die Scheidung zunächst nicht fundamental gespürt, vermutet Magda Schneider, die väterlichen Besuche wurden lediglich seltener und hörten schließlich ganz auf. Wolf Albach-Retty hatte die Schauspielerin Trude Marlen kennengelernt, die er 1948 heiratet. Unbemerkt geht die Trennungsphase an der kleinen Rosemarie jedoch nicht vorbei: »Acht Jahre hat meine Mutter auf ihn gewartet und seine Ufa-Kostüme in den Schränken auf dem Dachboden gepflegt. Sie hat sich die Augen aus dem Kopf geheult. Als Kind habe ich sie gefragt, warum sie denn weine. Sie hat nichts gesagt. Ich hab halt festgestellt, sie war allein, es war niemand da.«[37] In den frühen Chroniken der Karriere von Romy Schneider legt man ihr, wohl von ihrem damaligen familiären Management inspiriert, deutlichere Worte in den Mund: »Mutti weinte so viel. Und daran war nicht der böse Krieg schuld, nicht die Lebensmittelknappheit, die auch vor dem ›kleinen Gut‹ in Bayern nicht haltmachten. Warum mußte Mutti immer weinen und warum kam Vati nicht, um zu helfen, wenn sie, mit Taschen und Rucksack bepackt, über die Grenze ging, um Kartoffeln und andere eßbare Dinge zu hamstern, um die Familie vor Hunger und Not zu bewahren.«[38]

Magda Schneider selbst spricht von »fünf schwierigen Jahren«, »der schlimmsten Zeit meines Lebens«, und den vielen intensiven Frauenbekanntschaften, auf die sich der Filmstar Albach-Retty nur zu gern einlässt, relativiert jedoch: »Das Unglück unserer Ehe, die so wunderbar begonnen hatte, war wahrscheinlich der Krieg, die ewige Trennung, die sich aus unserer Arbeit ergab.«[39] Tatsächlich sind die gemeinsamen Filmarbeiten die Zeit, in der sich das Ehepaar am häufigsten sieht, denn Filmverträge haben den Zusatz: »Es ist unzulässig, daß der Filmschaffende sich zu den Aufnahmen und Proben von Angehörigen oder Bekannten begleiten läßt.«[40] Die Scheidung erfolgt im Februar 1945, von der Öffentlichkeit kaum bemerkt, die hat 1945 mit dringlicheren Sorgen zu kämpfen, beide Kinder werden Magda Schneider zugesprochen. Vor Gericht wird das Verschulden Albach-Rettys vermerkt, die Mutter allerdings erst zehn Jahre später als alleinige Erziehungsberechtigte eingesetzt. Zu jener Zeit wird die Konservierung der musealen Textilien des Ex-Ehemannes auf dem Dachboden längst ihr Ende gefunden haben, denn eine neue Garnitur von Herrengarderobe lagert seit zwei Jahren in der Schönau.

In einem Brief an das »Jesulein« schreibt Romy während ihrer Schulzeit über ihre Familie. Neun Zeilen davon gelten ihrer Mutter, danach folgt die Bitte um Segen für »meinen Pappy, meine Mammi, Opa, Wolfi«. Sich selbst bezeichnet Romy als »schwarzes Schaferl« und schließt mit »Ich * liebe * ja * meine Eltern * sooo * innig! trotzdem sie geschieden sind.«[41]

Auf ein Heft mit »Rechen-Hausübungen« wird sie ein paar Jahre später schreiben: Romy Albach-Schneider Retty, zwei Zeilen braucht sie für diesen Namen. Der des Vaters steht darunter, etwas abseits, aber eben doch präsent. In Romy Schneiders Beschreibungen liest sich ihr Vater wie ein Konstrukt aus Realität und Wunschvorstellung. »Als junges Mädchen saß ich am liebsten im Zimmer von meinem Vater, der ja nicht mehr im Haus war, der meine Mutter verlassen hatte. Da war ich ganz allein. Ich wußte, ich saß in einem Zimmer von jemand, der mich sehr liebte. Der wohl kein wirklicher Vater war, der schon nach dem Kauf von zwei paar Schuhen für mich und meinen Bruder total fertig war und sagte, i kann nit mehr. Aber in diesem Raum fühlte ich mich trotzdem nie allein.«[42] Nach der Geborgenheit bei einer Vaterfigur sucht sie immer wieder in ihrem Leben, findet sie jedoch kaum. Nur in dem Regisseur Luchino Visconti, gibt sie an, fand sie dies für ein paar Jahre. In ihrem Film *Die Frau am Fenster* (1976) sagt die von Romy Schneider gespielte Margot: »Ich träume immer von einem Mann, der sich mehr und mehr von uns entfernt. Ich bin immer acht Jahre alt und immer bei meiner Mutter in Wien. Meine Mutter sagt mir, dass mein Vater uns verließ, weil er andere Frauen liebte. Frauenzimmer. Und plötzlich kommst du, lächelst mich an, aber ich bin immer acht Jahre alt, und du bist vierzig.«

Legendär wird jener Zettel, den Wolf Albach-Retty seiner Tochter später schenkt und den sie bis zu ihrem Lebensende behalten haben soll: »Steck deine Kindheit in die Tasche und renne davon, denn das ist alles, was du hast.« Es ist ein Satz, der sich wohl auf Max Reinhardts »Rede über den Schauspieler« bezieht, einen Vortrag, gehalten anlässlich einer Gastspielreise des Deutschen Theaters 1928 an der Columbia University in New York. Im korrekten Zitat lautet er: »Ich glaube an die Unsterblichkeit des Theaters. Es ist der seligste Schlupfwinkel für diejenigen, die ihre Kindheit heimlich in die Tasche gesteckt und sich damit auf und davon gemacht haben, um bis an ihr Lebensende weiter zu spielen.«[43] Der Schauspieler sei das Wesentlichste am Phänomen Theater, führt Reinhardt weiter aus, er sei die Verkörperung der menschlichen Sehnsucht nach Verwandlung und Verstellung. In den Kindern spiegle sich das Wesen des Akteurs am besten, ihr Gestaltungswille, ihre Phantasie symbolisieren reinstes Theater und vorbildliche Schauspielkunst im Bewusstsein, dass alles letztlich nur Spiel sei. Die Schauspielkunst sei nicht Verstellung, sondern Enthüllung, Befreiung von der konventionellen Schauspielerei des Lebens.

Ob Albach-Retty seiner Tochter damit etwas über ihr oder sein eigenes Leben sagen wollte, gehört in den Bereich der Spekulation. In der verknappten Form wendet sich das Zitat aber in persönlicher Form an jene Romy, die er zumindest ein wenig kennengelernt hatte, an das Mädchen in seinen ersten Lebensjahren.

Wolf Calebow, der mit den Kindern des Schauspielerehepaares in der Schönau aufwächst, erinnert sich an Familienszenen aus dem letzten Kriegsjahr: »Wir waren unmittelbare Nachbarn. Die Familie Schneider wohnte von der bäuerlich-ländlichen Umgebung etwas abgehoben am Gelände des alten Bauernhofes Winkelen in einem villenartigen Haus, das 1945 von amerikanischen Besatzungsoffizieren, die sich dort einquartierten, eine Zeitlang enteignet worden war. Es war ein vom äußeren Bild her gehobener Lebensstandard. Sie hatten zum Beispiel ein Schwimmbad, und der Garten war von einer geschnittenen Hecke umgeben, was man damals in der Schönau kaum sah. Wolf Albach-Retty habe ich nur ein einziges Mal gesehen, als ich zufällig im Haus war. Da kam er mit einem für die damalige Zeit auffällig schicken Cabriolet angefahren, an seiner Seite war eine fesche junge Frau. Er sagte zu den Kindern Hallo, sonst sagte er nicht viel, marschierte ins Haus, nahm im Flur die ganzen Hirschgeweihe ab, die ihm offenbar gehörten, packte sie auf dem Rücksitz zu einem Stapel, winkte, sagte Hallo und fuhr wieder ab.«[44]

Am 25. April 1945 bombardieren alliierte Luftstreitkräfte den Obersalzberg und zerstören die symbolträchtigen großdeutschen Anlagen, worauf die dort verbliebenen NS-Repräsentanten das Gebiet verlassen, das nun von den Amerikanern kampflos eingenommen werden kann. Berchtesgaden und Umgebung bleiben von der gezielten Zerstörungsaktion nahezu unbehelligt. Magda Schneiders Familie hat in den letzten Kriegstagen in einem Bauernhof bei Laufen Unterschlupf gefunden und kehrt erst bei Kriegsende wieder nach Mariengrund zurück. Die Gegend steht unter amerikanischer Kommandantur, US-Soldaten requirieren das Anwesen kurzzeitig, die Familie Schneider übersiedelt derweil in den Gasthof Unterstein.

Nach Kriegsende vergeht einige Zeit, bis Magda Schneider wieder Arbeit findet. Die Argumentation der während der Kriegszeit und davor Vielbeschäftigten liest sich heute etwas apologetisch: »Ich bin im Grunde genommen das, was man einen ›Familienmenschen‹ nennt. Meine Familie geht mir über alles. Meine Kinder, die auf mich angewiesen waren, und meine Eltern, die in meinem Häuschen Mariengrund lebten, waren der einzige feste Grund, auf dem ich nun stand.«[45] Fest steht jedoch, dass sie es ist, die nun den Unterhalt der fünfköpfigen Familie bestreitet. Sie tingelt durch Deutschland und Österreich, der ehemalige Ufa-Star tritt dabei mit improvisiertem Programm in Gaststätten auf. Neue Filmarbeit gibt es nicht, doch von März bis Juli 1946 steht sie in Salzburg und Innsbruck in *Kammerjungfer*, einem Lustspiel von Jacques Deval, auf der Bühne. Am 29. Juli 1946 gastiert sie mit demselben Stück im Wiener Volkstheater. Die Schauspielerin Senta Wengraf ist bei dieser Tournee dabei: »Magda fühlte sich allein, bekam keine Filmaufträge, verdiente wenig Geld.«[46]

Hans Dichand, österreichischer Journalist und Zeitungsherausgeber, erinnert sich, in jener Zeit Romy Schneider in der Wiener Mariahilfer Straße begegnet zu sein, »sie war damals ein kleines Mädchen von vielleicht acht Jahren. Romy ist auf der Straße gestanden und hat Flugzettel verteilt, die einen dieser – in der Nachkriegszeit sehr beliebten – Bunten Abende ankündigte. Damit haben sich die Schauspieler ihr Geld verdient. Auch die ganz großen, denn die Filmindustrie florierte in der Nachkriegszeit nicht so sehr«,[47] zitiert ihn Daniel Biasini in seiner Schneider-Biographie. Dem Getuschel der Leute entnimmt Dichand, die Kleine sei die Tochter von Wolf Albach-Retty und Magda Schneider. Er erwirbt ein Programm, auf dem sich tatsächlich der Name Schneider findet.

Vom Dezember 1946 bis ins Frühjahr 1947 bleibt Magda Schneider am Landestheater Salzburg engagiert. Im Mai

1948 ist sie in *Ein Mann gehört ins Haus* wieder in den Kinos zu sehen, der Film war noch während der NS-Zeit in den Ateliers der Wien-Film entstanden, wurde jedoch erst nach Kriegsende fertig geschnitten. Im Dezember 1948 arbeitet Magda Schneider zum letzten Mal für das Theater. In der Münchner Schaubühne agiert sie in dem musikalischen Lustspiel *Das Ministerium ist beleidigt*. In der Nachkriegsrezession bleiben Theaterproduktionen zumeist wirtschaftlich unrentabel. Erst 1950 dreht Magda Schneider ihren ersten Nachkriegsfilm: *Die Sterne lügen nicht*, und wieder drei Jahre später verhandelt sie mit dem Produzenten Kurt Ulrich über einen Stoff unter dem Titel *Wenn der weiße Flieder wieder blüht*. Der Umstand, dass für diesen Film ein halbwüchsiges Mädchen gesucht wird, das ihre Tochter spielen soll, ändert ihre Karrieresituation schlagartig.

Goldenstein

In den Jahren 1944 bis 1948 besucht Romy die Volksschule in der Schönau. Ihre Lieblingsfächer sind im musischen Bereich angesiedelt, sie hat Zeichentalent, singt gern, interessiert sich für Geschichte und Heimatkunde. Für die sogenannten Hausfrauenfächer, auf die man damals bei der Erziehung von Mädchen großen Wert legt, zeigt sie ebenso wenig Interesse wie Talent, eine Abneigung, die nur noch von ihrer völligen Unbegabtheit auf dem Gebiet der Mathematik übertroffen wird. Am 6. Juni 1949 wird sie im Salzburger Dom gefirmt, oder, wie es die Urkunde maskulin formuliert, »zum Streiter Christi gesalbt«. Nach der Volksschulzeit schickt ihre Mutter sie in ein Internat im oberösterreichischen Gmunden am Traunsee. Da sich dieses für Besuche von Magda Schneider als verkehrsmäßig ungünstig erweist, findet man eine andere Lösung. Romy kommt in das von geistlichen Schwestern geführte Internat auf Schloss Goldenstein in Elsbethen, fünf Kilometer nördlich von Salzburg, das sie vom 1. Juli 1949 bis zum 12. Juli 1953 besucht. Ursprünglich Sommerresidenz der Benediktinerabtei St. Peter, wird das Schloss 1878 den Augustiner-Chorfrauen als Schulgebäude überlassen. Während des Krieges wird die Anstalt geschlossen, erst nach 1945 kehren die geistigen Fräulein nach Goldenstein zurück. Die wehrburghafte Silhouette ähnelt ein wenig dem nicht weit entfernten Schloss Fuschl, das in der *Sissi*-Trilogie als Schauplatz für das bayrische Possenhofen dient.

Nach mehr als zehn Jahren bei den Großeltern und ihrem Bruder in Mariengrund empfindet Romy Schneider die Isolation von ihrer Familie zunächst als sehr hart. Ihre Mitschülerinnen dürfen einmal im Monat nach Hause, Romy dagegen bleibt zumeist im Internat. Ihr Vater hat ein Jahr zuvor wieder geheiratet, und Romys Mutter ist auf Theatertournee. Das Kind sucht seine Bezugspersonen in den Schwestern Theresa, die ihre Klassenlehrerin wird, und Augustina, die sie in Englisch, Musik und Bildnerischer Erziehung unterrichtet. Romy bewundert das humorvolle Wesen ihrer Lehrerin und gehört in diesen Fächern stets zu den Klassenbesten.

Magda Schneider äußert sich grundsätzlich positiv über die Internatszeit ihrer Tochter, sieht in der Leiterin der Schule, Präfektin Theresa, eine »großartige, verständnisvolle Erzieherin. [...] Die Zahl der Schülerinnen war jedenfalls so gehalten, daß sich die Lehrkräfte jeder einzelnen wirklich widmen konnten. Das war wirklich gut so, denn mit Romy mußte man sich individuell beschäftigen. Es war ihre schwierigste Zeit.«[48] Sie erwähnt jedoch einen Vorfall, bei dem die Präfektin der Englischen Fräulein sie zu sich zitiert und ihr den möglichen Ausschluss ihrer Tochter aus der Schule androht. Der Streitfall liest sich heute wie eine Anekdote. Romy, die eine leidenschaftliche Karl-May-Leserin war, erscheint mit einem in schwarzes Einschlagpapier gewickelten Band des Populärschriftstellers in der Gesangsstunde und liest statt der Noten dessen Abenteuer vom Blatt. Als der Schwindel auffliegt, bestellt man die prominente Mutter des Zöglings und schildert ihr die »hoffnungslose« Situation. Da weitere Folgen ausbleiben, darf man in der Drohung zumindest eine gewisse Übertreibung vermuten.

Die Schülerinnenzahl beträgt 52, mit sechzehn davon geht Romy in eine Klasse. Die Zöglinge nächtigen in gemeinsamen Schlafsälen auf einfachen Holzbetten, Romy im »Philemon«-Saal. Ihre schulischen Leistungen sind unterschiedlich. Die Schwächen in Mathematik und den hausfraulichen Unterrichtsgegenständen haben sich seit der Volksschule nicht gebessert, auch die Ordnungsliebe ihrer Erzieherinnen teilt sie nicht. Ihr künstlerisches Talent im ornamentalen Zeichnen dagegen entfaltet sich weiter.

»Ich habe Schwester Theresa ein großes Denkmal in meinem Herzen gesetzt. Sie hat es trotz aller Schwierigkeiten verstanden, Romy in der Ordnung zu halten und ihr weiterzuhelfen, ohne sie zu verbittern. In dieser Zeit, in der mich meine Arbeit so sehr von meinen Kindern fernhielt, hat sie bei Romy eine wahre Mutterstelle vertreten«,[49] hält Magda Schneider fest. Später verfolgt man in Goldenstein Romys weiteren Lebensweg mit großer Aufmerksamkeit. Man war, so schreibt Rosa Albach-Retty, stolz auf die Filmkarriere des ehemaligen Zöglings. Auf Anfrage sendet ihnen Romy ihr Porträt zu – in Kombination mit einem großen Farbfernsehgerät. Das Konterfei begrüßt fortan die Besucher an prominenter Stelle des Stiegenhauses. Erst als die Karriere einige Filme aufweist, mit deren Inhalt, wie er ihnen geschildert wurde, sich die geistlichen Fräulein nicht mehr abfinden konnten, und sich Romy öffentlich für die Möglichkeit legaler Schwangerschaftsunterbrechung ausspricht, erfolgt die stille Demontage der weltlichen Ikone. »Gott sei Dank«, so Romys Großmutter mit leisem Humor, »haben die guten Schwestern wenigstens den Fernsehapparat behalten!«[50]

Insgesamt bezeichnet Magda Schneider Romys Internatsjahre als gute Vorschule für jene Disziplin, die ihr später bei der Filmarbeit abverlangt wird. Eine Art künstlerischer Entwicklungsmöglichkeit zeichnet sich früh ab, denn Romy bemalt Holzteller mit großer Fertigkeit. Schwester Augustina hat sie darin ermutigt, ein Tischler in Salzburg fertigt das Rohmaterial dafür an. Einer, den sie als Geschenk für ihre Mutter verziert, so erzählt sie im Familienkreis gern, gerät so perfekt, dass der Zöllner ihr bei der Einreise nach Deutschland nicht glauben will, dass er nicht gekauft sei, und auf dem Erlös des Zolls besteht.

»Romy war ein unausgeglichenes Kind«, berichtet Schwester Augustina, »voller Konflikte, uneins mit sich selbst. Sie gab kaum Gedanken preis, die sie wirklich bewegten – eher eine Einzelgängerin.«[51] Für die Manifestation solcher Gedanken hat das Kind jedoch eine andere Form gefunden. Romy beginnt ein Tagebuch, dem sie den Vornamen »Peggy« gibt. Rotes Leder, Goldschnittseiten, Messingschloss, auf der letzten Seite eine Widmung von Magda, die sie zu unerschütterlichem Vertrauen in ihre Mutter ermahnt. Der Schreibstil nimmt viel von Romys späterer schriftlicher Konversation vorweg. Briefe, Zettel und Notizen wird sie stets als Mitteilungsform verwenden. Sie schreibt uneinheitlich, dreht und wendet die Seiten, wechselt die Buchstabengröße, unterstreicht, verwendet Interpunktion in inflationärem Ausmaß, spiegelt sich und ihre seelischen Zustände vollkommen wider. Zwischendurch schreibt sie Briefe in »steiler Schrift«[52], wie Hildegard Knef später feststellt.

»Peggy« begleitet sie ab ihrem dreizehnten Geburtstag. Noch zu ihren Lebzeiten, vor allem aber postum, werden Passagen daraus veröffentlicht, kommentiert, interpretiert, obwohl sich das Diarium nicht wesentlich von dem ihrer Altersgenossinnen unterscheidet. Der Name Romy Schneider verleitet jedoch die Amateurpsychologie zu phantasievollen Ausdeutungen. So will man in ihren ersten pubertären Phantasien von Männern, die ihr dereinst bei Bällen in den Ausschnitt schielen werden, sowie in flüchtigen Akt-Karikaturen, bei denen der Mann züchtig Shorts trägt, ein Schleier dagegen den Frauenkörper nicht wirklich verhüllt, künftige Probleme vorweggenommen sehen. Altklug vermerkt die junge Autorin an anderer Stelle: »Es saß einmal ein Liebespaar auf einer kleinen Bank. Da sagte sie auf einmal: ›Liebling, heut' lieb ich dich so!!!‹ Vielleicht hat sie morgen aber schon 'ne Wut auf ihn! Denn Männer bleiben ja selten treu!«[53] Zumeist sind die darin geschilderten Luftschlösser oder Probleme freilich alltäglicher.

Manchmal wird ihr das Tagebuch strafweise entzogen. »Gestern habe ich in der Studienzeit Tagebuch geschrieben, weil ich alle meine Aufgaben schon gemacht hatte. Da – o heiliger Schreck – da kam Frau Präfektin herein. UUUiii! Da erschallte schon ihre angsterfüllte Stimme: ›Romy! Hast du nichts zu handarbeiten? ... Fix an die Arbeit! Und das Tagebuch nehme ich dir so lange weg, bis du deine Handarbeit fertig hast!‹ Oh du meine Güte, da warst du mir dann genommen!«[54]

Unter Überschriften mit ein bis drei Ausrufezeichen vertraut sie sich »Peggy« täglich an, träumt kindlich von Jungmädchenabenteuern, vom Ausreißen, Durchbrennen nach Paris oder Mexiko, wo sie dann in einem Theater als Cowboy auftritt. Erst 1952 kauft das Internat ein Radio an, sie hört fasziniert auf die fremden Stimmen unbekannter Menschen aus einer Ferne, in die sie einst reisen möchte. Von Goldenstein aus führt die Straße nach Salzburg, so weit reicht ihre Welt an manchen Tagen. Folgt man der Straße weiter, kann man von Salzburg aus auch Wien erreichen. Von ihrer Geburtsstadt, in der sie nur kurze Zeit verbrachte und die sie sich herrlich vorstellt, kann sie vorerst nur träumen.

In das Tagebuch klebt sie Fotos von Filmstars, ihrer Eltern sowie auch die späterer Filmpartner ein, wie etwa das von Orson Welles, freilich ohne ahnen zu können, dass der sie zwölf Jahre später als »die beste Schauspielerin ihrer Generation«[55] bezeichnen wird. Über seinen Namen auf dem Szenenfoto aus *Die Lady von Shanghai* schreibt sie: »Mein Cherry«, über den von Rita Hayworth: »Ich«.

Aus einer Zeitung schneidet sie für sie wichtige Begriffe aus: »Musik, Theater, Film, Reisen, Kunst«, klebt sie ins

Tagebuch und verkündet: »Das sind meine Elementseigenschaften. Diese fünf Worte machen mein Theaterblut kochend.«[56]

Es ist nachvollziehbar, dass die Welt des Films und der Bühne, in die sich nahezu jeder Teenager eskapistisch träumt, auf Romy umso stärkere Faszination ausübt, als ihre Eltern einem solchen Beruf nachgehen, der neben Ruhm und Bewunderung vor allem eines zu gewährleisten scheint: Entkommen aus dem tristen Alltag, Unerreichbarkeit gegenüber so manch profaner Gestalt, die hierorts Macht über sie ausübt. In ihr Tagebuch trägt sie ein, was nur mehr kurze Zeit kindliche Phantasie bleiben wird: »Ich * muß * auf * jedenfall * einmal * eine * Schauspielerin * werden! Ja! Ich muß!«[57] In schnörkeliger Schrift mit mancher orthographischen Unsicherheit hält sie ihre Träume fest: »Einmal sah ich mich auf einer Bühne im herrlichen Abendkleid stehen – ich verbeugte mich dauernd vor einem großen Puplikum – ich strahlte im Ruhm – im Scheinwerferlicht – ich hatte die Spitze des Ruhms und Erfolges erreicht – die Leute riefen mir Beifall zu und binnen 1 Minute stand ich in einem Blumenmeer. Ja, so sah ich mich in der Phantasie. Phantasie??? Oh nein, keine Phantasie! Es muß – es wird auch mal so kommen! Bestimmt.«[58]

Auf einem Foto aus dem Ernst-Marischka-Film *Zwei in einem Auto* (1951) steht ihr Vater neben Johanna Matz. Sie konstatiert die Ähnlichkeit zwischen ihr und Albach-Retty, folgert zufrieden daraus, auch sie wäre demnach »fesch«. Von einem anderen Film notiert sie amüsiert, dass »Pappy« einen Schnurrbart trage. Auf diese Art und Weise bleiben ihr Vater und sein jeweiliges Aussehen für sie präsent. Von »Hannerl« Matz weiß sie, dass sie neunzehn Jahre ist, in dem Alter, so beschließt sie, möchte sie auch zum Film. Es gibt auch andere Beispiele, die ihr Hoffnung machen. 1952 sieht sie in einem Salzburger Kino *Das doppelte Lottchen*, in dem die mit ihr gleichaltrigen Zwillinge Jutta und Isa Günther spielen. Mit einer Zwillingsschwester, so findet sie, hätte sie sich ebenfalls für die Produktion bewerben können. Ihre Mitschülerinnen kennen ihre berühmten Eltern und nehmen daher an, dass auch sie in Filmkreisen verkehrt. Romy jedoch hat im Laufe ihres kurzen Lebens erst zwei von Magda Schneiders Kollegen persönlich kennengelernt, Richard Häußler und Gustl Gstettenbauer, als diese einmal zum Kaffee in Mariengrund waren. Ateliergeschichten und illustre Bekannte muss sie für ihre Zuhörerinnen noch erfinden. Mit ihrer Mutter spricht sie nicht über ihre Ambitionen. Schon die Besuche ihrer Eltern in Berchtesgaden fielen eher spärlich aus, zwischen den Filmarbeiten kam vor allem Magda Schneider jeweils für ein paar Tage nach Hause, spielte mit den Kindern, unternahm mit ihnen Wanderungen. Retrospektiv sieht Mutter Schneider die Sachlage etwas euphemistisch: »Das hatte einen ganz bestimmten Vorteil: zwischen meinen Kindern und mir hat es nie den tötenden Alltag gegeben. Jeder der seltenen Tage, die wir zusammen sein konnten, war dadurch ein Festtag.«[59]

Auch die Texte von Liebesliedern werden ins Tagebuch geklebt, Romy träumt von einem Rendezvous in dekolletierter Abendgarderobe: »Ja, dann werde ich vielleicht [drei Mal wellenlinienartig unterstrichen] an Goldenstein denken! Ach, ich werde denken: Wie unglücklich ich doch war, als ich an die blööööde Schule immer denken mußte! Und jetzt?!? Alles vorbei! Und ich bin ja soooooo happy wie noch nie! Es muss doch die schönste Zeit sein, wenn man verliebt ist.«[60]

In ihren Memoiren sieht Magda Schneider retrospektiv große Ähnlichkeiten zwischen Romys Filmambitionen und ihren eigenen, da sie, aus einer keineswegs künstlerischen Familie kommend, sich als Außenseiterin ihren Weg bahnen musste, wie Romy Jahre später: »Bekanntlich aber vererben Außenseiter ihre Fähigkeiten besonders stark. Das ist der mütterliche Einschlag. Und von der Seite ihres Vaters hat Romy das Blut einer langen schauspielerischen Tradition geerbt.«[61]

Der Vater besucht sie nie in Goldenstein, schreibt stattdessen Briefe, die er mit »Dein Papili« unterzeichnet. Sie freut sich über eine Leihgabe, die er ihr sendet, ein Teufelskostüm aus dem Fundus des Burgtheaters. Ihrem Tagebuch, das sie manchmal auch »Süsserle« nennt, stellt sie ihn dennoch vor. Neben eines seiner Filmfotos schreibt sie: »Das ist er auch, mein Paps! Fesch! Gellt?! Na ja! Und wenn ich nicht mehr lebe, dann hast eben hier eine Vorlage, wie ich mal aussah! Natürlich nur das Gesicht!«[62] Nur einmal darf sie Wolf Albach-Retty während ihrer Internatszeit sehen, als er zu Dreharbeiten in Salzburg ist. Ihr »Freigang« ist ein kurzes, für sie etwas enttäuschendes Treffen, das im Beisein von Trude Marlen, der neuen Frau an ihres Vaters Seite, erfolgt.

Am 1. August 1951 stirbt Romys Großmutter mütterlicherseits, Maria Schneider, im Alter von 73 Jahren. In ihrem Tagebuch redet sie die Verstorbene noch einmal zärtlich an: »Omale, heute habe ich Deinen schönen warmen Rock an! So schön warm ist er. Strick mir noch einen! Ach, Gott. Du bist ja nimmer. Wie wird es nur zu Weihnachten heuer werden … So gern möchte ich Dir noch ein nettes Weihnachtsgeschenk machen, und tu es auch. Ich bring Dir's halt zum Grab! Gelt?!«[63]

1952 lässt Romy sich die Haare kurz schneiden und wird deswegen von den Mitschülerinnen gehänselt, sie sähe nun aus wie ein Filmstar. Das kränkt und freut sie gleichzeitig, denn ihrem Verständnis nach sind Filmschauspielerinnen eigentlich ja »sehr nett«. Vorderhand muss sie sich mit anderen Dingen herumschlagen. Am Freitag, dem 28. März 1952, verzeichnet sie einen »Jammertag«. Zunächst wegen der Mathematikschularbeit, bei der es ihr miserabel erging. Vor allem aber war die Frau Präfektin zu ihr »saugemein«. »Man wird ja sowieso nur dauernd angeschrien und angefaucht heiligmäßiger zu sein. Ach! Ich bin sooo wie ich eben bin!«[64]

So, wie sie ist, gefällt sie sich am besten im Schülertheater, wo jährlich bis zu fünf Stücke aufgeführt werden. Romy ist sprachbegabt und merkt sich Texte schnell. »Nur wenn Theater gespielt wurde, wenn sie wieder Rollen lernen konnte, hat sie dann ihr eigentliches Leben damit ausgefüllt und sich nicht einsam gefühlt«,[65] erinnert sich Schwester Augustina. In aufführungsfreien Zeiten fühlt die Jugendliche sich unausgelastet und lässt dies ihre Umwelt durch ihre Launen auch spüren. Stolz dagegen notiert Romy ein Kompliment der »würdigen Mutter«, die ihr versichert, sie wäre schauspielerisch begabt. Es ist ein Lob, das sie öfters hört, jedoch nicht von ihrer Familie. Im Gegensatz zu anderen Eltern, die zu den Aufführungen kommen, wie Romy traurig vermerkt, hat Magda Schneider dafür nie Zeit. Romy muss ihr schriftlich berichten. Auch auf der tränenreichen Abschlussfeier, an der zahlreiche Eltern teilnehmen, ist sie allein.

Rückblickend findet Romy Schneider ihre Schulzeit im Wesentlichen durchaus schön. Weitere berufliche Pläne gibt es auch. Nach dem Beschluss ihrer Mutter und deren neuem Ehemann soll sie ihrer zeichnerischen Begabung nachgehen und eine kunstgewerbliche Schule besuchen, um graphische Entwürfe für die Papier-, Holz-, Glas-, Keramik- oder Tapetenindustrie herzustellen. Man denkt sogar bereits an einen späteren Laden oder ein Atelier. Der eigentliche Berufswunsch sieht anders aus: »Wenn das möglich gewesen wäre, hätte ich mit sieben im Landestheater Salzburg ›Peterchens Mondfahrt‹ gespielt. Hauptsache nur spielen! Ich meine, ich hatte ja nie was anderes im Kopf. Ich hab ja auch in der Schule nur gespielt.«[66]

Bei ihrem Schulabgang schenkt Romy Schwester Augustina eine Ölstiftzeichnung, unterschreibt mit einem sprechenden Namen aus der Parzifal-Sage als »Herzelaide« und fügt mit zwei Rufzeichen hinzu, sie möge »Ihre Romy« nicht vergessen. Am 12. Juli 1953 verlässt Romy Schneider das Internat in Goldenstein mit dem »kleinen Abitur«. Dass sie nur drei Tage später für Probeaufnahmen nach München reisen wird, ahnt sie zu diesem Zeitpunkt noch nicht.

Mit 42 Jahren, 1981, sinniert Romy Schneider über Nachwuchsschauspielerinnen und meint am Beispiel der damals 26-jährigen Eva Mattes: »Die ist sehr jung, hat viel Talent, ist aber längst nicht so fotogen, wie ich es war. Ich denke, so hättest du ja auch anfangen können, so anzufangen, mit einem richtigen Alltag. Ein bißchen Film und später mehr Theater. Diese jungen Schauspielerinnen sind heute sehr viel sicherer, als ich es damals war oder heute bin.«[67]

28 Jahre zuvor, am 15. Juli 1953, sitzt Romy Schneider im Frühzug Richtung München. Sie ist vierzehn Jahre alt, trägt das hellblaue Kleid ihrer Mutter, deren hochhackige weiße Schuhe, die ihr glücklicherweise passen, und schließt aus der Aufmerksamkeit mitreisender Herren erfreut, dass diese sie mindestens für siebzehn halten. In der Tasche hat sie lediglich fünf Mark und hofft, dass niemand, vor allem nicht der Ober im Speisewagen, ihr das geringe Reisebudget ansieht. Einen Tag zuvor hat sie in Berchtesgaden einen Anruf von Magda Schneider erhalten, die sie nach München beordert. Den Zweck der Reise erfährt sie nicht, wie sie selbst später erzählt. In anderen Berichten, darunter Magda Schneiders Autobiographie, hat diese ihrer Tochter gleich die Überraschung verraten, worauf die Kleine mit einem Freudenausbruch reagiert habe. Romy bezieht ein Apartment im »Bayerischen Hof« und sieht zum ersten Mal das von ihr erträumte Luxusambiente der Filmstars aus der Nähe, weiß jedoch nicht, wie sie sich darin verhalten soll. Sie bestaunt die Knöpfe neben der Zimmertür, auf deren Signal Personal käme, um nach ihren Wünschen zu fragen. Zunächst bleiben sie jedoch ungedrückt. Der künftige Weltstar weiß nicht, was er sich denn, außer vielleicht einem Zitronensaft, bestellen sollte, und beschließt überdies, erst die Mutter beim Bedienen der Vorrichtung zu beobachten.

Auf der Fahrt ins Hotel erläutert Magda Schneider ihrer Tochter den Grund des Besuches näher. Der Produzent

Kurt Ulrich hatte sie gefragt, ob sie sich vorstellen könnte, dass ihre Tochter an ihrer Seite in dem geplanten Film *Wenn der weiße Flieder wieder blüht* spielt. Magda Schneider überlegt, ruft ihren geschiedenen Gatten an, der die Entscheidung ihr überlässt. Gábor von Vaszary, der später das Drehbuch zum Film *Monpti* schreiben wird, dokumentiert in seinem Buch *Romy*, dass Magda Schneider ihrer Tochter keinerlei Informationen geben wollte, wie sie sich bei den Probeaufnahmen zu verhalten hätte. Sie sollte nach ihrem Empfinden agieren, dann würde sich herausstellen, ob sie begabt sei.

Das erste Treffen mit Filmleuten findet in einem Münchner Spital statt. In einem Krankenzimmer voll mit ihr unbekannten Leuten versteckt sich Romy hinter Magda Schneiders Rücken. Später lässt sie sich die Namen der Herren auf Papier notieren und lernt sie auswendig, damit sie diese in Zukunft korrekt ansprechen kann. Der wegen eines bandagierten Beines im Bett liegende Regisseur Hans Deppe begutachtet die artig mit Knicks Grüßende und bestellt sie für Probeaufnahmen nach Berlin. Mit Erleichterung registriert Romy seinen Berliner Dialekt, der ihr besser verständlich ist als der bayrische.

Mit dem Schlafwagen treffen Mutter und Tochter tags darauf in Köln ein, wo Magdas zweiter Ehemann seinen Hauptwohnsitz hat. Diese Art zu reisen sagt Romy zu, im Zug zu schlafen findet sie angenehm. Voraussetzung dafür, so notiert sie in ihr Tagebuch, sei freilich, dass man nicht über einer Wagenachse liege, und sie ergänzt, woher sie zu jener Zeit die Grundlagen für ihre Beurteilungen bezieht: »Das […] hat Mammi gesagt.«[68] Sie genießt es, nicht mehr zur Schule zu müssen, gleichzeitig fehlen ihr die Freundinnen, Gleichaltrige, mit denen sie über ihre neuen Eindrücke sprechen möchte. Die Ruinen und der Schutt in Köln bringen ihr erstmals bedrückend den nur acht Jahre zurückliegenden Krieg vor Augen, von dessen Spuren sie in der Schönau oder Goldenstein nichts bemerkte hatte.

Als sie am 1. September 1953 in Berlin eintrifft, kann sie den Text ihrer Rolle längst auswendig. Den Part eines jungen Mädchens, das für ihren fernen, berühmten Vater schwärmt, erscheint ihr vertraut. »Ich kann mir gut vorstellen, wie ich in so einem Fall reagieren würde. Ich kann das bestimmt spielen.«[69] In der Nähe des Flughafens befinden sich die Ufa-Ateliers, in denen sie tags darauf ihr Vorsprechen hat. Der erste Eindruck ist ernüchternd, stimmt nicht mit jenen phantastischen Erzählungen überein, die sie noch vor kurzer Zeit für ihre Mitschülerinnen erfand. Man fährt durch ein großes, von einem Pförtner beaufsichtigtes Tor über Straßen, die von Gebäuden, »die aussehen wie riesige Turnhallen«, gesäumt werden. Innen, so bemerkt sie, erinnern sie eher an große Scheunen, in denen nur das Stroh fehle. Stattdessen sieht sie Scheinwerfer, Kulissenaufbauten, Stahlgerüste und amüsiert sich besonders darüber, dass die Schienen für Kamerafahrten »Schlitten« genannt werden. Die vielen Menschen im Studio irritieren sie. Romy ist aufgeregt, teils wegen des Vorsprechens, aber auch, weil sie zum ersten Mal geschminkt wird. In Halle 1, in der, wie Romy beeindruckt schildert, kürzlich der Jazzmusiker Stan Kenton gastiert hatte, wartet Regisseur Deppe, weist sie immer wieder an, nicht in die Kamera zu sehen. »Es ist eine nervenaufreibende Geschichte, Filmschauspielerin zu werden«, notiert sie.[70] Zum Abschluss erscheint der Standfotograf, und Romy fragt sich, ob die Zeitungen wohl auch Bilder von ihr drucken werden. Sie übt sich in Zweckpessimismus, rechnet sich wenig Chancen aus. Nach einigen Tagen erhält sie positiven Bescheid, freut sich unbändig. Später wird sie enttäuscht erfahren, dass Magda Schneider eine Woche Probezeit erbeten hat. Falls ihr Romys erste Aufnahmen nicht gefallen, könne man sie noch aus dem Vertrag entlassen.

In Berlin wohnen Mutter und Tochter im Hotel am Steinplatz, dessen Besitzer der Ehemann der Schauspielerin Winnie Markus ist. Sie besichtigen das Messezentrum und den Funkturm. Vor dem Brandenburger Tor sieht Romy die Volkspolizisten, blickt in die Ostzone hinüber. Die Bezeichnung »Unter den Linden« kennt sie bis dato nur aus einem Schlager von Paul Lincke.

»Und jetzt plötzlich: Romy Schneider«

Was sie bei ihrer ersten Filmarbeit vor allem beeindruckt, sind Fachausdrücke wie etwa »Klappe« oder »Einstellung«. Das Hinterfragen solcher Begriffe wird sie auch in späteren Jahren immer vornehmen: »Das klingt so, als müsse man eine Einstellung zu irgendeiner Sache haben. Dabei ist damit der Teil einer Szene gemeint. Die Kamera wird auf irgendein Bild des Films ›eingestellt‹.«[71] Nach den Dreharbeiten fühlt sie sich buchstäblich »durchgedreht«.

Fotogenität wird ihr vom ersten Arbeitstag an bestätigt. Sie ist sich dessen bewusst, auf Bildern gut zur Geltung zu kommen, setzt aber kokett hinzu, »richtig dumm sehe ich auch unfotografiert nicht aus.«[72] Von der ersten Illustrierten mit ihr auf dem Titelblatt beschließt sie sich zu archivarischen Zwecken gleich zehn Stück zu kaufen. Der Kameramann Kurt Schulz erläutert ihr die langwierigen Arbeitsprozesse, nachdem der Film fertig gedreht ist und bevor er in die Kinos kommt. Filmarbeit, das erkennt sie früh, bedeutet Warten. In die Dreharbeiten fällt ihr fünfzehnter Geburtstag. Das ganze Filmteam feiert mit, und sie erhält eine große Flasche des Parfüms Chanel Nr. 5. Die Arbeit mit dem berühmten Kollegen Willy Fritsch verläuft reibungslos, zu ihrer Freude bestätigt auch er ihr Talent. Ein weiterer Partner ist der ebenfalls fünfzehnjährige Götz George, von dessen Vater sie nur weiß: »Heinrich George war sehr berühmt. Er ist nach dem Krieg eingesperrt worden und gestorben. Ich würde gern auch mal einen Film von ihm sehen, nachdem ich nun den Götz kenne.«[73]

Am 9. November 1953 enden die Dreharbeiten zu *Wenn der weiße Flieder wieder blüht*. Ob ein weiterer Film folgen wird, weiß sie zu jenem Zeitpunkt noch nicht, wohl aber, dass sie weitermachen möchte. Die Atmosphäre der Ateliers, die sie anfangs sehr ernüchternd fand, gefällt ihr nun, sie beneidet das Filmpersonal im Hintergrund, die Beleuchter, Maskenbildner, Garderobieren allein dafür, ständig in diesem Metier arbeiten zu dürfen. Vor der ersten Pressekonferenz hat sie etwas Angst und ist froh, sie in Begleitung der Mutter absolvieren zu können. Auch diesen Teil des Geschäfts erlernt sie schnell. Man wird, so schreibt sie, an die Presse weitergereicht, und da sich die Fragen zumeist gleichen, genügen floskelhaft wiederholte Sprüche. Wesentlich aufregender findet sie Autogrammstunden, ist überrascht über den Andrang, den sie in dieser Dimension nicht erwartet hat. »Als hätte ich schon geahnt, was mir bevorstand, hatte ich zu Hause noch einmal probiert, wie mein Name wohl am besten aussieht. Romy Schneider, so mit einem Kringel oder einfach so: Romy Schneider. Bis jetzt mußte ich doch immer, wenn ich irgendeinen Brief unterschrieb und besonders bei allen offiziellen Sachen, mit Rosemarie Albach unterschreiben. Und jetzt plötzlich: Romy Schneider.«[74]

Die ersten Autogramme gibt sie, vermittelt durch ihren Bruder, schon zuhause in der Schönau. Der Nachbarsjunge Wolf Calebow gibt Wolfdieter Nachhilfe, und der fragt plötzlich, ob Calebow Romy nicht um ein Autogramm bitten könne. Der geniert sich anfangs etwas, aber der junge Albach erläutert: »Sie hat schon Autogrammkarten, und keiner hat sie noch danach gefragt.« Als er Romy daraufhin auf der Treppe trifft, erfüllt Calebow den Wunsch des Bruders. »Sie meinte freudig erregt ›Ja!‹, rannte die Treppe hoch, als sie herunterkam, hatte sie in jeder Hand ein Autogramm und sagte: ›Ich hab' zwei verschiedene. Willst du alle beide haben?‹ – Ich sagte ja und habe sie immer noch.«[75]

Die Premiere ihres Films findet am 11. November 1953 in Stuttgart statt. Zum ersten Mal stellt sich Romy Schneider danach vor ein Saalpublikum, macht ihren Knicks wie noch vor wenigen Wochen vor den unbekannten Filmleuten, in deren Reihen sie nun steht, registriert den Jubel, lässt sich bestätigen, dass es insgesamt 64 Vorhänge gegeben hätte. »Ich war ganz atemlos und so glücklich – so glücklich.«[76] Von ihrer Gage kauft man in Berchtesgaden ein neues Grundstück, das an den Familienbesitz Schneider angrenzt.

»Sie machte ihrer Mutter die Rückkehr zum Film leicht«,[77] lautet das Fazit einer Filmzeitschrift unter der Überschrift »Romy Albach-Schneider«. Der Artikel skizziert kurz ihre Herkunft, hält fest, dass sie es trotz horrender Abneigung gegen die Mathematik beinahe bis zur sechsten Klasse gebracht hätte und ihres Zeichentalents wegen seit dem 1. Oktober eigentlich die Kunstgewerbeschule in Köln besuchen sollte. Stattdessen bewährt sich die »kleine Krabbe« beim Film derart, dass man ihre kleine Rolle ständig erweitern musste. »Sie spielt ihren Part nicht nur, sie erlebt ihn.«[78] Das Verhältnis zwischen Mutter und Tochter wird als vorbildlich beschrieben. »Romy hat mir bei einem schweren Schritt wesentlich weitergeholfen«,[79] bekennt Magda Schneider und bezieht sich in der weiteren Ausführung auf den Umstieg auf die Mutterrollen im Film. De facto erleichterte ihr die Präsenz ihrer Tochter wohl auch den erfolgreichen Wiedereinstieg in das Filmgeschäft. Neben *Ein Mann gehört ins Haus*, der noch während des Krieges gedreht wurde, aber erst 1948 ins Kino kam, drehte sie nach 1945 nur einen Film: *Die Sterne lügen nicht* (1950). In gewisser Weise haben sich Mutter und Tochter somit gleichermaßen geholfen. Sie werde schon aufpassen, dass Romy nicht über die Stränge schlage, erklärt Magda in Interviews, spricht rustikal von einer stets paraten »Watschn«, die Romy im Falle von Ungehorsam drohe.

Später urteilt Romy Schneider nüchterner über diese Zeit. Ein Jahr vor ihrem Tod zieht sie das vermutlich von den aktuellen Ereignissen getrübte Resümee: »Ich kann mich auf so wenig besinnen aus meiner Kindheit, weil die hauptsächlich aus Filmen bestand.«[80] Zu Beginn der Karriere ist dies noch nicht absehbar, denn Magda Schneider plant nach wie vor eine weiterführende schulische Ausbildung für ihre Tochter. Im Februar 1954 besichtigt Romy Schneider in Begleitung ihrer Mutter die Kunstgewerbeschule in Köln. Noch zu Beginn ihrer Filmarbeit hatte sie sich gewünscht, sich wieder solchen gewohnten kreativen Tätigkeiten hinzugeben, statt im unberechenbaren Filmgeschäft zu bleiben. Nach Abschluss der ersten Dreharbeiten und wohl nicht unbeeindruckt von Presserummel, Autogrammstunden und Premierenjubel gefällt ihr die Atmosphäre jener Schule nun gar nicht. Zudem sind die Absolventinnen dort bereits zwischen siebzehn und neunzehn Jahre alt. Ein weiterer und vermutlich entscheidender Grund ist ein neues Filmangebot, das bereits während der Arbeit an *Wenn der weiße Flieder wieder blüht* eintrifft. Die Neue Deutsche Filmgesellschaft plant eine Neuverfilmung von *Feuerwerk* nach der gleichnamigen Operettenvorlage, deren Hauptschlager »O mein Papa« Romy auf Schallplatte besitzt.

Vor den Dreharbeiten genießt sie ihre Ferien in Berchtesgaden. Romy bewohnt einen Raum im ersten Stock, den sie sich als typisches Jungmädchenzimmer gestaltet. Kleider, Bücher, Fotografien, Stofftiere und kunstgewerbliche Arbeiten sammeln sich, von einem großzügig gefassten Ordnungsbegriff behütet. Wie in der Schulzeit bemalt sie Holzteller und Kassetten, gestaltet Bucheinbände, entwirft Stoffmuster und Tapeten. In dieses Refugium zieht sie sich zurück, tanzt zu Jazz- und Boogie-Woogie-Platten, spielt mit ihren Hunden, dem später auch zu Filmehren kommenden Dackel Seppl und dem Boxer Ajax.

Aus Goldenstein trifft ein Brief ein, die Präfektin lädt zu einer Feier, auf der die Jungschauspielerin Verse vortragen soll. Romy möchte spontan zusagen, schon um ihre Freundinnen wiederzusehen. »Wir schreiben uns zwar jede Woche«, notiert sie kaum ein Dreivierteljahr nach ihrem Schulabgang, »aber man wird sich ja doch fremd, und alles schreiben, was man möchte, das kann man ja doch nicht.«[81] Auf Anraten ihrer Mutter unterbricht sie den Urlaub nicht, lehnt die Bitte ihrer ehemaligen Schule ab und reist am 15. Mai direkt zu den *Feuerwerk*-Dreharbeiten nach München; diesmal wird ihre Mutter nicht im Film mit dabei sein. Der Kontakt zu den Freundinnen wird spärlicher, die weitere Ausbildung der nun Fünfzehnjährigen erfolgt im Beruf, ist ein *Learning-by-doing*, ihre Jugendzeit verlebt sie immer mehr unter der Aufsicht eines wachsenden Publikums. Der notwendige Prozess der Selbstfindung jener Zeit wird beschleunigt durch ein steigendes Maß öffentlicher Zuwendung, die Mensch und Rolle zu stereotypisieren beginnt und auch in den kommenden Jahren deren Synchronität einfordert.

Die zweite Filmarbeit beginnt sie wesentlich abgeklärter als die erste. Die Atmosphäre, von der sie Monate zuvor so schwärmt, sei im Grunde immer dieselbe, erkennt sie. Auch das Personal gleicht sich, unterscheidet sich nur in Gesichtern und Namen, nicht aber in den Funktionen. Erste Zweifel am Beruf kommen ihr, sie findet ihn plötzlich »hässlich«. Sie hat Probleme damit, sich in ihrem Spiel voll in einer Szene einzubringen und sich dabei gleichzeitig unter Kontrolle zu haben. Ihr ganzes weiteres Leben wird diese Diskrepanz sie beschäftigen, wird sie immer wieder darunter leiden. Schon mit fünfzehn erkennt sie ihre Abhängigkeit vom Filmgeschäft. »Ich weiß, daß ich in dieser Schauspielerei aufgehen kann. Es ist wie ein Gift, das man schluckt und an das man sich gewöhnt und das man doch verwünscht.«[82] In Nahaufnahmen von ihrem Gesicht erkennt man, wie jung sie in Aussehen und Wesen noch ist, die Maskenbildnerin lässt sie zumindest ein wenig altern. Der Regisseur Kurt Hoffmann betont, sie sei natürlich noch keine große Schauspielerin, wisse aber durch ihre Persönlichkeit zu überzeugen. Das genüge für die Leinwand, im Gegensatz zum Theater. Er vergleicht die Fünfzehnjährige bereits mit dem Ufa-Star Renate Müller.

Im Vorspann von *Feuerwerk* erscheint ihr Name gleich nach dem von Lilli Palmer und dem Titel. Der Streifen spielt 1809, die an das Operettenvorbild angelehnte Handlung schildert in pastellfarbenem Ambiente den nicht allzu dramatischen Konflikt vom Einbruch des unseriösen Zirkusgewerbes (wobei bereits die verfälschte Syntax in Lilli Palmers Text Exotismus garantiert) in die traute Bürgerlichkeit. Im Liebeskonflikt bewährt sich junger Konservativismus gegen alten Konservativismus. Haus, Ehe, Familie bleiben das Ziel, »dann hat unser Dasein Sinn und Ziel«. Zwischen Matronen, wie von Olaf Gulbransson karikiert, und an Ludwig-Thoma-Sujets erinnernden Figuren spielt Romy Schneider eine größere Rolle, in der sie zudem ihren ersten Filmkuss erhält. Die Szene bereitet ihr lange Kopfzerbrechen. Eine Fünfzehnjährige, die bei den Großeltern auf dem Land aufwuchs und danach ein katholisches Internat besuchte, soll nun ohne Ausbildung vor einer Kamera Dinge spielen, für die ihr im Leben die Erfahrungswerte fehlen. Liebesszenen sind ihr noch peinlich, und sie schreibt es der freundlichen und einfühlsamen Art ihres Partners Claus Biederstaedt zu, dass ihre erste Kuss-Szene auf der Leinwand letztlich gut gerät.

Es bleibt ihr einziger gemeinsamer Film. Erst im Jahr 1972 wird Biederstaedt wieder Schneiders Filmpartner, wenn auch nur indirekt. Er spricht Yves Montands Part in der deutschen Synchronfassung von *César und Rosalie*. Biederstaedt bezeichnet Romy als sehr arbeitsam und seine bis dato angenehmste Partnerin. Er beschreibt die Kuss-Szene als schwierig, da er Romy erst überzeugen musste, ihm den Kuss vor der versammelten Aufnahmecrew zu geben. »Als es geschehen war, lief sie schnell hinaus und fragte mich dann später ganz schüchtern: Liebst du mich jetzt noch? Ich werde das nie vergessen.«[83]

Die Königin

Seit 1953 Ist Madga Schneider mit dem Kölner Gastronom Hans Herbert Blatzheim (1905–1968) verheiratet, der sich ein Imperium aus Restaurants, Hotels und Nachtlokalen aufgebaut hat. In der Öffentlichkeit nennt Romy ihn »Daddy«, freiwillig oder auf Geheiß; ein paar Jahre später kühlt sich ihr Verhältnis ab, und sie bezeichnet ihn sehr technisch als »Herrn Blatzheim« oder den »zweiten Mann meiner Mutter«. Nach Blatzheims Tod, so Romys zweiter Ehemann Daniel Biasini, hätte sie ihn als »maquereau« bezeichnet, was sowohl »Makrele« als auch umgangssprachlich »Zuhälter« bedeutet, da er seine Umgebung ausgebeutet hätte.

Magda Schneider sieht das naturgemäß anders, einem amerikanischen Reporter erklärt sie: »Herr Albach-Retty ist nur der Erzeuger von Romy, der wirkliche Vater ist Herr Blatzheim.«[84] Als Ersatz für Wolf Albach-Retty kann ihre Tochter diesen jedoch nie sehen. Der angesprochene Abwesende kann ihr, was die Vorbehalte gegen Blatzheim angeht, nicht helfen, aber auch nicht widersprechen. »Mein wirklicher Vater war wirklich kein Vater. Leider.«, befindet Romy Schneider 1981, schwächt aber im gleichen Atemzug ab: »Heute meine ich aber, er ist zu früh gestorben. Vielleicht wäre er später mehr ein Vater für mich gewesen, als ich ihn brauchte, als immer dieser andere um mich herum war. Mein Vater sagte zu mir damals: Ist doch egal, reg di nit auf, ich finde den auch widerlich, den anderen, reg di nit auf.«[85]

Im Juni 1954 ist die Familie Blatzheim/Schneider zu dritt in München und trifft in der Hotelhalle des »Vier Jahreszeiten« das Ehepaar Ernst und Lilli Marischka. Magda Schneider kennt den Regisseur von früheren Filmarbeiten und stellt ihm ihre Tochter vor. Marischka hat Romys ersten Film gesehen, äußert sich jedoch zunächst mit keinem Wort dazu. Doch er hat längst das noch unter Erz verborgene Gold in Form des Talents des jungen Mädchens erkannt. Schließlich kündigt er an, eine Neuverfilmung von *Mädchenjahre einer Königin* vorzubereiten, in dem es um die Jugend von Queen Victoria von Großbritannien gehe. Für die Hauptrolle habe er bereits eine Schauspielerin unter Vertrag (man kolportiert den Namen Sonja Ziemann), doch nun scheint sich ihm eine bessere Option anzubieten. Nach einem kurzen Telefonat besetzt er die Rolle um, bietet sie Romy Schneider an. Die Fünfzehnjährige erhält somit in ihrem dritten Film ihre erste Hauptrolle. Voller Stolz dokumentiert sie die Begebenheit und unterschreibt diese mit »Gegeben am 10. 6. 1954. Victoria (Königin von England).«[86] Beim Studium der Biographie ist sie beeindruckt von der historischen Persönlichkeit, die sie nun darstellen soll. Sogar ein Zeitalter wurde nach ihr benannt, findet sie heraus, was dem Engländer sein viktorianisches, so meint sie, wäre in ihren Breiten die »gute alte Zeit«.

Vor den Dreharbeiten besucht sie ihren ersten Filmball. Sie staunt über das Ereignis, das sie bisher nur von Illustriertenfotos her kennt, manches relativiert sich dabei, anderes verklärt sich neu. Vielen, die sie zum Tanz auffordern, erteilt sie einen Korb, sie hat Angst davor, sich zu blamieren, bewundert die Weltgewandtheit ihrer Mutter im Umgang mit der Filmprominenz. Aber auch daran will sie arbeiten. »Und wenn ich vor dem Spiegel übe jeden Abend!«[87]

Danach fährt sie zu den Aufnahmen für *Mädchenjahre einer Königin* nach Wien und logiert dort im Hotel »Ambassador«. Sie ist stolz auf ihre Geburtsstadt, besichtigt als Touristin deren Sehenswürdigkeiten. Schnell fühlt sie sich heimisch, ihr gefällt der Dialekt, sie findet die Stadt gemütlich. Von der nicht ganz so komfortablen jüngeren Vergangenheit spricht niemand. Ihr Vater spielt in Wien Theater, auch ihre Großmutter besucht sie. 1954 ist der österreichische Staatsvertrag, der dem Land die Unabhängigkeit zurückgibt, noch ein Jahr entfernt, Wien wie das restliche Land in vier Besatzungszonen eingeteilt. Romy Schneider findet das Leben hier dennoch unkompliziert. Man nehme, so erklärt ihr ein Wiener Taxifahrer, die alliierten Mächte nicht allzu ernst. Mag es romantische Verklärung einer Fünfzehnjährigen sein, aber Romy Schneider übernimmt das Bild der charmanten Dekadenz Österreichs, die sich freilich besser im lokalen terminus technicus »a bisserl schlampert« definiert. »Schlampert« bedeutet zwar »unordentlich«, die österreichische Form von »bisschen« verleiht jedoch in ihrer sanften Diminuierung nahezu jedem Begriff etwas inhärent Positives.

Romy beginnt Taschengeldverhandlungen mit ihrer Mutter. »Jetzt, wo ich selber Geld verdiene, muß es unbedingt hinaufgesetzt werden.«[88] Immer wieder passiert es ihr zu ihrer Verlegenheit, dass sie in Filmkantinen zu wenig Geld eingesteckt hat, die Mutter bezahlt dann in spe. Ihr Verhältnis zum Geld wird, wie sich später verhängnisvoll herausstellt, ebenfalls »schlampert« bleiben.

Allmählich, so erkennt sie, fängt das Filmleben an, Spaß zu machen. Die Entzauberung bei den zweiten Dreharbeiten hat sich nun in komfortable Routine verwandelt, woran wohl die Aussicht auf die künftige Hauptrolle nicht unbeteiligt ist. Die Nervosität vor dem ersten Drehtag bleibt ihr – ein Leben lang. Ein weiteres Beschwernis wird sie auch durch viele künftige Rollen begleiten: Historische Kostüme, die auf der Leinwand so prächtig wirken, sind zumeist schwer und unhandlich zu tragen, aufgesteckte Frisuren drücken, trotzdem soll die Schauspielerin Anmut und Unbeschwertheit vermitteln.

Zu ihren Partnern in der kommenden Produktion zählt Peter Weck, damals »selbst neu im Filmgeschäft, während sie zu diesem Zeitpunkt bereits einen Namen hatte, was sie uns jedoch in keinster Weise spüren ließ. Sie war so natürlich, wie man nur sein kann, schien mir unbedarft wie ein Fohlen, ging die Dinge ohne Hemmungen frontal an, lag beim Spielen intuitiv immer richtig.«[89] Den Schauspieler Rudolf Vogel kennt Romy aus der gemeinsamen Filmarbeit *Feuerwerk*, sie macht zudem die Bekanntschaft von Adrian Hoven und Karl Ludwig Diehl. Für Diehl ist es eine Art Déjà-vu-Erlebnis. 1932 filmt er mit der noch relativ unbekannten Magda Schneider *Zwei in einem Auto*, nun dreht er mit ihrer Tochter, die ebenfalls erst am Beginn ihrer Karriere steht, beide Filme nach einem Drehbuch von Marischka. Noch stärker beeindruckt Romy jedoch die Umsichtigkeit des jungen Regieassistenten Hermann Leitner, die Freundschaft zu ihm wird sie ein Leben lang begleiten. Ein weiterer Vertrauter wird der Kameramann Bruno Mondi. Er ermahnt sie, dass eine Hauptrolle zu spielen bedeute, einen Film kraft der eigenen Persönlichkeit tragen zu können, und erinnert sie an Jenny Jugo, die 1936 in der ersten Version des Filmstoffes überaus erfolgreich war. Zumindest halb so gut wie dieses Vorbild müsse sie in der Rolle werden. Doch davon ist man im Grunde bereits überzeugt. Ein Arbeitsfoto ist symptomatisch dafür: Romy sitzt auf dem Thron, hinter ihr steht Ernst Marischka, der ihr behutsam die Krone aufs Haupt setzt. Der Aufnahmestab ringsum starrt gespannt auf die Szene, überprüft Make-up, Kostüm, Einstellung. Von diesem Tun abgehoben steht der Regisseur und krönt seine Schöpfung.

Die Aufnahmen werden von einigen Pannen behindert, darunter Bindehautentzündungen der Akteure und einem Reitunfall von Karl Ludwig Diehl. Zudem reagiert Romys Haut allergisch auf die Schminke. Wieder feiert sie ihren Geburtstag während der Dreharbeiten. In den Studios des Wiener Stadtteils Sievering wird ein großes Fest für »unsere kleine Königin Romy« veranstaltet. Mit der musikalischen Untermalung von Chaplins »Limelight«, Romys damaligem Lieblingssong, kredenzt man ihr eine Torte, auf der die englische Krone aus Marzipan nachgebildet ist. Man feiert im Heurigenlokal von Anton Karas, dessen Zitherspiel im Soundtrack von *Der dritte Mann* um die Welt ging und dessen »Harry-Lime-Thema« zu Romys bevorzugten Melodien zählt. Karas unterhält sich mit ihr über die Dreharbeiten unter Regisseur Carol Reed, mit den Schauspielern Joseph Cotten und Orson Welles. Letzterer interessiert sie besonders, für ihn schwärmt sie seit ihrer Kindheit, auf eine Zusammenarbeit muss sie jedoch noch sechs Jahre warten.

Mädchenjahre einer Königin wirkt wie eine Vorlage für *Sissi*: operettenhaftes Monarchentum rund um die Liebesgeschichte einer Prinzessin, dargebracht als historisches Märchen. Mutter und Tochter Schneider werden wieder als Double verkauft, wobei Magda im Film die verständnisvolle

Tante spielt, die ihren Schützling an Mutterstelle berät. Die Gestik ist dabei vielsagend: Das charmante Lächeln hebt den erhobenen Zeigefinger auf. Und umgekehrt. Der Film entsteht in Wien, das Schloss Belvedere inkorporiert Windsor Castle, auch Johann Strauß Sohn wird in die Handlung eingebaut. Das gezielte Mischen von deutschen und österreichischen Ausdrücken in den Dialogen soll die Exportchancen des Films beim bundesdeutschen Publikum sichern. Sätze, mit denen Victoria den Hofdrill beschreibt, werden bald auch für Romys Privatleben gelten: Sie brauche nur unnatürlich zu sein, schon wäre man mit ihr zufrieden. Auch der geäußerte Wunsch nach etwas Privatheit, sie wolle wenigstens eine Stunde am Tag allein sein, wird ihr bald vertraut vorkommen. Ein wenig seltsam wirkt ein Satz, mit dem Victorias ungewöhnliches Betragen in politischen Fragen kommentiert wird: »Das Kind provoziert noch einen Weltkrieg!«

Auch der nächste Film soll in Wien entstehen, wieder führt Marischka Regie, der junge Hermann Leitner hat zu Romys Bedauern Projekte in Berlin. Nach den Dreharbeiten zu *Mädchenjahre* bringt er sie zum Flughafen Wien. Dort bricht sie in Tränen aus. Auf Leitners besorgte Nachfrage meint sie: »Weißt du, Hermann, ich habe eigentlich Angst, denn ich habe das feste Gefühl, dass das schöne, ruhige, unbeschwerte Leben für mich zuende ist. Ich habe das Gefühl, jetzt bin ich hinausgestoßen in eine Ecke, in der es sehr hart zugeht – und ich weiß nicht, ob ich damit zurechtkomme.«[90] Auf der Straße beginnen die Leute sie zu erkennen. Sie findet es schön, gleichzeitig fürchtet sie beinahe prophetisch um ihre Privatsphäre, dass es einmal nicht mehr möglich sein werde, ein Lokal zu betreten, »ohne dass jemand zuschaut, wie ich es mache und ob ich auch richtig und gesittet esse. Und wenn nicht, warum wohl?«[91]

Bevor sie den neuen Film beginnt, unternimmt Romy mit ihrer Mutter und Hans Herbert Blatzheim eine Reise nach Italien – und stellt begeistert fest, dass Audrey Hepburn und Mel Ferrer im selben Flugzeug reisen. Im Hotel

»San Domenico« in Syrakus sieht sie den italienischen Star Alida Valli, auch sie ist ihr aus *Der dritte Mann* bekannt. Sie trifft Gustaf Gründgens, es macht sie stolz, dass er sie bereits kennt, ihre Filme gesehen hat und ihr alles Gute für die Zukunft wünscht. Zurück in Köln, überdenkt sie die bisherigen Filmarbeiten und die jüngste Reise, resümiert abgeklärt: »Ehe man sich besinnt, wacht man auf und alles ist wie vorher. Die Erinnerung ist oft das Schönste im Leben, glaube ich.«[92]

Den Weihnachtsurlaub verbringt sie wie gewohnt in Berchtesgaden, fühlt sich »wie zu Besuch bei mir selbst«.[93] Am 25. März 1955 beginnen im Wien-Film-Atelier die Dreharbeiten zu *Die Deutschmeister*, einem Remake der Robert-Stolz-Operette *Frühjahrsparade*, in der 1934 Wolf Albach-Retty in der männlichen Hauptrolle zu sehen war. Romy hat den Film Jahre zuvor in einem Salzburger Kino gesehen. Albach-Rettys Part übernimmt nun ein junger Mann, dessen Vater ebenfalls Schauspieler war: Siegfried Breuer jr. Für ein Arbeitsfoto posiert Romy in historischem Kostüm und moderner Sonnenbrille, auf einem Gebäude im Hintergrund prangt der Sowjetstern mit den Konterfeis von Lenin und Stalin. Noch ist Wien in alliierte Zonen aufgeteilt.

Der Vorspann des Films dokumentiert ihre neue Wertigkeit, man präsentiert »den Ernst-Marischka-Film *Die Deutschmeister* mit Romy Schneider«. Passagenweise ist auch dieser Streifen eine Art Vorstudie zu *Sissi*. Im Salzburger Dirndl zieht Romy singend einen Berg hinunter, das Schicksal verschlägt sie nach Wien, wo sie eine Art Cinderella-Entree in die vornehme Gesellschaft erlebt. Der Frauentyp, den sie verkörpern soll, ist längst definiert: ein junges, hübsches Mädchen von naiver Gutherzigkeit. Dreimal, lässt das Drehbuch sie sagen, sei sie bisher im Leben glücklich gewesen: als ihr ein Zahn nachwuchs, ihre Kuh kalbte und nun mit dem jungen Mann an ihrer Seite. Magda Schneider spielt wieder ihre Tante, übernimmt dabei wie in *Mädchenjahre* den Muttersatz, gibt sich streng, aber verständnisvoll. Für das deutsche Publikum hat man einen Lehrbub aus Berlin eingebaut, der sich in der österreichischen Terminologie zurechtzufinden versucht, und in Hans Mosers Lied heißt es, es wäre einerlei, ob der Wein an der Donau wachse oder am Rhein. Die Handlung abseits der Liebesgeschichte kann treffend verknappt werden zu: »Zwei Salzstangerln machen Weltgeschichte«. In einer Szene macht Romy in Schönbrunn einen Hofknicks vor dem 79 Jahre alten Kaiser Franz Joseph, dargestellt von Paul Hörbiger, wenige Monate später wird sie dort als »Kaiserin« wieder einziehen.

Ernst Marischka

Am Set gemahnt der korpulente, freundliche Herr mit der spiegelnden Glatze und dem ansteckendem Lächeln an eine austriakische Version von Alfred Hitchcock. Die Schultern leicht zurückgenommen, bewegt er seine imposante Leibesmitte durch die Szenerie, achtet auf Details, parliert charmant mit den Darstellern, gibt mit kurzen Armbewegungen beiläufig erscheinende, aber bestimmte Anweisungen, kontrolliert aufmerksam das Geschehen vor der Kamera. Den Umgang mit Schauspielern hat er früh gelernt. Der österreichische Regisseur Ernst Marischka, geboren 1893, entstammt einer Wiener Theaterfamilie. Ab dem Jahre 1913 schreibt er für den Stummfilm, ab 1915 übernimmt er Regiearbeiten. Seine künstlerische Entsprechung findet er in der frühen Tonfilmzeit, als er Operettensujets filmgerecht bearbeitet, wobei sein Schwerpunkt auf romantischen, von regelmäßigen Buffoeinlagen der Komiker unterbrochenen Plots liegt, die er zumeist in kostümprächtiges historisches Ambiente setzt. Sozialkritik oder politische Deutungen spart er dabei stets aus. Der Zweite Weltkrieg unterbricht diese Arbeitsweise nur unwesentlich, in der Nachkriegszeit übertrifft er mit Remakes und Adaptierungen bewährter Stoffe seine früheren Erfolge. Er liegt damit voll im Trend einer Kinoindustrie, die auf der Flucht vor den jüngsten politischen Ereignissen Zuflucht in einer märchenhaften Historie suchte, die der eigenen geschichtlichen Vergangenheit fern genug liegt, um ungefährdet glorifiziert zu werden.

Blickt man heute auf die Streifen, die bis in die 1960er Jahre entstanden sind, sieht man sich mit einer großen Anzahl an Unterhaltungsfilmen von zum Teil hoher Qualität in der Machart konfrontiert. In all ihrer Künstlichkeit scheint sich über die Jahre hinweg eine eigentümliche »Authentizität« herausgebildet zu haben, deren apolitisch artifizielle Natur das Publikum kaum stört. Der kommerzielle Erfolg der Filme, in denen man ein idealisiertes Österreich oder Deutschland darstellt, ist unbestritten, die Gründe dafür sind vielschichtig und nicht nur ökonomischer Natur. Der Wiederaufbau Österreich nach dem Krieg findet vor allem äußerlich statt. Während man darangeht, die Schutthaufen zu beseitigen, beginnt in der vom Krieg gezeichneten Stadt wieder der Kulturbetrieb mit Konzerten und Bühnenproduktionen. Auch die Kinoindustrie nimmt die Arbeit wieder auf. Am 21. August 1945 vereinbart die »Wien-Film« mit dem Staatsamt für Wiederaufbau einen Vertrag zu einem Dokumentarfilm über die Restaurationsarbeiten in Wien, beginnend mit dem Stephansdom und anderen historischen Bauten, wobei der Wunsch ausgedrückt wird: »So muss es wieder werden.«[94] Dieses unpolitisch anmutende Statement transportiert die Haltung des offiziellen Nachkriegsösterreich in durchaus politischer Art und bezieht sich auf die für den Fremdenverkehr wie auch als Filmkulisse taugliche Wiederherstellung öffentlicher Bauten, die zur äußerlichen Identifikation Wiens und seiner Kultur benötigt werden. In diesem optisch vertrauten Ambiente sollen neue Filme nach bewährtem alten Schema entstehen, die ein unterhaltsames, unpolitisches Österreich-Bild vermitteln. An eine kritische Rezeption der jüngsten historischen Ereignisse, ein Bekenntnis zur eigenen Mitverantwortung daran ist nicht gedacht. »So muß es wieder werden!« bewährt sich ab 1945 für den Fremdenverkehr, für den sich das in Dokumentar- wie Spielfilmen restaurierte Österreich in seiner neuen, selbstgewählten Rolle als historisches Dornröschen zum gutgetimten Schönheitsschlaf ausstrecken kann.

In der unmittelbaren Nachkriegszeit hat der Wiener Film etwas an Zugkraft verloren. 1951 versucht man mit einem retrospektiven Titel an vergangene Erfolge anzuschließen: *Verklungenes Wien*. Anschauliche Veduten eröffnen den in Schwarzweiß gedrehten Film: Man sieht unter anderem den Stephansdom, die Oper, das Parlament, aber auch die Vorstadt. Der zum Frühstück fahrende und von seinem Balkon in Schönbrunn Festzüge betrachtende betagte Kaiser lokalisiert den Film historisch, wenn auch ziemlich vage. In der Stereotypisierung als »alter Kaiser« scheint er zu diesem Zeitpunkt endgültig auf ein Alt-Wiener Wahrzeichen reduziert. Doch vier Jahre später, 1955, wirbt Karlheinz Böhm als junger Franz Joseph in *Sissi* um Romy Schneider. Beiden Filmen gemeinsam sind Liebesgeschichten in historischem Gewand, Salonorchester, vor denen Militärs mit Damen der Gesellschaft tanzen, und Ausritte im Prater, beide haben auch denselben »Spielleiter«: Ernst Marischka. Karlheinz Böhm meint über den Regisseur: »Er wusste genau, was er wollte, plante die Einstellungen genauer, als ich es viele Jahre später bei Fassbinder erlebte, der sehr viel mehr vor Ort kreierte und änderte.«[95]

»Was haltet ihr eigentlich von dieser Romy Schneider?«

Die Zeitungen hofieren die innerhalb von nur einem Jahr zu Starruhm Avancierte, registrieren, dass sie es in der Bambi-Liste bereits auf den vierten Platz geschafft habe. Romy ist sechzehn Jahre alt und kennt das Leben mittlerweile nur mehr aus dem Fenster von Hotelzimmern und innerhalb der Filmstudios. Wenn sie vor einem offiziellen

Auftritt durch die Menge schreitet, muss diese bereits hinter Absperrseilen zurückgehalten werden, strecken sich ihr Dutzende Arme entgegen, starren sie weitaufgerissene Augen an, ruft man ihren Namen, Autogrammbitten und Komplimente. »Tausende kennen mich, ohne daß ich sie kenne. Ich bin oft unglücklich darüber. Ich wünschte, ich könnte einmal mit diesen vielen Unbekannten sprechen und sie fragen: Sagt mal, was haltet ihr eigentlich von dieser Romy Schneider?«[96] Jahre später wird es ihr gefallen, sich unerkannt unter die Leute zu mischen, jedoch nicht mehr, um ihnen Fragen zu stellen, sondern selbst keine mehr beantworten zu müssen. Mit sechzehn Jahren erstaunen sie solche Überlegungen. Sich selbst einzuordnen fällt ihr schwerer als anderen Menschen ihres Alters. Zu schnell kommt der Erfolg, hebt sie aus der Menge hervor, wird die unbekannte vierzehnjährige Schulabgängerin Rosemarie Albach zum »Allgemeingut« Romy Schneider. Ein Kunstprodukt, geformt aus spärlichen biographischen Angaben, geprägt durch auf den Geschmack eines Massenpublikums angelegte Dramaturgie vor und hinter der Kamera. Vielleicht, so fragt sie sich, sei ihre Karriere nichts weiter als eine Seifenblase, die einmal mit einem lauten Knall platzen werde. Dabei hätte sie sich doch nicht selbst »aufgeblasen«, fügt sie halb im Scherz dazu. Das sehen auch andere so. Die damals 26-jährige Nadja Tiller sieht den Erfolg Romy Schneiders in der perfekten Vermarktung ihrer Person durch Schneiders Management, aber auch durch die Filmindustrie, die ihren Kassenmagneten so oft wie möglich gewinnbringend einsetzen möchte. »Die Romy ist ja die Einzige, für die wirklich was getan wird. Hinter der steht eine ganze Phalanx. Bei uns anderen ist es doch jedes Mal mehr oder weniger Glück, wenn wir eine vorteilhafte Rolle bekommen.«[97]

Der Grund für solche Reflexionen ist für Romy aber eine Begegnung mit einem »alten Hasen vom Film«, wie sie schreibt, dessen Namen sie verschweigt, der ihr vermittelt habe, sie würde zwar gut aussehen, der Rest läge jedoch einfach im Geschick von Regisseuren. »Und eines Tages sitzt du da mit deinem Talent, bist fertig, auch mit dem Filmen – was kannst schon? Was Vernünftiges hast doch net gelernt?!«[98] Bis zum Ende ihres Lebens werden Romy Schneider diese Fragen begleiten, die Antworten darauf werden ihr zunehmend fehlen. Noch tröstet sie sich damit, jung genug zu sein, um »alles« noch lernen zu können, auch Theater zu spielen, vielleicht irgendwo in der Provinz. Bis auf wenige Ausnahmen wird sie es nicht tun, sie wird von Film zu Film leben und sich immer wieder dieselben Fragen stellen. Mit sechzehn Jahren besteht sie noch darauf, sich in jeder Rolle selbst zu spielen, mit wechselndem Text zwar. »Aber ich bin's. Und ich bleib's!«[99] Noch scheint sie in ihrem Beruf, den sie im Grunde nie erlernt hat, rein intuitiv alles richtig zu machen. Magda Schneider beschreibt ihre Tochter bei der Arbeit: »Ich stand manchmal in der Kulisse und schaute zu, und da hatte ich dann und wann das gleiche Gefühl, den Atem anhalten zu müssen. Sie geht in eine Szene hinein, entfaltet sich – und ich frage mich im stillen ganz verzweifelt: Wie kommt sie da wieder raus? Es ist wie mit einem Rennfahrer, der in die Kurve geht, und alle Zuseher zweifeln daran, daß er diesen Bogen schafft. Er schafft ihn trotzdem. Und Romy schaffte diese Szene. Und ich atmete auf. Und der Regisseur schüttelte den Kopf.«[100]

Die Kritik feiert *Die Deutschmeister* und seine Hauptdarstellerin, bundesdeutsche Presseberichte nennen ihn »Kaviar für das Volk« und »das Non plus ultra des unsterblichen Wiener Films«.[101] Noch während der *Deutschmeister*-Dreharbeiten fliegt Romy Schneider nach Zürich, um bei der Premiere von *Mädchenjahre einer Königin* anwesend zu sein. Da man ihre Ankunft per Zug angekündigt hat und der Bahnhof von Fans belagert wird, steigt sie nach der Landung am Flughafen in den Zug um und trifft vor einer umjubelten Menge am Hauptbahnhof ein. Romy notiert, sie wäre gern als Zaungast bei diesem Empfang dabei gewesen, wohl um sich selbst dabei zu sehen, zu überprüfen, wie sie auf andere wirkt, ob sie dem eigenen Bild zu entsprechen imstande ist. Erlebnisse solcher Art häufen sich nun. Ein paar Monate später sitzt sie mit ihren Schulfreundinnen Margit und Monika im Salzburger Mirabell-Kino, wo *Mädchenjahre einer Königin* gezeigt wird. Während früher ein Kinobesuch den Eintritt in eine Zauberwelt garantierte, in der man der Realität entfliehen konnte, gleicht er jetzt einer (Re)präsentation. Sie versucht, ihren Stolz und ihre Rührung zu verbergen, macht Witze und Small Talk mit den Anwesenden, beobachtet die Reaktionen der anderen aus den Augenwinkeln. Sie ist stolz auf das Erarbeitete, bedauert aber nachträglich: »Ich konnte mich nicht mehr wie damals in der Schulzeit in diese Märchenwelt versinken lassen. Bei jedem Bild sah ich vor meinem geistigen Auge den Kameramann, den Ernstl – Regisseur Ernst Marischka – oder irgendeinen Bühnenarbeiter zwischen den Kulissen, Kabeln und Scheinwerfern stehen. Die Illusion war futsch. Der weine ich heute noch nach.«[102]

In Zürich, in dessen Vorort Höngg Romy Schneider Jahre später eine kleine Wohnung erwirbt, gibt sie ihr erstes Fernsehinterview. Wie viele andere steht sie dem neuen Medium zunächst ratlos gegenüber. Sie hat im Grunde keine Einstellung dazu, erst ein paar Fernsehproduktionen gesehen, die sie als »fad« empfand. Sie selbst findet sich unsicher und schlecht bei dem ersten Fernsehinterview. Dass nicht zuletzt dieses Medium Jahrzehnte später das Andenken an sie lebendig halten wird, kann sie nicht ahnen.

Der Rückflug gestaltet sich umständlich. Wegen der Ankunft des sowjetischen Außenministers Molotow in Wien erhalten andere Maschinen vorübergehendes Landeverbot. Was der Russe in Wien macht, weiß Romy nicht genau: »Der Staatsvertrag sollte abgeschlossen werden oder was weiß ich was. Ich weiß nur: Österreich sollte seine Freiheit zurückbekommen, die Besatzungsmächte versprachen, so schnell wie möglich zu verschwinden. Eine gute Idee (obwohl sie mich nicht weiter gestört haben). Wie sollten sie auch!«[103] Molotow, so findet sie, sähe in den Illustrierten nicht wie ein mächtiger Staatsmann aus, er erinnere sie eher an einen Lehrer. Romy nützt den weiteren Tag in der Schweiz für Einkäufe und einen Kinobesuch, ist beeindruckt von der gleichaltrigen Marina Vlady in dem Film *Der Angeber*.

Im März 1955 erhält sie in München von der Zeitschrift »Der neue Film« ihre erste Auszeichnung. Die deutsche Filmwirtschaft differenziert auch hier nach Erfolgsgaranten: Karlheinz Böhm und Romy Schneider erhalten gemeinsam den Preis für die beliebtesten »Nachwuchs-Stars«, während Claus Biederstaedt, Barbara Rütting und Walter Giller als »Nachwuchs-Darsteller« kategorisiert und ausgezeichnet werden. In Geiselgasteig, wo die Preise verliehen werden, inszeniert Max Ophüls gerade *Lola Montez* mit Martine Carol, Peter Ustinov und Oskar Werner. Eine solche Rolle, merkt Schneider an, wünsche sie sich auch einmal. Mutter Magdas Antwort prangt Jahre später als Überschrift eines *Spiegel*-Artikels: »Sachte, Mausi.«[104] Romy hat jedoch bereits das Angebot für eine weitere adelige Rolle, nach einer englischen Königin soll sie nun eine österreichische Kaiserin spielen, eine Aufgabe, der sie mit Freuden entgegensieht. An ihrer Seite wird Karlheinz Böhm verpflichtet, mit dem Marischka bereits für *Mädchenjahre* verhandelt hat.

Zuvor agiert sie an der Seite von Hans Albers. Wieder geht es um ein Remake, auf das der deutsche Nachkriegsfilm setzt. Erfolgsträchtige Stoffe, die sich in der Vergangenheit bewährt haben, angesiedelt in historischer Ferne oder zeitlicher Undefinierbarkeit. Diesmal ist es *Der letzte Mann*, dessen Original von 1924 unter der Regie von F. W. Murnau eine Paraderolle für Emil Jannings beinhaltete. Für Romy ist es der erste Part, den sie als »modern« empfindet.

Die Kalkulation, der Jungstar Romy Schneider und der von früher her bewährte Name von Albers würden große Zugkraft ausüben, erfüllt sich nur bedingt, denn das Publikum goutiert den Streifen weniger als Romys drei erste Filme. Die Presse nennt *Der letzte Mann* »Ein Volksstück im modernen Gewand« und spricht von »Romy Schneider in der ersten Verwirrung ihres jungen Herzens«.[105] Ihr Name steht unter dem von Hans Albers, der Film wird im Vorspann als Remake ausgewiesen. Joachim Fuchsberger versucht als zynischer Jungunternehmer gewinnbringend in die Hotelbranche einzuheiraten. Auch privat sagt man ihm ein nahes Verhältnis zu Schneider nach.

Albers spielt in dem Film gegen sein Heldenimage an, zeigt dieses als brüchig und verletzbar. Von der zynischen Weltsicht des Drehbuchautors Carl Mayers im Stummfilmoriginal ist wenig geblieben, zwar muss die Hauptperson nach der Degradierung zum Toilettenmann schmachvoll erkennen, dass »seine« Welt auch ohne ihn funktioniert, doch letztendlich rettet ihn ein deus ex machina aus seiner Situation. »Man gewöhnt sich ans Gute, nicht ans Schlechte«, sagt man dem Nachkriegspublikum im beginnenden Wirtschaftswunder, zum märchenhaften Schluss gehört, dass der Erniedrigte gar als Hoteldirektor rehabilitiert wird. Romy Schneider sieht man in dem Film zuerst auf einem Gemälde und erfährt, dass damit ihre Mutter dargestellt wird, die seit dem Tod ihres Mannes das Hotel führt. Im Film spielt sie also diesmal in gewisser Weise ihre eigene Tochter. Sie trägt Pumps und schnittige Kleider, »Niddy, die Sexbombe!« rufen ihr die Jungen beim Bootsausflug scherzhaft nach. Die Modernität der 1950er Jahre liest sich freilich im Drehbuch so: »Als Frau ist man vom Beruf allein nicht ausgefüllt.«

Die Kaiserin

Nachdem Marischka zuvor mit *Mädchenjahre einer Königin* und *Die Deutschmeister* den Boden bereitet hatte, kreiert er mit *Sissi* 1955 seinen ultimativen Welterfolg. Das vom deutschen Wirtschaftswunder profitierende Österreich wird darin endgütig reduziert auf eine operettenhafte Vergangenheit, deren Schauplätze und Figuren der Fremdenverkehr als neue Einnahmequelle entdeckt. Zudem erhält Österreich 1955 seinen Staatsvertrag und legitimiert seine subjektive Geschichtsdarstellung mit kommerziell verwertbaren Mythen aus der Habsburgerzeit, die selbstbewusst von ferner Macht und Größe künden. Die wenigen zeitkritischen Filme zuvor hatten an den Kinokassen nicht reüssiert, daher verlegte man sich, auch um der ausländischen Konkurrenz zu trotzen, auf exportfähige populäre Stoffe. Es ist die vielzitierte »gute alte Zeit«, die man heraufbeschwört, die so nie existiert hatte, aber sich allemal besser und verkaufbarer darstellen ließ als das, was wirklich war.

»Marischka war der große Papa, der viel Geld hatte und noch Filme im großen Stil inszenieren konnte, wie es heute in unseren Breiten undenkbar wäre«, berichtet Peter Weck, der mittlerweile selbst erfolgreich Regie führt. »Während wir eine Woche in Bad Ischl herumgesessen sind, weil es geregnet hat, spielte er im Salzburger Casino an drei Tischen gleichzeitig.«[106] Senta Wengraf meint über die luxuriöse Besetzung: »Marischka konnte sich aussuchen, wen er wollte. Er hatte einen guten Namen, und *Sissi* war ein großes Projekt, zu dem niemand nein sagte. Wenn man heute das fertige Produkt sieht, bemerkt man: Es war alles nur auf Romy eingestellt, nur um sie groß herauszubringen.«[107] Zu Romy meint Marischka 1955 prophetisch: »Du wirst alle jungen Mädchen Europas zum Träumen bringen!«[108] Er sollte recht behalten. *Sissi* ist die Geburt einer »Traumfrau« – im buchstäblich irrealen Sinne des Wortes.

Am 11. Dezember 1955 strahlt der österreichische Rundfunk in seinem ersten Programm das *Sascha-Filmmagazin* aus.[109] Darin hört man Berichte über den neuen Disney-Farbfilm *Wunder der Prärie* sowie Musik und Szenen aus dem Paula-Wessely-Film *Die Wirtin zur goldenen Krone* und Ernst Marischkas neuester Produktion *Sissi*. Zehn Jahre nach Kriegsende blickt man in Österreich in die Vergangenheit zurück, freilich in keine allzu nahe, sondern eine, die sich mit dem nötigen Abstand von einhundert Jahren märchenhaft verklären lässt. Der Eintritt in das kurze Glück kostet das Publikum nur 80 Pfennige. In Anlehnung an Fritz Kreislers Operette *Sissy*, deren Libretto er zusammen mit seinem Bruder Hubert geschrieben hat, thematisiert Ernst Marischka die Liebesgeschichte zwischen der bayrischen Prinzessin Elisabeth und dem österreichischen Kaiser Franz Joseph. Marischkas Erfolgsrezept besteht auch bei dieser Arbeit darin, historische Tatsachen als diffuse Eckpunkte einzusetzen, um die herum er mit großem handwerklichen Geschick eine (Liebes)Geschichte konstruiert, die in ihrer Grundproblematik auch für die Menschen der 1950er Jahre nachvollziehbar ist. In der Phantasie des Kinopublikums steht die »Krönung« Romy Schneiders jener von Elisabeth II. von England (1953) ebenso in nichts nach wie ihre »Hochzeit« mit Karlheinz Böhm jener zwischen dem Hollywoodstar Grace Kelly und Fürst Rainier von Monaco (1956).

Romy Schneider freut sich auf die Rolle, ihr Ko-Star Karlheinz Böhm gibt sich zunächst abwartend: »Als ich den *Sissi*-Film von meiner Filmagentur angeboten bekam, habe ich am Anfang etwas skeptisch reagiert. Nach meinen bisherigen Filmen wie *Der Engel mit der Posaune* oder *Alraune* war ich mir nicht ganz klar über das Projekt. Ich traf Ernst Marischka, der mir sehr gut gefiel, wollte jedoch auch Romy und ihre Mutter Magda Schneider kennen lernen, bevor ich zusagte. Romy war sechzehneinhalb Jahre, ich siebenundzwanzig, also ein Erwachsener für sie, zu dem sie nach alter österreichischer Tradition ›Onkel Karlheinz‹ sagte, was ich ihr sofort verboten habe. Ich unterhielt mich mit ihr und fand sie sehr sympathisch. Aufgrund dieser ersten Begegnung, und weil ich von Marischka sehr beeindruckt war, habe ich zugesagt.«[110]

Die Zusammenarbeit zwischen Schneider und Böhm verläuft harmonisch, ihre Bekanntschaft beschränkt sich jedoch fast ausschließlich auf die Zeit im Studio und gemeinsame Pressetermine. Immer wieder sucht sie bei ihm Rat. »Sissi, Du fragst mir noch Löcher in meinen Bauch. Und Romy strahlte mich entwaffnend mit einem hinreißenden

Augenaufschlag an und sagte: ›Du bist ein Star. Ich bin eine blutige Anfängerin.‹ Ich antwortete: ›Sachte, Kleine, Du wirst mich sicher noch überholen. Du hast das Zeug zum Weltstar.‹«[111]

Die Dreharbeiten zu *Sissi* beginnen im August 1955. Romy logiert im Hotel Sacher und freut sich darauf, in den Sieveringer Studios alte Bekannte wiederzutreffen. Im Atelier fragt sie nach den Tafeln, von denen die erwachsenen Schauspieler ihren Text lesen können. Als Romy auch um eine solche bittet, erklärt man ihr, in ihrem Alter müsse man die Dialoge noch selbst lernen. Nach ihrem Geburtstag, den sie mit dem Filmteam wieder im Heurigenlokal von Anton Karas feiert, kokettiert sie: »Ich bin siebzehn Jahre alt geworden. Wenn man den Drehbuchautoren glauben darf, beginnt ja dann das Leben. Ich bin gespannt!«[112]

Ein leerer Thron ziert die Hintergrundgraphik des Vorspanns des ersten *Sissi*-Films, auch die weiteren Teile werden diesem Muster folgen. Der Einstieg ist dem Heimatfilm entnommen: Berge, ein See, darauf Flößer in Tracht, Jodeln. Dazwischen ein Mädchen auf einem Pferd, ein lebendes Schneewittchen, das Waldtiere füttert, die sie später in die Freiheit entlässt. Auch auf die für das Genre dramaturgisch obligatorischen Jagdszenen verzichtet der passionierte Jäger Marischka nicht. Zunächst geht Sissi mit ihrem Vater durch den Wald, später begleitet sie ihren Zukünftigen auf die Pirsch. Karlheinz Böhm ist ein gutmütiger Kaiser, die glorreiche Historie blickt in Form eines Gemäldes von Maria Theresia über seinem Schreibtisch streng auf ihn herab.

Sissi ist bis in die kleinste Nebenrolle luxuriös besetzt. Neben seinem Liebespaar, dem verständnisvollen Elternpaar (Magda Schneider und Gustav Knuth) und der bösen Schwiegermutter (Vilma Degischer) setzt Marischka auf die Bufforollen. Der Ifflandringträger Josef Meinrad, der in *Die Deutschmeister* ebenso wie später in *Die Halbzarte* und *Der Kardinal* zu Schneiders Filmpartnern zählt, spielt hier die Rolle eines subalternen Beamten, der die künftige

Kaiserin zunächst für eine Anarchistin hält, ihrem Charme jedoch schnell erliegt. *Sissi* ist im Kern eine ganz normale Liebesgeschichte: »Es wär alles so schön, wenn du kein Kaiser wärst.« *Sissi* ist aber auch ein Werbefilm für den österreichischen Tourismus. »Ein schönes Land ist deine neue Heimat«, bekommt die künftige Kaiserin während einer Fahrt durch die Wachau gesagt. Etwa drei Minuten lang fährt Sissi die Donau abwärts Richtung Wien, die anschließende Hochzeit nimmt mehr als sechs Filmminuten in Anspruch und benötigt keinerlei Text.

Der zeitgenössischen Presse gegenüber lobt Romy Schneider die Produktion: »Die Kostümrollen als Sissi-Elisabeth fand ich herrlich. Es erinnerte mich immer ein bisserl daran, wie wir als Kinder Verkleiden gespielt haben und ich unbedingt immer die Prinzessin sein wollte.«[113] Nicht alles an der Verkleidung freilich ist märchenhaft schön. Um der Frisur des historischen Vorbilds gerecht zu werden, muss sie eine sechs Kilo schwere Perücke tragen, die ihr Kopf- und Nackenschmerzen bereitet. Dazu kommen Bindehautentzündungen, die für die Nahaufnahmen rasch auskuriert werden müssen, und der Umstand, in enganliegenden Stoffen in der Spätsommerhitze schwitzen zu müssen. Letzteres durfte vor der Kamera bestenfalls in der Art imperialer Transpiration sichtbar sein. Als das Wetter umschlägt, folgt eine Kaltfront, der Drehplan muss adaptiert werden. Marischka fügt immer wieder neue Szenen hinzu, um das Endresultat noch mehr abzurunden, zieht die Dreharbeiten dadurch bis in den November hinein. Vor der Kamera im Mittelpunkt zu stehen ist Romy nun vertraut, Maskenbildnerinnen korrigieren ständig das Make-up oder die Frisur, technische Assistenten umringen sie mit Maßbändern, um die richtige Position zu bestimmen. Zwischen den Aufnahmen stehen Termine für Pressefotos auf dem Programm. Alleine oder mit ihren Filmpartnern, man will darauf eine zumeist lächelnde Romy sehen. Mutter und Tochter achten darauf, nicht zwei Mal im selben Kleid bei Empfängen zu erscheinen. Einmal posiert Romy in der

Wiener Hofburg vor dem berühmten Porträt Elisabeths, das Franz Xaver Winterhalter gemalt hat. Fast ein wenig verschüchtert sitzt die erst Siebzehnjährige in modern dekolletiertem Kleid und Pumps im samtrot-weißen k.u.k.-Hofmobiliar.

Die Dreharbeiten erscheinen ihr diesmal endlos, doch sie hat gelernt, dass Filmen vor allem zeitaufwändig ist und eine enorme Finanzierung erfordert. Allein das Ausleuchten der Szenen verschlingt Unsummen, weiß sie und rechnet sich vor, dass ihre Gage und die ihrer Mutter nur einen Bruchteil des Filmbudgets ausmachen. Ihr materieller Wert für die Produktionsgesellschaft ist jedoch weit höher. Als sie im Oktober 1955 zur Premiere von *Der Letzte Mann* nach Düsseldorf fliegt, erfährt sie, dass man hinter ihrem Rücken eine hohe Versicherung für sie abgeschlossen hat. Mehr hat sie von einem privaten Arrangement: Ihr Taschengeld wird erhöht, damit findet sie sich vorläufig ab. »Ich bin ganz zufrieden, daß ich sonst mit dem ganzen Geldkrempel nichts zu schaffen habe. Man hat nur Ärger damit.«[114]

Wien habe sich seit dem Abzug der Alliierten verändert, findet sie, es sei sich seiner imperialen Tradition von einst wieder bewusst. Das Burgtheater, an dem ihr Vater engagiert war und ihre Großmutter immer noch spielt, und die Staatsoper, an der Karl Böhm, der Vater ihres Filmpartners Karlheinz, Direktor ist, werden wieder eröffnet. Das Burgtheater will Romy Schneider sogar engagieren, doch der Familienrat befindet, es sei noch zu früh dafür. Opern- und Theaterbesuche, zumeist in Begleitung ihrer Mutter, gehören längst zur Freizeitgestaltung der jungen Schauspielerin. In Wien geht sie in die Staatsoper, in Berlin in das Schloßpark- und das Schillertheater. Und natürlich versucht sie möglichst alle aktuellen Kinofilme zu sehen. Ein Mainstream-Musical wie *Der König und ich* (1956) gefällt ihr ebenso wie das spröde *Wenn es Nacht wird in Paris* (1954). Magda Schneider berichtet von Romys Faible für Marilyn Monroe, deren *Wie angelt man sich einen Millionär?* (1953)

ihr sehr zusagt, im Gegensatz zu *Niagara* (1953). Romy schätzt Burt Lancaster, Gregory Peck und James Stewart ebenso wie ihre deutschen Schauspielkollegen Curd Jürgens, O. W. Fischer, Maria Schell und Ruth Leuwerik.

Die Jungfrau von Geiselgasteig

Ein Feuerwerk eröffnet den Trailer, in dem zunächst von dem »Siegeszug« von *Mädchenjahre* und *Deutschmeister* die Rede ist und dann *Sissi* als »neuer Großfilm von Ernst Marischka« angekündigt wird, »eine strahlende Schau der Lebenslust, echt und menschlich, volkstümlich und humorvoll«. Der Werbetext spricht von verschwenderischer Pracht der Ausstattung, dem Rhythmus zündender Melodien im Spiegel des Lichtes und der Farben, »Sie werden entzückt sein von *Sissi* mit Romy«.

»*Sissi* mit Romy« hat am 21. Dezember 1955 im Wiener Apollo-Kino seine glanzvolle Premiere. Fast alle sind begeistert, nur Peter Weck findet allzu wenige seiner Szenen auf der Leinwand wieder: »Marischka hatte einen gewissen Narren an mir gefressen, vergrößerte meine Rolle ständig, was auch Romy freute, da wir viele gemeinsame Szenen hatten. Leider wurden etliche später herausgeschnitten, weil der Verleih in Deutschland meinte, dass meine Rolle als Carl-Ludwig nicht größer sein könne als die von Karlheinz Böhm.«[115]

Es ist eine erfolgreiche Zeit für das deutsche Kino. 1956 berichtet die deutsche Lichtspielindustrie von 815,5 Millionen verkauften Kinokarten, man errechnet einen Schnitt von 15,6 Kinobesuchen pro Person. Die Produktion ist ein früher Fall von Merchandising: Der österreichische Staat, inzwischen als »Zweite Republik« anerkannt, nützt das Bild »seiner« fotogenen Kaiserin als corporate identity auf Streichholz- und Zuckerschachteln, man plakatiert es, verteilt es als Postwurfsendung.

Bemerkenswert ist die Tatsache, dass der Kult um die

Person Sissi eine Ausprägung der Nachkriegszeit ist. In den entsprechenden Streifen der 1920er und 1930er Jahre ist die einstige Kaiserin von Österreich lediglich eine Randfigur in Filmen über Kronprinz Rudolf oder Kaiser Franz Joseph, die beide wesentlich öfter als Filmfiguren auf der Leinwand zu sehen sind. Auch ältere Arbeiten, die nur ihr gewidmet sind, wie *Kaiserin Elisabeth von Österreich / Der Mord von Genf* (D 1921) kommen nicht über traditionellen biopic-Status hinaus. Erst mit Ernst Marischkas nun begonnener *Sissi*-Trilogie wird Elisabeth zur bald weltweit bekannten und verehrten »Sissi«. Dazu trägt vor allem die junge Romy Schneider bei, die bis heute das Bild der jungen, schönen Kaiserin prägt. Es wäre ein interessantes Untersuchungsthema, inwieweit die lebhafte Beschäftigung mit der nun legendären historischen Monarchin (etwa die Umgestaltung der Prunkräume der Wiener Hofburg in ein »Sisi-Museum«) zumindest unterschwellig mit ihrer Person verknüpft ist und bleibt.

Wie ihre bekannteste Darstellerin auf der Leinwand wird auch die österreichische Kaiserin schon zu Lebzeiten Zentrum eines Personenkults. Man bewundert ihre Schönheit, diskutiert ihre Flucht vom Wiener Hof. Die Überschneidungen in den Lebensschicksalen von »Sissi« und Romy hat die Phantasie des Publikums immer wieder angeregt. Zwei schöne Frauen, trotz luxuriösem Ambiente in Leben und Ehe(n) unglücklich, treten beide auf ihre Art die Flucht aus der jeweiligen Öffentlichkeit an, müssen schmerzvolle Verluste hinnehmen, sterben einen frühen, tragischen Tod, erfahren danach kulthafte Verehrung.

Die bayrische Prinzessin Elisabeth Amalie Eugenie, von ihrer Familie und später auch im Volksmund »Sisi« genannt (das zweite »s« ist eine Bühnenerfindung), wird im Jahre 1837, also 101 Jahre vor Rosemarie Magdalena Albach, genannt »Romy«, in München geboren. 1854 wird die Siebzehnjährige nach der Hochzeit mit Franz Joseph I. Kaiserin von Österreich. Romy ist im selben Alter, als sie die Rolle spielt. Ab dem Jahr 1860 entflieht die Kaiserin der Hofetikette, begibt sich auf ausgedehnte Reisen, die sie nach Ungarn, Griechenland und in die Türkei führen. Das rastlose Getriebensein und die Weltflucht der Monarchin schürt die Phantasie der Menschen bis heute. Sogar eine Art von Merchandising mit Figurinen, Abbildungen, Fotos und Kultgegenständen von Sisi gab und gibt es. Großes Aufsehen erregten auch die Schicksalsschläge, die Elisabeth hinnehmen muss. Zwei ihrer Kinder sterben zu ihren Lebzeiten, eine Tochter mit zwei Jahren, ihr Sohn, Rudolf, der österreichische Thronfolger, nimmt sich gemeinsam mit seiner jungen Geliebten Mary Vetsera 1889 das Leben. 1898 wird Elisabeth von dem italienischen Anarchisten Luigi Lucheni in Genf mit einer Feile erstochen. Durch den Kult um die *Sissi*-Filme von Ernst Marischka entsteht neues Interesse an der historischen Figur, die sich als vielschichtig-faszinierende, tragische Persönlichkeit offenbart.

Nur eine kurze Zeit glaubt Schneider daran, dass sie eine Identifizierung ihrer Person mit Sissi werde vermeiden können. Zeitungsschlagzeilen prophezeien 1955, dass sich das Publikum in Romy Schneider verlieben werde. In einem kurzen Promotionfilm sieht man Magda und Romy Schneider auf einem Pferdewagen in den Kinderzoo fahren, wo Romy mit Entenküken posiert. Für Sekunden zeigt die Kamera dem Publikum ihr ungeschminktes sommersprossiges, wesentlich jünger als im Film wirkendes Gesicht. Der Erfolg des Films manifestiert sich in märchenhaften Verkaufszahlen, die sich von Helsinki bis Madrid wiederholen. In einer Publikumsumfrage nach der beliebtesten Schauspielerin Deutschlands landet Romy im November 1955, also knapp anderthalb Jahre nach ihrem Filmdebüt, hinter Maria Schell auf Platz zwei und verweist Ruth Leuwerik auf Platz drei. Im Dezember reist sie nach Paris, schwärmt von der Stadt, die später ihre zweite Heimat wird, wird von »Le Figaro« interviewt. Als Ehre empfindet sie das Angebot Luis Buñuels, in seinem Film *Der Tod in diesem Garten* mitzuspielen, was sie, wie sie schreibt, aus Termingründen ablehnen muss. Die Hintergründe dafür liegen vermutlich eher in der Karriereplanung ihres häuslichen Managements. Die Rolle einer leidenden Taubstummen, noch dazu unter dem für seinen verstörenden Realismus berüchtigten Buñuel, scheint Magda Schneider aus Imagegründen zu riskant.

Bei der Premiere von *Sissi* in München kann sie den Film nicht mehr genießen. »Ich hatte ihn schon fünf- oder sechsmal gesehen vorher, und jetzt hatte ich bereits an fast allen Szenen etwas auszusetzen. Es gibt immer einiges, das man noch besser hätte machen können.«[116] Nach der umjubelten Aufführung gibt es einen Empfang im »Bayrischen Hof«, wo Romy zwei Jahre zuvor erstmals logierte. Sie vergibt den ersten Tanz an Karlheinz Böhm, der die Party jedoch bald verlässt, um zu seiner Frau und seiner Tochter zu fahren. Böhm erinnert sich: »Als wir nach der Premiere in einem Münchner Kino auf die Bühne gingen, ging ein Applaus los, wie ich ihn als Schauspieler noch nie gehört hatte. Für mich kam das unerwartet. Die Dreharbeiten verliefen gut, aber diesen Erfolg hatte ich nicht erwartet. Es gab weitere Premieren in vielen verschiedenen Städten, ich bekam immer mehr Autogrammwünsche. In den fünfziger Jahren gab es Tage, an denen ich zwischen 150 und 200 Fanbriefe beantworten musste, manchmal sogar mehr. Es war eine Popularität, die ich nie vorausgesehen hatte. Dann bot man mir den zweiten Film an, den ich mit Abstand für den besten der Trilogie halte. Ich war langsam beunruhigt, dass sich meine Popularität ganz auf die *Sissi*-Filme reduzierte. Ich habe damals im Jahr vier bis fünf Filme gedreht, darunter einige, die durchaus nicht schlecht waren, aber ich hatte ein Image erhalten, bei dem mich die Menschen immer mit dem Kaiser Franz Joseph identifizierten. Ich hatte viele Gespräche mit Ernst Marischka, weil ich eines noch nicht begriffen hatte, das ich heute verstehe. Diese drei Filme haben mit dem Kaiser Franz Joseph von Österreich und der Kaiserin Elisabeth relativ wenig zu tun, sie sind keine historischen Dokumente. Aber die Filme sind einfach phänomenal. Von Ernst Marischka, der ein Genie war in dieser Beziehung, und, ich kann reinen Herzens dieses Wort benützen, als Unterhaltungsfilme gedreht, in denen man gerne lacht und weint, ohne sich dafür zu schämen – und das bereits in der dritten Generation. Und sie waren mit hochqualifizierten Schauspielern besetzt.«[117]

Am 7. März 1956 widmet »Der Spiegel« Romy Schneider eine Titelgeschichte. Mit Spitzenkragen, Federhütchen, einer Plastikrose in der Häkelhandschuhhand, den Blick über einem strahlendem Lächeln nach oben gerichtet, hält Romy auf dem Cover eine von einem Goldkettchen gezierte Hand an den Kopf gelegt. »Die Jungfrau von Geiselgasteig« prangt als Bildunterschrift, untertitelt mit »Mutter, Tochter und ein Gastronom: Romy Schneider.«[118] Der Bericht beginnt mit einer stolzen Bilanz. Ein siebzehn Jahre und fünf Monate alter Backfisch, der nie Schauspielunterricht genoss, habe es nach nur sechs Filmrollen geschafft, die gesamte renommierte Filmelite zu überrunden. Sie ist, nach den untrüglichen Versicherungen der Kinobesitzer, der sicherste Erfolg für Gewinne in Millionenhöhe. Ausführlich widmet sich »Der Spiegel« der Person von Romys Stiefvater Hans Herbert Blatzheim. Der Kölner Gastronom genießt in der Branche zweifelhaften Ruhm. Anfänglich Zaungast bei Dreharbeiten, zeigt er sich vermehrt als Vater und Manager: »Manchmal fragen wir uns ja unwillkürlich: Wo hat dat Kind dat her? Romy spielt eben alles sehr natürlich. Darin unterscheidet sie sich von Maria Schell. Wissen Se, die Schell spielt mit dem Verstand. Aber Romy spielt mit dem Herzen.«[119]

Magda Schneider liefert einen der Gründe des Erfolges. »Warum springen die Menschen so auf Romy an? […] Weil sie spüren, daß hier endlich einmal ein Geschöpf ist, das mit dem Dreck der Welt noch nicht in Berührung gekommen ist! Den anderen Siebzehnjährigen des Films […] glaubt doch keiner, daß sie noch unberührt sind.«[120] Fest steht: Romy als »Brigitte Bardot allemande« zu etikettieren, wie es die französische Zeitschrift »Cinémonde« versuchte, war nicht zielführend, da Romy das Gegenteil jener »verworfenen Unschuld der neuen demivierges des französischen Films«[121] repräsentierte. Romy Schneiders bisherige Karriere verlief ohne Skandale. Herbert Tischendorf, der Verleihchef der Herzog-Film, *Sissis* deutscher Verleihfirma, ist überzeugt: »Die bleibt uns taufrisch bis 21!«[122] Ein junges Mädchen, welches das Publikum sehen will. Senta Wengraf zitiert Ernst Marischka: »Über Johanna Matz, die er für den Film entdeckt hatte, meinte er, sie hätte bereits ein Kind und wäre deshalb zu alt für die Rolle der Sissi. Einer Frau, die schon ein Kind hat, glaubt man ein junges Mädel nicht.«[123]

Romys Vertrag mit der Herzog-Film wird zunächst auf zwei Rollen verlängert und garantiert ihr für jede 25000 Mark Gage sowie eine Gewinnbeteiligung von 15 Prozent. Bis dato war die Filmfirma recht günstig gefahren, da Romys Vertrag fixiert wurde, bevor man wusste, wie erfolgsträchtig das junge Mädchen, dem man inzwischen den Spitznamen »Shirley Tempelhof« gab, sein würde. Verwaltet wird das Geld von »Daddy« Blatzheim, der angibt, dass Romy in den Anfangsjahren 1953 bis 55 in ihren ersten sechs Filmen insgesamt 105000 Mark verdient hätte.[124] Romy – respektive ihr Management – haben künftig auch ein Mitspracherecht bei der Drehbuchauswahl und bei dem Regisseur, und man macht davon Gebrauch. Lukrative Angebote wie Rollen in Remakes von *Die drei von der Tankstelle* von der Berliner Firma Berolina und *Der Kongress tanzt* von der Münchner Gloria werden nach Blatzheims Angaben abgelehnt. Beide Firmen distanzieren sich von dem kolportierten 75000 Mark schweren Gagenangebot für Schneider. Hollywood andererseits akzeptiert die Bedingungen nicht, wonach ein Film in den USA erst in Frage käme, wenn Drehbuch und Regisseur feststünden und die Drehzeit nur drei Monate betrage. Auch das von Ernst Marischka forcierte Projekt, eine englische Version von *Mädchenjahre einer Königin* herzustellen, in der Romy an der Seite von Clark Gable und Claudette Colbert agieren könnte, kommt dadurch nicht zustande.

»Sie wurde von ihren Eltern als Filmstar verkauft, war

sehr ehrgeizig und für ihr Alter verblüffend diszipliniert«,[125] analysiert Karlheinz Böhm Romys Situation Mitte der 1950er Jahre. Blatzheim nützt die Werbewirksamkeit seiner »Tochter« für seine Unternehmungen, ist Herausgeber der »Blatzheim-Bilder-Zeitung« (Auflage: 20300 Stück, in ähnlichen Medien sollte sich Romy ihr ganzes Leben lang ungefragt wiederfinden) und des »Gourmet«, beide Blätter erscheinen im eigenen Verlag. Natürlich werden auch Berichte über »Tochter Romy« darin als werbewirksames Mittel benützt. »Romys Gelder«, so seine Darstellung 1959, »[...] sind nicht in meinen Betrieben angelegt. Sie hat ein Bankkonto in München, eins in Liechtenstein und ein drittes in Köln. Sie hat drei Scheckbücher und hebt das Geld, das sie braucht, selbst ab. Allerdings [...] sieht sie noch nicht viel davon. Kürzlich – das habe ich unter der Hand erfahren – schrieb sie einen Scheck aus und fragte besorgt eine Bekannte: ›Kann der Daddy das eigentlich feststellen, ob ich was abhebe?‹«[126]

Man achtet darauf, dass von der Taufrischen keine »Busenbilder« kursieren, Blatzheim scheint indes bereits die weitere Karriere vorausgeplant zu haben: »Wenn wir auf Kurven machen wollten, könnten wir dat auch [...], denn die Romy ist ja zauberhaft gebaut.«[127] Vorläufig ist man dazu noch nicht bereit, Blatzheim erkundigt sich bei Tischendorf vielmehr, ob der *Sissi*-Film auch für Sechsjährige zugelassen sei, um auch diese Publikumsschicht ansprechen zu können. Was die schauspielerische Weiterentwicklung angeht, verfolgt Magda Schneider die Überlegung, Romy in absehbarer Zeit auf die Theaterbühne zu schicken. Da es für sie undenkbar erscheint, die Filmerfahrene als Anfängerin in eine Schauspielschule zu schicken, überlegt man, sie unter einem Regisseur diverse Bühnenrollen einstudieren zu lassen, damit der Filmstar das Theaterhandwerk ebenfalls erlernt und (nach abgetauter Frische) ausüben kann.

Impulsiv reagiert Blatzheim auf den Artikel der Berliner Journalistin Edith Zübert-Dahlfeld, die im April 1955 zu fragen wagt: »Ist Romy nicht ohne Mama zu haben?« Die bisherige Kritik, so Blatzheim, bescheinige, dass Romys Entwicklung durch seine Frau und ihn vernünftig gesteuert werde. »Nur dadurch, daß Romy mit meiner Frau zusammenarbeitet, lernt sie, und die Erfolge beweisen ja auch, daß diese Methode nicht nur für Romy das einzig Richtige ist.«[128] Stände sie wie bei *Feuerwerk* nicht neben ihr vor der Kamera, begleite sie ihre Tochter zu den Dreharbeiten, kontrolliere ihre Arbeit und unterstütze sie. Die hartnäckigen Gerüchte, Romy könne nur im Doppelpack mit ihrer Mutter engagiert werden, kann Blatzheim freilich nicht ausräumen. Diese manifestieren sich bereits in dem brancheninternen Bonmot: »Für Romy allein zahlen die Produzenten 50000 Mark, für beide zusammen 40000 Mark.«[129]

Romy weiß, dass »Mammi« sie abschirmt, respektiert aber ihre Erfahrung in der Branche. Da man fast täglich an gemeinsamen Projekten arbeitet, wird jede Einzelheit besprochen, das Verhältnis zur Mutter ist eher das zu einer Managerin. Später wird Romy Schneider die Einflussnahme weniger selbstverständlich beschreiben, räumt aber ein: »Andererseits habe ich mich damals als Tochter und Filmstar sehr wohl gefühlt, weil es mir ja gut ging. Es war eine Welt von Krinolinen, Walzern, Flirts, immer in Dekorationen von Marischka.«[130] Der Großteil der Leute, mit denen sie zu tun hat, gehört der Generation ihrer Eltern an.

Natürlich war Romys Weg zum Film leichter, weil sie die Tochter eines Schauspielerehepaares ist und in einigen Filmen auch neben ihrer Mutter spielt. Dieser Umstand, so der »Spiegel« 1956, wirke sich in der Filmbranche insofern aus, als man sich nach weiteren Sprösslingen von Akteuren umzusehen begänne und deren Filmtauglichkeit überprüfe. Als Beispiele werden genannt: Walter Breuer (damals 25, der Sohn Siegfried Breuers, Romys Partner in *Die Deutschmeister*, von seinem Management sicherheitshalber in »Siegfried Breuer jun.« umgetauft), Michael Gebühr (damals 14, der Sohn Otto Gebührs), Nicole Heesters (damals 18, Tochter von Johannes Heesters, erschien in ihrem ersten

Film *Ich und meine Frau* noch lediglich unter ihrem Vornamen, wobei die Presse das Verwandtschaftsverhältnis natürlich offenlegte. Ihr Wunsch, unter dem Namen ihrer Mutter Ghijs zu spielen, lehnte man ab, seit dem zweiten Film machte sie unter dem Namen ihres Vaters Karriere), Götz George (damals 17, Sohn Heinrich Georges), Christel Wessely-Hörbiger (= Christiane Hörbiger, damals 17, Tochter von Paula Wessely und Attila Hörbiger), Thomas Hörbiger (damals 25, Sohn von Paul Hörbiger) und Ursula Lingen (damals 26, Tochter von Theo Lingen). Es liegt auf der Hand, dass es der Glanz der Namen aus vergangenen Ufa-Tagen war, den man durch diese Form von »Kontinuität«, die eher eine Art »Erbfolge« war, herbeizurufen versuchte.

Auch die vielen Neuverfilmungen bewährter Filmstoffe (alle fünf Filme Romy Schneiders vor *Sissi* waren Remakes) und die Verwendung bewährter Starnamen sollen helfen, an kommerziell erfolgreichere Zeiten anzuschließen. Bei genauerer Betrachtung der Filmdramaturgie kann man feststellen, dass sich wesentliche Elemente von der Stummfilm- über die frühe Tonfilmzeit bis in die NS-Zeit unverändert erhalten haben und nun auch nach 1945 erfolgsträchtig verwendet werden. Theo Fürstenau, der Vertreter des Bundes bei der Freiwilligen Selbstkontrolle der deutschen Filmwirtschaft, ist überzeugt: »Es gibt bei uns eine Perfektion der Regie, die nicht die Fülle des Lebens faßt, sondern lediglich die gefällige Politur des Daseins [...] Das Leben ist eine glatte Konstruktion geworden, in dessen unterkühltem Bereich sich auch die Schwierigkeit, das Unordentliche, das im eigentlichen Sinne Problematische glatt erledigt.«[131] Der Regisseur, unter dessen Regie Romy Schneider den größten Erfolg ihrer Anfangsjahre drehte, weiß das genau.

Elf Jahre nach *Sissi*, 1966, nennt Romy Ernst Marischka »einen wirklichen Freund«, der sie bereits für *Mädchenjahre einer Königin* sehr bewusst gewählt habe, nicht obwohl, sondern gerade weil sie zu jenem Zeitpunkt noch keine versierte Schauspielerin war. Er sollte damit recht behalten. »Alle Filme, die ich mit ihm machte, waren ein Riesenerfolg, ein Riesengeschäft. Wie das intellektuelle Publikum oder viele andere darüber denken, das ist bitte etwas anderes, wie ich jetzt darüber denke, das ist auch etwas anderes. Was ich ihm und diesen Filmen zu verdanken hab, weiß ich. Sehr viel. Alles! [...] Er war zufrieden. Er war mein Regisseur. Dem Publikum hats gefallen, also war es richtig! Mir hat's auch gefallen! Ich war selig. Ich war die Prinzessin, nicht nur vor der Kamera. Ich war dauernd a Prinzessin. Ich war fast sieben Jahre lang Prinzessin. Aber dann wollt ich's halt eines Tages nicht mehr sein.«[132]

Das kleine Mädchen ist von der Prinzessin über die Königin zur Kaiserin aufgestiegen, hat das Phantasiepotential der Öffentlichkeit vorderhand erfüllt, die Stereotypisierung hat mit *Sissi* ihren Zenit erreicht. Romy Schneider erkennt 1955, dass sie zunehmend Erwartungen anderer Menschen, ihres Umfeldes und der Öffentlichkeit zu erfüllen hat, die sich immer weniger mit den ihren decken. Ihr Leben wird geregelt, Blatzheim und ihre Mutter handeln Verträge von bis zu 75 000 Mark pro Film aus, verwalten ihr Vermögen, gewähren Taschengeld. Sie erkennt sich als Anziehungspunkt für zahllose Fans, begreift aber auch die eigene Bewegungslosigkeit in diesem System. Veränderungen in ihrem Gesicht, an ihrer Frisur, Kleidung und Habitus, ihr Umgang sind öffentliche Diskussionspunkte. Im Gegensatz zu ihrem Management, das die Situation möglichst gewinnbringend verlängern will und alle Voraussetzungen dafür gegeben sieht, beginnt Romy nach einem Ausweg aus dem Paradies zu suchen, das für sie immer mehr zu einem Symbol der Leere wird.

Die siebzehnjährige Romy Schneider empfindet *Sissi* als Zäsur. Die Lehrjahre, so meint sie, seien vorbei, und die Gesellenzeit habe begonnen. Ihr Auftritt bei gesellschaftlichen Ereignissen ist zur Pflicht geworden, auf der Filmfirmen bestehen. Inzwischen absolviert sie diese mit Routine, immer besser gelingt es ihr dabei abzuschalten, sich zu entspannen. Als sie auf einem Filmball mit dem alpinen Olympiasieger Toni Sailer Zeit verbringt, wird sie von Reportern als seine Freundin gehandelt. Sie streitet sich mit Journalisten, die behaupten, das Publikum wolle immer wissen, was sie gerade tue. Romy versucht zu relativieren: Sie ist fast achtzehn Jahre alt, hat neun Filme gedreht und, wie sie selbst bekennt, mit der Karriere Glück gehabt. Ihr Ziel ist, eine gute Schauspielerin wie Maria Schell oder Hildegard Knef zu werden, die sie, was das Talent angeht, beide über sich einreiht. »Man macht mir immer wieder den Vorwurf, daß ich schließlich keine Schauspielausbildung hätte. Sie war ja nicht vorgesehen und jetzt fehlt mir die Zeit.«[133]

Ein Film folgt auf den nächsten. Sie nimmt, gemeinsam mit ihrer Mutter, täglich zwei Stunden privaten Englischunterricht, macht Sprachübungen. Die Filmangebote häufen sich, vor allem jene im Sujet historischer Liebesmärchen. Man böte ihr, so witzelt sie noch, alle sentimentalen Liebesgeschichten der letzten acht Jahrhunderte an. Das andere Sujet sei: »Romy, das naive Kind. Wenn ich so harmlos, doof und albern wäre, wie mich manche Autoren in ihren Stoffen kennzeichnen, dann könnte ich gleich aufhören.«[134] Die dritte Variante ist eine Zusammenfassung der beiden ersteren: Produzenten, die erprobte Erfolgsstoffe ständig variieren wollen. Eine weitere Verfilmung, in der Romy im Umkreis der Habsburger spielen soll, kommt nicht zustande. Der Produzent Herbert Gruber möchte in *Kronprinz Rudolfs letzte Liebe* den Selbstmord des österreichischen Thronfolgers und Mary Vetseras in Mayerling verfilmen. Rudolf Prack wird als Kronprinz verpflichtet, und obwohl Gruber zunächst erklärt, er wolle keine Siebzehnjährige in der Rolle der (bei ihrem Tod achtzehnjährigen) Mary, denn »das würde bei Prack wie eine Kinderschändung wirken«,[135] bemüht er sich um den Kassenmagneten Romy Schneider für den Part. Magda Schneider lehnt das Angebot jedoch im Namen ihrer Tochter ab, an ihrer Stelle erhält die (ebenfalls siebzehnjährige) Christiane Hörbiger die Chance, an der Seite Pracks zu agieren.

Romy ist gegen eine Fortsetzung von *Sissi*. Wolf Albach-Retty hat ihr im Falle eines Erfolges einen zweiten Teil prophezeit, Romy deponiert ein schnelles »nein«, worauf es so aussieht, als respektiere man ihren Entschluss. Schließlich erfährt sie im Sommer 1956 bei einem Besuch ihrer Familie in einem oberbayrischen Sanatorium, dass *Sissi, die junge Kaiserin* bereits in Planung ist. Sie werde nicht darin spielen, erklärt sie daraufhin dem Verleiher Herbert Tischendorf entschlossen am Telefon. Der wundert sich über ihren Tonfall und erklärt dann, zu beschäftigt zu sein, so dass er sich um solche Dinge gar nicht kümmern könne. Romy erinnert ihn an seine Beteuerungen, wie wichtig sie für die Firma wäre, und bittet ihn zu einer Aussprache zu sich. Tischendorf kommt nach Berchtesgaden, und Romy wird überredet. Der erste Ausbruchsversuch ist gescheitert. Das Wichtigste an *Sissi II*, betont sie später, sei die Chance gewesen, darüber hinaus in *Robinson soll nicht sterben* zu spielen, einem Stoff, an dem ihr sehr viel liegt. Die Rolle der armen Maud darin wird eine ihrer besten Darstellungen aus jenen Jahren.

Im Oktober 1956 berichten die Fachorgane von den Aufnahmen zum zweiten *Sissi*-Film. In den Ateliers am Rosenhügel werden Räumlichkeiten der Wiener Hofburg originalgetreu nachgebaut. Ausführlich berichtet man über Romy Schneiders erste Mutterrolle. »Wirkliche Ergriffenheit liegt in ihren Zügen.«[136] Die Dreharbeiten zu *Sissi II* empfindet Romy beinahe nur mehr als anstrengend, in Wien zieht sie sich wieder eine Bindehautentzündung zu. Bei den Außenaufnahmen am Hafelekar nahe der Tiroler Hauptstadt Innsbruck, wo das Kaiserpaar nach der vorangegangenen Ehekrise bei einem spontanen Urlaub seine

Flitterwochen nachholt, muss der Filmstab jeden Tag mit der Drahtseilbahn anreisen. Danach erfolgt der Aufstieg zum eigentlichen Drehort, bis zu dem das schwere technische Gerät transportiert werden muss. Touristenschwärme stehen abseits und beobachten als Zaungäste das Geschehen. Die engen Kleider der Darsteller sind nicht für das Klettern geeignet, häufig müssen geplatzte Nähte geflickt werden. Mit fünf gestärkten Unterröcken unter dem nach historischem Vorbild geschneiderten Kleid und einem bis zu den Fußspitzen reichenden Lodenüberrock muss Romy einen kleinen Gipfel erklimmen. Sie versucht ihre schwere Perücke auf dem Kopf unfallfrei durch den Bergwind zu balancieren und erinnert sich an das Keuchen des Kameramannes »Onkel Bruno« Mondi, der sein Arbeitszeug trägt und sich mit Pullmannhaube, gegen die er seine obligate Schirmkappe eintauscht, und Mantel gegen die morgendliche Kälte schützt. Die Kamera wird von vier Männern transportiert. Für andere Szenen muss man auf die Handkamera zurückgreifen, die ein Mann schultern kann.

An einem Morgen wird die Filmcrew durch frisch gefallenen Schnee überrascht. Da Regisseur und Drehbuchautor eine Person sind, wird der Umstand mit ein paar Dialogzeilen in die Handlung eingebaut. In der Dokumentation zu den Dreharbeiten wirkt alles entspannt. Es wird auch gezeigt, wie Romy ihr erstes Auto, genannt »Jockele«, zu ihrem achtzehnten Geburtstag geschenkt erhält. Stilgerecht blickt sie im Sissi-Kostüm von der Balustrade in Schönbrunn in den Schlosshof, in dem einige Männer um das Gefährt mit der Nummer »K AU 900« versammelt sind. Karlheinz Böhm lächelt unter einer Ray-Ban-Sonnenbrille mit im Winde wehender Krawatte zu ihr hinauf.

Romy lernt Senta Wengraf kennen, die im Film ihre Hofdame spielt. Wengraf erinnert sich: »Ich hatte sie sehr gerne, sie war ein liebes, lustiges Mädchen, mir gegenüber immer sehr herzlich und entgegenkommend. Sie erzählte mir von ihren Liebesgeschichten, von denen ihre Mutter keine Ahnung hatte. Magda Schneider war ein ganz anderer

Typ, viel kräftiger, aber auch etwas bieder, und sie hat Romy zu Beginn ihrer Karriere sehr stark beeinflusst. Sie war einerseits sehr stolz auf sie, andererseits vielleicht auch ein wenig eifersüchtig, weil Romy die wesentlich größere Karriere machte.«[137]

Sissi II ist primär die Fortsetzung der Liebesgeschichte aus Teil I, eine Art »Ehejahre einer Kaiserin«. Sissi sitzt im goldenen Käfig, hat neunzehn Seiten Hofzeremoniell auswendig zu lernen, und der Kaiser setzt auf seine Art Zeichen seiner Zuneigung: Ihr zu Ehren lässt er Münchner Bier an der Tafel servieren. Als die Schwiegermutter die Erziehung des ersten Kindes übernehmen will, kommt es zum Eklat. Sissi flieht nach Possenhofen, der Kaiser reist ihr nach. Es gibt zahlreiche dramaturgische Wiederholungen aus dem ersten Teil, zu denen die Szenen zwischen Richard Eybner und Josef Meinrad gehören oder die Jagdszenen, bei denen Sissi wie im ersten Teil das gefährdete Tier rettet. Wieder tut man etwas für den Fremdenverkehr, diesmal zeigt man die Berge Tirols, wo der Kaiser den Dialekt seiner Untertanen nicht versteht.

In *Sissi* regieren, jede auf ihre Art, starke Frauenpersönlichkeiten, während die Männer sich in Freizeitvergnügungen, innere Emigration oder die Einsamkeit einer repräsentativen Regentschaft begeben. Sissi selbst wird zu einer Herrscherin wider Willen, die sich ihre fabelhafte Gutherzigkeit bewahren kann. Auch der zweite Teil enthält Botschaften der 1950er Jahre: Während die Hausfrau im Kino ihrer Welt zu entfliehen sucht, sehnt sich die Kaiserin im Film nur danach, eine »kleine, perfekte Hausfrau« zu sein. Interessant ist Josef Meinrads Figur des Böckl als Parodie auf den Militarismus: »Die Ethik der Entmilitarisierung, die mit der Schlüsselfigur Sissi verbunden ist, bestimmt so deutlich den Handlungsverlauf der Filme, daß dies gerade den kriegsmüden Zuschauern im Nachkriegskino nicht verborgen geblieben sein dürfte.«[138]

Sissi, die junge Kaiserin ist im Jahr des Ungarnaufstandes auch eine symbolische Respektsbezeugung Österreichs vor seinem Nachbarn, dessen Flüchtlinge man bereitwillig aufnimmt. Während in Wien die Dreharbeiten laufen, kommt es im Oktober 1956 in Budapest zu antikommunistischen Kundgebungen. Als die Sowjets mit ihrem Einmarsch darauf reagieren, erklärt Ministerpräsident Nagy am 2. November 1956 den sofortigen Austritt Ungarns aus dem Warschauer Pakt. Seine Bitten um westliche Hilfe verhallen ungehört, am 10. November wird Budapest nach blutigen Straßenschlachten von den Sowjets besetzt. In Marischkas Film wird den Ungarn eine – freilich symbolische – Hommage bereitet, das Land und seine Bewohner werden als idyllischer Ort präsentiert, der sich der Zuneigung Sissis, mittlerweile eine Identifikationsfigur für Millionen, bewusst sein kann.

Einen neuen »Triumph Romy Schneiders« nennt die Werbung den Streifen bereits a priori, »der Film, auf den Millionen warten, den Millionen wünschen und der Millionen entzücken wird.« Und der Millionen einspielen soll, was man jedoch dezent verschweigt. Als der Film am 19. 12. 1956 in München Premiere hat, fürchtet Romy einen Misserfolg, wie ihn zweite Teile oft mit sich bringen. Das Gegenteil ist der Fall, sowohl im In- als auch im Ausland wird der mit Teil eins begonnene Siegeszug fortgesetzt. »*Sissi* schlägt alles, auch in Holland«,[139] lautet eine bezeichnende Schlagzeile, die Produktion der österreichischen Erma-Film[140] wird darin wegen ihres deutschen Verleihers, der Münchener Herzog-Filmverleih, als deutscher Film gewertet. Dagegen wird man in der Folge in Österreich mehrfach protestieren. Der Bericht legt dar, dass man in den Niederlanden *Sissi* als die erfolgreichste deutschsprachige Produktion der Nachkriegszeit und als Synonym für die Entwicklung des deutschsprachigen Films sieht. Man zitiert die Zahlen des Niederländischen Bioscoop Bundes, wonach der deutsche Film 10,72 Prozent der Termine und 11,25 Prozent der Nettoeinnahmen erreichte.[141] Im Jahre 1952 lag der deutsche Film noch bei 5,55 Prozent, somit hatte er sich in vier Jahren um 100 Prozent verbessert. *Sissi* ist 1956 in Holland der bei weitem erfolgreichste »deutsche« Film, gefolgt von *Charley's Tante*, *Die Deutschmeister* und *Drei Männer im Schnee*. Das beste Mittel zur Exportförderung, empfiehlt der Artikel, ist die Produktion solcher guten Filme.

Um den zweiten Teil angemessen zu bewerben, reisen die Hauptdarsteller erneut durch diverse europäische Städte und werden dort in einer Weise begrüßt, die sie mit den von ihnen dargestellten gekrönten Häuptern gleichsetzt. Karlheinz Böhm erinnerte sich an Athen, wo die beiden Filmstars von der Königsfamilie wie bei einem Staatsbesuch empfangen werden. Die Vorführung findet in einem Kino statt, das 2000 Menschen fasst. Nur unter Polizeischutz können die Schauspieler das Lichtspieltheater erreichen. Als sie die Mittelloge betreten, erhebt sich das Publikum zu Standing Ovations. Erst nach minutenlangem Applaus kann die eigentliche Vorstellung beginnen.

Robinson

Vor *Robinson soll nicht sterben* entsteht 1956 *Kitty und die große Welt* nach dem 1939 von Goebbels verbotenen Stück *Kitty und die Weltkonferenz*, wieder mit Karlheinz Böhm als Partner, Regie führt Alfred Weidenmann.[142] Von letzterem weiß Romy, dass er den Bundesfilmpreis erhalten hat, was ihr großen Respekt einflößt. Die Sympathie ist gegenseitig, Weidenmann hört sich ihre Ansichten geduldig an, rät ihr, sich, wenn ihr etwas nicht passe, zur Wehr zu setzen. Auch er, geboren im Jahr 1916 und negativ beeindruckt vom aufkommenden »Halbstarken«-Kult, sieht in Romy nicht mehr als das idealistische Vorbild einer jungen Frau, nur die – freilich auch gemäßigte – Mode scheint das Ideal von gestern mit dem Heute verbinden zu dürfen. Romy genießt die Dreharbeiten am Genfer See, vor allem, weil sie dort noch relativ unbekannt ist. Durch Zeitungsberichte verschwindet die »herrliche Anonymität« jedoch bald. »Filmen«, sagt sie damals jedoch noch optimistisch, »das ist halt ein großes

Abenteuer für mich. Vor allem, weil man mir so wunderbar verschiedene Rollen gibt und mich in kein bestimmtes Rollenfach hineingepresst hat.«[143]

Ursprünglich sollte die platonische Romanze zwischen dem von O. E. Hasse gespielten englischen Außenminister und der jungen Kitty (Romy Schneider) den ganzen Film bestimmen, erst gegen Ende sollte mit Karlheinz Böhm eine »maritus-ex-machina«-Variante ins Spiel kommen. Die Kalkulation mit dem *Sissi*-Erfolgsduo bedingt jedoch eine Änderung im Drehbuch, die Ursprungsidee wird nach etwa einem Drittel des Films wieder fallen gelassen, zugunsten einer konventionelleren Liebesgeschichte mit dem bewährten Paar. Romy ist als Kitty in der obligaten Tochter-Rolle zu sehen und darf teenagergerecht feststellen: »Mir sehen die Männer auch schon nach.« Ähnlich wie ein paar Jahre danach in *Die schöne Lügnerin* unterhält ihr Vater die Weltpolitik machenden Staatsmänner als Musiker, ähnlich wie dort beeinflusst Romy den Verlauf der Verhandlungen durch ihre natürliche Art zum Positiven. O. E. Hasse marschiert als Politiker vor der »wichtigsten Konferenz nach dem Krieg« inkognito durch das Volk und wird durch Kitty als dessen Vertreterin darüber aufgeklärt, was die Menschen wirklich denken und wollen: »Alle wollen nur in Frieden leben, was hindert uns daran, für jedes Problem eine Lösung zu finden, wenn wir nur wollen?«

Das Publikum strömt zur Premiere am 2. Februar 1957 in den Kölner Ufa-Palast, um den neuen Romy-Schneider-Film zu sehen, bereits am ersten Wochenende freut man sich über eine Auslastung des Theaters von 96 Prozent. Bei der Wiener Premiere am 28. September 1956 werden Schneider und Böhm vom Publikum begeistert begrüßt. Das Wiener Apollo-Kino wird von Autogrammjägern belagert, zu denen sich nach der Vorstellung auch Premierenbesucher gesellen, woraufhin die Polizei die Anzahl der abgestellten Beamten verdoppelt, um die Menge unter Kontrolle zu halten. Verglichen mit den *Sissi*-Vorbildern hat es *Kitty* in der Folge naturgemäß schwer, wie sich Karlheinz Böhm erinnert: »Der Film ist fast völlig in Vergessenheit geraten und war auch damals – ungeachtet unserer großen Popularität – kein so großer Erfolg. Der künstlerische Anspruch war auch bei *Kitty* sehr hoch, aber die genialische Arbeit von Marischka war wesentlich erfolgreicher. Die ›New York Times‹ zählte die drei *Sissi*-Filme zu den 200 Filmen, die das 20. Jahrhundert überdauern werden. Ich könnte mir ohne weiteres vorstellen, dass diese Filme, die auch in China erfolgreich gelaufen sind, noch ein oder zwei weitere Generationen überdauern.« [144]

Robinson soll nicht sterben ist ein Stoff, an dem Romy persönlich sehr viel liegt, die Stückvorlage von Friedrich Forster-Burggraf hat Jahrzehnte zuvor auch Selma Lagerlöf und Gerhart Hauptmann beeindruckt. Für den Film bearbeiten Emil Burri und Johannes Mario Simmel das Sujet, in dem junge Menschen für ihre Träume und Ideale einzutreten bereit sind.

Daniel Defoe (Erich Ponto), einstmals erfolgreicher Literat und Berater von King George II., lebt am Ende seines Lebens in Untermiete bei einer Baumwollspinnerin und deren Tochter Maud (Romy Schneider). Seine Bücher sind mittlerweile verboten, er selbst beim Monarchen in Ungnade gefallen. Nur den Kindern darf er noch seine Geschichten erzählen, um ihnen dadurch die Flucht aus den tristen sozialen Verhältnissen zu ermöglichen. Defoes Sohn Tom (Horst Buchholz), der sich mit dem Vater überworfen hat, stiehlt seines Vaters Manuskript von *Robinson Crusoe*, um es zu Geld zu machen. Dabei gerät er in die Geiselhaft einer Gangsterbande, und Maud muss bis zum König gehen, um ihn freizubekommen. King George kauft persönlich das Manuskript und besucht den todkranken Defoe. Das Bücherverbot wird aufgehoben, der Autor wieder offiziell anerkannt. Auf seinem Sterbebett lesen Maud und Tom dem alten Poeten aus seinem *Robinson* vor, der durch Mauds mutigen Einsatz in der Phantasie der Nachgeborenen weiterleben wird.

Romy Schneider freut sich auf die Zusammenarbeit mit dem Regisseur Josef von Báky und, vielleicht noch etwas mehr, dem Jungstar Horst Buchholz. Báky scherzt, dass Romy eigentlich unter seiner Regie ihren ersten Film gedreht habe, denn er arbeitete mit der schwangeren Magda Schneider bei dem letzten Film vor Romys Geburt, *Frau am Scheidewege*.

Buchholz' forsche, selbstbewusste Art gefällt Romy ebenso wie seine Kompromisslosigkeit, die ihm zahlreiche Streitereien einträgt. »Er ist genau das, was ich mir unter einem Revolutionär vorstelle. Er vergißt niemals, was er als Kind, als Bub, als junger Kerl erlebt hat. Mir hat er einmal gesagt: ›Romy, das verstehst du nicht, dazu geht es dir viel zu gut.‹«[145] Von allen bisherigen Filmpartnern ist er neben Siegfried Breuer jr. der Jüngste, spricht der damals 22-Jährige sie am meisten an. Auf dem nächsten Filmball tanzen die beiden die meiste Zeit miteinander, bis Magda Schneider der Tochter andere Tanzpartner verordnet. Vorgeblich der Fotoreporter wegen, die unterschiedliche Motive für ihre Stories benötigen.

Nicht nur des Flirts mit Buchholz wegen freut Romy sich auf die tägliche Arbeit, auch ihre Rolle gefällt ihr. Keine sauberen Kleidchen oder imperialen Roben, modische Frisuren und Perücken, freut sie sich, sondern Lumpen und Zöpfe. Das Filmpersonal, von der Kostüm- und Maskenbildnerin bis hin zum Kameramann Günther Anders, lobt ihre professionelle Geduld bei der Arbeit. Starallüren gibt es noch nicht, Romy bemüht sich um äußerste Korrektheit. Während der Dreharbeiten vergisst sie einen Drehtermin, ist stattdessen auf Shoppingtour in München unterwegs. Sie entschuldigt sich sofort telefonisch und erfährt zu ihrer Erleichterung, dass die Szene, in der sie agieren sollte, verschoben wurde.

Buchholz hat später bestritten, an einer Romanze mit der »Prinzessin« interessiert gewesen zu sein. Er spricht von primär von Produzenten in die Welt gesetzten Gerüchten, um Romys Image zu ändern. »Bei Robinson sagte ich dann oft: ›Ruhe, Romy, wir tun doch nur so als ob.‹ Nur, das konnte sie nicht.«[146] Aber Buchholz schätzt ihre offene, ehrliche Art und sie seine Aufmerksamkeit. Das Schema, sich der Zuneigung, Bewunderung oder auch der Liebe der anderen zu vergewissern, ist ausgeprägt bei Romy. Sie wird zeitlebens davon geprägt sein.

Nicht wenige aus der Produktion haben die Befürchtung, das Publikum werde Romy Schneider in einer solchen Rolle, einem Mädchen aus der Unterschicht, das in einen Konflikt zwischen der Loyalität zu einem alten Dichter und ihrer Liebe zu dessen rebellischem Sohn gerät, nicht akzeptieren. Zu Unrecht, wie sich zeigen wird. Der Film wurde in Österreich von der Prädikatisierungskommission als »jugendfördernd« eingestuft, die Evangelische Filmgilde wählte ihn im Februar 1957 zum besten Streifen. Trotzdem werden ihr die Filmproduzenten künftig weiterhin nicht auf solchen, finanziell nicht gesicherten Wegen folgen.

Abseits der Arbeit kommt es zu einer bemerkenswerten Szene. Der ungarische Drehbuchautor Gábor von Vaszary, der bereits am Drehbuch von Schneiders nächstem Filmprojekt *Monpti* arbeitet, trifft Schneider während der Dreharbeiten zu *Robinson soll nicht sterben*. Die Stimmung ist gedrückt, sowjetische Panzer haben kurz zuvor die Unabhängigkeitsversuche in Ungarn niedergewalzt, die Exilmagyaren sitzen mit hängenden Köpfen im Berliner Studio. In einer wortarmen Drehpause wendet sich Romy Schneider an sie mit dem einzigen ungarischen Satz, den sie kennt, weil sie ihn für den zweiten Teil von *Sissi* phonetisch lernen musste, und der auf Deutsch bedeutet: »Ich gelobe, alles zu tun, was in meiner Macht steht, um das ungarische Volk glücklich zu machen.« Eine pathetische Floskel, der jedoch in der momentanen Situation etwas irrwitzig Tröstliches anhaftet. Auf die erstaunte Frage, warum sie das gesagt habe, meint sie nur: »Ich wollte mit euch ein wenig ungarisch reden, weil ich gesehen habe, daß ihr traurig seid.«[147]

Immer öfter lächelt Romys Konterfei nun von Zeitungen und Magazinen. In »Film und Frau« posiert sie in zeitgemäßer Mode, deren Schnittmuster beigelegt sind. Da auch Magda Schneider mittlerweile befürchtet, ihre Tochter könne auf royale Stereotypen reduziert bleiben, wählt man auch in der Dramaturgie zunehmend zeitgemäße Schnittmuster, freilich jedoch ohne am gewinnträchtigen Kernstück des Romy-Bildes rühren zu wollen. Die Herzog-Film ist überzeugt: »Ihrem Alter und ihrem Namen entsprechend gab man ihr diskrete, anmutige und niemals undelikate Liebesparts aus der guten, alten österreichischen k. u. k.-Welt, die den nervlich überforderten Mitmenschen des unruhigen 20. Jahrhunderts wie eine Oase der Friedfertigkeit und der beschaulichen Lebensgemütlichkeit erschien.«[148]

Abseits solcher Oasen ist die durch die Marischka-Filme beschworene Idylle auf der Kinoleinwand bereits gefährdet. Drei Monate vor dem zweiten Teil von *Sissi* startet in Deutschland der Film *Die Halbstarken* (Regie: Georg Tressler). Horst Buchholz etabliert sich in dem Streifen um den Anführer einer Jugendbande, der zwischen rebellischen Akten und den Gefühlen zu seiner Familie steht, als »deutscher James Dean«. Tatsächlich benützt man den 1955 verstorbenen Dean in *Rebel without a cause / Denn sie wissen nicht, was sie tun* (1955) und Marlon Brando in *The Wild one/Der Wilde* (1953) sowohl ikonographisch als auch ideell als Vorbilder für eine deutsche Jugendbewegung, die medial als »halbstark« abqualifiziert wird. Für Teile der Presse ist die neue Bewegung mit ihrem Hang zu Jeans und Lederjacken, einspurigen Fahrzeugen und als exzessiv empfundenem Tanzen zu lauter Rock'n'Roll-Musik bald ein vielbeschriebenes Feindbild. Einzelne Gewaltakte werden verallgemeinert, die Schuld zumeist den Einflüssen amerikanischer Popkultur in Musik und Film zugewiesen.

Einige kritische Stimmen erkennen die Bedeutung des Films *Die Halbstarken* nicht nur wegen des ebenso zeitgenössischen wie kontroversen Themas. Darüber hinaus findet man, dass »endlich filmisch ein Anfang gemacht ist, als nicht nur neue Gesichter zu sehen sind, sondern auch neue

Männer im Hintergrund wirken, so die Drehbuchautoren Will Tremper und Georg Tressler […] Soviel man im einzelnen kritisch einwenden kann, der Film ist, abgesehen von der Sensation, etwas Neues – und es scheint uns kein Zufall, dass er in Berlin gedreht worden ist.«[149]

Die deutsche Illustrierte »Quick« zeigt im Januar 1957 ein Foto von Romy Schneider, auf dem sie nicht mehr kindlich wirkt. Schulterlanges Haar, die Arme hinter einem Kleid aus asiatischem Stoff verschränkt, sieht sie den Betrachter mit abwartend-fragendem Blick an. »Einmal eine junge Dame sein, das kann sich die achtzehnjährige Romy Schneider nur leisten, wenn sie gerade einmal nicht im Filmatelier steht. Und dabei kommt dann dieses überraschende und ganz neue Bild heraus, das – vielleicht – dem entspricht, was Romy selbst am liebsten spielen möchte.«[150] Einen Monat zuvor sinniert Romy Schneider: »Wie geht es weiter? Welche Rollen sind die richtigen? Soll ich nach Hollywood gehen? Was wird aus mir selbst?«[151]

»K-DJ 447« lautet die Nummer ihres aktuellen Wagens, eines weißen DKW-Sport-coupé, das sie 1956 erhält und das auf den Namen ihres Stiefvaters zugelassen ist. Auf zeitgenössischen Bildern von Franz Lederle ist das einstige Gefährt konserviert. Der Fotograf und die Schauspielerin Romy Schneider lernen sich Mitte der 1950er Jahre kennen, tauschen Telefonnummern aus, treffen sich gelegentlich, Fotos entstehen. Jahrzehnte später erscheinen sie in Buchform, werden ausgestellt. In Holz und Passepartouts umrahmen sie kleine Räume, in deren Mitte einige Film- und zivile Kleidermodelle kopflos herumstehen. Auf den Bildern sieht man erstmals eine Romy ohne Film-Make-up. Ein Lächeln mit der Körpertemperatur des Glücks darin. Ein Kinderlächeln, das bis auf Widerruf die Zeit aufhebt. Auf anderen, etwas späteren, das Lächeln einer jungen Frau, die über den Anfang von Geschichten hinaus und darauf gespannt ist, wie sie weitergehen. Mit dem illusionsstörenden mechanischen Klicken einer Kamera ist alles festgehalten. Die Haare zurückgebunden unter einem Tuch, Rauchutensilien, eine Zigarette wird angezündet. Der Betrachter steht nur Zentimeter von der fünfzig Jahre zurückliegenden Szenerie entfernt. Eine junge Gestalt posiert an einem Swimmingpool am Starnberger See, neben einem Porsche. Lederle erinnert sich weniger an konkrete Sätze, wohl aber an offene Herzlichkeit und den Wiener Apfelstrudel, den die Großmutter väterlicherseits bei ihren Besuchen in Mariengrund zubereitet. Es herrscht unkomplizierte Transparenz beiderseits, es gibt keine Tiefen auszuloten. Die Intimität besteht darin, Sommersprossen auf einem jungen Gesicht auszumachen und festhalten zu dürfen. Später tauscht man Erfahrungen über Söhne aus, die im gleichen Alter sind. »Sie war nicht die Frau meines Lebens«, sagt Lederle heute ohne verklärende Entstellung der Ereignisse. »Aber sie war eine Persönlichkeit, die man nicht vergisst.«[152] Er bezeichnet sich selbst als »Seelenfreund«.

»Ich kann nicht mehr geben, als mir das Drehbuch erlaubt«

Historische Filme lassen sich ähnlich wie Science-fiction-Produkte als verklausulierte Interpretationen der Gegenwart lesen. An *Sissi* liebt das Publikum das Wirken besserer, unschuldiger Menschen, ähnlich wie ein paar Jahre danach an Harald Reinls Karl-May-Leinwaldhelden, die im Gardemaß der Selbstsicherheit in den Sonnenuntergang reiten. Analysen sind sich einig: »Sissi und Winnetou sind Verwandte [...] sie belegen, daß im Nachkriegskino ein affektives Wissen über Deutschlands katastrophale Vergangenheit bestand – ein affektives Wissen, das in tröstenden Geschichten allerdings nur undeutlich artikuliert wurde.«[153] Für Österreich markiert *Sissi* im Jahr des Staatsvertrags eine ebenso kulturelle wie wirtschaftliche Komponente, und auch in der politischen Situation Deutschlands wollen Interpretatoren eine Entsprechung gefunden haben: »*Sissi* milderte (für einige Kinominuten) die materielle und politische Armut Westdeutschlands. *Sissi* ist ein Aufsteiger-Kind – wie die Bundesrepublik Deutschland, die unter Konrad Adenauer eine Politik des Einheiratens betrieb und im selben Jahr, 1955, in die Nato aufgenommen wurde.«[154]

Die deutschen Theaterbesitzer verleihen *Sissi, die junge Kaiserin* Anfang 1957 den Bambi, der damals noch von der »Filmwoche« und der «Film-Revue« vergeben wird, für den geschäftlich erfolgreichsten ausländischen Film des Jahres 1956. Es ist das zweite Mal, dass eine österreichische Produktion mit dem Bambi ausgezeichnet wird. Ein Jahr zuvor erhielt *Der Förster vom Silberwald* die begehrte Statuette, die bis 1958 noch aus weißem Porzellan geformt ist. Von den inländischen Produktionen bekommt Helmut Käutners *Der Hauptmann von Köpenick* den deutschen Filmpreis, sowohl als »künstlerisch wertvollster« als auch »geschäftlich erfolgreichster deutscher Film«. Als künstlerisch wertvollster ausländischer Film wird Fellinis *La Strada* ausgezeichnet. Zur Preisverleihung am 17. März in Karlsruhe erwartet man Ernst Marischka und Romy Schneider.

Sissi, die junge Kaiserin setzt die Erfolgsserie ungebremst fort, »erobert die Welt für den deutschsprachigen Film. Ein beispielloser Welterfolg des österreichischen Nachkriegsfilms – Österreichische Streifen als Lokomotiven für deutsche Filme – Endlich auch künstlerische Anerkennung für publikumsnahen Spitzenfilm.«[155] Mit solchen Überschriften feiert man den internationalen Erfolg der *Sissi*-Filme, die damit längst zu einem wichtigen Wirtschaftsfaktor geworden sind. Zehn Jahre lang hat der österreichische Nachkriegsfilm auf ein solches Ziel hinarbeiten müssen. Man freut sich über den internationalen Erfolg, spricht euphorisch von einem Durchbruch des deutschsprachigen Films auf dem Weltmarkt. In über 30 Ländern wird die österreichische Produktion erfolgreich gezeigt, deren Besucherzahlen sich mit erfolgreichen amerikanischen Spitzenfilmen messen können und die 1957 für die Goldene Palme von Cannes nominiert ist.[156] Sogar das österreichische Unterrichtsministerium schaltet sich in die Diskussion ein. Man stellt zufrieden fest, dass der Film keine wesentlichen historischen Fehler aufweist, und schließt das Eigenlob mit ein: »Schließlich war für die Entscheidung der Kommission auch die positive Aussage des Films, der die Werte des Herzens und der Menschlichkeit als charakteristische Merkmale österreichischer Wesensart überzeugend zur Darstellung bringt, mitbestimmend.«[157]

Umso bestürzter reagiert man, als Romy nur etwa einen Monat später einem Münchner Reporter erzählt, sie wolle keine weiteren Fortsetzungen von *Sissi* mehr drehen, sondern nach Rollen suchen, die ihr künstlerisch mehr abverlangen. Herbert Tischendorf von der Herzog-Filmverleih, bei dem Schneider immer noch unter Vertrag steht, plädiert – nicht zuletzt aus wirtschaftlichen Gründen – für zumindest noch einen weiteren Teil. Auch Ernst Marischka zeigt sich verwundert über die kolportierten Äußerungen, verweist auf bereits abgeschlossene Verträge mit manchen Beteiligten für den dritten Teil. Im Juni 1957 meldet die Presse erleichtert, Marischka werde noch im selben Jahr an der Vollendung der Trilogie arbeiten.

»Laßt Romy in Ruh'!«, fordert die Illustrierte »Bravo«, die im Juni 1957 noch den Untertitel »Die Zeitschrift mit dem jungen Herzen« führt. »Romy in Indien, Romy in Spanien, Romy bei den Griechen, Romy zu Hause, Romy im tabu, Romy oben und Romy unten [...] Die Publicityschraube wurde überdreht.«[158] In Leserbriefen wird ihr Dekolleté als zu tief empfunden, in anderen mokiert man sich über die durch den Trubel und die »Überdosis Propaganda« um ihre Person »eingebildete und übergeschnappte« Romy.

Auslandsangebote, vor allem aus Amerika, liegen Schneider bereits seit dem Erfolg von *Mädchenjahre einer Königin* vor, Agenten bieten Drei- bis Siebenjahresverträge. Dazu kommen Projekte in Frankreich, Italien, Spanien. Romy fürchtet die Sprachbarrieren, spürt aber, dass die Dinge zunehmend in Bewegung geraten.

Ein weiterer Film mit Ernst Marischka wird für 1958 als

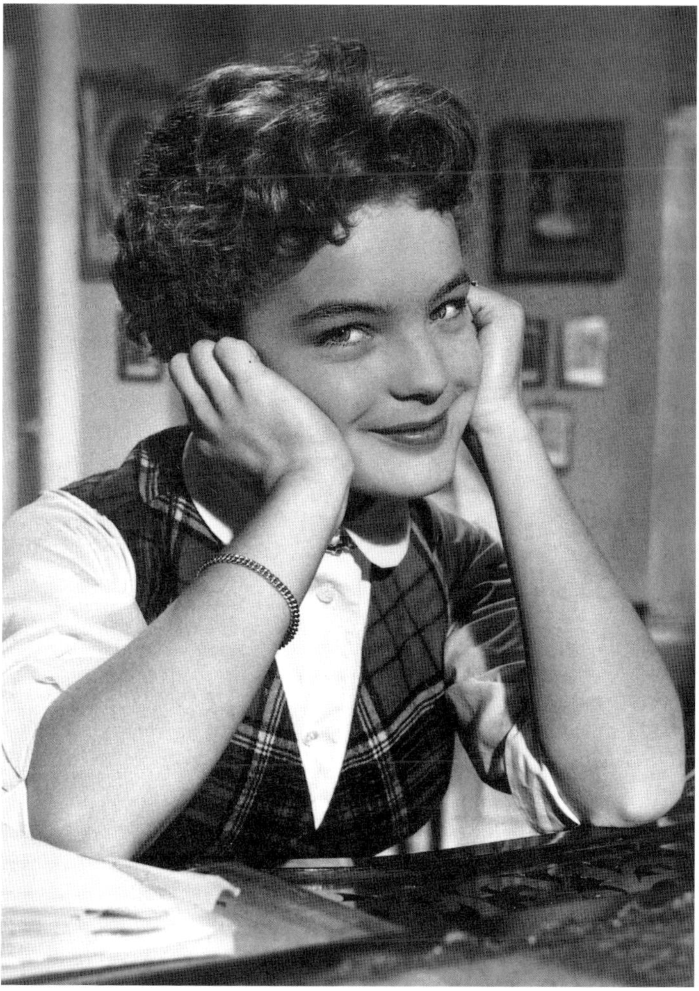

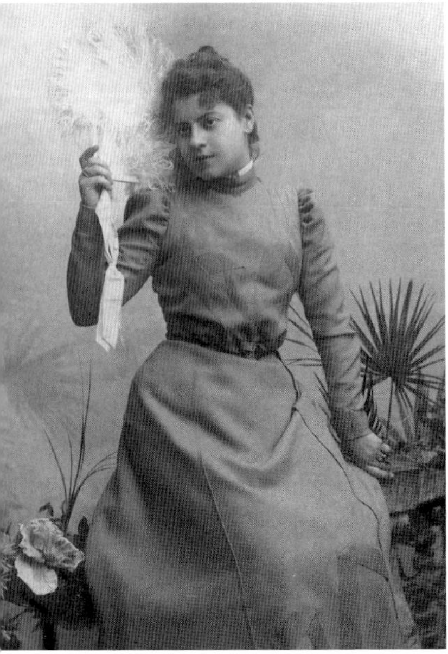
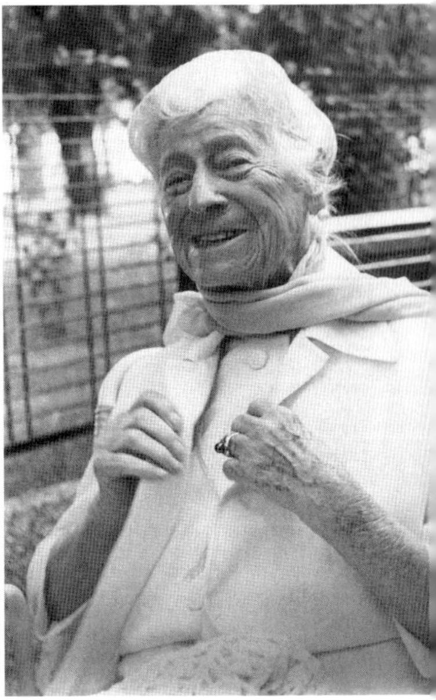

2./3. Großmutter Rosa Albach-Retty, 1899 und 70er Jahre

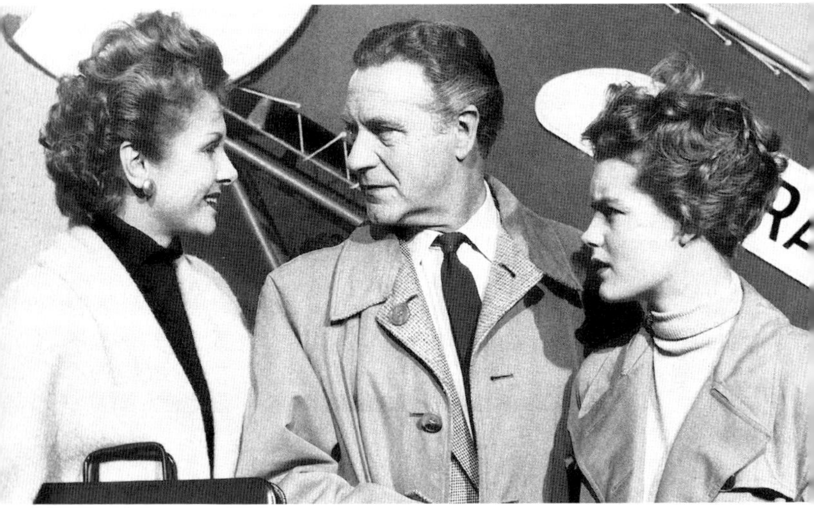

4. Mit Hertha Feiler und Willy Fritsch – *Wenn der weiße Flieder wieder blüht*, 1953

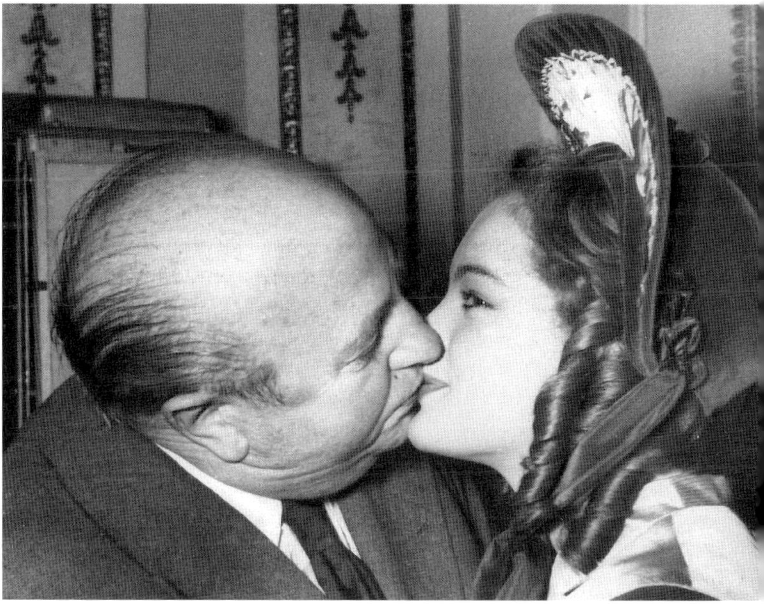

5. Mit Ernst Marischka – *Mädchenjahre einer Königin*, 1954

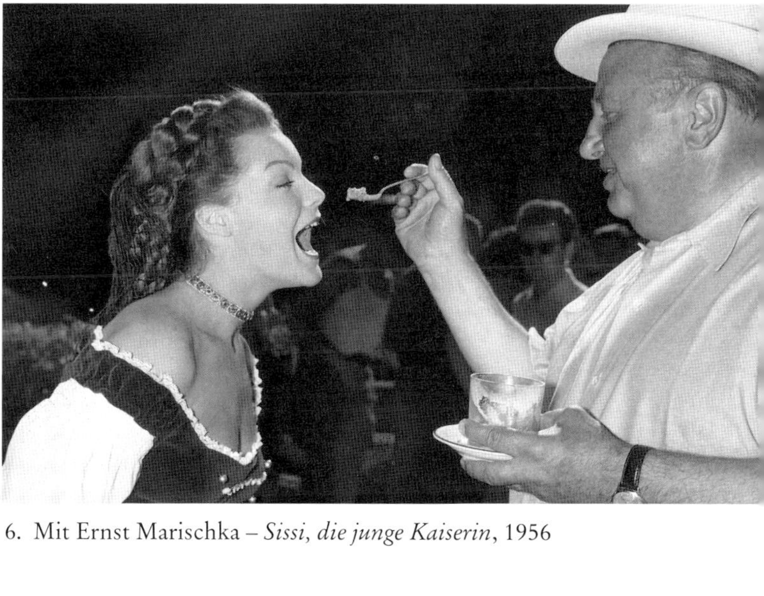

6. Mit Ernst Marischka – *Sissi, die junge Kaiserin*, 1956

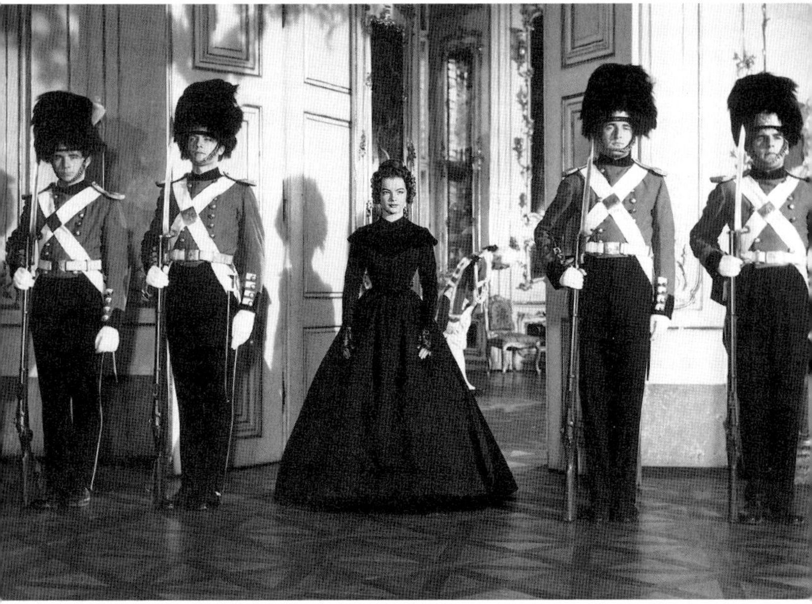

7. *Mädchenjahre einer Königin*, 1954

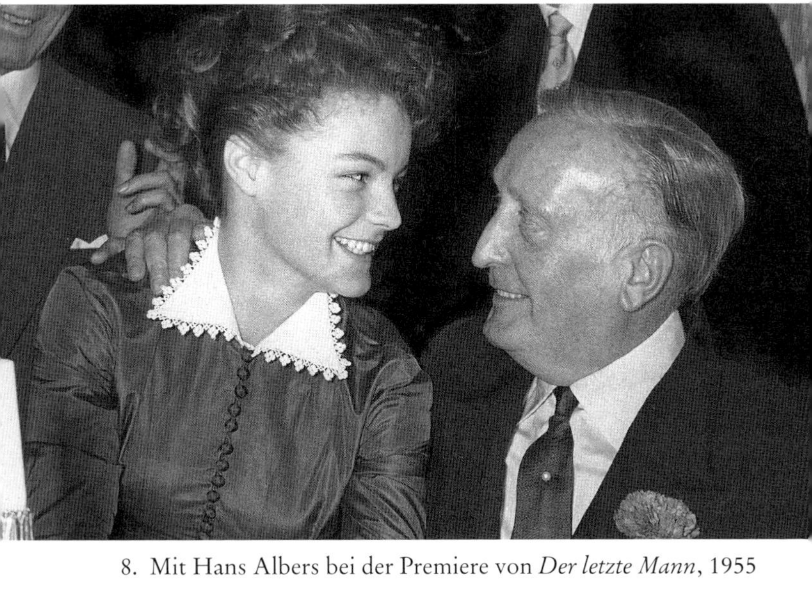

8. Mit Hans Albers bei der Premiere von *Der letzte Mann*, 1955

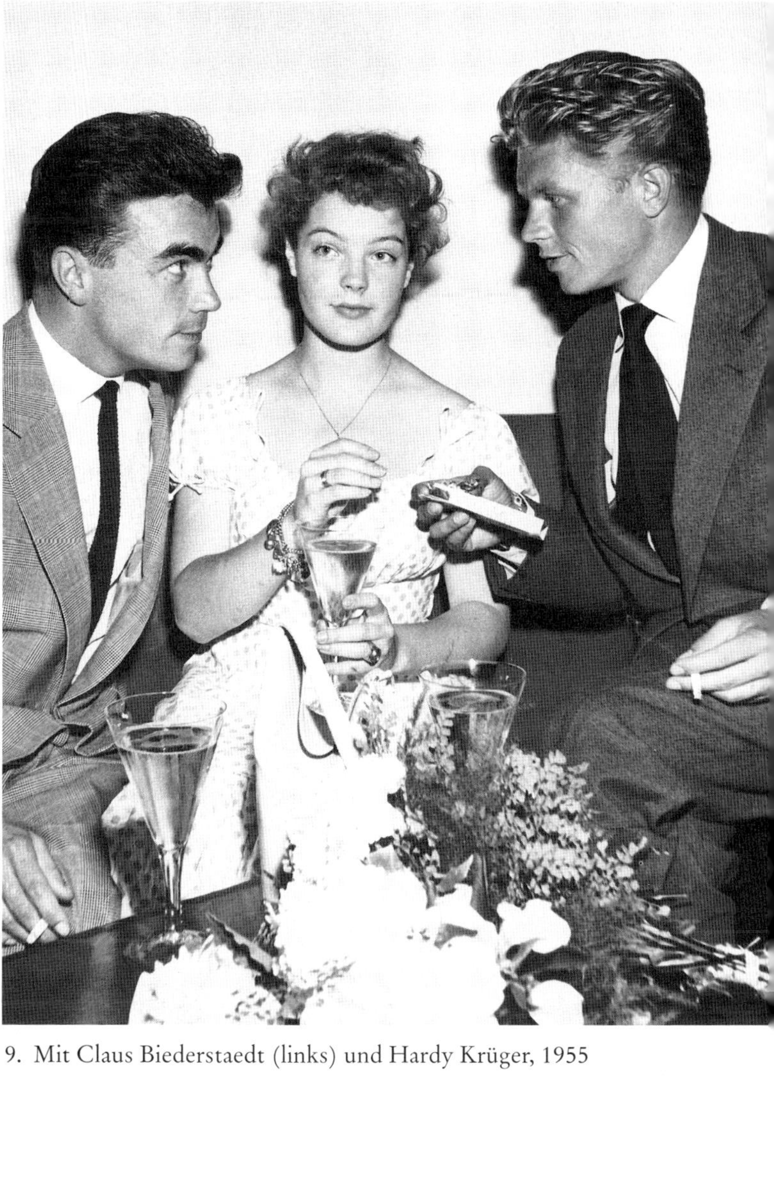

9. Mit Claus Biederstaedt (links) und Hardy Krüger, 1955

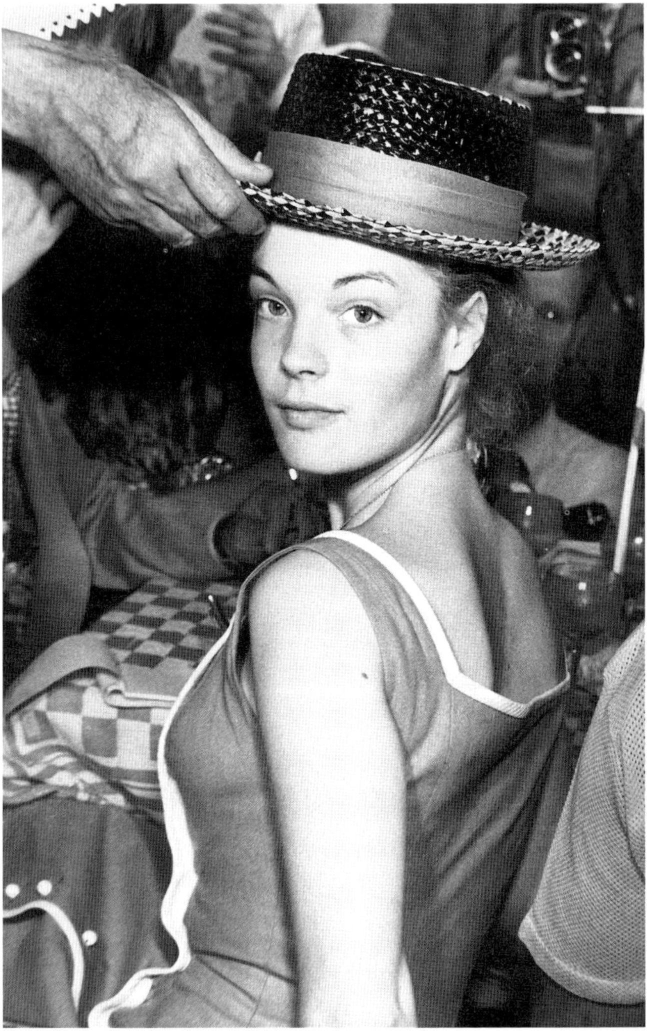

10. 1956

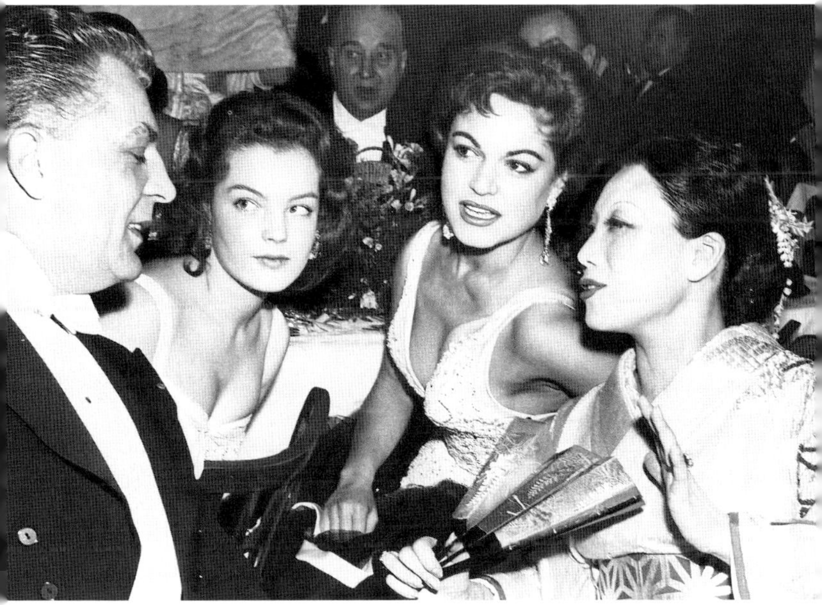

11. Mit Victor de Kowa, Margit Saad und Michiko Tanaka, 1956

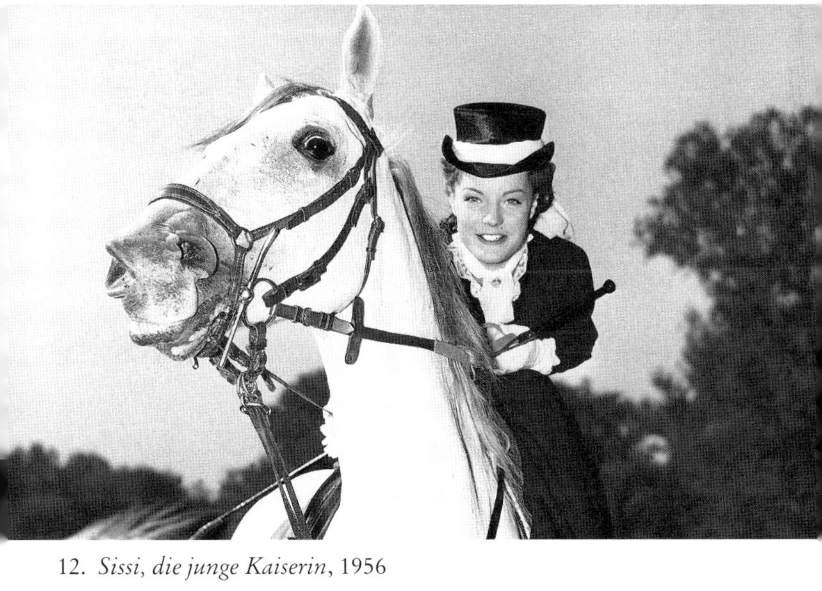

12. *Sissi, die junge Kaiserin*, 1956

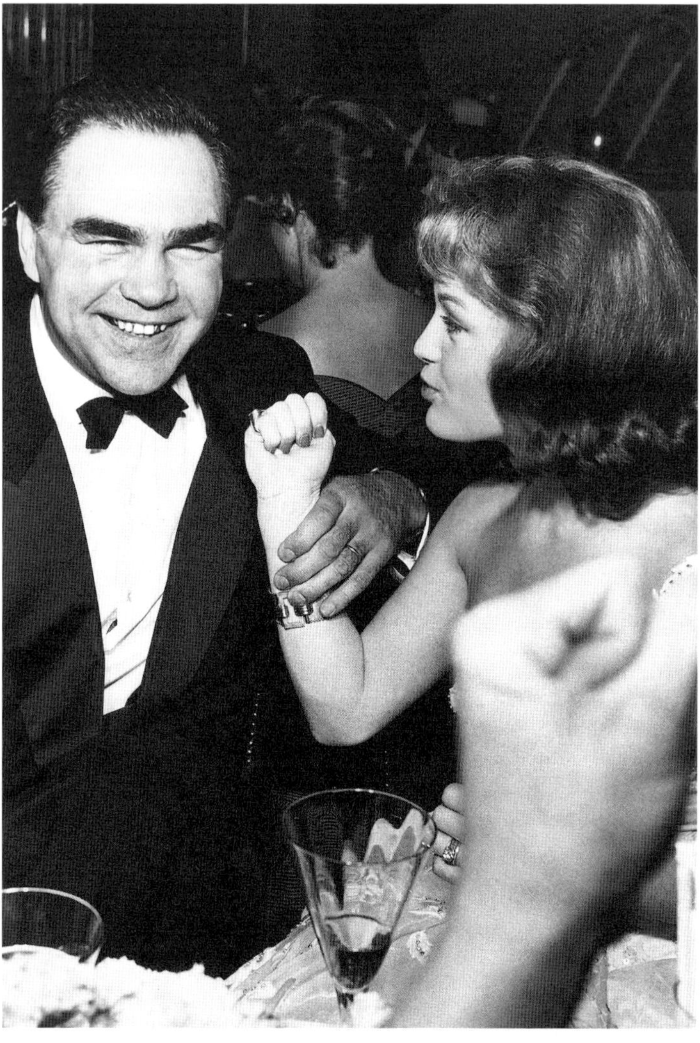

13. Mit Max Schmeling, 1956

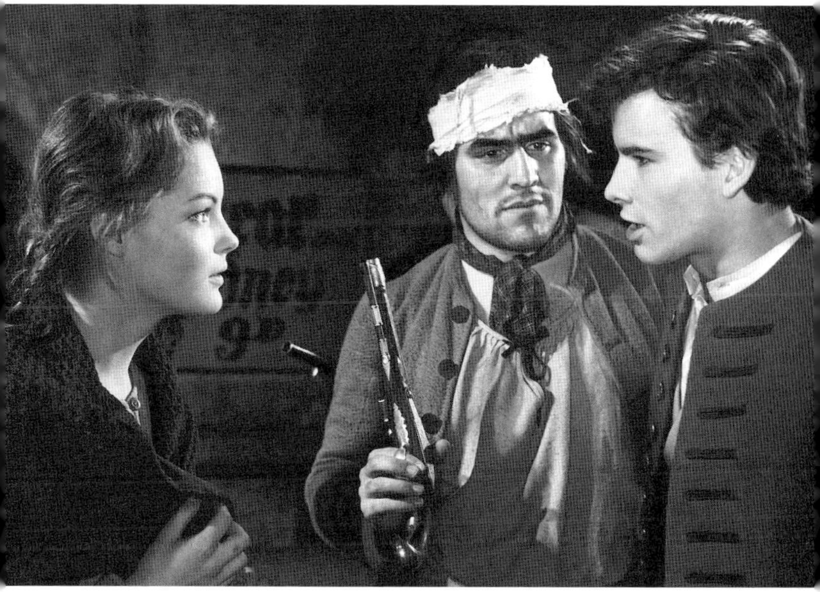

14. Mit Mario Adorf und Horst Buchholz in *Robinson soll nicht sterben*, 1957

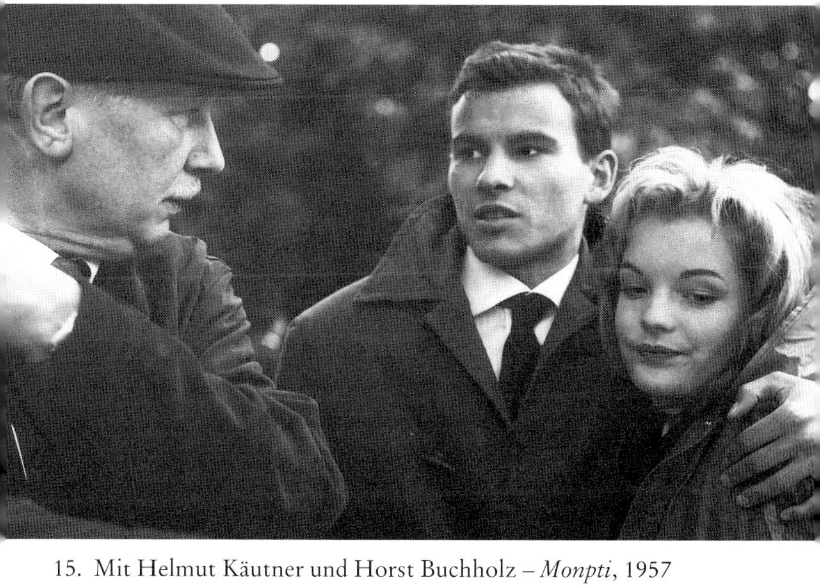

15. Mit Helmut Käutner und Horst Buchholz – *Monpti*, 1957

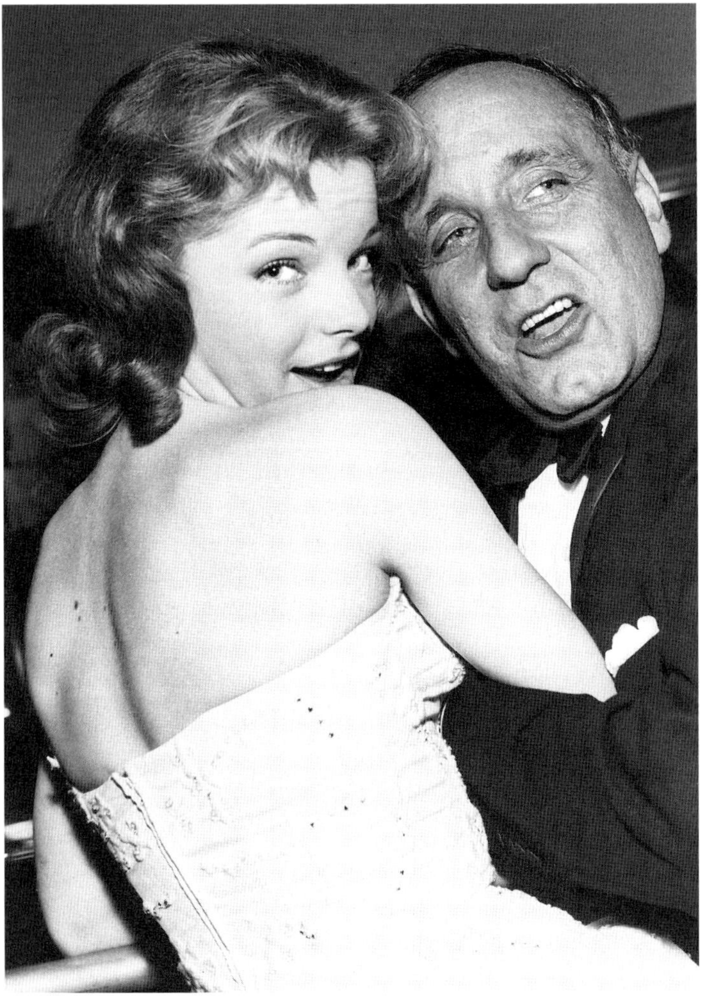

16. Mit O. E. Hasse, 1957

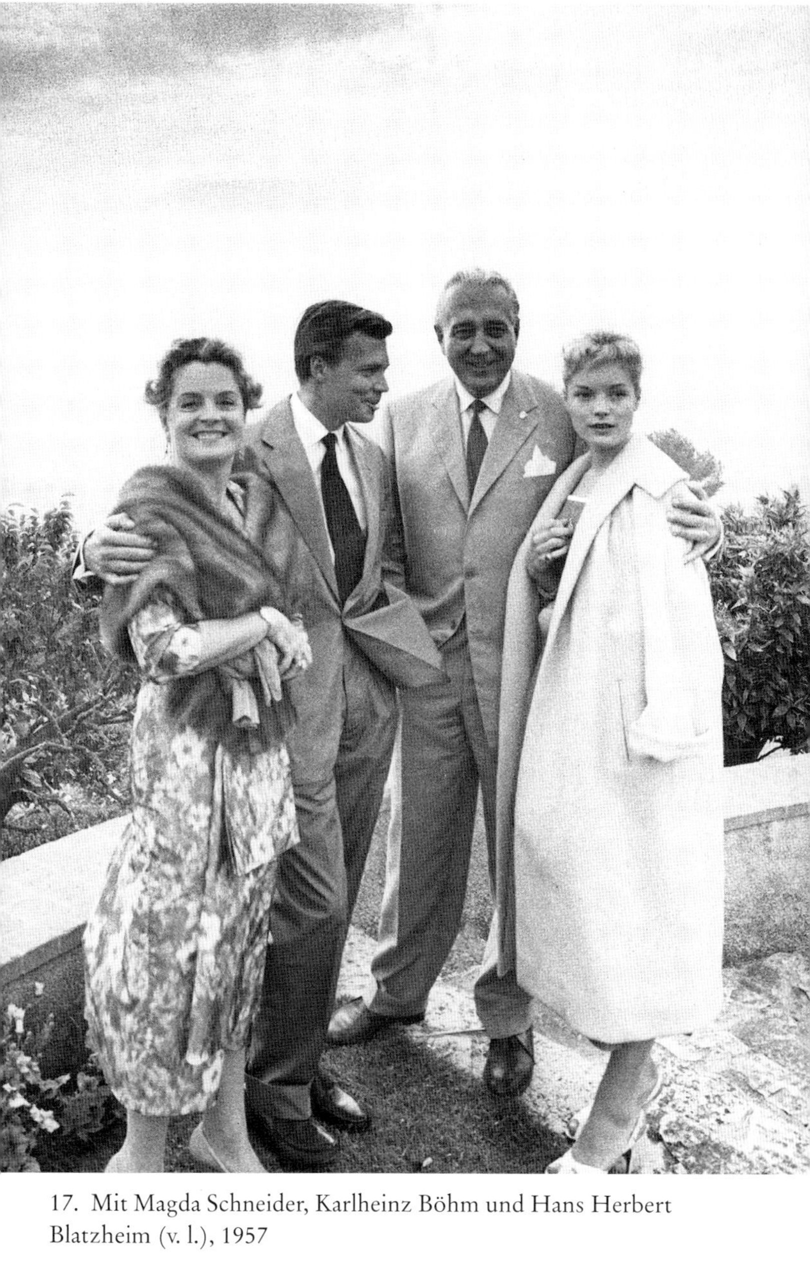

17. Mit Magda Schneider, Karlheinz Böhm und Hans Herbert Blatzheim (v. l.), 1957

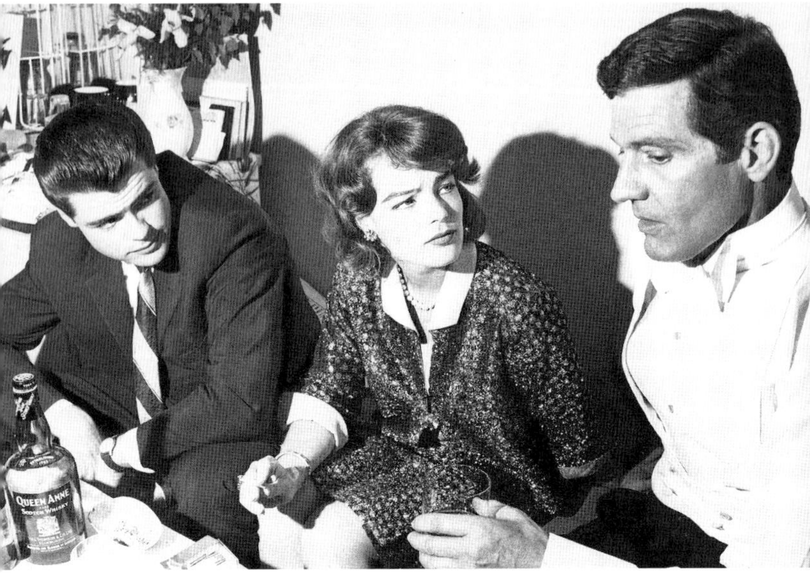

18. Mit ihrem Bruder Wolfdieter Albach (links) und Paul Hubschmid, 1958

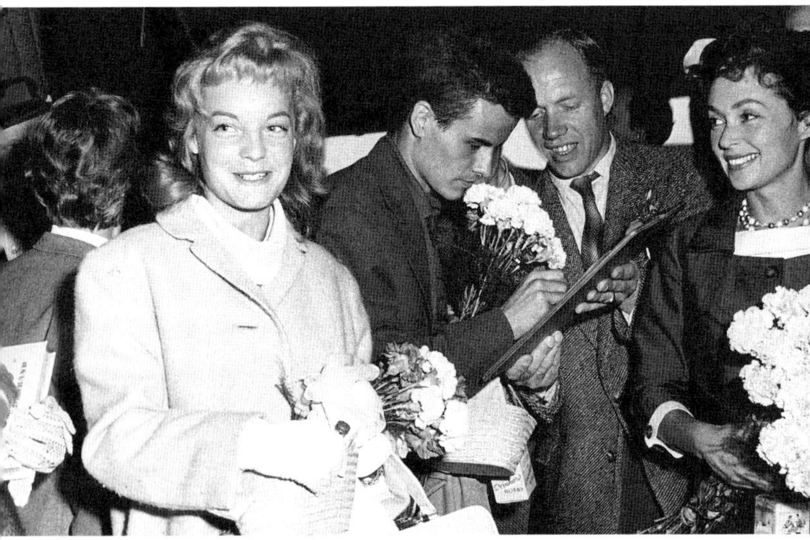

19. Mit Horst Buchholz und Lilli Palmer, 1958

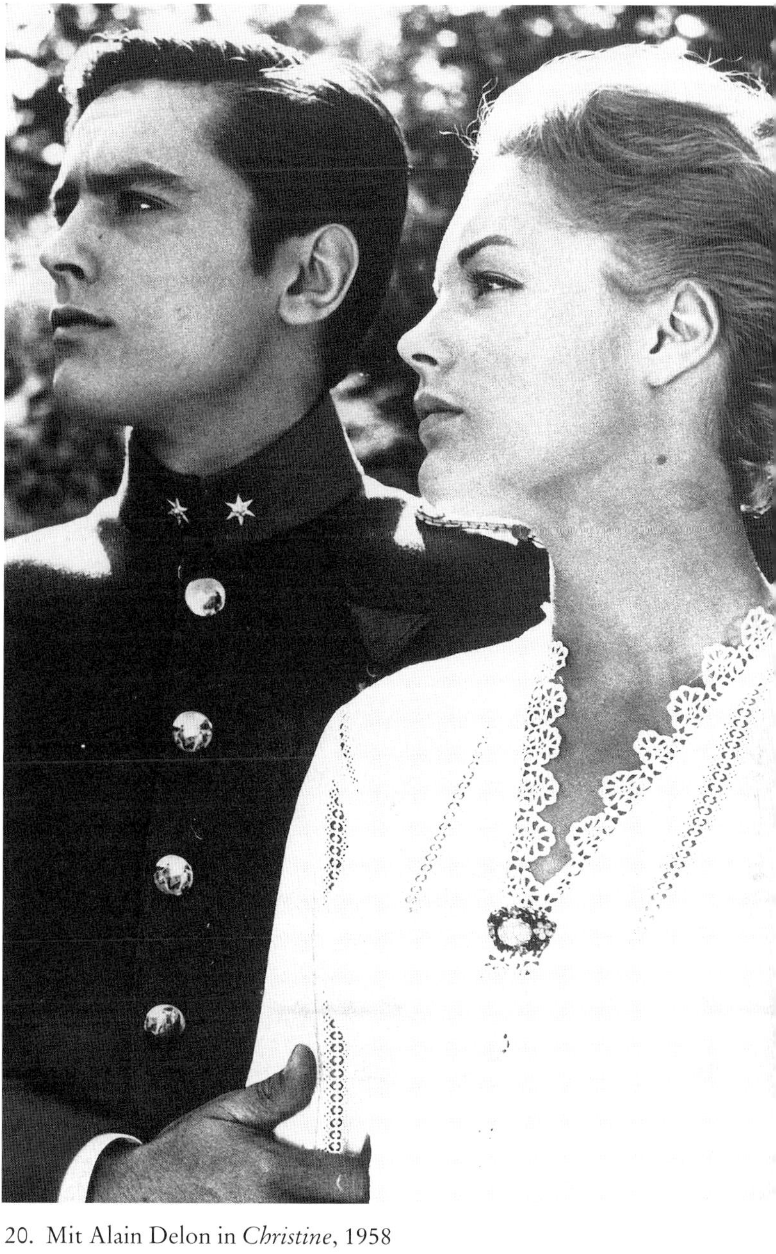

20. Mit Alain Delon in *Christine*, 1958

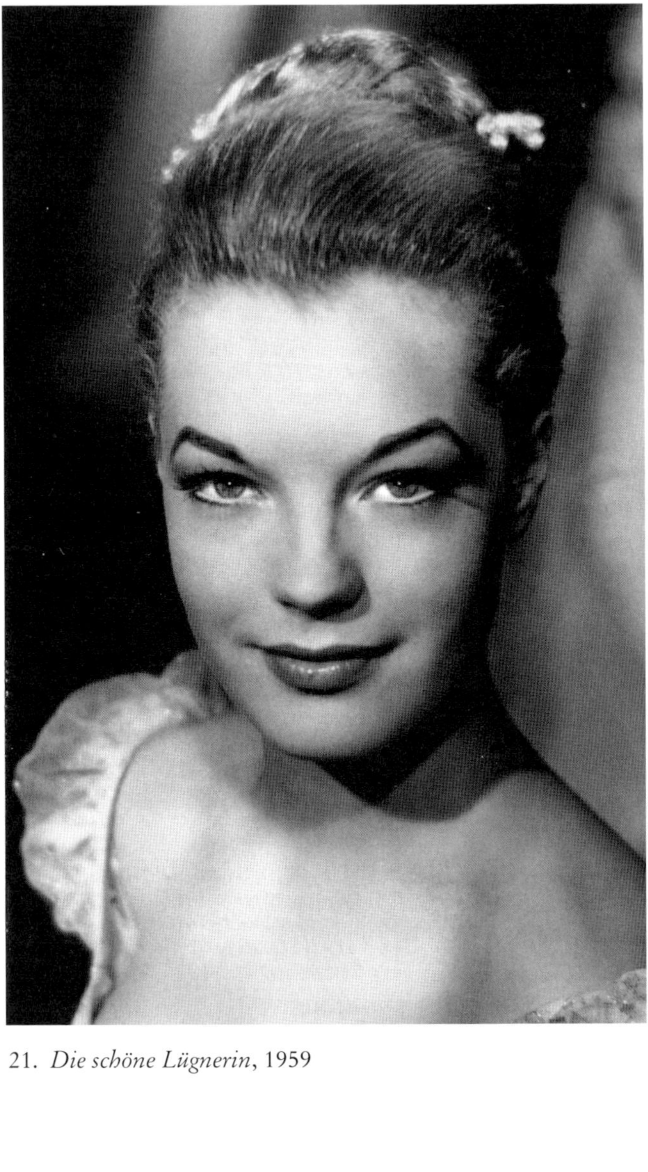

21. *Die schöne Lügnerin*, 1959

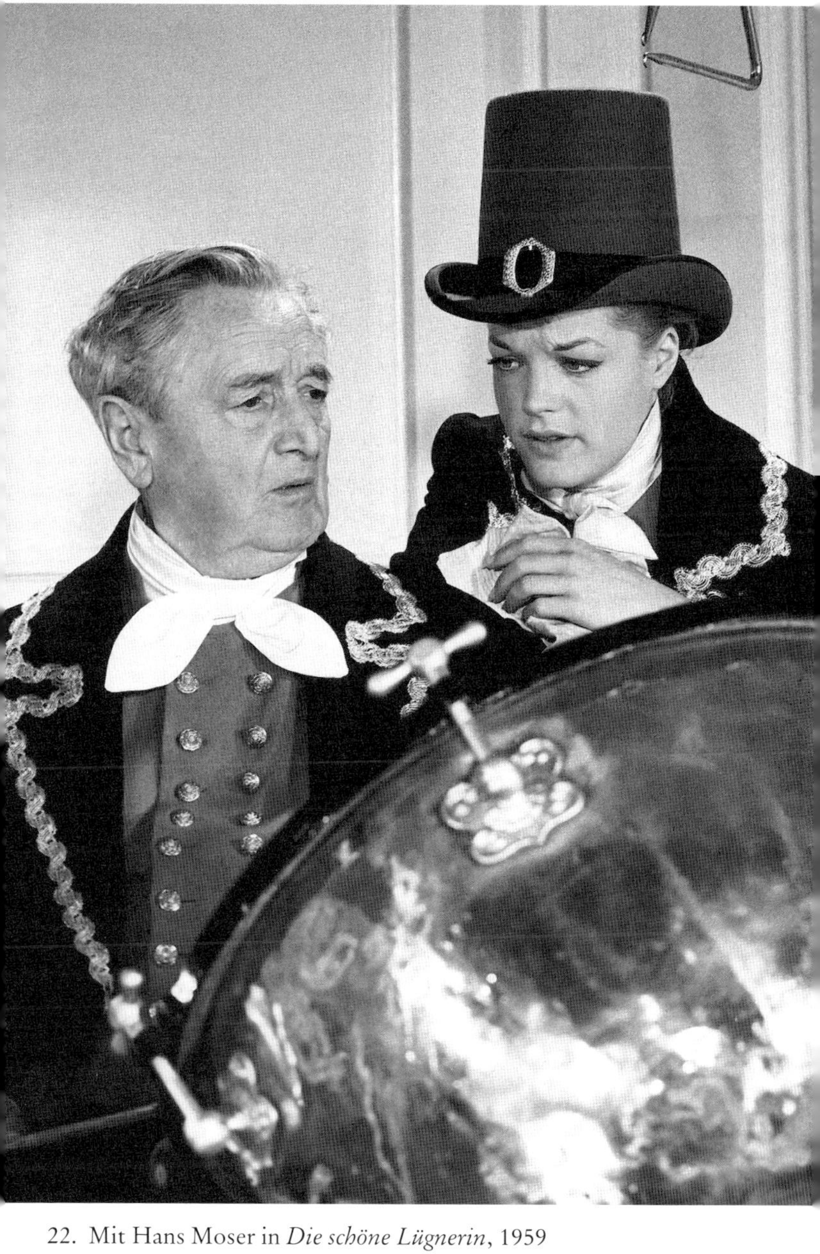

22. Mit Hans Moser in *Die schöne Lügnerin*, 1959

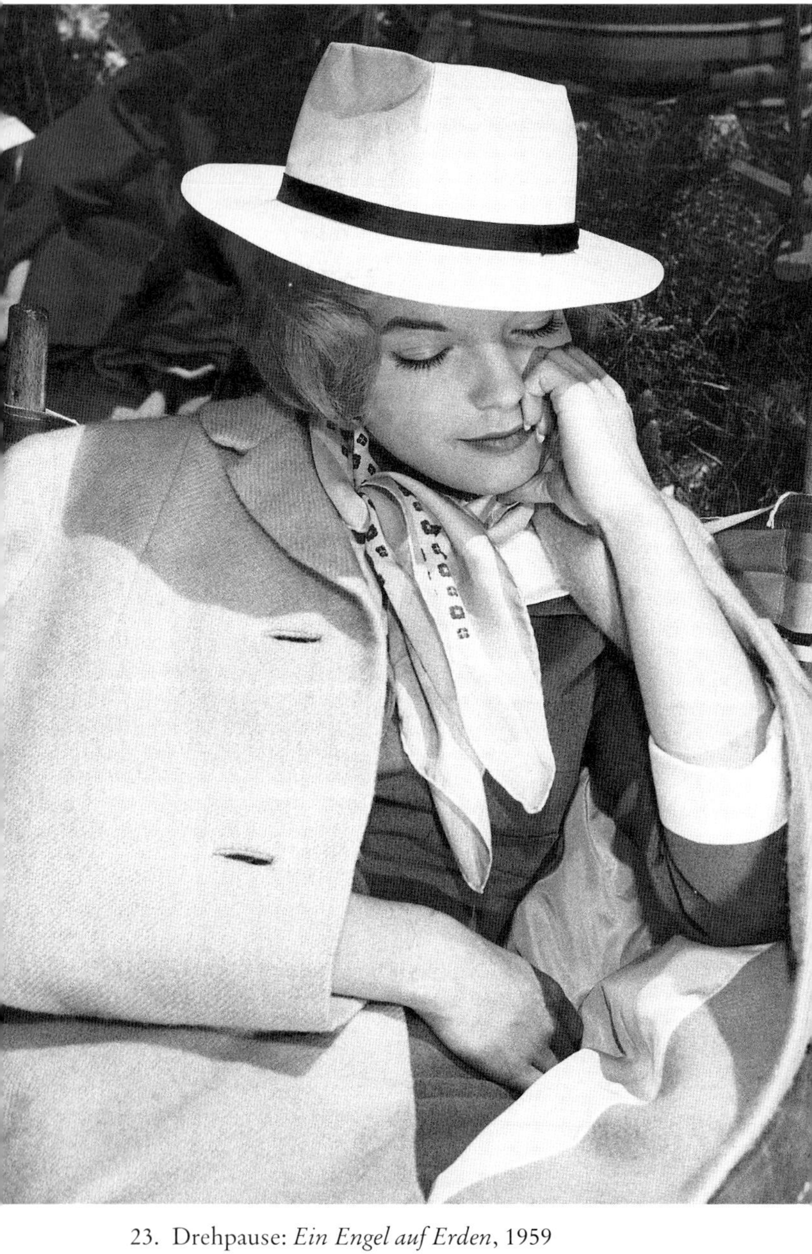

23. Drehpause: *Ein Engel auf Erden*, 1959

vertraglich gesichert gemeldet. Sie soll darin die Konkurrentin von Lola Montez, die Münchener Geliebte des Bayernkönigs Ludwig I. spielen. Marischka will diesen mit Karlheinz Böhm besetzen. Romy lehnt ab, schlägt Oskar Werner vor, den sie in Ophüls' *Lola Montez* bewundert und in Wien am Theater erlebt hat. Sie möchte der Automatisierung als ewig gleiches Filmpaar entgehen, von der sich die Produktionsgesellschaft natürlich zu Recht gefüllte Kassen verspricht. Kein Geringerer als Willy Fritsch, der mit Lilian Harvey selbst Teil einer solchen zugkräftigen Paarung – und der damit verbundenen Wünsche und Spekulationen des Publikums – war, hatte sie vor einer solchen Kombination gewarnt.

»Dein Preis wird durch deinen letzten Film bestimmt«,[159] diesem Merksatz Ernst Marischkas stimmt sie zu. 1957 hört Schneider zunehmend von Filmkrise und Pleitenangst, ohne dass man ihr Näheres erklärt. Ständige Selbstreflexionen begleiten den Weg der jungen, zunehmend verunsicherten Romy. »Es heißt immer wieder, ich sei nichts anderes als ein Teil gesteuerter Protektion, und das ist sicherlich nicht verletzend gemeint.«[160] Immer wieder bilanziert, fragt und hinterfragt sie. Neun Filme hat sie inzwischen gedreht. Die größten Kassenerfolge waren *Mädchenjahre einer Königin*, die beiden *Sissi*-Teile, und *Deutschmeister* immerhin ein solider Erfolg. Einzig *Der letzte Mann* blieb finanziell unter den Erwartungen. Sie erkennt die drohende Reduktion auf romantisch-sentimentale Sujets im Adelsmilieu und betont: »Ich kann nicht mehr geben, als mir das Drehbuch erlaubt.«[161] 1957 ist auch das Jahr, in dem die erste Biographie über die erst 19-Jährige erscheint, Gábor von Vaszarys *Romy*.

Wenn sie es sich aussuchen könnte, überlegt sie, würde sie jedes Jahr einen sicheren Kassenerfolg drehen. Das würde ihr das Wohlwollen von Verleihern und Kinobesitzern sichern, ohne deren wirtschaftliche Macht, wie sie erkennt, keine Karriere möglich ist. Als zweite Filmarbeit möchte sie in einem Musical mitwirken, einer frechen Komödie, wobei ihr Otto Premingers *Die Jungfrau auf dem*

Dach (1953) noch als zu frivol erscheint. Der dritte Stoff sollte ein sozialkritischer sein, wie etwa *Die Halbstarken*,[162] Daneben möchte sie eine solide Schauspielausbildung machen und in einigen Jahren Theater spielen.

Sie hat Erfahrung mit Drehbüchern, hat Dutzende davon gelesen, kann sich bei deutschsprachigen Produktionen das gewünschte Endprodukt vorab visualisieren. Der Rat ihrer Mutter, Rollen zu spielen, die ihrem Alter entsprechen, scheint ihr plausibel. Sie weiß, dass sie mit der Repertoirepalette ausgebildeter Schauspielerinnen wie Maria Schell nicht konkurrieren kann, traut sich dramatische Rollen noch nicht zu. Aber sie glaubt an ihre Entwicklung dahin. »Schlagobers fürs Gemüt« nennt ihr Management die bisherigen Filme. Ein Filmstar wie Romy Schneider hat, wie ihre Mutter ihr erklärt, so zu sein, wie andere Mädchen gern wären. Richtiger ist wohl: wie Teile der Gesellschaft junge Frauen gern sehen. Was das Publikum in ihr erblicken möchte ist nicht das Spiegelbild einer zeitgenössischen jungen Frau, sondern vielmehr das Idealbild von und das Vorbild für letztere. Romy Schneider weiß aber auch: »Junge Mädchen haben aber Probleme, sehr große und oft sehr schwierige Probleme, die meist sogar nicht lösbar sind.«[163] In ihren Filmen dagegen löst sich (fast) alles in Wohlgefallen auf. Die Welt ist nach anderthalb Stunden wieder heil, das Wort liest sich Mitte der 1950er Jahre wieder als Attribut und nicht mehr als Grußform im Imperativ.

Ihr »Daddy«, der mit Marktforschung vertraute Gastronom Blatzheim, setzt Romy in seinen Rechenbeispielen mit kommerzieller Ware gleich. Zunächst fügt sich Romy noch. Ein psychisches Grundmuster ist jedoch längst festgelegt: Romy Schneider schwankt zwischen Selbstzufriedenheit, Versagensängsten, Depressionen und dem Wunsch nach totaler Veränderung. Der wichtigste Wunsch bleibt freilich: zumindest eine Woche Anonymität. Unerkannt und ohne fotografiert zu werden Zeit verbringen zu dürfen. Noch besser wäre, überlegt sie, auf einer einsamen Insel zu leben und nur zu den jeweiligen Dreharbeiten anzureisen.

Zunächst einmal macht sie Urlaub mit Mutter und Stiefvater, tritt eine Reise nach Indien und Ceylon an, lässt alle ungelösten Probleme und Fragen in Deutschland zurück. »Bildungsreisen« nennen sich solche Unternehmungen anno dazumal. Sie reisen vier Wochen lang mit einer Gruppe aus neun Personen, die Fahrt ist minutiös geplant, zum Verarbeiten der Impressionen bleibt wenig Zeit. Sie kann kaum darüber reflektieren. »Es ist alles zu schnell gegangen, es waren zu viele Eindrücke.«[164] Romy sieht in Bombay die indischen Filmstudios, bestaunt die Bollywood-Produkte, findet sie für Europäer ungeeignet. Der Small Talk auf Parties langweilt sie. Nur die letzten vierzehn Tage in Colombo sind Urlaubszeit. Danach geht es nach Athen zur Premiere von *Sissi II*. Romy erhält ein nach ihren Körpermaßen hergestelltes griechisches Kostüm. Es ist ihr zweiter Besuch in Griechenland, zwei Jahre zuvor war sie als anonyme Touristin hier gewesen.

Nächste Station ist Spanien. Auf dem Flugplatz von Madrid warten tausende Fans, schwenken Fähnchen, wollen Autogramme und Körperkontakt mit ihrem Star. »Meine Mutter stand hinter mir und sagte: Lächle doch …«[165] Im selben Flugzeug sitzt Otto Habsburg, der Sohn des letzten österreichischen Kaisers. Als die Schauspieler die große Menschenmenge auf dem Flugfeld bemerken, schieben sie das auf die Bekanntheit Ottos und scherzen über die monarchistische Tradition Spaniens. Nach der Landung müssen sie jedoch feststellen, dass Herr Habsburg das Flugzeug völlig unbehelligt verlässt und die Leute vielmehr ihnen, seinen »Vorfahren« Kaiser Franz Joseph und Kaiserin Elisabeth, zujubeln. Zum Lächeln ist den Beteiligten jedoch bald nicht mehr. Karlheinz Böhm spricht von einem Massenandrang, der vor allem Romy Schneider in seiner Unkontrollierbarkeit erschreckt, und einem Gedränge, das die Schauspieler nur mit mehreren blauen Flecken überstehen. Im Nachhinein können sich die Beteiligten jedoch der Faszination der unwirklichen Situation nicht entziehen. »Es war eine Fahrt, die ich mein Leben lang nicht vergessen werde, denn sie glich einem Triumphzug«, erinnert sich Böhm. »[…] Nachdem wir endlich im Hotel angekommen waren, wurden wir gebeten, auf die Balkons unserer Appartements hinauszutreten. Draußen wartete eine riesige Menschenmenge. Da winkten wir nun wie der Kaiser und die Kaiserin höchstpersönlich von der Balustrade herunter, und die Leute auf der Straße brüllten, klatschten und schwenkten begeistert Fähnchen, als wären sie unsere Untertanen.«[166]

Monpti

Auch im Film *Monpti* ist Horst Buchholz unter der Regie von Helmut Käutner Romys Partner. Sie hat die Buchvorlage gelesen und ist mit dem Stoff vertraut. Die Außenaufnahmen des Films, so freut sie sich, werden in Paris gedreht. »Ein Kuß, nach dem Millionen sich sehnen«[167] überschreibt man eine Kuss-Szene des Traumpaares, auf die das Publikum ebenso wartet wie auf private Nachrichten über die kolportierte Beziehung der beiden. Buchholz äußert sich später bewundernd über Schneiders Disziplin während der Dreharbeiten. Anderthalb Stunden steht sie einmal bei einer Beleuchtungsprobe still, bis alles perfekt ist. Gábor von Vaszary beobachtet Romys Spiel: »Es ist eigenartig, daß Romy überhaupt nicht nervös zu sein scheint. […] Sie kennt kein Lampenfieber, kann sich vollkommen beherrschen, und die technischen Vorgänge um sie herum scheinen sie überhaupt nicht zu stören. Man kann beinahe sagen, daß niemand für sie existierte, nur ihr Spiel. Muß sie eine Szene wiederholen, spielt sie sie niemals schlechter, ja oft sogar noch besser, ohne daß sie irgendeine Anweisung erhalten hat. Sie ist imstande, sich binnen weniger Minuten ganz in eine Rolle einzuleben.«[168]

Im Berliner Studio werden für die Interieurs Dekorationen errichtet, wie man sie im deutschen Film nur mehr selten findet. Nach der Vorlage von über 1000 Fotos errichtet man ein malerisches Hinterhof-Paris des linken Seine-

Ufers, wobei natürlich Notre-Dame im Hintergrund nicht fehlen darf. Liselotte Pulver stellt sich aus Freundschaft mit Käutner für einen Cameo-Auftritt zur Verfügung. Für den »Stern« fotografiert Bernhard Wicki die Dreharbeiten. 1957 ist er noch hauptberuflich Schauspieler und Regievolontär, doch seine erste eigene Regiearbeit wird bereits angekündigt.

Zum ersten Mal erweist sich ein Romy-Schneider-Film als nicht zur Gänze publikumswirksam. Die Freiwillige Selbstkontrolle bemängelt den ihrer Meinung nach allzu freien Umgang des Films mit dem Thema Keuschheit bei einer Minderjährigen. Gegen eine Freigabe für 16- bis 17-Jährige spräche ferner, dass gerade Mädchen dieses Alters eine besondere Neigung hätten, sich mit der Hauptdarstellerin zu identifizieren. Das sei jedoch nicht wünschenswert, denn die Zuschauerin spüre, daß es sich bei dem Verweigern der körperlichen Hingabe nur um zeitliche Verschiebung handele, die Bereitschaft zur »vorehelichen Hingabe« sei trotz des jugendlichen Alters ohne Zweifel vorhanden und deutlich spürbar. Dass die Hauptdarstellerin im ganzen sauber wirke und ihre Liebesgeschichte gewisse lyrische Züge nicht entbehre, schwäche nicht ab, sondern »erhöhe die mit einer Identifikation verbundenen Gefahren«.[169] Auch in Österreich sorgt der Film für kontroverse Reaktionen, in manchen Kopien wird die Kuss-Szene zwischen Buchholz und Schneider, in welcher der Wind das Kleid der Schauspielerin hebt und ihren Oberschenkel freilegt, geschnitten, da man fürchtet, die Szene könne dem Ansehen »der Kaiserin« schaden.

»Alles auf Erden ist lyrisch in seinem ideellen Wesen, tragisch in seinem Geschick und komisch in seiner Wirklichkeit«, sagt Käutners Erzählerstimme im Film. Er inszeniert konventionell, erlaubt sich jedoch kleine Manierismen. Einmal verrückt die Kamera die Position, damit der Zuseher eine schräg gehaltene Zeitung besser lesen kann, um danach wieder in die »Normale« zu gehen. Es ist eine ungarische Zeitung (Buchholz spielt einen Magyaren), doch betont man, ein Jahr nach dem Ungarnaufstand, dies wäre keine politische Geschichte. Romy Schneider spielt das – vorgeblich reiche – junge Mädchen, das von der Hochzeit träumt. Ihre Vorstellung vom Glück: Die Frau wäscht, bügelt, kocht und spart für ihren Mann und könnte ohne ihn nicht leben. Man spielt Hochzeit und Ehe. Romy ist zu Küssen bereit, meint aber, »das andere, das mache ich nicht«, worauf der Mann einräumen muss: »Das Menschliche ist ja auch irgendwie wichtig.« Die amerikanische Kritik äußerte sich ironisch über das »teutonische Frankreich«, das dem Publikum vermittelt werde, lobte aber die Darsteller, allen voran »Herrn Buchholz, der verboten gut aussieht, und Fräulein Schneider, die eine kesse Variante von Maria Schell ist.«[170]

Monpti ist national wie international im Vergleich zu Schneiders vorigen Filmen finanziell wenig erfolgreich, und Romys Umfeld weiß nur zu gut, wie man dem gegensteuern kann. Ein weiterer *Sissi*-Teil soll die Scharte wieder auswetzen.

Schicksalsjahre einer Schauspielerin

Es sind neben finanziellen Überlegungen nicht zuletzt die gespaltenen Publikums- und Pressereaktionen auf *Monpti*, aufgrund derer das Familienmanagement Blatzheim-Schneider Romy dazu bewegen will, in einem dritten *Sissi*-Teil mitzuwirken. Marischka erklärt der Presse, er werde keinen Druck auf die junge Schauspielerin ausüben, sei aber überzeugt, dass sie nie wieder eine Rolle spielen werde, die sie so emportragen werde.

Das Presseheft des letzten Teils der Trilogie beschäftigt sich mit den Gründen des übermäßigen Erfolges der Serie. In einer Welt der Atomreaktoren, heißt es da, der Erdsatelliten, Überschallgeschwindigkeiten, der Psychoanalyse und der Relativitätstheorie, des Eisernen Vorhangs und wirtschaftlicher Interessen scheint kein Platz mehr für die in der menschlichen Seele verborgenen Träume. »Und dennoch oder gerade deshalb ist die Sehnsucht des Menschen nach der schönen Unwirklichkeit, nach dem fernen Unbekannten, nach einer Zeit, in der alles ganz anders war, größer denn je.« Genau das aber werde mit *Sissi* heraufbeschworen. Es handle sich um einen historischen Stoff, der jedoch vor fast 100 Jahren in einer Welt spiele, die der heutigen so fern liege, »wie unseren Großeltern das Reich der Elfen, Feen und Zwerge gewesen sein muß«. Eine gute alte Zeit also, die es nie gab, die man aber in jeder nicht so guten neuen Zeit gern konstruiert. Sissi wird in der Folge mit Figuren wie Schneewittchen oder Turandot gleichgesetzt. Der wichtigste Erfolgsgrund sei jedoch die Interpretin der Titelrolle. »Vielleicht werden ein paar Geschichtsforscher nachweisen können, daß Elisabeth in ihrem Typ und ihrem Verhalten anders war als die Sissi-Romy es ist. Aber spielt das eine Rolle? Historische Wahrheit und die Wahrheit eines Traums sind nie identisch. Wesentlich ist, daß in Romys Gestaltung dieser Rolle der heimliche Wunsch von Millionen seine Erfüllung findet.«[171]

Die Dreharbeiten beginnen im August 1957. Der dritte Teil zeigt »die Bewährung der jungen Ehe Franz Josephs I. und seiner Gemahlin Elisabeth und schließt mit dem Sieg Sissis in der Politik.«[172] Die Premiere findet am 20. Dezember 1957 im Wiener Apollo-Kino statt. Mit 129 Kopien wird der Film schließlich aufgeführt. Auch der dritte *Sissi*-Teil läuft als österreichischer Beitrag 1958 im offiziellen Wettbewerb von Cannes, die Goldene Palme erhält in dem Jahr jedoch die russische Produktion *Wenn die Kraniche ziehen*. Senta Wengraf spielt in den *Sissi*-Teilen II und III die Hofdame der Kaiserin, Gräfin Bellegarde. Die Rolle ist zwar klein, doch Wengraf kommt, da sie in vielen Szenen eingesetzt wird, auf zahlreiche Drehtage. Sie spürt buchstäblich am eigenen Leib, dass der Film nur auf seine Protagonistin zugeschnitten ist: »In Amalfi, das im Film Korfu darstellt, lag sie für eine Szene auf einem Liegebett und sprach von dort zu mir hoch. Ich war außerhalb des Bildes in der Sonne und schwitzte. Normalerweise steht dort ein Double oder jemand von der Crew, aber Marischka dachte, für Romys Spiel wäre es besser, wenn ich wirklich dort sei. So stand ich einen Tag lang in der Sonne und holte mir in dem dekolletierten Kleid einen Sonnenbrand. Als man die Gegenschuss-Szenen drehte, meinte Marischka: ›So Kinder, ich geh' jetzt frühstücken, Macht's gut!‹ Romy war zu dem Zeitpunkt auch nicht mehr da, und ich sprach zu einem leeren Liegestuhl. Ihre Szenen dauerten fast einen Tag, meine ungefähr zehn Minuten.«[173]

Eine Reihe von Diskussionen gibt es über die Frage, ob man Romy in dem Film als junge Mutter zeigen solle, obwohl man dies bereits im zweiten Teil tat. Manche fürchten deswegen um den Erfolg des Films und plädieren dafür, die Szenen mit ihrem Kind herauszuschneiden. Doch Marischka bleibt bei seiner Version, lässt gerade diesen Aufnahmen im Schlussteil zentrale Wirkung zukommen, und das kommerzielle Resultat gibt ihm recht.

In Österreich und Deutschland sind es nicht zuletzt die Kinobesitzer, die Marischka für den finanziellen Erfolg des Films dankbar sind, an dem auch sie kräftig partizipieren. »Gratulieren herzlich zu dem überwältigendem Erfolg von *Sissi III* mit 110000 Besuchern und sechs Wochen Laufzeit in meinen beiden Theatern«,[174] telegrafiert etwa die Chefin der Kammer-Lichtspiele und des Europa-Palastes in München. Im Januar 1958 berichten österreichische Filmzeitschriften, dass es dem heimischen Film über seinen deutschen Weltvertrieb gelinge, einige Produkte auf den Weltmarkt zu bringen. Neben *Die letzte Brücke* und *Der letzte Akt* punkten vor allem *Mädchenjahre einer Königin* und *Sissi*. Die »Berliner Filmblätter« listen *Sissi, die junge Kaiserin* auf Platz drei der erfolgreichsten deutschen Filme der Saison 1956/57, hinter *Der Hauptmann von Köpenick* und *Die Trapp-Familie*.

Auch der Abschluss der Trilogie verspricht ähnlich erfolgreich zu sein. »*Sissi III* erobert die Welt«[175] tituliert eine Schlagzeile im Februar 1958, der Bericht subsummiert, dass nicht sämtliche Hausrekorde in Österreich gebrochen wurden, sondern der Erfolg sich auch in Deutschland und der

Schweiz abzeichne, wo *Sissi III* alle bisherigen Rekordziffern ausländischer und Schweizer Filme hinter sich lasse. In Österreich ist *Sissi II* 1957 die kommerziell erfolgreichste Produktion vor *Die Trapp-Familie* und *Kaiserjäger*. Internationale Produktionen wie *Alle Herrlichkeit auf Erden* oder *Trapez* folgen erst auf den Plätzen fünf und sechs. *Monpti* belegt Platz acht. Über die »Kino-Königin Romy« liest man 1956: »Als einziger deutscher Schauspielerin der Nachkriegszeit ist es ihr bisher gelungen, die Filmmüden von Schweden, Norwegen, Holland, Finnland, Frankreich, Belgien, Spanien und Portugal wieder ins Kino hineinzulocken. Dafür müsste sie von der deutschen Filmindustrie noch einmal gekrönt werden.«[176] Die iberische Halbinsel setzt auf Merchandising à la Disney, produziert Sissi-Wäsche und eine Kinderzeitschrift, richtet »Sissi«-Bars ein, bewirbt Obskures wie »Sissi – das Bett in der Handtasche«. In Antwerpen und Brüssel werden Triumphzüge organisiert, in Portugal errechnet man, dass im »Monumental-Kino« innerhalb von vier Wochen 85000 Besucher Karten lösen, das wären 11 Prozent der damaligen Stadtbevölkerung.

In Israel organisiert man im Dezember 1958 jedoch Protestdemonstrationen gegen deutschsprachige Filme. Vor den Kinos, in denen der zweite Teil von *Sissi* und *Liebe* mit Maria Schell gezeigt werden, verteilt man Flugblätter des Verbandes der KZ-Häftlinge, auf denen unter den Überschriften »Aus den Sprüchen der Väter« und »Wisse wohin du gehst«[177] dokumentarische Fotos aus den Konzentrationslagern abgebildet sind. Der Verband der Kinobesitzer fasst daraufhin am 8. Dezember 1958 den Beschluss, vorab keine deutschsprachigen Filme mehr zu zeigen. Die beiden Kinos, vor denen die Aufmärsche stattfanden, wollen ihr Programm jedoch noch ein paar Tage beibehalten. Der österreichische Gesandte Ernst Luegmayer überreicht im israelischen Außenministerium eine Protestnote gegen den Boykott österreichischer Filme, deren Aufführung seit anderthalb Jahren in Israel erlaubt ist. Luegmayer weist in seinem Bericht an den österreichischen Außenminister

Leopold Figl darauf hin, dass die »Vereinigung der Juden aus Österreich zum Schutze ihrer Rechte« seit Wochen auf die Durchsetzung ihrer Entschädigungsansprüche poche und dabei zum wirtschaftlichen Boykott österreichischer Produkte aufrufe. Politisch unterscheidet Israel zwischen Österreich und Deutschland, in den österreichischen Filmen sieht man vielfach jedoch deutsche Ware unter rotweißrotem Deckmantel. In der Erklärung zum Filmboykott wird verlautbart: »Wir wollen nicht, dass die israelische Jugend, die die Greuel des Nazismus nicht gekannt hat, sich den Deutschen als einen sympathischen, höflichen, romantischen und empfindsamen Menschen vorstellt, wie ihn die deutschen und österreichischen Filme zeigen.«[178] Romy Schneider, die zu jener Zeit in Paris für *Christine* vor der Kamera steht, wollte gemeinsam mit ihrer Mutter die Weihnachtsfeiertage in Israel verbringen, meldet die Zeitung »Jedioth Chadashoth«, auch Karlheinz Böhm wird erwartet. Aufgrund der angespannten Stimmung werden die Besuche abgesagt.

Für den schon aus wirtschaftlichen Gründen unumgänglich scheinenden vierten Teil von *Sissi* trifft man sich privat in Berchtesgaden und offeriert Romy Schneider eine Million Mark in bar. Als sie ablehnt, folgt eine hitzige Diskussion, in welcher der Jungstar umgestimmt werden soll. Doch diesmal bleibt Romy bei ihrer Entscheidung. »Nach dem Krach ging ich in mein Kinderzimmer und habe mich eingeschlossen.«[179]

»Wer ist dieser Romy Schneider?«

Die Filme seien es nicht, erklärt 1957 eine deutsche Zeitung ihren erstaunten Lesern, die Romy Schneiders Erfolg ausmachten. Schon gar nicht der Mythos um die österreichische Kaiserin, der in der Trilogie unbekümmerter Geschichtsfälschung anheimfalle. Es wären die sattsam bekannten Eigenschaftsworte der Kategorie »sauber und naiv, jungfräulich und mädchenhaft: lauter Adjektiva, die bis vor kurzem noch tief im Kurs standen. Sie ist eine gestrige, ja vorgestrige Mädchenerscheinung, die Romy; das aber ist ja das glückliche Gesetz der Zeit, dass das Vorgestrige unfehlbar wieder modern wird, wenn es nur vorgestern halbwegs echt gewesen ist.«[180] Ebenso wie von der Epoche der »Halbstarken« oder des Rock'n'Roll könne man daher von einer »Romy-Ära« reden. Mag sein, dass Françoise Sagans *Bonjour Tristesse* das repräsentiere, was die Jugend heute tue, Romy dagegen stünde dafür, wonach sie sich sehne. Das Moderne, das Zeitlose an dem Phänomen Romy Schneider scheint die Sehnsucht nach dem, was vielleicht niemals war.

Romy Schneiders nächste Produktion ist die sozialromantische Komödie *Scampolo*, das Remake eines Billy-Wilder-Stoffes von 1932, wieder unter der Regie von Alfred Weidenmann, die Außenaufnahmen entstehen auf der Insel Ischia. Das Publikum der Wirtschaftswunderzeit kann sich 1957 im Kino nun wieder Inspiration für Urlaubsreisen holen, auch wenn hier die Touristen eher karikiert werden. Kleine politische Kalauer über den Nachbarn im Süden sind im deutschen Film wieder möglich. Warum ein italienischer Bursche ausgerechnet Benito heißt, lässt sich damit erklären, dass er 1935 geboren wurde; eine Anspielung auf Benito Mussolinis Aufstieg im Italien der 1930er Jahre. Romy spielt in der Titelrolle ein elternloses Mädchen, das auf einem Boot wohnt, sich als fröhliche Fremdenführerin verdingt und die Einkünfte sozial Schwachen zugute kommen lässt. An ihrer Rolle empfindet sie das demonstrativ Temperamentvolle als angenehm neu. Wie *Kitty* ist sie das ehrliche, einfache Geschöpf, das einem Politiker die Wahrheit über die Probleme der Menschen sagt. Scampolo glaubt, dass sie siebzehn Jahre alt ist und ihr Name »das, was übrig bleibt« bedeutet. Sie ist im Grunde eine Art Anti-Lolita, die sich in eine Frau verwandelt und sich dabei über solche »Unnatürlichkeiten« wie Strümpfe und Schuhe lustig macht. Im Grunde ist sie – wie schon als Queen Victoria – ein Kind, das eine Frau kopieren muss (»Steh' nicht so natürlich da!«). Künstlerisch ist der Film keine Weiterentwicklung, bietet aber die Chance, in einer zeitgenössischen Komödie zu spielen, die nur um ihre Hauptdarstellerin zentriert ist.

Für den am 26. Februar 1958 eröffneten Ufa-Palast am Hamburger Gänsemarkt gestaltet der Graphiker Kurt Wendt ein *Scampolo*-Plakat, auf dem das Gesicht von Romy Schneider fast zwei Stockwerke einnimmt. Romy kommt zur Premierenfeier, trinkt Wein aus Ischia und bedankt sich schriftlich für das beste Plakat, das sie bisher hatte. Die amerikanische Kritik bringt es auf den Punkt: »Wir müssen der Tatsache ins Auge sehen, dass Deutschlands attraktive zwanzigjährige Romy Schneider dazu ausersehen ist, ihren Platz in der Galaxie bedeutender Filmstars einzunehmen.«[181]

Nicht jeder freilich ist in dieser Galaxie beheimatet. 1957 berät man in Bonn, ob der Ausschuss »Film, Funk und Presse« in den Kulturausschuss gehöre, worauf ein Abgeordneter fragt, was denn wohl Romy Schneider dazu sagen würde? Das veranlasst den Bundestagspräsidenten Eugen Gerstenmaier zu einer Gegenfrage: »Wer ist dieser Romy Schneider?« In der Zeitschrift »Filmforum« wundert man sich daraufhin, dass ein Repräsentant des öffentlichen Lebens der Bundesrepublik ein solches Massenidol nicht einmal dem Geschlecht nach richtig zuordnen könne. Es handle sich bei der Gesuchten um ein reizend aussehendes Mädchen, von dem noch niemand sagen könne, wie groß dessen Begabung wirklich sei. Noch relativiert der Bericht: »Eine große Schauspielerin? Unsinn, das wird sie vielleicht werden, wer kann das wissen. Aber der Öffentlichkeit wird diese auf – zugegeben – liebenswürdige Art noch unreife Schauspielerin als Idol präsentiert. Die Masse der Kinobesucher (es sind nicht vor allem die Jugendlichen) hat das Idol akzeptiert, und jetzt wird sie von einem unangemessenen Publicity-Rummel immer weiter gereizt. Sie überschlägt sich in Beifallsäußerungen und macht das arme Ding mit seinem Jungmädchenlächeln glauben, es sei ein bedeutendes Persönchen geworden, dem frenetischer Beifall zu erweisen wohl angebracht ist.«[182]

Die Halbzarte, unter der Regie von Rolf Thiele, bereitet einen Fachwechsel Romy Schneiders in zumindest gemäßigt erotische Bereiche vor. Die Presse überzeugt sie damit nicht. Es sei zwar eine »entsissite«, aber keine neue Romy Schneider, die man hier zu sehen bekomme, meint eine Zeitung harsch, sondern lediglich eine anders frisierte »über dem nichtssagenden Kindergesicht«,[183] die sich hilflos wie ein Vampirlein gebärde. Die Graphik der Credits zu dem Film betont ihre weiblichen Formen. Romy Schneider ist zunächst auf einem Aktfoto zu sehen – als Baby freilich – die erste Einstellung zeigt ihr Bein bis zum Knie. Sie trägt hautenge Kleidung und eine Brille. Alle künstlerischen Versuche der von ihr gespielten Amateurschriftstellerin Nicole enden mit Absagen, irgendetwas scheint sie falsch zu machen. Die Dialoge spielen in (un)freiwilliger Komik sanft mit den Themen der Zeit. Was interessiert die Menschen heute, fragt man sich. Nicole/Romy: »Sex.« Mutter/Magda Schneider: »Nicht in meinem Haus!« Um endlich Geld ins gutbürgerliche Heim zu bringen, erfindet man eine unmoralische Biographie, als deren Autorin – und damit Vorlage – sich die von Romy gespielte Figur ausgibt. Das schlüpfrige Werk hat prompt Erfolg, wird als Theaterstück dramatisiert, bald interessiert sich ein amerikanischer Produzent für die Filmrechte. Er bedingt sich jedoch aus, die Autorin kennenzulernen. Romy verkleidet sich für die neue Rolle, ohne Brille und mit einer frecheren Frisur. In einem Babydoll-Nachthemd kokettiert sie mit ihrem Spiegelbild. Wien sieht man in dem Film nicht mehr als Operettenstadt, sondern als Kulisse bunter Lichter bei Nacht, in der es ein Fiakertaxi mit eingebautem Radio, Discos und Nachtclubs gibt. Ein FKK-Club muss als »unanständiger« Ort herhalten. Den »Donauwalzer« von Johann Strauß hört man in einer Jazz-Version, und der Kabarettist Georg Kreisler besingt beim Heurigen nicht die Schönheit des Monden-, sondern des Dollarscheins. Auf dem Standesamt erklingt schließlich aus der Jukebox Wagners Hochzeitsmarsch aus *Lohengrin*.

Der Produzent wird der dramaturgisch notwendige *love interest* der Geschichte, er will mit dem amoralischen Mädchen Geld machen. Unanständigkeit fasziniert ihn, privat sucht er freilich »ein Mädchen ohne die geringste Vergangenheit«, um es zu heiraten. Romy erfüllt ihm diesen Wunsch nur zu gern. Erst der Trauschein bringt Nicole dazu, »Unanständiges« zu tun. Die »guten Ratschläge« an das junge Mädchen lesen sich altbacken wie gewohnt: »Wenn er dich verprügelt hat, dann liebt er dich.« Dass Romy Schneider in dem Film, wie eine Zeitung postum feststellte, mit der Welt der Erwachsenen abrechnete, ist somit eine überzogene Interpretation.[184]

Bei den Dreharbeiten zu *Die Halbzarte* lernt Romy Gertraud Jesserer kennen. Die junge Wienerin beginnt mit zwölf Jahren als Komparsin für den Film zu arbeiten und ist, wie Romy bei ihrem ersten Film, vierzehn Jahre, als sie für *Die Halbzarte* engagiert wird. »Man hat mich damals direkt aus der Komparserie geholt. Ich habe mich in eine lange Schlange eingereiht, aus der mich der Aufnahmeleiter Gino Wimmer herauspickte, da man eine ›Schwester‹ für Romy Schneider suchte. Nach den Dreharbeiten war ich gemeinsam mit meiner Mama auf ›Verbeugungstournee‹, ich erinnere mich an jubelnde Menschenmassen. Ich hatte den Mantel, den Romy im Film trug, geschenkt bekommen, weil ich keine geeignete Garderobe hatte.«[185] In den Film selbst darf Jesserer, da sie erst fünfzehn Jahre ist, nicht hinein, erst danach auf die Bühne, um sich mit den anderen zu verbeugen. »Romy war ganz lieb, hat mich auch abseits der Rolle schwesterlich behandelt, daraus hat sich eine Freundschaft entwickelt. Freundschaften hat Romy nicht spontan geschlossen, dann aber dauerten sie ein Leben lang.«[186] Nach der gemeinsamen Arbeit schreibt Romy ihr aus Bahn oder Flugzeug Briefe in Fortsetzungen und schickt sie ins Wiener Theater in der Josefstadt, wohin Jesserer engagiert wird.

Am 18. Januar 1958 erscheint eine Homestory, die Romy im Kreise ihrer Familie zuhause in der Schönau zeigt. Übertitelt mit »Einmal im Jahr ist Familientag«[187] zeigt sie die »glückliche Familie«, im Grunde aber eigentlich »Sissi« ganz privat in der tiefverschneiten Berchtesgadener Landschaft. Unter dem Begriff Familientag versteht man den knapp vor Jahresende gelegenen Geburtstag von Romys Großvater mütterlicherseits, der 79 Jahre alt geworden ist. Ein rüstiger, weißbärtiger, von der Gebirgssonne gebräunter Greis. Mit ihm posiert die Enkelin, sowie auch die restliche Familie inklusive den Dackeln Seppl und Choco und dem Boxer Ajax. »Daddy« Blatzheim gießt seiner Stieftochter an der Hausbar einen Drink ein, Romy speist umringt von gutbürgerlich repräsentativem Porzellan. Im selben Monat berichten Filmblätter, dass im Kölner Handelsregister die »Magda Schneider Film GmbH« eingetragen wurde. Gegenstand der Unternehmung seien die Herstellung und der Verleih von Reklame-, Spiel- und Kulturfilmen sowie die Verwertung von Persönlichkeitsrechten. Die Geschäftsleitung besteht aus dem Hotelier Hans Herbert Blatzheim und seiner Gattin Magda Schneider. Über den Namen der potentiellen Hauptdarstellerin glaubt man sich bei der Konstellation ebenfalls sicher zu sein. Investiert wird das Geld unter anderem in die Schweizer Firma Thyrsos.

Als die Fans von Romys Familientag lesen, ist sie bereits in den Vereinigten Staaten. Dort gibt es seit geraumer Zeit Interesse an ihrer Person. »Who is dat girl?« soll Spyros Skouras, der Präsident von 20th Century Fox in seinem mit griechischem Akzent kolorierten Englisch nach einer Vorführung von *Mädchenjahre einer Königin* gefragt haben. Es ist danach nur eine Frage der Zeit, bis in der Rechtsabteilung der Fox einer der obligaten 64-seitigen Verträge unterschriftsreif vorliegt, Agenten sich um Kontakt mit »dat girl« bemühen.

An vorderster Front macht dies der 1903 im damals noch

zur Österreichisch-Ungarischen Monarchie gehörenden Teplitz-Schönau geborene Paul Kohner, der in den USA als Filmproduzent bei Universal Pictures Erfolg hat. Den ersten Versuch unternimmt Kohner bereits am 29. März 1955 in einem Brief an Magda Schneider, auf den ihm Hans Herbert Blatzheim antwortet, dass man noch nicht die Absicht habe, die erst Siebzehnjährige schon ins Ausland gehen zu lassen, zumal der Erfolg im Inland ungebremst anhalte. Stolz verweist er auf über 30 Farbtitel, zu denen es Romy im letzten Jahr gebracht habe. Er wolle sich aber immerhin erkundigen, wie die Chancen »drüben« stünden. Kohner zeigt Verständnis, er sei selbst Vater einer achtzehnjährigen Tochter. 1957 kündigt Blatzheim Kohner gegenüber an, dass Disney *Mädchenjahre einer Königin* und zwei *Sissi*-Teile in den USA verleihen wolle.

Im November desselben Jahres bietet Kohner an, sich dafür einzusetzen, dass *Monpti* in den USA für den Golden Globe nominiert wird. Er möchte im Gegenzug Romy probeweise drei Monate lang in den USA als Agent vertreten. Den Golden Globe als bester ausländischer Film 1957 erhält schließlich gemeinsam mit einer japanischen und einer mexikanischen Produktion *Die Bekenntnisse des Hochstaplers Felix Krull* – mit Romys Filmpartner Horst Buchholz.

Am 14. Januar 1958 reist Romy mit ihrer Mutter in die USA, um in Begleitung des Disney-Repräsentanten in Deutschland, Leo Horster, bei der Amerika-Premiere von *Mädchenjahre einer Königin* anwesend zu sein. Die Disney Corporation hat den Film unter dem Verleihtitel *The Story of Vicky* übernommen und eine US-Tournee im Beisein der Hauptdarstellerin organisiert. Die Statistik berichtet von dreizehn mitgeführten Koffern, die sie für ihre dreiwöchige Reise benötige. Vor ihrer Woche in Hollywood bleibt Romy zwölf Tage in New York und hat in dieser Zeit acht Live-Auftritte im TV sowie fünf Radio-Sendungen. Paul Kohner organisiert den Empfang, sorgt für Blumensträuße, kümmert sich um die Gäste, deren einen er gern unter seine Fittiche nehmen würde.

»More legs please«, rufen Romy die Fotografen am Flughafen zu und finden sie »cute«. Einer der Bildreporter, so stellt sie amüsiert fest, trägt den Namen Horst Buchholz. Im Hotel angekommen, ist sie erneut beeindruckt, es scheint die Größe einer Stadt zu haben. Die von Kohner georderten Blumen stehen da, von Walt Disney, wie sie glaubt. Romy bewundert die zahlreichen Pelzmäntel, staunt über achttürige Limousinen, sieht *My fair Lady* am Broadway, besucht den »Wiener Opernball« im Waldorf-Astoria. Auch eine weitere Wiener Reminiszenz erlebt sie: In der Metropolitan Opera dirigiert Karl Böhm den *Rosenkavalier*. Danach besucht sie das »El Marocco« und trifft Paul Kohner.

Die obligaten Touristenfotos entstehen, Romy am Times Square, der Aussichtsplattform des Rockefeller Center, vor dem Empire State Building. Der Besuch ist gut organisiert. Romy ist beim österreichischen Generalkonsul in New York zum Lunch eingeladen, an dem als weitere Gäste auch der österreichische Botschafter und der Dirigent Karl Böhm, der Vater von Karlheinz, teilnehmen. Fotografen und Reporter sind stets dabei. Im Büro der Disney Corporation sieht sie auf einem riesigen Foto »ein ganz anderes Gesicht von mir, als ich es sonst aus dem Film kenne. Mit zurückgekämmten losen Haaren und geschlossenen Augen kenne ich mich gar nicht wieder. Zu diesem Foto hat man einen Text erfunden, der heißt: ›Das ist die aufregendeste Schauspielerin des Jahres 1958.‹ Na ich weiß nicht.«[188] Sie ist die europäische Werbung gewohnt, die ebenfalls erheblich war, findet die amerikanische jedoch eine Spur suggestiver. Die Fotos, die Romy Schneiders Karriere immer wieder begleiten, geben einen neuen Star wieder, zeichnen ein reiferes Bild. »Neues Gesicht für neue Rollen« benennt der »Stern« dann auch ein Titelbild aus dem November 1958. Eine ernste Romy blickt den Betrachter etwas skeptisch an. Das Haar ist zurückgekämmt und geschlossen, das Gesicht ist geschminkt, eine vierreihige Perlenkette umschließt ihren Hals.

Für das »Look«-Magazine muss sie sich ein viktorianisches Kleid anziehen – passend zum aktuellen Kinofilm. Romy freut sich über die ihr in Amerika entgegengebrachte Aufmerksamkeit, stöhnt über die anstrengende Tour, die sie von Interview zu Interview führt, freut sich, wenn einmal eine Show ausfällt und sie eine Ruhepause erhält. In einer davon sieht sie den Film *Sayonara* mit Marlon Brando und ist tief beeindruckt.

Am 26. Januar 1958 fliegt sie nach Hollywood. Der Cognac im Flugzeug wird ihr verweigert, weil sie noch nicht 21 ist. Der österreichische Generalkonsul Dr. Waller erwartet sie, dazu Repräsentanten von Disney und ein Indianerhäuptling namens Iron eye, eine der Attraktionen von Disneyland. Mit ihm und seinen Stammesgenossen posiert sie für eine Fotoserie. Romy besucht die Disney Studios, bestaunt die Zeichner, die mit weißen Handschuhen vor ihren Unterlagen sitzen. Die legendäre Corporation hat eine Kurzbiographie von ihr erdichtet. Romy korrigiert Details, die ihr wichtig erscheinen. Es seien keine 3000 Briefe, die sie täglich erhalte, sondern lediglich 600. Außerdem stimme es nicht, dass sie 10000 Heiratsanträge bekommen habe. Die paar, die es tatsächlich gebe, seien nicht schriftlich formuliert worden.

Sie ist zu Hollywoodparties eingeladen, von denen sie schon so viel gelesen hat, trifft Emigranten wie William Dieterle und Gottfried Reinhardt, posiert gemeinsam mit ihrer Mutter neben der 76-jährigen einstigen Operettendiva Fritzi Massary, einer gebürtigen Österreicherin, die ihre größten Erfolge auf Berliner Bühnen feierte. Im Beverly Hills Hotel besucht sie Helmut Käutner und seine Frau. Romy wird von Joe Hyams interviewt, trifft Robert Taylor, Curd Jürgens, Lilo Pulver und Erich Pommer. Im Lokal »La Rue« bestaunt sie die Prominenz, vertreten durch Sophia Loren, Kim Novak und Frank Sinatra. Sie besichtigt wie ein Tourist die MGM-Studios, trifft sich zum Lunch mit Mel Ferrer, sowie mit der Klatsch-Journalistin Louella Parsons, und wird von ihr als das hübscheste Mädchen Europas bezeichnet.

Erste Probeaufnahmen entstehen, Schminken und Beleuchtungsproben sind ihr längst vertraut. Fixe Vereinbarungen werden nicht getroffen, man kündigt an, sich nach einem geeigneten Stoff umzusehen. Jahre später sieht Romy Schneider die einstige Unternehmung desillusioniert: »Die haben aus mir eine amerikanische Sissi machen wollen, haben mich angezogen wie ein bayrisches Weiberl mit Zöpferln.«[189]

Im deutschsprachigen Europa freut man sich über die charmante Werbeträgerin in Übersee, die für »deutsche Filme aus Österreich« zu begeistern wisse. Im »Filmland Österreich« ist man jedoch besorgt darüber, dass man die Filme als »Made in Germany« klassifiziert, ein Umstand, der sich freilich ergibt, wenn der Weltvertrieb über deutsche Verleihfirmen erfolgt, da solche Einrichtungen in Österreich fehlen.

Die Wiener Erma-Filmproduktion und der Münchner Herzog-Filmverleih sammeln voller Stolz die zahlreichen per Telegramm eintreffenden Erfolgsbestätigungen für die *Sissi*-Filme. Es ist ihnen wichtig zu betonen, dass es den beiden Produktionen zum ersten Mal seit Kriegsende gelungen sei, dem deutschen Film im Ausland zum Erfolg zu verhelfen. Vor allem im nicht eben germanophilen Frankreich habe die freundliche Aufnahme überrascht. Größer als in Paris sei der Erfolg in den Provinzen gewesen, in Nizza etwa verzeichnete man die höchsten Einnahmen überhaupt. Man betitelt Romy unbewusst prophetisch als »Favoritin in Frankreich«, freilich noch als Repräsentantin deutsch-österreichischer Konfektionsware. Unter den Pariser Zuschauern, die von der österreichischen Schauspielerin begeistert sind, ist auch ein damals achtjähriger Junge namens Daniel Biasini, der später Romys zweiter Ehemann werden wird.

Auch in anderen Staaten erweisen sich die *Sissi*-Filme sogar US-Produktionen gegenüber als konkurrenzfähig. Man betont erneut, dass es österreichische Fabrikate sind. Zu Beginn des Jahres 1957 reagiert man in Wien verärgert auf eine Vorführung in Beirut, bei der *Sissi, die junge Kaiserin* vom deutschen Gesandten als bundesdeutsches Erzeugnis angekündigt wird. Das österreichische Handelsministerium legt deshalb bei der deutschen Botschaft in Wien offiziell Beschwerde ein. Die deutsche »Abendzeitung« analysiert daraufhin mit leichtem Amüsement das rotweißrote Erfolgsrezept als »die hundertprozentige Masche von Herz, Gemüt und unseren Schlössern nebst dazugehöriger Landschaft. Die Österreicher wachen eifersüchtig darüber, daß dieser Film, der sich anschickt, Europa zu erobern, auch unter der richtigen Flagge, nämlich der rotweißroten Österreichs läuft. Und da bin ich der Meinung: Ehre, wem Ehre gebührt. In diesem Fall gebührt sie den Österreichern.«[190]

Mehr als Liebelei: Christine

Zurück in Europa, findet sich Romy Schneider in ihrer ungeliebten Situation wieder. Sie sucht in ihren beruflichen wie privaten Entscheidungen zunehmend nach Unabhängigkeit, ist aber an Verträge gebunden. Europäischen Fachmagazinen erklärt sie, dass es noch keine fixen Vereinbarungen mit Hollywood gebe, sich aber die Walt Disney Organisation und MGM gemeinsam um einen geeigneten Stoff für sie bemühen würden. Sie ist für *The Third Man on the Mountain* im Gespräch, erhält die Rolle jedoch nicht. Auch Kirk Douglas versucht während der Filmfestspiele von Cannes 1957, sie für einen amerikanischen Film zu engagieren.

Am 12. März 1958 beginnen die Aufnahmen zu *Mädchen in Uniform*, zuvor war Schneider noch für ein Remake von *Hanneles Himmelfahrt* im Gespräch, das Projekt kommt jedoch nicht zustande. *Mädchen in Uniform* führt das Publikum in das Preußen des Jahres 1910. Der Film um die Vorkommnisse in einem Mädchenpensionat beginnt mit harten Stimmen, man sieht Floskeln, die wie Sprechblasen an Wände gepinselt wurden: »Wie die Zucht so die Frucht.«

Selbst der Goldfisch der verhärmten Leiterin (Therese Giehse) ist viel zu groß für sein gläsernes Gefängnis. »Wir Deutschen haben uns großgehungert«, verkündet man stolz, die Mädchen sollen Soldatenmütter werden, gehorsame Frauen sind gute Frauen, die Prioritäten fungieren in der Alliteration: Kinder – Kirche – Küche. Porträtbüsten von Friedrich dem Großen und Bismarck sehen Zöglingen und Personal mit marmorner Strenge über die Schulter. So gesehen mag sich die im Publikum sitzende deutsche Frau von 1958 bereits relativ liberal vorgekommen sein. Das Internat präsentiert sich als Zitadelle, die Eingangstüren mit Eisen beschlagen.

Romy Schneider spielt die junge Meinhardis, die sich als Neuling in der Erziehungsanstalt zurechtfinden muss. Ein wenig mag es Schneider wie eine Überzeichnung ihres früheren Internats Goldenstein vorgekommen sein. Die Zöglinge schwärmen für Schauspieler, das von ihr gespielte Mädchen vertraut sich nur ihrem Tagebuch an – und danach einer Erzieherin, der von ihr verehrten Frau von Bernburg (Lilli Palmer). Eine zärtliche Freundschaft entsteht zwischen dem Mädchen und seiner Lehrerin, eine Schultheatervorstellung von *Romeo und Julia* gibt Meinhardis die Gelegenheit, der Lehrerin ihre Liebe zu erklären. Als Romeo spielt Romy Schneider erstmals gegen ihr Rollenstereotyp an, bricht, wenn auch geschützt in einer Theater-auf-dem-Theater-Szene, gefühlsmäßig aus ihren bisherigen Rollen aus. Sie nimmt die Herausforderung ernst, arbeitet besessen, wird während der Studioarbeit mehrmals vor Erschöpfung ohnmächtig. Nachdem der reglementierte Ablauf durch einige Konflikte aus den Fugen gerät, bleibt zumindest das Lächeln auf den Lippen der Schlafenden als Hoffnung zurück, die alte Ordnung schlurft jedoch weiter am Stock, die geliebte Erzieherin verschwindet wie ein Schatten.

Die Zeitungen weisen auf die erste Verfilmung des Stoffes (1931) unter der Regie von Leontine Sagan hin, finden das Remake »eine saubere Arbeit«, etwas zahmer als das

Original, konstatieren aber zufrieden, dass »das lesbische Spiel durchaus dezent und geschmackvoll über die Runden [kommt].«[191] Nachdem Produzent Artur Brauner seinen zur Berlinale 1958 eingeladenen Film *Polikuschka* zurückzieht, zeigt man dort stattdessen seine Produktion *Mädchen in Uniform*. In Österreich erhält der Film das Prädikat »wertvoll«.

Die »neuen« Rollen helfen Romy Schneider nicht wirklich dabei, sich in ihrer Karriere weiterzuentwickeln. »Für das Publikum hieß ich ›Sissi‹, für die Produzenten war ich die leibhaftige Verkörperung der süßen, unschuldigen Kaiserlichen Hoheit. Die Regisseure und die Kritiker, die Kollegen in Deutschland, Frankreich und überall sahen mich nur als Sissi. Sie behandelten mich auch so.«[192] Romy Schneider differenziert präzise: Nicht die Rolle der Sissi gespielt zu haben bedauert sie, sondern die redundante Reduktion darauf. Sie ist auf ein Rollenstereotyp festgelegt, das sie im Leben weder ist noch sein will. Auf dem Internat Goldenstein wollte sie Schauspielerin werden, darunter versteht sie das Übernehmen unterschiedlichster Rollen, das Wachsen an und mit ihnen. Sie weiß um das Zustandekommen ihres Erfolges, kennt den Beitrag unterschiedlichster Leute, ihrer Mutter, Ernst Marischkas genau, sie weiß um das Vermögen, das sie damit erspielt hat.

Der kommenden Produktion von *Christine* nach Arthur Schnitzlers Stück *Liebelei* sieht sie nicht zuletzt deshalb mit einer gewissen Skepsis entgegen. Wieder ist es ein süßes Wiener Mädel, das man ihr anvertraut, wieder ist es nur ein Remake. 1955, während der Dreharbeiten zu *Der letzte Mann*, hatte sie den im Nachbaratelier arbeitenden Max Ophüls aufgesucht, der den Stoff 1933 mit ihrer Mutter in der Rolle der Christine Weyring verfilmte, und gefragt, ob er ein solches Remake drehen würde. Ophüls verneint, besser als damals könne er es nicht mehr machen. Auch die Intervention Magda Schneiders kann den Regisseur nicht umstimmen, er selbst würde sich nicht mehr mit dem Stoff befassen. Im Falle einer Neuverfilmung, versichert Ophüls

Magda jedoch, wäre Romy wohl die Idealbesetzung dafür. Auch Paul Kohner in Hollywood findet die Idee gut, er schlägt Horst Buchholz als idealen männlichen Filmpartner vor.

Erste Differenzen mit der Familie tun sich auf. Vor dem Filmball 1957 in Hamburg flüchtet Romy zu Hildegard Knef in deren Hotelzimmer und schüttet dieser ihr Herz aus. Die Knef erinnert sich Jahrzehnte später an das Ehepaar Blatzheim/Schneider, beschreibt Romys Stiefvater als überheblich-selbstherrlichen Charakter. Magda Schneider ist ihr schon von einer früheren Begegnung in schlechter Erinnerung: »Ich erinnere mich an gereiztes Geschnatter, an die Verbissenheit eines blutrot geschminkten Mundes, Ruhelosigkeit dunkler Augen, fahrige Bewegungen, ununterbrochenes Gezupfe an Nerzstola.«[193]

Christine sollte Romy Schneider in jedem Falle unvergesslich bleiben, denn der Film markierte den Beginn jener Beziehung, die Romy Schneiders weiteres Leben maßgeblich bestimmen sollte. Dieser Beginn hat tatsächlich beinahe etwas Operettenhaftes, ja, er könnte der Dramaturgie ihrer bisherigen Filme entsprungen sein. Romy fliegt noch im Sommer 1958 nach Paris, um ihren zukünftigen Filmpartner Alain Delon kennenzulernen, das Treffen ist für die Presse arrangiert und findet auf dem Flughafen statt. Der Franzose hat zu jenem Zeitpunkt erst zwei Filme gedreht und ist im deutschen Sprachraum noch unbekannt. Jeder der beiden am Treffen Beteiligten ist in eine Rolle gepresst, die ihm nicht gefällt, was man sich gegenseitig anlastet. Romy verlässt das Flugzeug, erhält die obligaten »Jetzt lächeln, lächeln …«-Aufforderungen ihrer Mutter, spürt wie so oft deren führende Hand an der Taille. Vor der Gangway sieht sie einen attraktiven, gut frisierten jungen Mann, einen »Burschen«, wie Romy findet, der sich mithilfe eines eleganten Anzugs und einer Krawatte als Gentleman verkleidet hat. Er heißt Alain Delon, und Romy ist, zumindest gibt sie das später an, nicht eben beeindruckt: »Ich fand das Ganze geschmacklos und den Knaben uninteressant.«[194]

Der junge Mann fühlt sich, nach eigenen Angaben, »wie ein Trottel«, absolviert er doch die Begrüßung mit in die Hand gedrückten Blumen nur auf Wunsch des Produzenten. Zudem gibt es Verständigungsprobleme, da Delon weder Deutsch noch Englisch und Romy Schneider kaum Französisch spricht. Ein abendliches Treffen im »Lido« findet für die Fotografen statt, man tanzt publicitygemäß, Delon sagt den einzigen auf Deutsch eingelernten Satz auf: »Ich liebe dich«, der sich in der Folge als nicht unpassend erweisen soll. Mittlerweile hat Romy ihn etwas authentischer kennengelernt. 23 Jahre alt, Bluejeans und Freizeithemd, ein grünes M.-G.-Sportcabrio, mit dem er die Geschwindigkeitsbeschränkungen in Paris missachtet, notorische Unpünktlichkeit. Dazu eine Reihe mysteriöser Gerüchte, die sich um seine Person ranken. Erst viel später wird sie Jean Cocteaus Bemerkung hören und verstehen, Delon sei frei von Moral und Unmoral.

Am nächsten Tag fliegt Romy Schneider nach Ibiza, um das Drehbuch zu lesen. Delon schreibt einen sehr korrekten Brief dorthin, sie antwortet im selben Stil. Ein anderer französischer Schauspieler der Produktion, Jean-Claude Brialy, der ein wenig Deutsch spricht, wird bei den Dreharbeiten ihr vertrauter Freund, er muss zwischen den Filmpartnern vermitteln, die sich zunehmend ihrer gegenseitigen Antipathie versichern. Erst beim Filmball in Brüssel, vor Beginn der Dreharbeiten im September 1958, ändert sich die Lage. Romy reist gemeinsam mit Delon per Zug von Paris aus an. In Brüssel verlässt schließlich ein flirtendes Paar den Zug. Magda Schneider kommentiert die Veränderung mit leiser Ironie. An sich kein ungewöhnlicher Zustand, da Romy Schneider mit zahlreichen Filmpartnern flirtet. Diesmal jedoch reagiert »das Kind« empfindlich, kommt es zum offenen Streit mit der Familie.

Schon bei *Monpti* hatte es wegen ihres Flirts mit Horst Buchholz Krach mit dem Stiefvater gegeben. Romy gibt damals klein bei, wohl auch weil Buchholz' Resonanz sich in Grenzen hält. Zudem sieht sie sich zu fest im Familienverband verankert, als dass sie sich einer solchen Anordnung widersetzt hätte. Dieselbe Linie verfolgt die Familie nun auch bei Delon. Auf dem Filmball sitzen die Jungverliebten an getrennten Tischen. Romy bei ihrer Familie, Delon im Kreise französischer Filmleute. Sie tanzen gemeinsam, Delon bittet sie an seinen Tisch. Als sie ihren Eltern den Vorschlag unterbreitet, reagiert man brüskiert. Sie dürfe nicht zu einem fremden Mann an den Tisch gehen. Abseits der von Filmfirmen arrangierten Treffen für die Presse habe man Distanz zu wahren. Wieder gehorcht sie, doch ihr Ausbruch aus der familiären Aufsicht steht unmittelbar bevor.

»Romy Schneider in *Christine*, nach einem Werk von Arthur Schnitzler« verkünden die Titelcredits. Der Beginn des Films scheint noch nicht allzu weit von Marischka entfernt. Romy agiert als charmant lächelndes Geschöpf, das sich – wie in *Die Deutschmeister* – in einen Leutnant verliebt. Allerdings ist das Ende diesmal tödlich. Beim Singen wird sie wie in *Wenn der weiße Flieder …* gedoubelt. Den Moment der Erkenntnis, dass ihr Geliebter um einer anderen willen in einem sinnlosen Duell stirbt, nutzt Romy Schneider zu einem beeindruckenden dramatischen Moment, wie sie ihn Jahre später und expressiver in *Das Mädchen und der Kommissar* wiederholen wird. Sobald sie ahnt, dass etwas Furchtbares geschehen ist, erstarrt ihr Mienenspiel. Nur die Mundwinkel bewegen sich ein wenig, während sie zaghaft nachfragt. Die Augen suchen nach den Antworten, die ihre Gesprächspartner nicht geben wollen, der Blick findet keinen Halt. Dann erstarrt der Ausdruck. Unbewegt lässt sie sich sagen, dass ihr Geliebter tot ist. Mit einem ersten leichten Verzweifeln in der Stimme fragt sie nach dem Warum. Niemand antwortet mehr, sie errät selbst, dass er sich wegen einer verheirateten Frau duelliert hat. Umsonst fragt sie nach dem Grund, danach, welche Bedeutung sie selbst denn dann überhaupt für ihn gehabt haben könne. Ein letzter kurzer Gefühlsausbruch endet in einer emotionalen Implosion. Als sie sich vom Balkon in die Tiefe fallen lässt, starren ihre weit offenen Augen als eingefrorenes Einzelbild von der Leinwand, bevor die Kamera noch einmal auf eine leere Heurigenszenerie überblendet.

Noch sind nicht alle Kritiker von ihrem Talent überzeugt. Die deutsche Zeitschrift »Filmdienst« goutiert Schneiders Ausflug ins Dramatische nicht sonderlich, man gesteht ihr zu, sie »versteht sich schon routiniert auf äußerliche Wirkung, auf eine falsche Lieblichkeit, der man ansieht, dass sie ›gemacht‹ ist. Ihr fehlt das lyrisch-weiche. Selbst wenn sie bittere Tränen vergießt, spürt man die Bewusstheit. Von ihrem jungen Gegenspieler (es ist ein Franzose) lässt sich nur sagen, dass er wie ein uniformierter Liftboy wirkt.«[195]

Die Filmarbeiten beginnen in den Pariser Ateliers in Boulogne und übersiedeln dann zu Außenaufnahmen nach Wien. Das junge Paar trifft sich regelmäßig, Delon zeigt Romy Schneider Paris. Sie besuchen Cafés, Theater, bummeln durch die Stadt. Auch in Wien weicht er nicht von ihrer Seite. Während der Dreharbeiten in Österreich wohnt Romy mit ihrer Mutter wieder im Hotel Sacher, wo auch Alain abgestiegen ist. Zwei junge Berliner Schauspieler sitzen in jener Zeit im Restaurant des Sacher bei Tafelspitz und sehen an einem der Nebentische Schneider und den ihnen damals völlig unbekannten Delon. Einer von beiden, der das Paar interessiert beobachtet, ist Harald Juhnke. Der andere Mann zeigt sich weniger beeindruckt. Es ist Romys späterer Ehemann Harry Meyen.

Als Delons Szenen abgedreht sind, begleitet Romy Schneider ihn zum Flugplatz. Es ist ein Abschied wie im Film. Sie darf ihn bis zur Maschine geleiten, zum Abschied küssen, Tränen fließen. Im Hotel hat Delon ihr einen Brief hinterlassen. Am nächsten Tag ist Romy Schneiders Abreise nach Köln geplant, zurück in die familiäre Routine. Ausruhen, Drehbücher lesen, Autogrammwünsche erfüllen. An diesem Tag jedoch läutet bei Alain Delon das Telefon. Am Apparat ist Romy, sie ist in Frankreich und ruft ihn vom Flughafen Orly aus an,. Der Bruch mit der Familie ist vollzogen, sie zieht mit Delon in die Wohnung von dessen Freund Georges Beaume am Quai Malaquais Nr. 3. Für die »Braut Europas« ist das zunächst ein unüblich es Gemach. Eine Bohémienabsteige mit Toilette auf dem Gang, aber Blick auf die Seine unweit des Pont-Neuf und nur einen Steinwurf von der Île de la Cité entfernt. Sie bewundert die noblen Pariserinnen, deren elegantes Selbstbewusstsein sich mit Modelabels etikettiert, die Boulevards in ihrem noblen Beige aus Naturstein, mit dem so manche flatternde Trikolore kontrastiert. Die Stimmen klingen noch fremd und verleihen ihrem Fluchtort etwas Exotisches.

Wie alle großen Städte meint Paris es gut mit denen, die Geld und Erfolg haben. Hier etwas geschenkt zu bekommen muss man sich leisten können. Es wird einige Jahre dauern, bis Romy selbstbewusst sagen kann: »Und wenn ich auch 'ne alte, sentimentale Wienerin bin, genauso bin ich 'ne alte sentimentale Pariserin! C'est la même chose – Das ist dasselbe!«[196]

Paris

»Es war einmal ein Mädchen, das hieß Romy. Es war so lieb und unschuldig, daß es von Millionen Menschen zur Film-Kaiserin gekrönt wurde. Und reiche Männer zahlten ihm pro Rolle eine Million Mark. Die Menschen jubelten dem Mädchen zu, und die reichen Männer wurden noch reicher. Aber plötzlich kam ein junger Mann, und das liebe, unschuldige Mädchen wollte keine Millionen mehr, sondern ihn. Weil er in einem anderen Land zu Hause war, ging Romy ins Exil. Und jenseits der Grenze begann ihre seltsame Verwandlung ...«[197] So märchenhaft ironisch beginnt eine deutsche Illustrierte einen Bericht, dessen Hauptsorge sich schon im Titel manifestiert: »Romy Schneider – Für Deutschland verloren?«

Die »Verlorene« spricht acht Jahre später aus ihrer Sicht

über diese Zeit: »Ich hatte immer dieselben Angebote, bis ich dick und fett geworden wäre und in keine Reifröcke mehr reingepasst hätte. Davor bin ich ausgerissen und … überhaupt.«[198] Sie ist in Paris, wo sie nach Erfüllung restlicher offener Verträge beinahe zweieinhalb Jahre fast nicht arbeiten können wird. Vorbei sind zunächst die Jahre, in denen sie bis zu drei Filme machte. Als sie 1966 Bilanz ziehen will, zählt sie nach, kann kein genaues Ergebnis nennen, schätzt 25, tatsächlich sind es da bereits an die 30 Filme, die hinter ihr liegen. Auf jeden Fall zu viele, meint sie im Nachsatz. Ihre damalige Situation hat sie bislang eher intuitiv erfasst, nun beginnt sie langsam damit, sie auszuformulieren. Nach dem folgsamen Agieren und Reagieren kommt eine Phase des Nachdenkens, »und dann wird es etwas ernster, […] dann wird's viel schwieriger, natürlich und es wird immer schwieriger. Ich könnt' mir alles viel leichter machen, sicher. Aber das ist langweilig. Das ist langweilig. Ich hätt' eben immer nur ›ja‹ sagen müssen, ›wunderbar, gar keine Schwierigkeiten‹, das lief alles ganz glatt. Schwimmen wir halt in der selben lauwarmen Brüh', und es ist recht einfach, es gibt keine Probleme. Und es ist kommerziell … Das langweilt mich total.«[199] Lächelnd fügt sie hinzu, jemand habe sie in dieser Hinsicht eine typische Deutsche genannt, dem Klischeebild von »himmelhoch jauchzend, zu Tode betrübt« entsprechend … Dem widerspricht sie nicht.

In der Familie ihres Vaters wecken ihr Ausbruch und vor allem die Reisedestination Erinnerungen. Rosa Albach-Rettys Großvater, ein Schauspieler am Königsberger Stadttheater, war eines Abends nach einer Theatervorstellung auf mysteriöse Art und Weise verschwunden. Zeugen wollen ihn auf dem Weg zum Bahnhof gesehen haben, der nächste Zug sei über Berlin nach Paris gefahren. Nach zehn Jahren Abwesenheit wird er offiziell für tot erklärt, und ihre Großmutter heiratet einen Franzosen namens Charles Henri Louis de l'Ahé. Romys Großmutter reagiert daher auf das neue Domizil ihrer Enkelin mit sehr viel Verständnis: »Viele Menschen wundern sich, daß Romy, die in Wien geboren und in Österreich und Deutschland berühmt geworden ist, heute in Frankreich lebt, sich als Französin fühlt […]. Wenn ich an die Geschichte meines Großvaters denke, der sich immer schon zu allem, was französisch war, hingezogen fühlte, wundere ich mich eigentlich nicht. […] Mit Romy und ihren Kindern schließt sich vielleicht ein Kreis. Seinerzeit kamen die Rettys, die damals noch Ferreti hießen, von Italien über Österreich-Ungarn nach Deutschland. Jetzt hat die Ur-Ur-Enkelin jenes Mannes, der so gern Paris kennenlernen wollte und es vielleicht auch kennengelernt hat, dort Wurzeln geschlagen. Ist es nicht schön, wenn sich Sehnsüchte eines Tages, und mag es auch erst nach Generationen sein, doch noch erfüllen?«[200]

In Paris will Romy Schneider einen Neuanfang und, als äußeres Zeichen dazu, ihren Namen in Rosemarie oder Rosa Albach ändern. Der Schritt wird nie vollzogen, später gibt sie an, es aus Rücksicht auf ihre Mutter unterlassen zu haben, gesteht aber auch ein, dass der Marktwert ihres Künstlernamens durchaus Vorteile habe, auf die sie nicht verzichten wolle. Bei den Dreharbeiten zu *Christine* hat sie etwas Französisch gelernt, das vertieft sie nun, unterstützt von ihren Pariser Freunden. Noch kurz vor ihrem Tod bekräftigt Schneider, dass sie Paris in der Anfangszeit mit Delon gleichsetzte, dass sie mit ihren neunzehn Jahren dorthin fuhr, um mit ihm zu leben. »Das hätte auch in einem Hinterhof geschehen können. Egal, in welchem Kaff, ich wollte leben. Aber gleichzeitig wollte ich Filme drehen, denn ich liebte meinen Beruf. Aus diesem inneren Widerspruch habe ich nie herausfinden können.«[201]

Die Entscheidung erkennt sie als richtig, gleichzeitig fällt ihr die Loslösung aus ihrer luxuriösen Welt schwer, in der alles für sie geregelt wurde. Die ersten Monate sind nervenaufreibend. Magda Schneider, Blatzheim und auch ihr Bruder Wolfdieter versuchen sie zur Umkehr zu überreden. Sie warnen vor Delon, zitieren Gerüchte über ihn. Romy schwankt. Briefe werden gewechselt. »Furchtbare Briefe, die ich heute bedauere.«[202]

Aber nicht alle sehen den Franzosen an ihrer Seite negativ. »Er war wie ein großer Junge«, charakterisiert Hermann Leitner den jungen Delon, »wahnsinnig lustig, verspielt, sehr nett, sehr charmant. Er hatte viel von Albach-Retty, vom Typ her, was noch dazu kommt.«[203] Diese Eigenschaften freilich erwecken in Romys Familie wenig Sympathie. Magda Schneider sieht in Delon einen »Windhund« und in Romys Faszination für ihn die Sehnsucht nach ihrem Vater, für den die Mutter dasselbe Prädikat vergibt. »Schau ihn dir mal an«, soll Romy zu Magda über Delon gesagt haben, »sieht er nicht aus wie mein Papile?«[204] Die Begeisterung der Mutter über einen solchen Vergleich dürfte sich in Grenzen gehalten haben. Während der Franzose sich schon ein paar Jahre später den Nimbus eines Weltstars erwirbt, diskutiert man zu jener Zeit vor allem seinen pittoresken und für eine Beziehung mit Romy »unstandesgemäßen« Werdegang: Hilfsarbeiter, Fleischträger in einem Schlachthof, Barkeeper, Fallschirmjäger in Indochina. Vor allem Letzteres hat immer wieder zu obskuren Spekulationen geführt.

In Deutschland opponiert »Daddy« heftig gegen den neuen Mann in Romys Leben. Über das Verhältnis zwischen Blatzheim und seiner Stieftochter ist viel geschrieben worden. Romy spricht Alice Schwarzer gegenüber Jahre später von sexuellen Angeboten Blatzheims, Belege dafür gibt es nicht, Magda Schneider beschreibt es in ihren Erinnerungen verklausuliert: »Er sah wohl in Romy eine jüngere Verkörperung von mir und war im Grunde heimlich in Romy verliebt und darum wahnsinnig eifersüchtig.«[205] Im Januar 1959 trifft sich die Familie nolens volens im Brüsseler Luxusrestaurant »Rôtisserie Ardennaise«, anlässlich einer Wohltätigkeitsveranstaltung, bei der *Christine* in Anwesenheit der Hauptdarsteller gezeigt wird.

Im Februar läuft der Film auch in Wien an, nur knapp danach folgt *Die Halbzarte*, eine Produktion, mit der sich Österreich im selben Jahr in Cannes bewirbt. Die Festspiele ersuchen die österreichische Delegation jedoch im

Mai 1959, den Film aus dem Wettbewerb zu nehmen, da er nicht dem Niveau der übrigen Filme entspreche. Genaue Gründe erfährt man nicht, die österreichischen Fachorgane sehen das Problem in der künstlerischen Qualität des Streifens, über die man auch hierzulande geteilter Meinung war. Man einigt sich jedoch hinter den Kulissen, und der Film wird am Sonntag, dem 3. Mai, im Festspielhaus von Cannes gezeigt. Romy und Magda Schneider besuchen die Vorstellung in Begleitung von Jean Cocteau. Nach der Vorführung wird Romy Schneider mit freundlichem Applaus empfangen, die französischen Kritiker äußern sich wohlwollend, internationale Beobachter dagegen weniger freundlich. Einen rein kommerziellen Film bei einem solchen Festival zu zeigen sei nicht ungefährlich, wenn er nicht, wie *Sissi*, wenigstens eine opulente Ausstattung habe. Ein österreichischer Reporter deutet »grausame Äußerungen« internationaler Kollegen gegenüber dem Film an und meint repräsentativ: »Romy Schneider erfreut sich beim internationalen Publikum einer Beliebtheit, die man als ein bedeutsames Kapital einzuschätzen hat. Man soll sich hüten, ein derartiges Vermögen zu unvorsichtig aufs Spiel zu setzen.«[206] Ein »Kammerspiel«, wie er den Film nennt, dürfe nicht nur kaufmännischen Gesichtspunkten genügen. Er empfiehlt vor einer ähnlichen Produktion den Besuch einschlägiger Wiener Bühnen, wo gerade diese Art der Inszenierungskunst, die sich primär aus geistvollem Witz speise, ihre bewährte Tradition habe.

Im Juli 1958 enttarnt »Bravo« französische Schlagzeilen, wonach Delon und Schneider sich verlobt haben, als Zeitungsente. »Daddy« Blatzheim dementiert alle Gerüchte als Gag eines französischen Fotografen und ergänzt: »Wenn sich Romy wirklich verloben sollte, wird dieses Ereignis nach allen gesellschaftlichen Regeln bekanntgegeben werden.«[207] Im März 1959 scheint sich eine familiäre Versöhnung anzubahnen. Romy Schneider trifft ihre Familie in Magda Schneiders Villa in Morcote bei Lugano. Hans Herbert Blatzheim will eine Verlobung zwischen ihr und

Delon arrangieren, die außer ihm eigentlich niemand für angebracht hält. Vermutlich ist es ein Versuch der Familie, wieder etwas mehr Kontrolle über die ihrer Erziehung entglittene Tochter zu erlangen. Von der für den nächsten Tag geplanten Feier erfährt Romy erst in Lugano, zu ihrer Überraschung reist Delon tatsächlich am 22. März 1959 an und willigt in die bürgerliche Farce ein. Die Verlobung findet unter medialer Aufsicht statt, besiegelt durch geflochtene Ringe aus Weiß-, Rot- und Gelbgold. Manche Menschen tragen Ringe, wird das Paar später bohémienhaft sagen, um zu demonstrieren, dass sie verheiratet seien. Sie täten es, um das Gegenteil anzuzeigen. Für die Presse werden Fotos inszeniert. Delon mit modisch kurzer Frisur, im Abendanzug mit Schlips. Häusliche Tischszenen mit silbernen Kandelabern, noblem Wein, Obstschalen, Blumenschüsseln, Silberbesteck, Stoffservietten. Im Hintergrund eine Standuhr aus dem 19. Jahrhundert, davor die »Braut« in modisch hochtoupierter Frisur, um den Hals ein großes Kreuz. Alain mit Braut und einer strahlenden Schwiegermutter im Arm, alle lächeln offensiv in die Kameras. Auch das Weihnachtsfest verbringt das Paar in Lugano, wieder bekommt die Presse Fotoerlaubnis, das Paar inszeniert sich in festlicher Kleidung vor dem Christbaum, Delon, in Küchenschürze, simuliert adventliches Plätzchenbacken. Für Öffentlichkeit und Presse, vielleicht auch um das Image der verlorenen Tochter wieder gewinnträchtiger einsetzen zu können, demonstriert man eine Vorzeigefamilie. Und Delon spielt mit. Noch.

Der Konflikt mit der Familie ist beigelegt, Romy beginnt sich in Paris wohlzufühlen, gewinnt Freunde, Filmverträge müssen erfüllt werden. Die nächsten Projekte sind *Ein Engel auf Erden*, *Die schöne Lügnerin* und *Katja* (für die Rolle wird eine Gage von einer Dreiviertelmillion Mark kolportiert). Diese Koproduktionen mit französischen Firmen sollen Schneiders bewährtes Jungmädchen-Image um kleine Nuancen erweitern, ohne freilich von dem bewährten Vorbild allzu weit abzuweichen. Das Kinopublikum goutiert dieses Manöver nicht, die Zuschauerzahlen bleiben deutlich unter den Vorgängerfilmen, die dadurch auch geschäftsmäßig etwas Legendäres und Vorbildhaftes erhalten. Schon *Christine* war vom Publikum primär unter dem Eindruck von Schneiders »Landesverrat« betrachtet worden.

Im April 1959 beklagt man die »Starflucht aus Österreich und Deutschland«, von wo man aus steuerlichen Gründen in die Schweiz oder nach Liechtenstein ziehe. Die Liste der Aufgezählten erhebt keinen Anspruch auf Vollständigkeit und reicht von dem Ehepaar Nadja Tiller und Walter Giller über Romy und deren Mutter Magda Schneider über Sonja Ziemann, Karlheinz Böhm samt Gattin Gundula Blau und Hardy Krüger bis zu Sabine Bethmann. Liselotte Pulver dagegen, so schließt man, habe noch keine Anstalten erkennen lassen, ihren Wohnsitz nach Deutschland zu verlegen, wo ihre Karriere stattfinde. Den Landesflüchtigen wird jedoch zugestanden, dass 50 bis 60 Prozent der Einnahmen an den hiesigen Staat abzugeben nicht sehr motivierend sei, den Wohnsitz weiter hier zu behalten, und fordert ein Überdenken dieser Steuerpolitik.

Die Verlobung mit Delon findet neben den Klatschzeitschriften auch Eingang in die Fachmagazine. »Es ist festzustellen, daß in Frankreich noch niemals von einer franco-österreichischen Produktion so viel gesprochen worden ist wie von dieser«, stellt man fest und prognostiziert Positives, indem man auf eine Zusammenarbeit mit den Künstlern der Nouvelle vague hofft: »Romy Schneider wird durch ihre Heirat Mitglied des Kreises der neuen neoromantischen Pariser Filmschule werden; denn die besten Freunde ihres Verlobten gehören zu den jungen Leuten, welche beschlossen haben, in die Zukunft weisende Filmwege einzuschlagen, und von ihrem Talent bereits etliche überzeugende Proben lieferten. Ehrlichkeit, Freimütigkeit, Verantwortungsbewußtsein sind die Charaktereigenschaften, die sie ungeschminkt in den Streifen auszudrücken streben, an denen sie mitarbeiten.«[208]

»Beinahe wieder Kaiserin«

Im Januar 1959 listet die Branchenzeitschrift »film-echo« die erfolgreichsten deutschsprachigen Regisseure auf. Hinter Kurt Hoffmann belegt Ernst Marischka (unter anderem mit *Sissi, Schicksalsjahre einer Kaiserin*) Platz 2, gefolgt von Helmut Käutner (*Monpti*). Die Liste der »zuverlässig erfolgreichsten Darstellerinnen« überrascht. Nadja Tiller führt sie vor Liselotte Pulver und Eva Bartok an, Romy Schneider findet sich erst auf Platz 6. Die Berliner CCC möchte sie für das Historiendrama *L'Aiglon* nach Edmond Rostand gewinnen, doch die Verhandlungen scheitern.

Ihre beiden nächsten Filme *Die schöne Lügnerin* und *Katja* führen Romy Schneider wieder zurück in das imperiale historische Milieu, in dem sie ihre größten Erfolge feierte. Der erste davon mischt in prunkvollem Ambiente bewährte dramaturgische Elemente: ein Mädchenpensionat und die Geliebte eines gekrönten Hauptes. Wieder ist es ein Remake, das Original wurde 1937 mit Danielle Darrieux und John Loder verfilmt. »Beinahe wieder Kaiserin« lautet die Überschrift eines Artikels der »Bravo«, der Text befindet: »Jetzt tanzt sie wieder bei Hofe, die junge Kaiserin der drei *Sissi*-Filme. Die altmodischen Korkenzieherlöckchen sehen lieblicher aus als die kesse Fransenfrisur der ›halbzarten‹ Romy, das große Ballkleid steht ihr besser als die schlichte Stewardess-Uniform.«[209] Die Ähnlichkeiten mit *Sissi* sind gegeben: monatelange Vorarbeiten, zehn Wochen auf dem Set, Massenszenen, imperiales Ambiente. Lediglich das Land hat man gewechselt, ist von Großbritannien über Österreich bis nach Russland gelangt. In *Katja, die ungekrönte Kaiserin* steht ihr Name über dem von Curd Jürgens auf der Leinwand. Der Film wird in Wien gedreht, an Schauplätzen, die Moskauer und St. Petersburger Bauten möglichst ähneln sollen. Die Wiener Presse beklagt während der Dreharbeiten, dass der Regisseur Robert Siodmak zu keinem Gespräch bereit wäre. Auch Jürgens und Schneider hätten nur auf Privatinitiative Zeit gefunden, mit den Lokalreportern zu reden.

Die Waise Katja gibt gegenüber ihren Mitzöglingen vor, eine persönliche Bekannte des Zaren Alexander II. zu sein. Als der das Erziehungsheim besucht, spielt er die Komödie mit. Die beiden verlieben sich ineinander, sie durchläuft einen Cinderella-Aufstieg bei Hof, und der (verheiratete) Zar bringt die Problematik Romys aktueller Rollenbesetzungen auf den Punkt: »Du bist doch ein Kind. Nein, du bist kein Kind mehr ...« Der Herrscher, verkörpert vom sonnengebräunten Star Jürgens, wird als aufgeklärter Monarch gezeigt, der um das Wohl seiner Untertanen bemüht ist. Er schafft die Leibeigenschaft ab und lässt eine Verfassung ausarbeiten, die seine Beamten jedoch scheitern lassen. Ein ansehnlicher Mann, der die alte Ordnung verkörpert, sich aber neuen Ideen gegenüber aufgeschlossen zeigt. Und er spricht vom Fluch der absoluten Macht. »Sissi und der Zar« assoziiert man nicht zu Unrecht. Romy Schneider wird in dem Film nicht viel abverlangt, zumeist genügt ein glattes, hübsches Gesicht und ein ebensolches Spiel. Im Schatten der kranken Zarin wird sie Alexanders Geliebte und später eine Art »Kaiserin der Herzen«. Wie schon Franz Joseph in der *Sissi*-Trilogie begnadigt auch Alexander etliche Anarchisten. Die Minister opponieren schließlich gegen den liberalen Herrscher und missbrauchen die Revolutionäre zu seiner Beseitigung. Eine Verfassung, so paraphrasiert man Marx, wäre Opium für das Volk. Nach dem Tod der Zarin heiratet Alexander am 19. Juli 1880 in morganatischer Ehe Jekaterina »Katja« Dolgorukaja (mit der das historische Vorbild zu jener Zeit bereits vier Kinder hat). Mit Billigung der Minister tötet ein Anarchist den Herrscher 1881, die Verfassung kommt nicht zustande, der Film endet mit opulenten Bildern der russischen Kirchenrituale und der weinenden Katja.

Die Krone auf der Torte zu Romys 21. Geburtstag, die sie in den Pariser Boulogne-Studios überreicht bekommt, ist, dem Film angepasst, die russische und etwas kleiner als die Vorgängermodelle, ansonsten erinnert viel an vergangene Produktionen. Robert Siodmak bekennt später, Vorbehalte gegen Schneiders Verpflichtung gehabt zu haben, attestiert seinem Star jedoch eine vorbildliche Arbeitsweise. Über das Verhältnis der beiden Hauptdarsteller ist viel spekuliert worden. Nach außen hin verläuft die Arbeit in entspannter Atmosphäre, man posiert für die Fotografen in komödiantischen Situationen. »Nach *Katja* war sie sehr in Curd Jürgens verliebt«, erinnert sich Senta Wengraf, »aber Magda sagte nur: ›Das tut mir der Curd nie an!‹ «[210]

Als Zeitungstitelbild verkaufen sich Schneider und Jürgens gut. Im November 1959 porträtiert der »Stern« in seinem Beitrag »Deutschland, deine Sternchen« mit dem Konterfei der beiden *Katja*-Stars auf dem Titel »die wahre Romy«. In dem Artikel lässt man sie zu einigen Fragen, die Publikum und Presse nach ihrem Umzug nach Paris beschäftigen, selbst zu Wort kommen. Man zitiert jedoch aus einem Brief aus dem Vorjahr: »Durch die vielen entstellenden Zeitungsartikel, die in letzter Zeit über mich geschrieben wurden, habe ich das starke Bedürfnis, einmal selbst dazu Stellung zu nehmen. [...] Ich möchte dazu sagen, daß meine bisher veröffentlichten Stellungnahmen immer frei erfunden waren [...] Ich bin mir natürlich darüber im klaren, daß das Publikum, das einem Schauspieler seine Gunst schenkt, auch das Recht hat, über ihn zu lesen.«[211] In diesem Brief, beschreibt sie das Verhältnis zu ihrer Mutter als gut, dementiert geplante Änderungen ihres Familienstandes in absehbarer Zeit. Auch Horst Buchholz findet sich in dem Bericht. Wurde er ein paar Jahre zuvor noch die »heimliche Liebe« Romys genannt, ist diese nun zum »kleinen Flirt« diminuiert. Während der Dreharbeiten zu *Monpti*, weiß die Zeitung, habe Schneider in Paris Curd Jürgens kennengelernt und sich in ihn verliebt. Der Bericht manifestiert, dass Romy Schneider seit geraumer Zeit primär wegen ihres Privatlebens von allgemeinem Interesse ist.

»Ob Schauspieler, Maler, Schriftsteller, Bildhauer, Musiker, ein jeder wird nach dem Maß gegenwärtigen Geschmacks beurteilt,« meint Hildegard Knef in ihrer Betrachtung Romy Schneiders, »[...] Im Grunde sollten

Künstler – wenn überhaupt – nur von Künstlern bewertet werden. Der scheinbaren Komplexität des Berufs liegt keineswegs landläufige Flucht vor dem Phänomen ›Realität‹ zugrunde, sondern ein unbändiges Sehnen nach Schönheit und oftmals unbequemer Wahrheit. Der Preis für die kurzen Augenblicke eines Triumphs ist hochdotiert.«[212] Es ist bezeichnend, dass gerade Knef sich der Künstlerpersönlichkeit Schneiders annimmt, zu viele Parallelen weisen die beiden Schicksale auf. Früher Ruhm, internationale Karriere, eine Art »Bruch« mit der Heimat, beleidigte und beleidigende Vorwürfe deswegen und ungefragtes Gefragtsein in Boulevardblättern, die Kapital aus dem persönlichen Leid der Porträtierten ziehen.[213]

Verhältnismäßig klein geraten dagegen Meldungen über Schneiders berufliche Pläne. Angekündigt wird 1959, dass sie in Helmut Käutners Musical-Adaption von *Ein Glas Wasser* mitspielen würde, doch der Film entsteht schließlich ohne ihre Mitwirkung. Auch andere Projekte, für die Schneider genannt wird, etwa *Heirate mich, Chérie*, an der Seite ihres Verlobten Alain Delon, und *Lukardis*, mit Vittorio de Sica und Gene Kelly, werden ohne sie realisiert.[214]

Während der Dreharbeiten zu *Die schöne Lügnerin*, 1959, kommt es zu einer seltsamen Diskussion. Als einer der Drehorte ist das Kunsthistorische Museum in Wien vorgesehen, die Tagesgagen dafür sind der Filmfirma zu hoch, da sie die nicht unbeträchtlichen Gagen von Romy Schneider noch übertreffen (»Tageshonorar für Brueghel-Bilder höher als für Romy Schneider«). Im offiziellen Schreiben der Behörden heißt es: »Wenn Sie bei der Aufnahme zwei Brueghelbilder benützen wollen, so beträgt die Aufnahmegebühr für diese beiden Gemälde pro Tag 360000 S [das entspräche einer Summe von 26162 Euro], die vor der Aufnahme bar in der Verwaltungskanzlei des Kunsthistorischen Museums zu hinterlegen sind.«[215] Zudem fordert man für eventuell angerichtete Schäden während der Aufnahmen eine Kaution von 33 Prozent des Schätzwertes der zu filmenden Objekte, die etwa 4 Millionen Schilling

(290697 Euro) betragen hätte und ebenfalls in bar vorzulegen gewesen wäre. Auf die Werbewirksamkeit des Films haben die österreichischen Museen 1958 wohl nicht vertraut. Hierin dürfte möglicherweise eine Erklärung dafür liegen, dass österreichische Produktionen meist den Heurigen und nicht Museumssäle zum Schauplatz haben.

»Sie war eine außerordentliche und disziplinierte Kollegin, die ihren Beruf sehr ernst nahm«, erkennt Helmut Lohner an, der in *Die schöne Lügnerin* Schneiders Filmpartner war. »Abgesehen von diesen Tugenden war sie ein wirklich liebenswerter Mensch. *Die schöne Lügnerin* war eine Wiener Koproduktion mit einer französischen Firma, und Romy war bereits auf dem Sprung nach Frankreich. Ich erinnere mich, dass sie während dieser Zeit an ihren französischen Sprachkenntnissen arbeitete.«[216]

Regisseur Axel von Ambesser nennt die Zusammenarbeit mit Schneider später ein »Champagnerfrühstück«. *Die schöne Lügnerin* ist eine Operette mit den obligaten Verwechslungen, Mesalliancen und Camouflagen nach Marischka-Vorbild, ohne dessen versierte Raffinesse erreichen zu können. Der Film, in dem auch Jean-Claude Pascal, Charles Regnier und Hans Moser zu sehen sind, reiht sich in eine Serie von Filmen rund um den Wiener Kongress ein. Auf diesem sieht man 1815 die »Vereinigten Staaten von Europa« vor ihrer Geburtsstunde. In trauter Uneinigkeit beraten Europas Politiker nach Napoleons Verbannung auf Elba über künftige Neuordnungen. Operettenscherze herrschen vor, zumeist auf Kosten der Russen, man mutmaßt etwa, dass ein zweigeteiltes Polen ein Fehler wäre, den spätere Generationen nachahmen könnten, befürchtet bei einem Fauxpas: »Das kostet uns eine Provinz!« Letztendlich mobilisiert Europa wegen einer Wiener Korsettmacherin gegen den aus Elba geflohenen Tyrannen Napoleon.

Wiener Kabarettisten wie Helmut Qualtinger, Gerhard Bronner und Carl Merz haben Gastauftritte, auch Josef Meinrad steht wieder auf der Besetzungsliste. Romy singt, tritt dekolletiert und rückenfrei auf, kehrt jedoch in ihr mittlerweile verhasstes Rollenstereotyp zurück, bei dem sich nur mehr Details im Handlungsablauf ändern – »Alle glücklichen Frauen sehen sich ähnlich« –, zumindest wollte das Publikum nach Ansicht der Drehbuchautoren nur diesen Typ sehen. Die Werbezeile in den Zeitschriften lautet nicht unerwartet: »Romy Schneider – bezaubernd wie in *Sissy*«.[217] Der kokette Lidstrich weist schon in Richtung *Boccaccio 70*, das Sujet freilich ist von vorgestern.

Im August 1958 meldet man aus Frankreich, dass *Sissi* zum besten ausländischen Film überhaupt gewählt wurde und damit *Vom Winde verweht*, *Krieg und Frieden* und *Die Brücke am Kwai* auf die Plätze verweist. In der Kategorie der beliebtesten ausländischen Schauspielerin rangiert Romy hinter Gina Lollobrigida, Ingrid Bergman, Sophia Loren und Maria Schell auf dem fünften Platz.[218] Bei einer Publikumsabstimmung zum belgischen »Eulenspiegel«-Preis für die beliebteste Darstellerin belegt Romy Schneider hinter Maria Schell Platz zwei. Doch die einst so gewinnsicher scheinende Aktie beginnt zu fallen. *Die schöne Lügnerin* und *Katja* können nicht annähernd an die vorherigen finanziellen Erfolge anschließen. Der Trend wird sich fortsetzen. In Düsseldorf wird es während der Vorstellung ihres nächsten Films, *Ein Engel auf Erden*, Buhrufe geben, Kinobesucher werden aus Protest ihr Geld zurückverlangen. Romy selbst sieht sich die Produktion nie in einem Lichtspieltheater an.

Die professionelle Jungfrau

Die Kinoindustrie versucht, Romys private Verbindung zu Frankreich für ihre Zwecke zu nutzen. Das neue Image, so glaubt man, müsse sich doch mit dem alten gewinnbringend verbinden lassen. Man erinnert daran, dass Romy nicht erst durch ihre Verlobung in Frankreich populär und ein Kassenmagnet geworden sei. Bereits mit *Sissi* gelang es ihr, sich einen Namen zu machen, und *Christine* hatte durch die Beziehung zu Delon von sich reden gemacht. Als die Central Cinema Company die Dreharbeiten der Produktion zu Romys neuem Film *Ein Engel auf Erden / Mademoiselle Ange* vorbereitet, kalkuliert man mit diesen Fakten, indem man nicht nur die französische Riviera als Drehort wählt, sondern auch Verträge mit französischen Stars abschließt. Romy, die sich für die Rolle die Haare blondieren lässt, stehe immer im Mittelpunkt der Autogrammjäger, berichten die Magazine und erinnern daran, dass der internationale Star von heute sechs Jahre zuvor noch ein völlig unbekanntes Mädchen war. Der Folgesatz leitet zu einem anderen Thema über, das fortan in der Presse ausführlich diskutiert wird: »Diesen Erfolg hat sie freilich mit dem totalen Verzicht auf Privatleben erkauft«. Zugleich dringt man unter Missachtung des Wortteiles »Privat« ab sofort ungebeten in diesen Bereich vor. Zwar sei sie mit Delon verlobt, doch die Filmarbeiten führten immer wieder zu längeren Trennungen, und man orakelt: »Nicht nur die Miesmacher schwören: ›Das kann nicht gut gehen!‹ Vielleicht findet ein Engel auf Erden schwerer als Sterbliche das große Glück …«[219]

Ein Engel auf Erden gibt sich als im Heute angesiedelte romantische Komödie etwas moderner als Romys letzte Produktionen, dramaturgisch vertraut man jedoch auf Bewährtes. Der Vorspann zeigt Engel in Nachthemden oder nackt, geschlechtslos, mit blankem Hinterteil. Auf der Fluglinie »Angels Star Line« prangt Romys Konterfei als Star-Logo. Wie in *Monpti* sieht man sie als Wachsfigur in Unterwäsche und Strapsen, und über die Puppe heißt es: »Sie ist nur brav, weil sie nicht weg kann.« In der Rolle muss sie dem Märchenstereotyp treu bleiben, sie spielt einen Schutzengel, der Menschengestalt annimmt und von ihrer »Mutter Oberin« an der aktiven Liebe zu ihrem Schützling gehindert wird. Ein Mensch sei schließlich nicht viel mehr als nur »60 Liter Wasser, ein bisschen Kohlenstoff, ein bisschen Calcium und das zusammengemischt zu einem Körper«. Das beschriebene Gemisch ist im speziellen Fall ein

Formel-1-Fahrer, der 1959 noch als *white-tie*-Typ porträtiert wird. Um die Frau seines Herzens zu treffen, fährt er mit seinem Boliden von der Rennstrecke direkt zum Flughafen. Gespielt wird er von dem französischen Schauspieler Henri Vidal, es ist sein vorletzter Film, noch im selben Jahr erliegt er einem Herzinfarkt. Und in einer komischen Nebenrolle erkennt man den damals noch weitgehend unbekannten Jean-Paul Belmondo.

Die durchaus komödiantische Idee, einen Himmelsboten für 24 Stunden zu einem Menschen werden zu lassen, um ihn dabei das Leben kennenlernen zu lassen (inklusive Hunger, Angst und Zahnweh) wird im Film nur teilweise genützt. Es scheint, als wisse man nicht mehr genau, wie man den einstigen Publikumsmagneten dramaturgisch richtig einsetzen solle, damit er ein solcher bleibt. Die Filmmagazine reflektieren diese Bedenken. Die Rolle in dem Film erinnere frappant an jene, mit denen sie unter Marischka populär wurde. »Sie führt Romy Schneider in jenes Filmmilieu zurück, aus dem sie sich eigentlich lösen wollte, obwohl sie unter der väterlich-freundschaftlichen Aufsicht ihres ersten Gönners und Förderers Ernst Marischka wahrscheinlich glücklicher war, als sie es heute zu sein vorgibt.«[220]

Romy werde erwachsen, titelt eine Schlagzeile etwas vage. Wer sie schon aus »seligen Sissi-Zeiten« kenne, werde feststellen müssen, sie habe sich verändert. Noch vermag Romy (damals 21 Jahre alt) in ihren Rollen den Hauch »zarter Jugend« zu verströmen, aber lange werde das wohl nicht mehr dauern. »Unbefangene Lieblichkeit kann auch die begabteste Schauspielerin nicht spielen«,[221] denn im Zuge des Erwachsenwerdens verfliege diese leider. Damit ist man wieder beim eigentlichen Thema, Romys Partnerwahl, angelangt. »Ein Engel lächelt immer, was auch kommt, was auch geschieht«, heißt es in ihrem gerade abgedrehten Film. Als sie nach den Dreharbeiten nach Wien kommt, will man Tränen bemerkt haben und schlussfolgert: »Alain natürlich. Alain Delon, von dem viele von

Anfang an fanden, daß er nicht der Richtige für ›Sissi‹ sei, war schuld daran.«[222]

»Die professionelle Jungfrau«, so analysiert »Der Spiegel«, »erwies sich mit zunehmender Reife als immer weniger zugkräftig. Im Jahre 1959 – im selben Jahr, als sie noch 500 000- und 650 000-Mark-Rollen spielte – fiel Romy Schneider in der Beliebtheitsskala deutscher Filmtheater vom ersten auf den 20. Platz zurück.«[223] Sie selbst beklagt später »zwei bittere Jahre, wo nichts war, wo ich nur flennte … Wenn ein Angebot kam, war es immer dasselbe, das alte.«[224]

»Kehr zurück, Romy«

Der Name »Romy« ist ein Markenzeichen geworden und begreift sich auch als solches. Im Herbst 1958 verbietet sie durch einen Rechtsanwalt wegen »unlauteren Wettbewerbs« erfolgreich die Verwendung ihres Vornamens als Filmtitel in »Romy – Große Liebe in der kleinen Stadt«. Den Prozess vor einem Münchner Gericht verliert sie jedoch einige Monate später mit der Begründung, der Abkürzung »Romy« gebreche es denn doch an Einmaligkeit.

Dem Markenzeichen mit dem abgekürzten Frauenvornamen fehlt es zunehmend an künstlerischen Herausforderungen. Nach *Ein Engel auf Erden* bleiben die Angebote aus, sieht man von weiteren Kostümfilmen ab, die sie ablehnt. Die Schauspielerin Romy Schneider will und muss sich neu positionieren. In Deutschland zögern manche Filmstudios bereits, die nun vor allem in den Klatschspalten Beheimatete zu besetzen. In Frankreich wird sie zum Aufputz des rapide aufsteigenden Stars Alain Delon degradiert. Es ist mehr als nur ein Insidergag, dass sie in seinem Starfilm *Plein Soleil/Nur die Sonne war Zeuge* 1960 einen Cameoauftritt ohne Credit hat. Als er für *Christine* nach Wien reist, hat Delon erst zwei Filme abgedreht, gilt er als Nachwuchshoffnung an der Seite der arrivierten Romy. Nun ist sie die Begleitperson eines kommenden Weltstars und hört auf Banketten seinen Projektplänen zu. *Rocco und seine Brüder* unter der Regie Luchino Viscontis verhilft Delon 1960 zum internationalen Durchbruch, er kann nun zwischen exklusiven Filmangeboten wählen, darunter *Die Liebe* (1962) mit Michelangelo Antonioni und *Der Leopard* (1963), wieder mit Visconti. Wenn Schneider nun im Elysée Matignon Künstler trifft, dann steht Delon im Mittelpunkt. Sie freut sich über seinen wachsenden Erfolg, sieht jedoch die eigenen Arbeitsmöglichkeiten schwinden.

Seit *Sissi* und *Christine* wird Romy Schneider in Frankreich als eine Art »Anti-Bardot« interpretiert und verkauft. In den folgenden Rollen werden ihre Haare zumeist gekürzt, der Typus, den sie darstellt, freilich nicht völlig verändert, sondern lediglich etwas stromlinienförmiger gestaltet, um jüngere Publikumsschichten anzuziehen und der Schauspielerin selbst eine gewisse »Entsissyfizierung«[225] möglich zu machen, was jedoch die Backfische weiblichen und männlichen Geschlechts nicht goutieren.

Im September 1959 schreibt Romy Schneider aus Nizza an den von ihr bewunderten Kollegen O. E. Hasse. Sie bedankt sich, auch im Namen von Alain Delon, für sein Telegramm, berichtet von ihrer Verlobung und einer Stirnhöhlenvereiterung, aus der beinahe eine Hirnhautentzündung geworden wäre. Magda Schneiders Vater sei in Berchtesgaden gestorben, zum Begräbnis konnte sie wegen Dreharbeiten nicht anreisen. »Da spürt man plötzlich, wie hart dieser Beruf sein kann – du darfst nicht mal heulen, wenn dir danach ist – ach ja … Die Dame Schneider wird weise.«[226] Stolz hält sie fest, dass ihr Französisch sich verbessere, auch Alain wolle außer »Ich liebe dich« noch etwas mehr Deutsch lernen. Er drehe in Paris, sei aber jedes Wochenende bei ihr.

Die Heimat beginnt die Ausgewanderte zu vermissen, allerdings auf sehr bestimmte und bestimmende Weise. »Kehr zurück, Romy!«, beschwören deutsche und österreichische Filmmagazine oder fragen: »Ist Romy gut beraten? Franzosen und Amerikaner wollen nur *Sissy*-Filme. Halbzarter Sex wenig gefragt. Romy vor der Entscheidung.«[227] Von den die Reportage umrahmenden Fotos zeigt eines Romy an der Seite von Gustav Knuth in *Sissi*, bezaubernd in der obligaten Tochterrolle, den Erläuterungen ihres Filmvaters vor der Kulisse des deutschen Waldes andächtig lauschend. Das zweite zeigt die »andere Romy« in *Die Halbzarte*, in der sie viele Fans enttäuscht habe, »forsch, kess, mit viel Sex«. Die meisten sehnen sich nach dem Sissi-Image zurück, das obendrein äußerst gewinnbringend war. Romy entzückt die Franzosen, Belgier, Holländer und – »ein Prestigegewinn ersten Ranges! – die Amerikaner«.[228] Dies freilich in Rollen wie Sissi – blutjung, taufrisch, lieblich. »Wer das Kinogeschäft nur einigermaßen kennt, weiß, dass heute ein vierter *Sissy*-Film sehr gefragt und ein Riesengeschäft wäre. Sissy-Romy als ruhelose Erste Dame Europas, Sissy-Romy als unschuldiges, reines Opfer eines Fanatikers am Genfer See. Genau auf dieser Linie müssten die Höhepunkte ihrer weiteren Entwicklung liegen. Dazwischen aber könnte sie zur ersten jungen Dame des deutschen Films werden, wenn sie die ursprüngliche Note ihrer Zurschaustellung beibehält, die ihre eigentliche Domäne war: ihre Lieblichkeit, Schönheit, Sauberkeit, Jungmädchenhaftigkeit, Zartheit und Fröhlichkeit des Herzens.«[229] Stattdessen hätten ihr Regisseure und Produzenten eingeredet, »daß sie auch Sex hat, daß ihr frivol-pikante Themen, hart an der Grenze des Erlaubten, liegen und daß sie als moderne, junge Dame durchaus den Bohème-Stil zwischen Berlin und Paris verkörpern könne.«[230] Zwar hätte sie in Filmen wie *Monpti* oder *Die Halbzarte* keineswegs versagt, aber die Frage stelle sich doch, ob das Publikum sie so auch sehen wolle. Geschäftlich liegen die Filme, obwohl erfolgreich, deutlich unter den *Sissi*-Ziffern. Die Zeitschrift habe einen französischen Verleiher interviewt, der die *Sissi*-Trilogie ausnehmend lobte, ob der »Lieblichkeit und Reinheit des deutschen Mädchens«. Der *Sissi*-Stoff wurde als Kompilation *Forever my Love* in die USA verkauft und laufe dort ebenfalls sehr erfolgreich.[231] Die New Yorker

Kritik war sich der antiquierten Bauart des Films durchaus bewußt: »Stellen Sie sich in diesen Tagen des Nuklearzeitalters einen malerischen altmodischen Film voll königlicher Romantik vor, der auf die österreichische Monarchie zurückgreift, rauschend voll Pomp, Unterröcken und vornehmer Leidenschaft.«[232] Fräulein Schneider würde darin leuchten wie ein reifer Pfirsich und wäre ein unvergesslicher Anblick. Auch in Amerika will man also primär das »liebliche deutsche Mädchen« sehen.

In Deutschland besitzt der Name Romy Schneider immer noch Zugkraft, doch verzichtet man nie auf Querverweise zu *Sissi*. »Romy, bleibe, was du warst und was dich groß gemacht hat, und zeige dich so, wie wir dich alle gern haben, eben wie in *Sissy*! Du mußt nur solche Figuren wiederholen, die zu dir passen. [...] Hoffentlich folgt Romy auch hier dem Ruf, der von allen Seiten der jungen Künstlerin zufliegt : Kehr zurück, Romy!«[233]

Jean Améry nimmt 1960 in seinen Betrachtungen über Teenageridole darauf Bezug, dass eine Gruppe deutscher Teenager in einer Illustrierten anmerkte: Romy ist uns schnuppe! Das müsse noch nicht das Ende einer der erstaunlichsten Nachkriegskarrieren bedeuten, mutmaßt er, könne aber ein Zeichen dafür sein, dass sich einige Publikumskreise an ihr wie an einer Süßspeise »übergessen« hätten. Romys Image widerspräche vielem, was die heutige Jugend – vielleicht auch klischeehaft – ausmache, und er glaubt zu wissen: »Romy und Blue Jeans, Romy und der Rock'n'roll, Romy und *Bonjour Tristesse*, Romy und das ›Necking‹ im Auto, das ergibt keinen Sinn, das läßt sich nicht vereinen.«[234]

Romy Schneider selbst versteht nicht, warum man es ihr in Deutschland so übel nimmt, nach Frankreich zu Delon gegangen zu sein. Georg Stefan Troller glaubt Jahrzehnte später eine Antwort gefunden zu haben: »Sexualneid, was sonst! Man verliert die hauseigene deutsche Jungfrau an den ausgepichten französischen Verführer. Bis dann unvermeidlich ›das Püppchen geknetet und zugerichtet wie erweiset manche welsche Geschichte‹ (Goethe, *Faust*).«[235] Schneiders späterer Anwalt Heinrich Senfft geht noch einen Schritt weiter, er spricht vom »Terror der Wohnküche, des Mittelstandes« gegen eine talentierte junge Frau, die nach neuen künstlerischen Herausforderungen suchte: »Es hatte etwas von einer Pogrom- oder Lynchatmosphäre: Die hier nicht mehr leben konnte, keine Sissy mehr sein wollte, die in Frankreich wohnte und auch noch mit einem als undurchsichtig, ja suspekt geltenden französischen Schönling verlobt war, wurde in Bann getan.«[236]

Die öffentliche Diskussion geht nicht spurlos an ihr vorbei, doch Romy Schneider sucht weiter nach neuen Möglichkeiten der Darstellung. Der deutsche Film hat diesbezüglich wenig anzubieten. Zu alt für Mädchenrollen, »kleine Hupferln«, wie sie wienerisch formuliert, zu jung für konventionelle Frauenrollen, denen es zudem an Attraktivität gebricht. Die Zeit der »Taufrische« möchte sie als beendet sehen, zunächst beschließt sie, nach sieben Jahren erstmals wieder längere Ferien zu machen. Der Film fehle ihr nicht, sagt sie, und dass sie überzeugt sei, wiederzukommen.

Der Herzog von Modrone

Von den romantischen Hoffnungen und Erfüllungen abgesehen, die bald ihre ersten Verklärungen einbüßen, sind die ersten Jahre in Paris nicht einfach für Romy Schneider. »Jahre- und jahrelang saß ich in einem Loch,« meint sie darüber, »der Alain, der hat gearbeitet, gearbeitet, gearbeitet, und ich bin halb krepiert daneben, weil ich erstens eifersüchtig war und zweitens dachte: Eines Tages kannst du mit Visconti arbeiten, eines Tages mit Orson Welles, eines Tages mit dem und dem. Aber wann?«[237] Zumindest aber bot ihr der Umzug nach Paris die Möglichkeit, ihrem Alter gemäß zu leben. Aus der Distanz erkennt sie auch die – international gesehen – geringe Bedeutung deutscher Filmstudios. In dieser Hinsicht war das Ende ihrer ersten Karriere dort nicht unvorteilhaft, sie begreift ihre Filmarbeit jetzt international, ist bereit, auf lohnende Aufgaben zu warten, will sich nicht mehr von rein kommerziell ausgerichteten Beratern beeinflussen lassen.

Was sie gesucht habe, erklärt sie 1961 in einem französischen Fernsehinterview, sei jemand, der weder ihr Mann sei noch zu ihrer Familie gehöre. Jemand, der von außerhalb komme, ihr aus ihrer Situation helfe und ihr neues Selbstbewusstsein verschaffe. Diesen Retter meint sie nun gefunden zu haben. Sein Name ist Luchino Visconti, und er füllt die Gazetten nicht nur mit Gesprächsstoff über seine künstlerischen Leistungen. »Damals wie heute haben die Leute viel über die Beziehung zwischen Alain und Visconti geredet. Aber ich glaube, daß in dieser Beziehung nie etwas anderes zu sehen war als dies: Luchino liebte Alain, weil er in ihm das Rohmaterial zum großen Schauspieler witterte. Tyrannisch und mit einem Ausschließlichkeits-Anspruch wollte er das Material formen.«[238]

Es wird den Abstand vieler Jahre benötigen, bis Romy Schneider zu einer solchen Differenzierung fähig ist. Während der Dreharbeiten zu *Rocco e i suoi fratelli/Rocco und seine Brüder* lernt Romy Schneider in Rom Luchino Visconti, Herzog von Modrone, kennen, dessen Vorfahren das Herrschergeschlecht Mailands bildeten. Nach anfänglichen Eifersüchteleien gegenüber Delons Begeisterung für den italienischen Maestro stimmt sie halbherzig einem Treffen zu. Sie begleitet Delon zu Viscontis Domizil in der Via Salaria und ist sofort beeindruckt von dem aristokratischen Regisseur, der sie einschüchtert und ihr äußerst reserviert entgegentritt. Er richtet für sie eines seiner Bankette aus, deren Requisiten er oft in eigenen Operninszenierungen einsetzt. Die anfängliche Befangenheit auf beiden Seiten weicht sehr bald gegenseitiger Sympathie. Visconti urteilt über Schneider: »Weiblich, aber hart.«[239]

Allmählich freundet sich Visconti auch mit Romy Schneider an, erzählt ihr von Theaterplänen in Paris. Er möchte dort John Fords elisabethanisches Drama *Schade, daß sie eine Dirne ist* inszenieren, ein Stück um eine inzestuöse Geschwisterliebe, das Georges Beaume ins Französische übersetzt hat. Alain Delon soll mitwirken, Annabella, die weibliche Hauptrolle, bietet Visconti »Romina« Schneider an. Sie lehnt entschieden ab. Filme hat sie einige gedreht, aber Bühnenerfahrung fehlt ihr gänzlich, zudem spricht sie nicht genug Französisch. Visconti beharrt auf einem Versuch. Ähnlich wie es vor Jahren Magda Schneider bei ihrem ersten Film tat, bietet er Romy eine Ausstiegsmöglichkeit aus der Produktion an, falls es nicht funktioniere. Erst viel später wird er ihr gestehen, dass er keine Zweitbesetzung engagiert hatte, sondern immer überzeugt war, sie würde es schaffen. Visconti findet die richtigen Worte, er wirft ihr vor, sie fürchte sich vor der neuen Aufgabe, nennt sie feige. Diese kleine Provokation gibt den Ausschlag. Natürlich hat Romy Schneider tatsächlich Angst vor diesem völlig neuen Weg, aber der Reiz, sich neu zu betätigen, die Theaterbühne zu betreten, ist größer.

Am 28. März 1960 schreibt Romy an Paul Kohner, dass sie in Wien an einer Rolle arbeite, »mit einer großen Schauspielerin und herrlichen Frau, die Rosa Albach-Retty heißt, die Mutter meines Vaters! […] Ich habe hier alles abgesagt, mache absichtlich eine größere Pause, um mich auf etwas wirklich gutes vorzubereiten – ich warte gerne! Es gibt wenige, die mich jetzt begreifen! Meine Eltern natürlich gar nicht. Aber was tut's. Das nur nebenbei.«[240]

Kohner verstärkt seine Bemühungen, er bietet Schneider an, sie nicht nur in den USA, sondern in allen englischsprachigen Ländern zu vertreten. »Englisch, Französisch und Tanzen-Lernen, besonders Englisch ist von größter Wichtigkeit und sehr gescheit von Ihnen.«[241] Was künftige französische Theater- und Filmprojekte angeht, rät er ihr, sich an Marcel Pagnol zu wenden. Im August 1960 will er sie für einen Film von Howard Hawks gewinnen, in dem John Wayne ihr Partner sein soll. Da Schneider nicht zusagt, kommt Hans Habes *Ilona* ins Gespräch, schließlich Nabokovs Roman *Camera Obscura*, ein Stoff, den ihr Fritz Kortner vorschlägt. Kohner wendet sich in der Sache vergeblich an Stanley Kubrick und James B. Harris, welche die Filmrechte gemeinsam mit *Lolita* gekauft hatten. Auch für die Disney-Produktion *Moon Pilot/Mondgeflüster* (1962) kann Kohner die Schauspielerin nicht gewinnen. Im Mai 1962 nimmt Kohner, der noch immer gehofft hatte, Schneider als Klientin zu gewinnen, mit gemischten Gefühlen zur Kenntnis, dass der Regisseur Carl Foreman sie ohne sein Wissen für die amerikanische Produktion *Die Sieger* engagiert hat. Im September des Jahres muss er akzeptieren, dass Schneider sich für die Agentur Kaufmann-Lerner entscheidet.

Am 20. Dezember 1960 schreibt Romy Schneider vom Quai Malaquais aus Weihnachtspost an Fritz Kortner, mit dem sie in dieser Zeit für die *Lysistrata* probt, berichtet von dem geplanten Stück in Paris, bei dem sich Visconti nun entscheiden müsse, ob sie es schaffe oder nicht. Zunächst arbeitet sie an ihrem Französisch, wegen dem sie während der Dreharbeiten zu *Christine* noch von der Crew gehänselt worden war, was zu Wutausbrüchen Schneiders führte. Sie fährt nach Paris, nimmt Sprachunterricht bei dem Schauspieler und Regisseur Raymond Jérôme, außerdem Phonetikunterricht bei einer Mademoiselle Guyot, die auch Hildegard Knef instruiert hatte. Knef erinnert sich: »Mademoiselle Guyot lebt in einer weitläufigen Dachwohnung in der Nähe der Tuilerien, besitzt an die zwanzig Katzen, die ununterbrochen auf ihrem Schreibtisch herumtoben, scheint ohne Alter, lebt allein, trägt braven Dutt und ebenso brave Kleider. Mademoiselle Guyot hat die entnervende Eigenart, ihre Schüler mittels eines spitzmündigen Lächelns zu triezen.«[242] Die Szenerie gemahnt an *My Fair Lady*. Mademoiselle Guyot arbeitet mit Tonbändern, auf die Romy ganze Fabeln von La Fontaine spricht. Später wird sie diese ihren Kindern auswendig vortragen.

Wieder protestiert die Familie in Telegrammen, Briefen und am Telefon, diesmal vor allem Magda Schneider, die auf die fehlende Theaterpraxis ihrer Tochter verweist. Auch in der Pariser Theaterszene gibt man sich skeptisch, der Druck einer möglichen Blamage wächst, das Erlebnis wird sich Romy Schneider auch für zukünftige Theaterpläne paradigmatisch einprägen. Visconti hat für Kino und Theater gearbeitet, seine Operninszenierungen mit Maria Callas sind legendär. »Die Schwierigkeit, eine Aufführung lebendig zu machen, ist stets die gleiche«, meint er. »Mehr Unabhängigkeit und Freiheit gibt es im Kino. Wenn ich Kino machte, geschah es mir, daß ich ans Theater dachte; mit dem Theater beschäftigt, träumte ich vom Melodram.«[243]

Das Petit Théâtre de Paris (vormals Théâtre moderne) befindet sich im 9. Arrondissement in der Rue Blanche 15. Nach seiner Eröffnung im Jahre 1891 wird es durch Aufführungen der Stücke von Ibsen und Strindberg stadtbekannt. Marcel Pagnol sucht sich den Ort für die Premiere seines Stücks *Marius* aus. In den 1950er Jahren gastieren unter der Leitung von Sacha Pitoëff internationale Künstler wie Ingrid Bergman an dem kleinen Haus. In den 1970er Jahren setzt der neue Leiter Robert Hossein die Tradition von Star-Engagements fort und verpflichtet unter anderem Jean-Paul Belmondo und Gérard Depardieu. Auch Alain Delon gibt 1998 ein erneutes Gastspiel.

Zur ersten Probe kommen Romy und Alain zu spät, entschuldigen sich bei dem italienischen Patriarchen, der Nachsicht walten lässt, sich aber mit seiner rauhen, knorrigen Stimme einen Wiederholungsfall verbittet. Es ist ein völliger Neuanfang, und er ist schwer. Romy Schneider kann auf keinerlei Erfahrungswerte zurückgreifen, sie betritt eine völlig neue Welt. Visconti ist ein versierter Theaterregisseur, dessen manisch-diktatorischer Stil jedoch viele einschüchtert. Er betrachtet die Darsteller als Werkzeuge seiner Vision und kümmert sich wenig um deren Befinden. Einen Monat lang hält er nur Leseproben ab. Die ersten Versuche fallen ernüchternd aus, Romy fühlt sich blamiert, die Zweifler scheinen recht zu haben. Sie ist davon überzeugt, dass sie scheitern wird, und beruhigt sich nach den täglichen Strapazen mit Rot- oder Schaumwein. Als die Proben auf der Bühne stattfinden, verbessert sich die Situation nicht. Visconti lässt sie sofort in das Renaissance-Kostüm der Annabella schlüpfen, provoziert sie mit Missachtung. Zumindest das Tragen solcher Kostüme und schwerer Perücken ist ihr vertraut und bereitet keine Probleme. Aber sie kann sich nicht wie sonst auf kurze Einstellungen verlassen, in denen sie ihre Bewegungen genau einteilen kann. Aus der fünften Reihe, von einem der leeren 1350 Plätze aus beobachtet Visconti sie und schnarrt in einem fort, er könne sie nicht verstehen. Er schürt ihre Angst, lässt ihre Befürchtungen wahr werden und erweckt damit ihren Widerstand. Sie beginnt zu kämpfen, nicht gegen Visconti und den äußeren Druck, sondern für sich selbst, für ihre Aufgabe. Auch das Chanson, das ihr abverlangt wird, singt sie auf sein Verlangen. »Auf einmal löste sich etwas in mir. [...] Der Druck in meinem Kopf schwand, ich pumpte die Lungen voll Luft, ich veränderte mich innerlich und äußerlich.«[244] Sie empfindet sich als eins mit der Rolle.

Nach der geglückten Probe weint sie hemmungslos, Visconti, der sich während der Proben bei einem Sturz das Knie verletzt hat, stelzt mit seinem Stock auf sie zu und lobt sie mit einem »Nicht übel, Romina«. Danach bricht er die Probe ab. Romy geht in das Bistro nebenan und ist nach einiger Zeit trunken von wahllos konsumierten Getränken, aber auch dem Gefühl, ihrem Traum entscheidend näher gekommen zu sein.

Entspannung während der Proben findet sie in ihrem Haus in Tancrou, das sie gemeinsam mit Delon gekauft hat, und bei Motorbootfahrten auf der Marne. Die drei Testaufführungen vor der für den 29. März 1961 geplanten Premiere verlaufen zufriedenstellend. Bei der Generalprobe fühlt sie sich plötzlich schlecht, hält die Schmerzen in der Bauchgegend aber schlicht für Lampenfieber. Als sie stärker werden, konsultiert sie einen Arzt, der Leberkrämpfe vermutet. Schmerzmittel und Spritzen helfen nicht lange. Delon trägt sie von einer Feier im Elysée Matignon nach

Hause an den Quai Malaquais. Am nächsten Morgen sind die Schmerzen unerträglich, ein Krankenwagen transportiert sie in ein Sanatorium. Man glaubt nun an eine Blinddarmentzündung. Romy ist verzweifelt, sie will die Premiere nicht gefährden. »Wir rasten im Krankenwagen durch die Stadt. Alain saß neben mir, ich sehe noch sein Gesicht über mir, abwechselnd grün und weiß. Durch die Scheiben sehe ich ein Stück blauen Himmels und vorüberrasende Häuserfronten. Erinnerungsfetzen. Eine Schwester im Krankenhaus will mir eine Spritze geben. Ich wehre mich. Ich kann die Schwester nicht leiden.«[245] Der Blinddarm muss entfernt, die Narbe bei künftigen Filmaufnahmen überschminkt werden. In Rundfunk und Fernsehen wird die Premiere des Stückes abgesagt, dessen Produktionskosten mit 600000 Francs kolportiert werden. Ihre Kollegen besuchen sie in der Klinik von Ambroise-Paré, schicken Blumen. Delon mit für die Bühnenrolle kurzgeschorenen Haaren sitzt neben ihrem Bett, auch Romys Mutter lässt sich dort fotografieren. Jean Cocteau schickt der Kranken eine Zeichnung, der surrealistische Kopf eines französischen Soldaten befiehlt ihr darauf im Namen Frankreichs, wieder gesund zu werden (»Liebe Romy, beeile Dich, zu unser aller Freude wieder gesund zu werden. Ich umarme Dich und Alain. Jean Cocteau. – Frankreich befiehlt Dir, daß Du wohlauf bleibst.«).[246]

Fünfzehn Tage später als geplant wird die Premiere angesetzt. Im Zuschauerraum sitzen unter anderem Anna Magnani, Curd Jürgens, Ingrid Bergman, Michèle Morgan, Jean Cocteau, Jean Marais, Shirley MacLaine. Auch Romy Schneiders Mutter und ihr Bruder sind zugegen. Ihren Leib unter dem schweren Kostüm noch bandagiert, steht sie den Abend unter Schmerzen durch. In einem Fernsehmitschnitt ist zu sehen, dass Romy lautstark ihren Text deklamiert, sie spielt sehr extrovertiert, hat bei Visconti gelernt, expressiv für ein Saalpublikum zu spielen, das auch auf den hinteren Plätzen dem Geschehen noch folgen können soll. Auf einem Foto, das später in einer Theaterpause aufgenommen wird, lehnt sie in ihrem Kostüm an der Wand vor einem Spiegel, hat den Kopf müde zur Seite gelegt, die rechte Hand krümmt sich etwas vor die rechte Bauchseite, wohl dort, wo unter dem Brokatstoff die Narbe ist.

»*Dommage qu'elle soit une p... /Schade, dass sie eine D... ist*«, künden die Plakate in Paris das Stück etwas dezent an. Delon und Schneider stehen bei den Darstellern, die nach Geschlecht geordnet werden, jeweils an zweiter Stelle. Es wird ein Publikumserfolg, und vor allem Romy Schneider erfreut sich auch des Lobes der Rezensenten. Magda beglückwünscht ihre Tochter überschwänglich, und Alain Delon, im gestreiften Morgenmantel, den er sich nach der überstandenen Vorstellung übergeworfen hat, umarmt seine Schwiegermutter. Fotos entstehen mit Visconti im Mittelpunkt, umrahmt von dem jungen Hauptdarstellerpaar, Magda Schneider und Delons Mutter Edith. Glückwunschtelegramme häufen sich, eine Vorstellungsserie von 120 Aufführungen wird schließlich erreicht. Josef Meinrad, Burgtheaterschauspieler und Partner Schneiders in sechs Filmen, berichtet Rosa Albach-Retty, die Romy bei der Unternehmung stets als Vorbild diente, begeistert von der Aufführung: »Oma [...], Sie hätten es erleben sollen! Sie war hinreißend! Die Leute klatschten wie verrückt und konnten es nicht fassen, daß eine Ausländerin ein so elegantes Französisch spricht!«[247] Curd Jürgens erzählt später dem Fotografen Franz Lederle über diesen Erfolg einer Nicht-Französin auf einer Pariser Theaterbühne: »Beim Film kann man ja immer wieder neu anfangen, beim Theater nicht.«[248]

Visconti erklärt später, er halte Romy Schneider für eine der genialsten europäischen Schauspielerinnen. Er habe nie an ihrer Fähigkeit gezweifelt, sich auch auf einer Bühne beweisen zu können, nennt sie und Delon die Idealbesetzung für das Stück.

Die Wiener Theaterzeitschrift »Die Bühne« berichtet in der Maiausgabe 1961 von der Aufführung. Mit geschickt dosierter Pressevorbereitung und der Unterstützung Delons und Viscontis habe Romy Schneider den Sprung auf die Bühne geschafft. Ihr Verlobter habe zwar keine entsprechende Erfahrung, aber dafür Kapital beigesteuert, um die Produktion mitzufinanzieren, und Visconti wird als »Hexenmeister« so mancher Theaterschlacht sowie manchen Filmexperiments gepriesen. Die Kritik konzentriert sich vor allem auf die routinierten Theaterkräfte der Produktion, darunter Silvia Montfort, Valentine Tessier und Daniel Sorano, erkennt jedoch an, dass die beiden Leinwandakteure in dem Kreise bestehen konnten. »Für Romy Schneider war das Wagnis doppelt geglückt: Denn auch vom Sprachlichen her war sie kaum von den gebürtigen Franzosen zu unterscheiden.«[249]

Romy Schneider genießt das Gefühl, zum ersten Mal ein künstlerisches Ziel aus eigenem Antrieb erreicht zu haben: »Was ich über mich selber weiß, ist dies: Ich bin sehr ehrgeizig. Im März 1961 wurde mein künstlerischer Ehrgeiz zum ersten Mal befriedigt.«[250] Später wird sie es als die einzige Leistung bezeichnen, auf die sie stolz ist, auch wenn manche der auf Film festgehaltenen Szenenausschnitte der Produktion sie zum Lachen bringen. Die Medienwirksamkeit der Angelegenheit bleibt nicht ohne Folgen, sie hat sich mit einer eindrucksvollen Leistung wieder als Schauspielerin in Erinnerung gerufen. Es kommen neue Angebote, auch aus Deutschland. Als sie diese ablehnt, liest man von Starallüren und Undank gegenüber dem Land, das ihr die Karriere überhaupt ermöglicht habe. Tatsächlich sind es aber die angebotenen Rollen, die ihrer Vorstellung nicht mehr entsprechen. In Deutschland versucht man sie nach wie vor auf den Typus des romantischen Mädchens im historischen Kostüm zu besetzen, dem sie längst nicht mehr entspricht. »Kleine Hupferl-Rollen« nennt sie das Fach mittlerweile nur mehr und ist entschlossen, nicht mehr dorthin zurückzukehren.

Fast zeitgleich mit den Vorbereitungen zu *Schade, dass sie eine Dirne ist* fällt Schneiders einzige Fernseharbeit, für die sie ein anderer von ihr verehrter Regisseur engagiert. Die Ausstrahlung von Fritz Kortners Aristophanes-Adaptierung *Die Sendung der Lysistrata* am 17. Januar 1961 sorgt für den ersten Medienskandal in der bundesdeutschen Fernsehlandschaft. Die Zeitungen schreiben von Zensur und melden, nur der Hessische, der Norddeutsche Rundfunk mit Radio Bremen und der Sender Freies Berlin würden das Fernsehspiel ausstrahlen. Wo die Probleme in der Angelegenheit liegen, darüber kann vorerst nur spekuliert werden. Verstöße gegen Moral und Sittlichkeit werden vermutet, einseitiges Plädoyer für Pazifismus nennen andere als Grund. Der verantwortliche Hamburger real-Film-Produzent Gyula Trebitsch und der zuständige NDR-Hauptabteilungsleiter Egon Monk erklären, dass der Film nichts Anstößiges beinhalte. Beide verweisen auf den verdienten Theatermann Fritz Kortner, der für Buch und Regie verantwortlich zeichnet. Dass der deutsche Kanzler Konrad Adenauer kein Freund des Mediums Fernsehen war, ist bekannt, 1960 scheitert er bei dem Versuch eines »Deutschland-Fernsehen« genannten Regierungskanals. Im selben Jahr spricht sich die Bundeswehrführung für die Ausrüstung der Bundeswehr mit Atomwaffen aus. In dieser Situation macht Kortner Egon Monk den Vorschlag, Aristophanes' pazifistisches Stück für das Fernsehen zu bearbeiten. Monk sagt aus Respekt vor Kortners Ruf sofort zu. Das von Kortner verfasste Buch wird eingereicht und genehmigt. Bereits bei der Anmeldung des Projekts, so erzählt Monk, gibt es jedoch Protest aus München.[251] Im Sommer und Frühherbst 1960 wird gedreht, im Spätherbst ist das Projekt abgeschlossen. In Stuttgart wird der fertiggestellte Film den Programmverantwortlichen erstmals vorgeführt, was eine heftige Auseinandersetzung auslöst. Monk vergleicht die ARD-Bosse mit dem Zentralkomitee der SED, das 1951 Brechts *Das Verhör des Lukullus* zensiert hatte. Vor allem aus Bayern opponiert man gegen das Stück, in dem eine Frau ihre Geschlechtsgenossinnen solange zur Verweigerung des Beischlafs auffordert, bis ihre Männer das Kriegshandwerk aufgeben.

Nach Monks Erinnerung gehört in jener Zeit die millimetergenaue Auslotung der Tiefe des Dekolletés von Ballettdamen in Unterhaltungssendungen keineswegs in den Bereich der Legende.[252] Aber auch die politische Komponente, die dem Pazifismus das Wort redet und sich gegen die Wiederbewaffnung wendet, ist vielen nicht genehm. In der von Kortner erfundenen Rahmenhandlung versucht ein Journalist einen Atomwissenschaftler zu interviewen. Sein Chefredakteur ist jedoch nicht bereit, ein so brisantes Gespräch abzudrucken, der Reporter verliert schließlich seinen Job. Ein Teil der deutschen Sendeanstalten beschließt erstmals, eine Sendung nicht auszustrahlen. Die Hauptverantwortlichen halten dennoch an dem Unternehmen fest. Ko-Produzent Gyula Trebitsch setzt für den Tag der geplanten Erstausstrahlung, den 17. Januar 1961, eine Kinovorführung in München an. Möglicherweise durch diese publicityträchtige Aktion beeinflusst, beschließen fast alle bisher kritischen Sender außer dem Bayerischen Rundfunk daraufhin, den Film doch zu übernehmen. Um 20 Uhr beginnt die Kinovorstellung, um 22 Uhr die Fernsehsendung.

Bei der Besetzung für *Lysistrata* sind die Hauptrollen bald gefunden: Barbara Rütting, Wolfgang Kieling, Ruth Maria Kubitschek und Karl Lieffen. Gyula Trebitsch bringt Romy Schneider ins Spiel, Kortner lehnt zunächst ab, ist nur mit Mühe dazu zu überreden, die Schauspielerin wenigstens einmal zu treffen. In der Halle des Hotel »Atlantic« in Hamburg setzen sich die beiden abseits zu einem Gespräch zusammen. Danach sagt er Romy Schneider die Rolle zu. Trebitsch will das schriftlich fixieren: »Ich mußte ihn auf der Stelle festlegen. Der Ober brachte ein Stück Papier, und darauf wurde dann eine ›Verpflichtung‹ festgeschrieben, die bindend war.«[253] Sie bleibt bindend, vor allem, weil Romy Schneider Kortner mit ihrer Leistung überzeugt. Die Vorbehalte gegen den Star sind bald widerlegt, auch ist klar, dass der Regisseur sie jederzeit aus dem Vertrag entlassen hätte, wenn sie seinen Ansprüchen nicht entsprochen hätte. Er äußert sich jedoch positiv, spricht von ihrer Begabung, die man bisher für den Film nicht richtig genutzt hätte. Sie werde ihren Weg machen, vielleicht auch auf der Bühne. Die Zeitungen berichten, dass Kortner sie nach einjähriger Pause wieder vor die Kamera geholt habe. Die ihm in den Mund gelegte Formulierung, er wollte sie oder keine für die Rolle, ist freilich Interpretation der Journalisten.

Es ist eine neue Form der Dreharbeiten für Romy Schneider, vergleichbar mit den Theaterproben mit Visconti. Der mit Kortner bekannte italienische Regisseur lässt sich in München einige Muster des in Entstehung begriffenen Films zeigen und ist erfreut über die Entwicklung seines Schützlings. Bis zu 20 Stunden am Tag fordert Kortner sein Ensemble, spart nicht mit Kritik, auch nicht an der »Schneiderin«, wie er sie nennt. Zumeist jedoch schenkt er ihr seinen wohlwollenden, leicht ironischen Gesichtsausdruck, bei dem er unter hochgezogenen Augenbrauen mit geschlossenen Lippen lächelt. Romy Schneider bringt Kortner größten Respekt entgegen. In ihrer Erinnerung verlief die Arbeit ohne Anstrengung, sie freut sich über die Chance, mit ihm zu arbeiten, weiß, dass er Schauspieler formen kann. Von einem »Theatergenie«, wie sie ihn respektvoll nennt, wie Kortner engagiert zu werden sei Auszeichnung genug. Später berichtet sie ihm in Briefen von ihrer weiteren Entwicklung. Unvergessen bleibt ihr Kortners Satz, der Teufel möge sie holen, wenn sie nichts aus ihrem Talent mache.

Als Folge von *Lysistrata* bietet ihr die Schweizer Schauspielerin Maria Becker an, in Deutschland Theater zu spielen, doch Romy Schneider findet nicht den Mut, anzunehmen. Schneider hat später immer betont, Kortners Arbeit wäre in einer unsicheren Phase ihrer Karriere ein entscheidender Schritt gewesen, sich zu einer »ernsthaften« Schauspielerin zu entwickeln. Kortner selbst relativiert seine Position in Schneiders Karriere: »Ich bin dagegen, daß man mich nun vielleicht als Retter Romy Schneiders hinstellt. Trotzdem bin ich der Meinung, daß sie eine sehr begabte und disziplinierte Schauspielerin ist.«[254]

Am 26. Mai 1961, während der Pariser Aufführungsserie von *Schade, daß sie eine Dirne ist*, schreibt sie vor einem Auftritt an Kortner, dankt ihm für das Engagement in der *Lysistrata*, betont, der Regisseur sei »einer der wenigen, die nicht negativ von mir dachten – das war mein Sprungbrett! Mehr als das – unnötig zu sagen.« Auf ihrem Schminktisch klebe Kortners Telegramm wie ein Talisman. Sechzig Vorstellungen hätte sie hinter sich, den Leuten gefiele das Stück nach wie vor. Lampenfieber hätte sie vor den Aufführungen in Paris immer noch, »das muß wohl so sein – aber es wirft mich nicht mehr um – oder besser, in's Krankenhaus!« Sie klingt positiv, fühlt, eine große Bewährungsprobe bestanden zu haben, sehnt sich nach neuen Aufgaben: »Das Blatt hat sich schön und günstig für mich gedreht und ich muß sagen, ich bin schon sehr glücklich über alles! Ich mache auch wieder Filme – und Theater – und alles in einer neuen Linie – so, wie ich es mir so sehr ersehnte! Sinnvoller – wertvoller – künstlerischer – reizvoller! Soviel befriedigender!«[255] Mit Delon besitzt Romy eine kleine Wohnung in Monte Carlo, wohin beide sich gelegentlich zurückziehen. Sie berichtet Kortner auch von einem »Sketsch«, den sie mit Visconti in Rom von Juli bis September drehen werde. Endlich ein neues, ein internationales Filmprojekt.

Boccaccio

Bei den Theaterproben zu *Schade, daß sie eine Dirne ist* verliebt Romy Schneider sich in ihren Regisseur. Später meint sie, daß Visconti ihre Gefühle erwidert habe, »auf seine Art. Jeder wußte, er ist homosexuell, und ich hielt mich daran und hätte nie gewagt ihm zu sagen, daß ich ihn liebe.«[256]

Luchino Visconti wird 1961 zu einem der wichtigsten Menschen in der Karriere der Schauspielerin Romy Schneider. Er gibt ihr die nächste Chance, diesmal soll sie in einem seiner Filme agieren. Es ist der Kortner gegenüber erwähnte »Sketch«. Bevor er aus Paris abreist, speist Visconti mit Delon und Schneider im Hotel Berkley. Dabei erzählt er von seinem nächsten Vorhaben. Visconti plant, die Guy de Maupassant-Novelle *Am Rande des Bettes* als Teil des Episodenfilms *Boccaccio 70* umzusetzen. *Il lavoro – Der Job* heißt sie dort nun. Doch das Angebot an Romy erfolgt nicht sofort. Als Musterbild für die Rolle nennt Visconti Schneider gegenüber ein Mannequin, das damals die Freundin des Jet-Set-Stars Ali Khan ist. Eine Woche danach trifft ein Telegramm ein, in dem Romy Schneider gefragt wird, ob sie die Hauptrolle in Viscontis Film spielen möchte. Sie hält es für einen Scherz und antwortet nicht. Daraufhin fragt Visconti ungehalten telefonisch nach, wie sie sich entschieden habe. Sie sagt sofort zu, weiß genau, das ist die Chance, auf die sie jahrelang gewartet hat.

Sie erhält eine neue Frisur und geht dafür zu dem Pariser Star-Figaro Alexandre. »Sie wollte, daß ich ihr die Zöpfe abschneide, die Vergangenheit [...] Visconti wollte sie schön, aber modern, sophisticated. Dazu gehörte ein leichter, natürlicher Haarschnitt, bewegliche Haare, die nicht starr sind.«[257] Gemeinschaftlich ändert man auch Schminke und Kleidung. Delon posiert händchenhaltend mit ihr unter der Trockenhaube in Alexandres Salon.

Der kurze Film um einen Liebeskauf entsteht von August bis September 1961. Die Konzeption ihrer Rolle widerspricht allem, was sie bisher gedreht hat. Ein Graf ist in einen Callgirl-Skandal verwickelt und versucht, nicht zuletzt weil er Geld braucht, seine Frau zurückzugewinnen. Diese, eine von Schneider gespielte deutschstämmige Gräfin, ist bereit, ihm zu verzeihen, doch sie erlegt ihm eine Buße auf: Künftig muss er auch sie für jede Liebesnacht bezahlen. Visconti dekoriert das Atelier luxuriös mit Antiquitäten aus seinem Besitz, borgt sich anderes aus Mailand und

Neapel aus, darunter zwei Büsten von Sarah Bernhardt aus dem Besitz Sophia Lorens. »In diesen Rahmen stellte er mich. In kostbaren Kleidern und auch ohne. Und sah und fotografierte mich so, wie mich noch kein anderer Regisseur vorher gesehen und fotografiert hatte.«[258] Mit den Aufnahmen von Romys nacktem Rücken, auf dem Wasserperlen leuchten, und ihrem Blick aus dem der Kamera halb zugewandten Gesicht heraus, beginnt durch Viscontis Kameramann Giuseppe Rotunno eine neue Ikonisierung ihrer Person, die nichts mit Romys früheren Figuren zu tun hat. Amerikanische Zeitungen zählen ihre Entkleidungsszene zu den gewagtesten cineastischen Stripteases. Während die Linke mit dem schweren, altmodischen Telefonhörer hantiert, entfernt die rechte Hand mit schnellen Bewegungen Haarband, Ohrklipse, schließlich Rock und Bluse. Dabei spricht die Frau ununterbrochen mit dem Anwalt, als befinde sie sich lediglich in einer geschäftlichen Konferenz. Nur in Nino Rotas Soundtrack unterbrechen spöttische Bläserstellen das anschmiegsame Streicherthema. In einer Atempause erhält das Dienstmädchen das Telefon und die Anweisung, ein Bad einzulassen. Ist die Kamera bisher dem ganzen Körper gefolgt, ruht der Focus nun über dem Dekolleté, während die Träger des Unterrocks fast beiläufig von den Schultern gleiten. Romy blickt in den Spiegel. Sie zupft sich das Haar in Unordnung, nestelt am Chanel-Perlencollier, das sie als einziges Kleidungsstück anbehält. Ein zufriedenes, kokettes Lächeln schließt den prüfenden Blick ab. Sie dreht sich, geht zur Wanne, worauf die Kamera den Blick bis auf die Taille freigibt. Während Romy den Hörer wieder aufnimmt, wechselt der Zuschauer den Blickwinkel. Mit dem außerhalb des Bades stehenden Ehemann sieht er nun den etwas unscharf im Bildhintergrund sitzenden Körper, wird mit dem Gatten zum Voyeur. Dann dreht sich der Körper, Romys Arme verdecken gerade so viel, dass der Betrachter, wenn er dies registriert, sich als indiskret empfinden muss. Die Szene beendet ein Close-up von Romys Gesicht, das immer ernster und offener wird, je mehr sie dem Anwalt ihre Situation schildert. Die Spannung der Entkleidungsszene hat die Aufmerksamkeit des Publikums gebannt und wird von Schneider in beeindruckender Weise gelöst: Wie im Film *Nachtblende*, dreizehn Jahre später, drückt sie wahre Nacktheit mit ihrem Gesicht aus. »Die Welt« ringt sich immerhin ein bemühtes homerisches Zitat ab: »Daß sie etwas mehr kann als ein rosenfingriges Nichts – das erkennt man.«[259]

Bei den Dreharbeiten kommt es zu Spannungen mit ihrem Regisseur, am Ende versöhnen sich die Beteiligten wieder. Romy notiert alles, was für sie wichtig ist, in einem Merkheft. Visconti schenkt Romy Schneider einen blauen Ring aus Holz mit drei eingefassten Edelsteinen, zwei Brillanten und einem Saphir, ein Erbstück von seiner Mutter. Sie wird den Reif ständig tragen, ihn regelmäßig von einem Juwelier überprüfen lassen, um das poröse Material so unverbrüchlich zu machen wie ihre Wertschätzung für seinen einstigen Träger.

Die Kostüme des Films entwirft Coco Chanel, von der Schneider als »kleiner gesunder Pummel«[260] apostrophiert wird. Schon der deutsche Modedesigner Heinz Oestergaard, der neben Schneider auch Zarah Leander und Maria Schell einkleidete, war der Ansicht, wenn die Kundin den Stylisten persönlich kenne, falle das textile Resultat besser aus. Romy ist beeindruckt von der kleinen, eleganten Gestalt Coco Chanels, dem unverwechselbaren Habitus, akzeptiert ihre Forderung nach Diät und Disziplin, die sie schon aus ihren Zeiten beim deutschen Film her kennt. Es gibt für Chanel keine »Mode«, lernt sie, es gibt nur guten und schlechten Geschmack. Drei Menschen, wird Schneider später sagen, haben ihr Leben in jenen wichtigen Jahren entscheidend geprägt: Delon, Visconti und Coco Chanel. Sie wird Kundin und schließlich Freundin der extrovertierten »Mademoiselle«, verbringt Nachmittage in ihrer Wohnung, lässt sich deren abenteuerliches Leben schildern. Der Chanel-Stil unterstreicht ihr neues Selbstgefühl einer eleganten, modernen, wohlhabenden jungen Frau. Auf Fotos zupfen Chanels Hände Schneiders Kleidung zurecht, die Zigarette hängt der kleinen Französin dabei lässig aus dem Mund, bevor ein zufriedenes Lächeln die neue Kreation als Gesamtkomposition adelt. Für Schneider ist es ein perfektes neues Styling. Ein auf Romy abgestimmtes Labeling, wie es Givenchy mit Audrey Hepburn betreibt, wird jedoch nie erwogen. Mitte der 1970er Jahre gibt Schneider der Garderobe von Yves Saint-Laurent den Vorzug, zuvor trägt sie auch Haute Couture von André Courrèges.

Die Zusammenarbeit mit Visconti ist eine der wichtigsten künstlerischen Begegnungen für Romy Schneider. Man habe sie vor ihm gewarnt, berichtet sie später, ebenso vor Kortner, Clouzot und Orson Welles. »Wer mit Visconti gearbeitet hat, dem kann nichts mehr passieren. Er ist der härteste Regisseur, den man sich denken kann, der beste Lehrmeister. Ihm verdanke ich, daß ich heute jedes Atelier ohne Angst betrete.«[261]

Die Wertschätzung für den italienischen Regisseur, für den sie Jahre später noch einmal die Rolle der Kaiserin Elisabeth annehmen wird, bleibt. 1971 sieht sie seine Version von *Tod in Venedig*, liest daraufhin Thomas Manns Novelle erneut, ist überzeugt, sie in all ihrer dichterischen und menschlichen Kraft erst jetzt, nach dem Film, begriffen zu haben. Von den Regisseuren, die sie später als die wesentlichsten ihres Lebens bezeichnet, zu denen neben Visconti noch Orson Welles, Claude Sautet und Andrzej Zulawski gehören, reiht sie den Italiener an die erste Stelle. »Er hat mir beigebracht, was er allen beibringt, die mit ihm arbeiten, nämlich seine Art, die Dinge auf die Spitze zu treiben, seine Disziplin.«[262]

Der Erfolg auf der Theaterbühne gibt ihr Sicherheit. Sie bezeichnet sich als glücklich, meint jedoch, viel dafür bezahlt zu haben. Sie ist Delon und ihren Freunden dankbar für ihr neues Leben und meint einem Reporter gegenüber: »Weißt du, das Schöne ist, daß einem keiner mehr wehtun will, wenn man es zu etwas gebracht hat. Das habe ich in Deutschland nie kennengelernt.«[263]

Romy verhandelt mit dem österreichischen Jungfilmer Herbert Vesely über eine Mitwirkung bei der Verfilmung von Heinrich Bölls *Das Brot der frühen Jahre*. Da sie jedoch zuvor bereits für ein französisches Projekt unterschrieben hat, kommt es nicht dazu. Erst sechzehn Jahre später wird sie in einer anderen Böll-Verfilmung, *Gruppenbild mit Dame*, zu sehen sein. 1961/62 dreht Romy Schneider ihren ersten französischen Film *Le combat dans l'île/Der Kampf auf der Insel*, Regie führt Alain Cavalier. Auch für den ehemaligen Assistenten von Louis Malle ist es die erste Produktion, und Cavalier weiß, dass er sein politisches Anliegen in eine Liebesgeschichte verpacken muss. Der Film schildert, nur leicht verklausuliert, die Bestrebungen der OAS, einer 1961 gegründeten französischen Untergrundbewegung namens Organisation de l'Armée Secrète, für den Verbleib Algeriens bei Frankreich. Ihren Anschlägen fallen tausende Algerier zum Opfer. Es wird ein unspektakulärer Film mit einem brisanten Thema, manche Szenen entstehen in Louis Malles Appartement in der Rue Boissière 84. Romy Schneider bilanziert danach bedächtig, sie habe es nun immerhin zu mittleren Rollen in modernen Filmen gebracht. Zu ihren Partnern zählen Henri Serre und Jean-Louis Trintignant, der sie danach als schwierige, aber großartige Darstellerin bezeichnet. Ihre Wege werden sich noch öfter kreuzen. In Frankreich hat man Schneiders Wandlung unter Viscontis Händen bereits erfreut zur Kenntnis genommen, in Deutschland registriert man erstaunt, dass Schneider in Cavaliers Film als typische Französin verkauft werde, und zitiert Louis Malle: »Wir haben in Frankreich keine junge Schauspielerin, die diese Rolle so hätte spielen können, wie wir es uns vorstellen.«[264]

Die Möwe

Im März 1962 schreibt Romy Schneider erneut an Paul Kohner, erzählt ihm von dem damals noch in Planung befindlichen Projekt *Der Kampf auf der Insel* und dass sie wieder

Theater spielen werde. Der Schauspieler und Regisseur Sacha Pitoëff inszeniert 1962 Anton Tschechows Stück *Die Möwe* mit Delphine Seyrig in der weiblichen Hauptrolle. Der Regieassistent der Produktion stammt aus Deutschland und heißt Volker Schlöndorff. Pitoëff und Schlöndorff haben Romy Schneider und Alain Delon in *Schade, daß sie eine Dirne ist* gesehen. »Wir waren sehr beeindruckt von Romys Präsenz auf der Bühne«, erzählt Volker Schlöndorff, »und Pitoëff schlug ihr vor, Delphine Seyrigs Rolle in der *Möwe* zu übernehmen, für ein paar Aufführungen in Paris und dann eine Tournee durch Frankreich.«[265] Delon kann wegen seiner filmischen Verpflichtungen nicht an der Produktion teilnehmen. Romy Schneider sagt zu, arbeitet sich sehr schnell in die Produktion ein, in der Pitoëff selbst die Rolle des Trigorin spielt. Wieder ist es eine französische Produktion, wieder hat sie mit der Phonetik zu kämpfen, wieder besteht die Herausforderung auch darin, dass sie einen Theatertext möglichst akzentfrei beherrscht. Schlöndorff äußert sich respektvoll: »Sie war eine ernsthafte Künstlerin, die nach allen Möglichkeiten suchte, um zu beweisen, dass sie eine ernstzunehmende Schauspielerin ist. Wir nannten sie unter uns immer ›der kleine Soldat‹, das musste man schon sehr anerkennen – und sie hat es ja auch geschafft.«[266]

Auf roten Plakaten bewirbt der in die Schwingen einer weißen Möwe geschriebene Name Romy Schneiders das Stück. Es gibt wenig Gage, das Ensemble fährt mit Bus und Bahn quer durchs Land, spielt in Kino- und Theatersälen. Romy absolviert den Kostümwechsel in oft schlecht beheizten Garderoben. Das Publikum, zumeist Franzosen und einige wenige Touristen, ist etwas irritiert, es kommt wegen Schneiders ihm aus den frühen deutschen Filmen her vertrauten Image und zeigt sich oftmals befremdet von dem Stück. Manchmal, so meinte Schneider, habe sie das Gefühl, vor Schlafenden zu spielen. Der Applaus ist oft spärlich. Nur gelegentlich gelingt es dem Ensemble, das Publikum mitzureißen. Solche Abende feiert man danach mit Stolz und Zufriedenheit. Als das Stück auf Tournee geht, ist

Volker Schlöndorff nicht mehr dabei, seine Assistenzzeit endet mit der Premiere. Er reist jedoch der Produktion nach und sieht sich in Orleans hinter der Bühne eine Aufführung an. »Dadurch hatte ich direkten Kontakt mit Romy und erlebte hautnah, wie sie sich auf ihren Auftritt vorbereitete, wie sie sich in der Kulisse mit unglaublicher Ernsthaftigkeit und Emotion hineinsteigerte, zumal sie natürlich wusste, sie tritt vor ein Publikum, das gekommen war, um ›Sissi‹ live auf der Bühne zu sehen. Und sie spielt nun Tschechow. Sie wollte dem Publikum bloß nicht durch Kompromisse entgegenkommen, sich ihm nicht anbiedern, sondern die Rolle im Gegenteil umso ›strenger‹ spielen.«[267]

Am 8. Januar 1962 steht sie in Baden-Baden zum ersten Mal auf einer deutschen Bühne. Über das Gastspiel (vor überwiegend französischem Publikum) berichtet »Die Welt« nüchtern: »Und dazwischen Romy Schneider. Süß, charmant, hilflos ... Sie klimperte mit den Lidern. Sie trippelte. Sie schluchzte und schoß gequälte Blicke in den Saal. Mal faltete sie die Hände, meist hingegen hingen sie, rührend in ihrer großen Leblosigkeit, herab.«[268]

In Nizza muss sie am 7. April wegen eines Nervenzusammenbruchs ins Krankenhaus eingeliefert werden. Wie schon bei ihrer Blinddarmentzündung will die Presse von einer Fehlgeburt wissen. Delon reist an, nimmt sie mit nach Paris. Romy Schneider selbst gibt an, an spielfreien Tagen mehrere Gewaltritte unternommen zu haben, die ihren Körper zu sehr beansprucht hätten.

Während des Krankenhausaufenthalts besucht sie der Regisseur Henri-Georges Clouzot. Wie bei Visconti ist sie »auf eine ganz und gar unerotische Weise sofort verliebt in diesen temperamentvollen, diktatorischen Intellektuellen, der alles fordert und alles aus einem Schauspieler herausholt«.[269] Etwas in ihr fühlt sich herausgefordert, ein Jahr später wird er ihr während eines Karajan-Konzertes in Paris beiläufig sagen, dass er ein Drehbuch schreibe, in dem auch eine Rolle für sie enthalten wäre. Sie zögert keine Sekunde und nimmt per Handschlag an.

So schwierig die Tournee mit der *Möwe* für sie war, sie endet für Romy Schneider mit einer positiven Überraschung. Orson Welles bietet ihr per Telegramm eine Rolle in seiner geplanten Kafka-Verfilmung *Le procès/Der Prozeß* an. Schneider bewundert den als genial, aber schwierig geltenden Regisseur, natürlich kennt sie seine bisherigen Arbeiten, unter anderem *Citizen Kane* (1941) und *The Lady from Shanghai* (1947). Vor den Dreharbeiten begegnet man einander im Elysée Matignon, Welles ist mit Marlene Dietrich dort und Romy Schneider zu schüchtern, um ihn anzusprechen.

Es sei nur eine kleine Rolle gewesen, wird sie Hans-Jürgen Syberberg ein paar Jahre später für dessen TV-Porträt aufgekratzt in die Kamera erzählen, aber eine, die man sich gemerkt habe. Die so manchen beeindruckt hätte. Im Brustton der Überzeugung folgt der Satz: »Und ich weiß, ich war gut!« Sie würde sich wünschen, es gäbe Aufzeichnungen von jenen Vorgesprächen und Proben, die ihr so viel bedeuten.

Trotz des bei Visconti gewonnenen Selbstvertrauens hat sie Angst vor der Zusammenarbeit mit dem Schwierigen. Immer wieder stellt sie Fragen, wie sie die Rolle anlegen solle, ständig möchte sie eine Probe mehr, die jedes Mal von Welles' sonorem »Halt den Mund! Mach es, mach es einfach! Los!« barsch abgelehnt wird. Er sei es, der hier unterbrechen dürfe, macht er klar, sonst niemand. Sie möchte die Muster sehen. Nach mehreren Bitten sagt der Amerikaner ihr eine Vorführung zu. Es ist ein bizarres Erlebnis, die schmucklose Schwarzweiß-Fotografie von Kameramann Edmond Richard entspricht nicht ihren durch konventionelle Filmproduktionen geschulten Sehgewohnheiten. »Und ich habe sie gesehen und ich habe mich nicht erkannt, ich schwör's ihnen! So wahr ich hier sitze. Ich habe gesagt: Wer? Das ist doch nicht wahr!«[270] Sie ist es gewohnt, Vorführungen beizuwohnen, konnte nicht schlafen, wenn sie die Ergebnisse nicht kannte. Zufrieden war sie dabei selten. Mit der Person auf der Leinwand kann sie sich nun nicht identifizieren, sie findet sie abstoßend. Welles betont lakonisch, dies wäre die versprochene eine Vorführung gewesen, eine weitere würde es nicht geben.

Rückblickend ist Romy stolz auf die Arbeit, sie zählt sie zu den wichtigsten Erfahrungen ihres Lebens. Wie lange die Dreharbeiten gedauert haben, weiß sie nicht mehr. Eine Woche, vielleicht auch zehn Tage, nicht mehr. Zu Beginn ist es die Rolle der Hilda, die Welles ihr anbietet. Als sie nach der Tournee mit der *Möwe* das Drehbuch liest, interessiert sie aber die Rolle der Leni mehr. Sie liest den Brief von Welles, man telegrafiert, telefoniert, und sie erfährt, dass Elsa Martinelli bereits für den Part der Leni engagiert ist. Doch der Regisseur disponiert um. Orson Welles tituliert sie schon bei den Leseproben als »Leni«. Fast alle weiteren Rollen sind besetzt, nur die des Staatsanwalts ist noch offen. Charles Laughton, Kortner und Pierre Fresnay stehen für die Besetzung des Advokaten zur Diskussion. Laughton ist jedoch schwer krank und stirbt im Dezember 1962, Fresnay und Kortner können oder wollen die Rolle nicht übernehmen. Romy Schneider erzählt später stolz, sie sei es gewesen, die Welles dazu gebracht habe, den Part des Advokaten Hastler selbst zu übernehmen. Zu ihrer Überraschung reagiert er zumeist barsch, wenn er auf seine früheren Erfolge als Schauspieler und dabei vor allem auf *Citizen Kane* angesprochen wird. Neue Rollen will er nicht unbedingt übernehmen. »Wir haben drei Mal dieselbe Szene gelesen. Das war eine Woche bevor ich überhaupt zu drehen anfing. Und dann hab ich ihn immer unterbrochen, und er hat gesagt: ›Mach weiter!‹ Und ich habe gesagt: ›Sie müssen ihn spielen. Es gibt nur einen Hastler. Sie müssen ihn spielen.‹ – Und ich hab's gekriegt! Nach der dritten Leseprobe. Er hat's gespielt. Ich hab einen Dollar dafür bekommen.«[271] Die Produzenten waren hingegen von der Idee weniger begeistert, den schwer Berechenbaren nun in zwei Funktionen bei der Produktion unterstützen zu müssen.

Der Prozeß wird von Schneider stets als einer ihrer wichtigsten Filme bezeichnet. Es ist eines der letzten ambitionierten Projekte von Welles, dem wie fast allen anderen der finanzielle Erfolg versagt bleibt. Erst für folgende Generationen wird er zum Kultfilm. Welles dreht – wie gewohnt – an verschiedensten realen Schauplätzen, darunter auch im ehemaligen Pariser Bahnhof Orsay. 1970 steht dessen Abbruch bevor, 1978 wird er unter Denkmalschutz gestellt, später darin das weltberühmte Musée d'Orsay beheimatet. Als Welles dort dreht, fasziniert ihn der seltsam ruinöse Zwischenstatus des Gebäudes.

Jean Cocteau hat Orson Welles als einen Riesen mit einem Kindergesicht und weisen Verrückten beschrieben, der mit halb geschlossenen Augen seine eigene Kraft bewache. Einen Satz des Regisseurs hat Romy Schneider später variiert: »Wenn man entschlossen ist, immer das zu machen, was man machen will, muß man eben den Preis dafür zahlen.«[272] Sie genießt die Arbeit, beobachtet Welles' ruheloses Nomadisieren am Drehort, um Details nach seinen Vorstellungen einzurichten, hört seinen Anweisungen für die Kameraführung zu, lässt sich von seiner souveränsicheren Art führen. Man variiert Szenen, wiederholt Einstellungen, bis sie sich wie im Kopf des Regisseurs vorgesehen fügen. Leni ist eine jener Rollen, die ihr in Deutschland zu jener Zeit nicht angeboten werden, für sie erhält sie die erste internationale Auszeichnung, den »Kristallstern« der Pariser Académie du Cinéma.

Trotz des Staraufgebots von Anthony Perkins, Jeanne Moreau und Elsa Martinelli ist Schneider der meistbesprochene Part der Produktion. Der intellektuelle Teil der deutschen Presse konzediert, die Wahlpariserin, der »Tantenschwarm von einst«, die »vielgelobte Dauerverlobte Alain Delons« befinde sich wieder auf dem Weg nach oben, diesmal im Exil. Man spricht über eine Rolle in der US-Produktion *The Victors*, kündigt ihre Mitwirkung in *Der Kardinal* an. Einige der mit ihr avisierten Projekte werden nicht umgesetzt, darunter »Pauline 1880« an der Seite von Henry

Fonda, unter der Regie von Carlos Vilardebo, sowie Roger Vadims »Ein Schloß in Schweden«, für das wieder Antony Perkins als Partner vorgesehen ist. Letztendlich agierten jedoch weder Schneider noch Perkins in dem fertigen Film, sondern Monica Vitti, Jean-Louis Trintignant, Jean-Claude Brialy und Françoise Hardy. Auch Schneiders ehemaliger Filmpartner Curd Jürgens stand auf der Besetzungsliste.

1962 ruft der Fotograf Franz Christian Gundlach Romy Schneider im Hamburger Hotel Atlantic an und bittet um die Gelegenheit, sie fotografieren zu dürfen. Im kleinen Rahmen, ein Fotograf, ein Assistent und ein Modell, entsteht innerhalb von drei Stunden eine außergewöhnliche Bilderserie, die nicht auf Frisur, Mode oder extravagantes Make-up Wert legt, sondern distanzlos an ein Gesicht heranführt. »Und dann stand plötzlich Rosemarie Albach-Retty vor mir, nicht der Star Romy Schneider. Durch die Intimität der Atmosphäre wurde sie eine andere Persönlichkeit. [...] Je näher man an ihre Person, ihre Seele kam, desto größer wurde ihre Unsicherheit«,[273] schildert der Fotograf überrascht die Begegnung.

Freunde und Bekannte werden später immer wieder auf den Umstand der leichten Beeinflussbarkeit Schneiders hinweisen, diese oft sogar Wankelmut nennen. Zumeist waren es nicht so sehr die triftigen Argumente, die sie umstimmten, sondern vielmehr die Fähigkeit des Gegenübers, sich als kompetenter und vor allem gebildeter als sie zu erweisen. »Sie ist wie Napoleon III.,« zitieren die Zeitungen einen anonym bleiben wollenden Bekannten. »[...] Alle Leute fragen sich, ob er eigentlich intelligent sei. Aber es hat nie jemand eine Antwort darauf gefunden.«[274] Hermann Leitner führt es auf ein gewisses Minderwertigkeitsgefühl zurück, da sie sich als lediglich »halbgebildet« empfand, er weist auf den Umstand hin, dass ihr die Entscheidungen zu Beginn der Karriere zumeist abgenommen wurden. Ihrem anfänglichen Bemühen, es den Leuten recht zu machen, folgen später als Gegenpol Phasen launenhaften Star-Gehabes gegenüber manchem ihrer Mitarbeiter.

»Ich traf eine Frau, die mehr Fragen hat als Antworten«, fasst Alice Schwarzer eine Begegnung mit Romy zusammen. Ein Interview mit ihr führen will Schneider nicht, eher ein Gespräch mit einem Menschen, der zuhört. Schwarzer: »Und ich muß gestehen, daß mich noch nie in meinen zwölf Jahren ein Gegenüber so hilflos gemacht hat … Was für ein entwaffnendes Nebeneinander von Dominanz und Demut, von Intelligenz und Irrationalität.«[275]

Bei den Filmfestspielen von Cannes 1962 überragt Sophia Loren ihre Kollegin nur an Körpergröße, denn die Presse interessiert sich zunehmend wieder für die junge Schauspielerin aus Österreich, deren Karriere nun internationale Dimensionen erreicht hat. Für Romy eröffnet sich eine neue Publikumsschicht, eine, die sie nicht primär dafür liebt, was sie einmal war. 1962 sieht auch sie selbst einiges klarer. Sie will nicht mehr so sein wie früher, sich auch nicht mehr der Frage stellen, ob sie abseits des früh ausgeprägten Rollenstereotyps des süßen Mädels überhaupt für diesen Beruf tauge. Sie ist überzeugt davon, dass sie andere Rollen spielen kann als jene, mit denen sie populär wurde. Sie sucht nach Werten, die bleiben, wenn die Karriere vorbei ist, und nennt sie in Gesprächen: Einen Mann, einen Ort, vielleicht ein Kind.

Der Kardinal

Zwischen den durchaus spannenden Projekten für Theater und Film durchlebt Romy Schneider in den ersten Pariser Jahren immer noch Phasen der Ungewissheit. Die Zwischenräume zwischen den beruflichen Tätigkeiten weiß sie oft nur schwer zu füllen: »Ich hab' mich mit sehr viel Energie und bewußt herausgewurschtelt aus diesem Nichtstun. […] Es war ein Film, eine Arbeit zuende und ich wußte nicht mehr, was ich mit mir anfangen soll. Dann hab ich lang geschlafen, hatte keine Energie, nicht einmal zum Spazierengehen oder irgendetwas Banales, Normales,

Simples ... was weiß ich: Alltag. Das ist ja wichtig, man muss ja wissen, was der Alltag ist und wie man ihn lebt. Das war in Paris sehr lange Zeit so.«[276] Sie ist, wie sie es selbst formuliert, »forciert«, Besorgungen zu machen, für die Wohnung, manchmal auch Einladungen für Freunde und Bekannte auszurichten. »Das war aber auch sehr selten, denn, mein Gott, wenn ich darüber nachdenke, ich war über zwei, fast drei Jahre in dieser Wohnung und ganz selten mit Freunden dort. Dazu muss man ja auch Hausfrau sein können oder so was, und das kann ich nicht. Da hat dann meine Sandra immer alles arrangiert und wunderbar gemacht, aber das war eben selten, dass irgendjemand kam und ich am Abend zuhause war. Ich war meistens allein, oder ich bin ausgegangen oder ins Kino, ins Theater gegangen, das ist selbstverständlich wie die Liebe. Ich war auch viel weg. Ich war nicht immer in Paris, wenn ich nicht gearbeitet habe, ich bin weggefahren, ich war am Meer, bin an die Côte d'Azur gefahren.«[277]

Romy wohnt mit Delon nun in der Avenue de Messine, einer eleganten, stilvollen Straße in ruhiger Lage, die in eine der Pariser Prachtstraßen, den Boulevard Haussmann, mündet. In der Nähe befindet sich das Eingangstor zum Parc Monceau, in dem sie Spaziergänge unternehmen. Das Interieur des neuen Domizils ist entsprechend stilvoll. Drapierte Gardinen, auf der marmornen Anrichte stehen Obstschüsseln aus Porzellan, Silberkandelaber. Eine fahrbare Bar mit Flaschen aus geschliffenem Bleikristall, auf dem Empire-Schreibtisch aus dunklem Holz liegen Bücher. Perserteppiche, Samtkissen auf dem Sofa, Ölgemälde hinter Goldrahmen an den Wänden. Ein Plattenspieler, aktuelle Jazzalben. Auf den Fotos aus Paris oder wenn sie Delon in diesen Jahren bei Dreharbeiten besucht, wirkt Romy glücklich. Die Wirklichkeit entspricht dem bereits immer seltener.

Ende 1962 berichten Zeitschriften über Pläne Schneiders, mit Oskar Werners Schauspielensemble auf Tournee durch Österreich, die BRD und Frankreich zu gehen, wobei sie als Julia und Ophelia zu sehen sein werde. Sie freut sich auf die Aufgabe, auch wenn sie vor jedem Auftritt Lampenfieber und Schüttelfrost hat. Zu dieser interessanten Rollen-Kombination kommt es in der Folge jedoch nicht. Am 27. Januar 1963 schreibt Romy Schneider auf dem Briefpapier des Hotels Haute-Savoie in Megève an Fritz Kortner. Sie berichtet ihm darin von einem langen Telegramm, das sie zwei Wochen zuvor an Oskar Werner schickte, das dieser jedoch unbeantwortet ließ. Es scheine ihm tatsächlich nichts und niemand recht zu sein, klagt sie. »Also soll er zum Teufel gehen! Ich nicht! Noch nicht. […] P. S. ›Alles geben die Götter …‹ aber ganz schön ›ganz‹! Muß ich sagen – nicht wahr? Ihre alte Schneiderin, die sehr gut weiß + nie vergißt, was sie bei Kortner gelernt hat.«[278]

Das Interesse der Theaterleute an Romy Schneider ist durchaus vorhanden. August Everding bietet ihr eine Rolle in Büchners *Leonce und Lena* an, doch zwei Filmangebote verhindern ihre Zusage. Der Terminplan ist dicht. Anfang März will sie sich vor den Dreharbeiten zu *Der Kardinal* in Wien ausruhen, zuvor im Februar für zwei Wochen nach New York reisen. »Ab morgen fahre ich von hier noch irgendwoanders hin – für ca. 20 Tage, da ich allein sein will! […] Es geht mir nicht sehr rosig! In keiner Beziehung! Aber das mußte wohl eines Tages kommen!«[279]

Zu Jahresbeginn 1963 kommt der Regisseur Otto Preminger nach Wien, um, neben dem österreichischen Bundespräsidenten Adolf Schärf sitzend, die Premiere seines Streifens *Sturm über Washington*, zu feiern. Preminger ist gebürtiger Wiener und promovierter Jurist, der jedoch bald ins künstlerischen Gewerbe wechselt und am Wiener Theater in der Josefstadt als Schauspieler, Regisseur und schließlich sogar Direktor tätig wird. 1935 geht er in die USA, inszeniert am Theater, macht in Hollywood als Filmregisseur (*Laura*, 1944) Karriere. Wie viele österreichische Emigranten kehrt er nur sehr zögerlich nach Wien zurück, sein Film *Der Kardinal* wird jedoch teilweise hier gedreht. Es ist eine Großproduktion, wie sie die österreichische Bundeshauptstadt lange nicht mehr gesehen hat, bis zu 1500 Statisten braucht man für Massenszenen. In Interviews berichtet Preminger, dass er an österreichischen Akteuren bislang nur Romy Schneider verpflichtet habe, aber mit Curd Jürgens und Erik Frey verhandle. Tatsächlich wird Jürgens kurz danach in der Presse für die Mitte März beginnenden Dreharbeiten in der Rolle des Kardinal Innitzer angekündigt. Zeitungsmeldungen sprechen, vermutlich auf Jürgens' hedonistisches Medien-Image abzielend, daraufhin von »erhitzten Gemütern« ob der Wahl, schließlich verpflichtet Preminger den Burgschauspieler Josef Meinrad für die letztlich nur »bedeutende Charge«, wie man beruhigte. Innitzer hatte sich 1938 in einer von ihm und den österreichischen Bischöfen unterzeichneten »Feierlichen Erklärung« für den Anschluss Österreichs an das Deutsche Reich ausgesprochen. Das hinter der Aktion anzunehmende politische Kalkül der Hoffnung auf einen kirchenfreundlichen Kurs des Regimes erfüllte sich nicht. Im Oktober 1938 lösten Polizei und Gestapo eine Kundgebung von Jugendlichen nach einer Messe im Wiener Stephansdom gewaltsam auf, das Erzbischöfliche Palais wurde danach von der Hitlerjugend verwüstet. Diese Zeitumstände sollten, so war die Presse informiert worden, in den Film Eingang finden. In Wien macht man sich Sorgen um die Porträtierung der jüngeren Vergangenheit und mahnt Preminger: »Als gebürtiger Wiener und viel in der Welt herumgekommener Amerikaner sollte er – wir hoffen es – eine gewisse Urteilsfähigkeit für die heißen Eisen, die er mit dem *Kardinal* u. a. anpackt, besitzen. Obwohl der Abstand zu den Dingen, die ihm offenbar so sehr am Herzen liegen, doch noch sehr gering ist.«[280]

Der große Erzählgestus in *Der Kardinal* erinnert an die Filme von David Lean, der Film entsteht an Schauplätzen in den USA, Rom und Wien. In der österreichischen Episode trifft Romy Schneider als Anne-Marie auf den an seiner Berufswahl zweifelnden amerikanischen Priester Stephen Fermoyle (Tom Tryon). Anne-Marie träumt von den

USA als einem Land, in dem die Menschen von der Zukunft reden, statt der Vergangenheit nachzuträumen. Obwohl er ihr gesteht, dass er Priester werden möchte, verlieben sich die beiden ineinander. Ausflüge durch Wien und die schon in *Sissi* unvermeidliche Wachau geben dem offiziellen Österreich in einigen Szenen wieder Gelegenheit, für den Fremdenverkehr zu werben. Schließlich entscheidet sich Fermoyle jedoch für das geistliche Amt, und die Liebenden trennen sich. Als er im März 1938 wiederkommt, wehen Hakenkreuzfahnen am Stephansdom. Fermoyle erlebt Kardinal Innitzers Bemühen um die neuen Machthaber, aber auch die Gewaltakte des Regimes. Anne-Maries Mann begeht Selbstmord, sie selbst wird von der Gestapo inhaftiert, das Erzbischöfliche Palais verwüstet. Fermoyle muss tatenlos zusehen und verlässt schließlich Wien resigniert.

Bereits am zweiten Drehtag, so kann man in der Presse lesen, muss sich Peter Weck als Romy Schneiders Ehemann – dem Drehbuch gemäß – das Leben nehmen. Nach *Mädchenjahre* und *Sissi* ist dies die dritte gemeinsame Filmarbeit von Schneider und Weck. »Sie hatte bereits einige private Dinge hinter sich, die sie sehr geformt haben, und war ein veränderter Mensch. Da wir zuvor jahrelang kaum Kontakt hatten, fiel mir das besonders auf. Sie sprach dem Alkohol etwas mehr zu, dachte revolutionärer, lebte in Spannungen mit der Presse, vor allem in unseren Breiten. Über die Details haben wir nicht geredet, wir haben uns gut, aber auf andere Art als früher, verstanden. Preminger war nett zu ihr, aber auch streng, brachte sie sogar zum Weinen, drohte, setzte das Team unter Druck. Mich hat Preminger an sich gemocht, ließ mich aber dennoch für die Selbstmordszene aus dem fünften Stock springen. Es war keine Atelierszene. Ich nahm die Autos unter mir als sehr klein wahr, musste mich nach seinen Anweisungen am Fensterbrett noch einmal zu Romy umdrehen und dann springen. Wir haben die Szene elf Mal gedreht. Ich glaube, das hat ihm mehr imponiert als mein restliches Spiel.«[281]

Auf den Produktionsfotos geben sich Preminger und Schneider betont herzlich. Während der Dreharbeiten erfährt Romy Schneider vom Tod Ernst Marischkas, der Regisseur stirbt am 12. Mai 1963 im 70. Lebensjahr. In Interviews und Gesprächen bewahrt sie ihm stets ein gutes Andenken. Deutsche Produktionen melden sich wieder bei ihr. Im April 1963, noch während der Dreharbeiten zu *Der Kardinal*, verhandelt der Regisseur Kurt Hoffmann mit Romy Schneider und Maximilian Schell wegen seiner Tucholsky-Verfilmung *Schloß Gripsholm*, keiner von beiden kann jedoch schließlich verpflichtet werden. In den USA ist Romy zu Gast in der Johnny Carson Show und erhält eine Rolle in dem Film *Lilith* angeboten, die sie jedoch nicht annimmt. Stattdessen unterzeichnet Schneider im August in Paris einen Vertrag für sieben Filme mit Columbia Pictures, nach *Der Kardinal* und *Die Sieger* soll in *Leih mir deinen Mann* Jack Lemmon ihr Partner sein. Vor ihrer Abreise in die Staaten schickt sie Hermann Leitners Frau ein Foto, schreibt, sie hoffe, als Madame Delon wiederzukommen.

Auf dem Festival von Locarno läuft im Juli 1963 der Film *L'amour à la mer*, ein Streifen des französischen Regisseurs Guy Gilles, der der Nouvelle-vague-Bewegung verpflichtet ist, in dem einige französische Stars Cameoauftritte haben. Zu ihnen gehört neben Juliette Gréco, Jean-Claude Brialy und Alain Delon auch Romy Schneider, deren Gesicht ein paar Sekunden lang auf der Leinwand zu sehen ist. Größere Aufmerksamkeit erregt Schneiders nächste Produktion. *The Victors/Die Sieger* soll nach der Intention seines Regisseurs Carl Foreman der ultimative Antikriegsfilm werden. Zumindest sein Credo hat nichts an Gültigkeit verloren. »Krieg, jeder Krieg, ob groß oder klein, gerecht oder ungerecht, schwächt die Sieger gleichermaßen wie die Besiegten und sät unvermeidlich die Saat des nächsten Krieges.«[282] Foreman hat zuvor unter anderem als Drehbuchautor für Fred Zinnemanns *High Noon/Zwölf Uhr Mittags* (1952) gearbeitet. In den 1950er Jahren steht er in Hollywood auf der berüchtigten Schwarzen Liste derer, die angeklagt sind, mit dem Kommunismus zu sympathisieren. In dieser Hinsicht wird er erst 1997, dreizehn Jahre nach seinem Tod, rehabilitiert.

In *Die Sieger* breitet Foreman ein fast drei Stunden langes Epos aus, das die Auswirkungen des Krieges anhand von menschlichen Schicksalen zwischen 1942 und 1946 zeigt. Die Mitglieder einer amerikanische Truppeneinheit sind die Hauptpersonen, in den Einzelepisoden treten diverse Schauspielerinnen auf, eine dieser Frauenrollen spielt Romy Schneider. Die Darstellung der Regine in *Die Sieger* ist neben der Leni in *Der Prozeß* ihr bisher ungewöhnlichstes Frauenporträt und weist schon auf spätere Arbeiten hin. Sie stellt eine am Konservatorium ausgebildete Violinistin dar, deren Familie verschleppt wird und der ein amerikanischer Soldat Hilfe anbietet. Doch der Krieg hat ihre Persönlichkeit gebrochen, und sie prostituiert sich schließlich an den Meistbietenden. Mit hysterischem Lachen und bis ins Manische übersteigerter Gestik interpretiert sie ihre anspruchsvolle Rolle. Das Publikum der Nachkriegszeit reagiert auf Charaktere wie diesen – aus unterschiedlichen Gründen freilich – mit Unverständnis.

Romy Schneider geht mit Lampenfieber an die Produktion heran, weiß, dass sie die englische Sprache nicht so gut beherrscht wie mittlerweile die französische, ist froh, dass der Akzent sie als Belgierin ausweisen soll. Um die Musikerin überzeugend darstellen zu können, lässt sie sich von dem schottischen Konzertmeister des Royal Philharmonic Orchestra, David McCallum, Geigenunterricht geben, um die »Humoreske« von Antonín Dvořák spielen zu können. Ihr Filmpartner George Hamilton meint daraufhin bewundernd, wenn es eine Rolle erfordere, würde sie wohl auch den Ärmelkanal durchschwimmen.

Der Name Romy Schneider beginnt durch solche Produktionen langsam wieder auch an kommerzieller Bedeutung zu gewinnen. Im September 1963 listet man den kolportierten Marktwert deutscher Stars auf und reiht Romy

Schneider dabei mit Lilli Palmer, Maria Schell, Karlheinz Böhm, Peter van Eyck, Heinz Rühmann und Horst Buchholz in der mit einem Sternchen versehenen Kategorie von Schauspielern, deren Kurswert bei jedem Engagement neu festgelegt werde.[283]

Die Hölle

Im Jahr 1964 erfüllt Romy Schneider das Versprechen, das sie dem Regisseur Henri-Georges Clouzot gab, und übernimmt eine Rolle in seinem geplanten Film *L'Enfer / Die Hölle.* Vor Beginn der Dreharbeiten ist sie an der Côte d'Azur zu Gast bei Curd Jürgens. Clouzot, im nahen Saint-Paul-de-Vence wohnhaft, besucht sie, probt mit ihr. Plötzlich stört ihn der leichte deutsche Akzent in ihrem Französisch, der sich natürlich innerhalb der nächsten Wochen nicht eliminieren lässt. Der perfektionistische Regisseur ändert daraufhin die Nationalität ihrer Filmfigur in eine Elsässerin. Clouzot kaut an seiner Pfeife, sieht den Akteuren unter buschigen Augenbrauen zu. Er überwacht jede Einzelheit, korrigiert Feinabstimmungen, kontrolliert Licht, Ton, Gestik, Mimik. Im Frühjahr 1964 beginnt man mit Probeaufnahmen, Dany Carrel und Serge Reggiani sind Romys Partner. Clouzot akzeptiert keinerlei Improvisation, er will seine Vorstellung von den Szenen präzise umgesetzt sehen und lässt so lange probieren, bis er das gewünschte Resultat hat, Romy beginnt sich vor den anberaumten achtzehn Wochen der Zusammenarbeit ein wenig zu fürchten. Doch es kommt gar nicht erst dazu. Die Dreharbeiten in der zentralfranzösischen Auvergne stehen von Beginn an unter keinem guten Stern. Erst erkrankt Serge Reggiani, danach Romy Schneider. Jean-Louis Trintignant soll Reggianis Part übernehmen, doch nach drei Wochen erleidet Clouzot selbst einen Herzanfall, der den Fortgang der Arbeit unmöglich macht. Die Ärzte verordnen ihm ein Jahr Arbeitspause, das Filmprojekt ist damit gestorben, und Clouzots Produktionsfirma Orsay Films muss Konkurs anmelden.

Fast fünfzehn Stunden Material soll es von dem Filmfragment geben. Anlässlich des 100. Geburtstags von Clouzot wurden 2007 in Anwesenheit seiner Witwe Ausschnitte aus *Die Hölle* gezeigt. Das Ergebnis demonstriert einen kühnen Versuch. Der Film sollte dem Publikum Zugang zu den Wahnvorstellungen eines jungen Ehepaares geben. Clouzot beabsichtigt, die Sehgewohnheiten seines Publikums radikal zu verändern, arbeitet experimentell mit optischen und farblichen Verfremdungen des Filmmaterials und seiner Protagonisten.

Romy Schneider wird aus dem Arbeitsprozess gerissen. Sie merkt, wie wichtig ihr gerade dieses Projekt war, und erkennt auch, dass sie verstärkt an einer Existenz abseits von Film und Theater, mit Prioritäten wie Privatleben, Urlaub, Freunden arbeiten muss. »Ich will nicht eines Tages nur meinen Beruf haben; ich bin sowieso schon zu selbstständig geworden – und das ist gefährlich für eine Frau.«[284] Reggiani hat sich später in einem Interview mit »Ciné-Révue« und in seinem Buch *Serge Reggiani, la question se pose* über seine private Beziehung zu Romy Schneider geäußert: »Romy, das ist die Erinnerung an … Leidenschaft! Wenn sie mich anrief, sagte sie immer: ›Hier ist die Österreicherin!‹, dann kam sie zu mir nach Hause oder ins Studio mit Whiskey und ihren unvermeidlichen Socken – sie konnte es nämlich nicht leiden, dass man ihre Füße sah, obwohl sie durchaus niedlich waren.«[285]

Ein anderes Projekt, das ihr wieder eine Zusammenarbeit mit dem von ihr verehrten Luchino Visconti eingebracht hätte, die filmische Umsetzung von Hans Habes *Die Tarnowska*, für die Visconti auch Rudolf Nurejew gewinnen will, kommt ebenfalls nicht zustande. Romy Schneider, fasziniert vom Schicksal der Frau und dem Projekt an sich, erwirbt die Filmrechte. Sie unterschreibt für die Komödie *What's new, Pussycat?/Was gibt's Neues, Pussy?* und verliert dadurch zu ihrem Bedauern die Möglichkeit, in Orson Welles' Shakespeare-Projekt *Campanadas a medianoche/Falstaff* (1965) mitzuwirken. Es wäre nur eine Drei-Tage-

Rolle gewesen, doch wie sie später beklagt, hätte sie diese gerne gegen ihre *Pussycat*-Hauptrolle eingetauscht. Auch Theaterpläne hat sie. Nach dem Besuch einer *Richard III.*-Aufführung unter Kortners Regie in München Anfang 1964, die sie begeistert, fragt sie nach einer möglichen Zusammenarbeit und nennt das Jahresende als idealen Zeitpunkt. Es kommt jedoch auch dazu nicht. Zumindest einige Szenen aus *Richard III.* wird sie elf Jahre später in Zulawskis *Nachtblende* spielen.

»Vom Deutschen hat diese junge Pariserin nichts mehr«, zitiert »Der Spiegel« 1963 die Pariser Wochenzeitschrift »L'Express«, »keinen Akzent mehr, oder doch sehr wenig, keinen Appetit mehr, keinen schlechten Geschmack mehr ... Die Metamorphose ist total.«[286] Ein paar Sätze später folgt auch die griffige Zeile aus »Time«, wonach Schneider das »Zeug hat, die größte Hure seit den Zeiten der Ptolemäer zu spielen.«[287] Nach den adeligen Anstandsrollen sieht das Publikum Romy Schneider als inzestuöses Renaissancegeschöpf (*Schade, daß sie eine Dirne ist*), als Callgirl mit Trauschein (*Boccaccio 70*) und als Ehebrecherin (*Der Kampf auf der Insel*). Es folgen die sich prostituierende Violinistin in *Die Sieger* und die promiske Leni in *Der Prozeß*. »Ich wollte immer modern und hart sein – kein Trugbild vergangener, glanzvoller Kaiser-Tage, sondern einfach eine junge Frau. Ich mußte davonlaufen – von Deutschland und von den Millionen-Rollen. Als ich es endlich tat, warf man mit Steinen nach mir.«[288] Mit diesen Sätzen wird Romy Schneider im Herbst 1962, drei Jahre nach ihrer »Emigration«, zitiert. Dazu die kolportierte Aussage aus dem US-Magazin »Look«: »Ich werde [...] mit den deutschen Filmproduzenten kein Wort wechseln.«[289] Sie sei nicht umsonst einen weiten Weg gegangen, der sie von der niedlich-harmlosen imperialen Darstellerin zur menschlich ausgeprägten modernen Schauspielerin geführt habe über Rollen in *Boccaccio 70*, worin sie Skeptiker noch nicht überzeugt habe, und in *Der Prozeß*, worin sie eine Nymphomanin spiele. Als sie bei den Synchronisationsarbeiten zu

Boccaccio 70 erfährt, dass die Freiwillige Selbstkontrolle einige Änderungswünsche geäußert hat, ereifert sie sich: »Die schneiden mir doch keine Szene raus? [...] Sollen doch kommen und zuhören, dann sehen sie ja, daß wir nicht ›Scheiße‹ sagen oder was sonst verboten ist in Deutschland.«[290] Sie selbst habe sich in den Szenen nie nackt gefühlt, meint sie. Ihre deutschsprachige Fangemeinde reagiert zum Teil empört, zumeist ohne den Film gesehen zu haben. Ein Leserbrief aus Essen fasst die Stimmung zusammen: »Wenn ich die Magda Schneider wäre, würde ich mit einem Rohrstöckchen meiner Tochter auf die Finger klopfen, mit denen sie sich so frivol entblättert.«[291]

Der moralische Zeigefinger des deutschen Kinopublikums trifft jedoch nicht nur Romy Schneider, immer wieder stehen gerade weibliche Stars ob ihres vermeintlich »unzüchtigen Images« in der Kritik. Im Januar 1964 porträtiert das Magazin »Film und Frau« Hildegard Knef als »ein Gesicht des Jahres«.[292] Daraufhin protestiert eine Leserin: »Eine solche Frau gehört doch wohl nicht in Ihre Zeitschrift. Früher haben Sie nur Leute herausgestellt, die ein Vorbild sein könnten. Bei Hildegard Knef scheint mir das nicht der Fall zu sein.«[293] Nach Meinung der Autorin handle es sich bei Knef nicht um eine echte Künstlerin, ja nicht einmal eine echte Schauspielerin, wie der »scheußliche Film« *Die Sünderin* (1950) beweise. Als nächstes, befürchtet die aufgebrachte Dame, könnte man dann auch der skandalumwitterten Brigitte Bardot einen Beitrag widmen, und schließt mit der Bitte, in Zukunft wieder ausschließlich über seriöse Künstlerinnen zu berichten. Ein paar Ausgaben später spricht sich jedoch eine überwiegende Anzahl an Leserinnen in Briefen für Knef und ihr Erscheinen in »Film und Frau« aus.

Man interviewt dort auch Gunnel Lindblom, die schwedische Schauspielerin aus Ingmar Bergmans *Das Schweigen*. Bergmans mit Preisen und Strafandrohungen gleichermaßen bedachtes düsteres Porträt einer Welt ohne Hoffnung, über Sprach- und Gefühllosigkeit provozierte 1964 nicht nur in Deutschland heftige Publikumsreaktionen und Diskussionen, vor allem wegen der erotischen Darstellungen. Der Produzent Artur Brauner meinte, es hätte ihn durchaus gereizt, einen solchen Film zu produzieren, vor allem weil durch die kontroversen Reaktionen bei Publikum und Presse großer finanzieller Erfolg garantiert wäre. »Allerdings hätte ich den Plan als unrealistisch zurückstellen müssen, da ein deutscher Produzent und ein deutscher Regisseur – und wenn es der allerkünstlerischste wäre – nicht bei der Selbstkontrolle durchzubringen gewesen wäre.«[294] Die angesprochene Selbstkontrolle hat den schwedischen Film im Übrigen einstimmig akzeptiert.

Rita Hayworth, in die sich Romy Schneider in ihrer Internatszeit hineinträumte, geht in einer Ausgabe der Zeitschrift »ungeschminkt durch Toledo«. Sie habe einen Strich unter ihre skandalöse Vergangenheit gezogen, die nun 46-Jährige sei eine Darstellerin ohne Allüren und Hysterie geworden. Das entthronte Idol hat nun auch ein Anrecht auf menschliche Schwächen. Von ihren Beinen hätte einmal die ganze Welt gesprochen, steht unter einem Foto, auf einem anderen darf sich Hayworth mit erschöpftem Gesichtsausdruck einen ihrer Pumps ausziehen. Die Füße sind müde, erläutert man. Es sind Aufnahmen, wie sie ihr Hollywood-Management Jahre zuvor wohl nicht freigegeben hätte, grobkörnige Schnappschüsse aus beliebig scheinenden Perspektiven. Auf einem Bild steigt Hayworth eine Treppe hoch, hinter ihr folgt, auf einen Stock gestützt, ein spanischer Greis. Ob Hayworth vor einer neuen Film-Karriere stehe, fragt die dazugehörende Bildunterschrift mehrdeutig. Hayworth steht abseits einer Menge, aus der einige Menschen zu ihr hinübersehen. »Diese jungen Männer von Toledo kennen Rita nicht mehr. Sie haben ein anderes Idol.«[295] Welches, lässt man offen. Vermutlich aus Gründen der Seriosität.

Und im August 1964 beschreibt »Frau und Film« auch Romy Schneider, »wie sie wirklich ist«. Man trifft die Schauspielerin während der Dreharbeiten zu *Die Sieger* im

Bayerischen Hof in München und hält programmatisch fest: »Romy Schneider ist ein Publikumsliebling, der vielen zum Ärgernis wurde, weil er nicht so blieb und nicht so bleiben wollte, wie man ihn kannte und liebte.«[296] Ein paar Nummern zuvor heißt es über Senta Berger, die ebenso wie Schneider in *Die Sieger* agiert, sie wolle nun seriöse Rollen spielen.[297] Das Interview wird immer wieder unterbrochen, da Schneider zu verschiedenen Produktionsterminen muss. Die 26-Jährige versucht ihren Imagewandel zu rechtfertigen und flüchtet, da sie sich von ihrem Gegenüber nicht richtig verstanden fühlt, in Selbstironie. Als der Interviewer ihre Frage bejaht, ob sie ihm in den letzten Filmen wenigstens rein optisch gefallen habe, meint sie: »Ist ja schon beruhigend, daß man gut ausschaut, wenn man schon kein Talent hat.«[298]

»Selbstverständlich wie die Liebe ....«

Auf den Fotos in den Illustrierten ist Romy Schneider noch immer mit ihrem »ewigen Verlobten« Alain Delon zu sehen. Die spöttischen Untertöne in den Beschreibungen sind unüberhörbar: »Die beiden nehmen die Beziehung ernst, wie man sieht. Vor allem Romy, wie man hört.«[299] Im Dezember 1962 sollte in Monte Carlo Hochzeit sein, liest man, Romy wolle dafür die französische Staatsbürgerschaft erwerben. Am Jahresende schickt sie jedoch eine Karte an Fritz Kortner: »Wollen Sie lachen? Ich heirate ›vorläufig‹ wieder einmal nicht! Ob mir ›das Heiraten‹ wohl je passiert? [...] Auf jeden Fall – Skandal oder nicht – ich weiß jetzt, was ich zu tun habe!«[300]

Was ihre Finanzen angeht, herrscht zunehmend Unklarheit, obwohl sie mit ihren frühen Filmen sehr viel Geld verdient hatte. Magda Schneider meint über den Verwalter des Vermögens: »Mein Mann vereinigt eine glückliche Mischung von nüchternem Geschäftssinn und generöser Selbstlosigkeit in sich. Romy verfügte nicht selbstständig über die Gagen aus ihren Filmen. Sie hatte zwar ein eigenes Bankkonto, aber es wurde nicht von ihr verwaltet. Wir bemühten uns, von jeder Gage einen gewissen Teil wertbeständig anzulegen, denn niemand kann in die Zukunft schauen.«[301] Erst mit Erreichen der Volljährigkeit sollte sie Zugriff auf ihre Konten haben. Über ihre Finanzen jener Zeit scheint nichts verbürgt zu sein. Kolportiert wird eine monatliche Überweisung durch Blatzheim im Wert von 6000 Francs, Belege für die genaue Summe fehlen. Zudem gibt Blatzheim an, Romy an Liegenschaften auf Ibiza und an seiner Restaurantkette beteiligt zu haben. Schneider selbst verlangt keinerlei Einblick in sein Finanzgebaren.

Die Stimmung ist angespannt. Als Blatzheim Anfang 1963 von der Lösung der Verlobung Schneiders und Delons spricht, entgegnet ihm Romy Schneider in einem Brief, den die Zeitschrift »Paris-Jour« am 6. Februar 1963 veröffentlicht. Die Abwesenheiten Delons seien rein beruflicher Natur. Die einzige Trennung, die sie bekannt geben könne, sei der Bruch mit dem zweiten Ehemann ihrer Mutter. Blatzheim wiederum lässt über die Medien antworten, Romy habe die Trennung von Delon ihrer Mutter gegenüber bestätigt. Der Streit wird in der Öffentlichkeit ausgetragen, die sich mit Schadenfreude daran delektiert. Die gegenseitigen Vor- und Anwürfe sind heftig, Romys Anwalt Heinrich Senfft dokumentiert, dass Blatzheim »ihr eines Tages an den Kopf warf, sie sei nichts als ein photogener Haufen Scheiße«.[302] Sie selbst äußert sich über ihn distanzierter: »Er ist halt der Mann meiner Mutter. Die arme Mami.«[303]

Im Herbst 1963 bezieht Schneider für die Dreharbeiten zu *Good Neighbour Sam/Leih mir deinen Mann* eine Villa in Beverly Hills, mit acht Angestellten. Für Fotos posiert sie, Text lernend, am riesigen Pool, aus dessen Tiefe eine klassizistische Säule mit antiker Figur hervorragt. Auf dem riesigen Doppelbett wirkt sie klein und beinahe verloren, legt sich ganz auf die linke Seite. Auf dem Nachttisch steht noch Delons Bild, an der Wand hängt eine ganze Collage mit Fotos von ihr, Delon, ihren Eltern. Zu jenem Zeitpunkt glaubt sie noch an eine gemeinsame Zukunft mit Alain. Sie freut sich auf Frankreich, Paris, ihre Wohnung in Monte Carlo, ihre Hunde, Bücher, Schallplatten.

Doch zunächst vergräbt sie sich in die Arbeit zu ihrem neuen Film, die um fünf Uhr früh beginnt, sieben Stunden vor ihrer normalen Arbeitszeit in den Pariser Studios. Ihrer professionellen Art gemäß, sieht sie in der Chance, eine Komödie zu spielen, eine Herausforderung und freut sich, einen Partner wie Lemmon an ihrer Seite zu haben. Die amerikanische Presse sieht in ihr eine neue Marlene Dietrich, die Filmleute nennen sie »Miss Worry« wegen ihres Zwangs zur Perfektion. Sie könne selbst gut einschätzen, meint sie, ob sie gut, mittelmäßig oder schlecht spiele. »Und wenn ich schlecht bin, wiederhol ich's, und wenn's 150mal sein muß.«[304]

Leih mir deinen Mann wird ein Erfolg in Amerika, man wird auf Romy aufmerksam, es besteht Nachfrage. Pendelnd zwischen Suburbia und Großstadtbüros, träumt der grundanständige Sam Bissell (Lemmon) von einer Karriere, ohne sich dabei moralisch verkaufen zu müssen. Sein Freundschaftsdienst, sich einmal kurz für den Ehemann von Janet (Romy Schneider), der besten Freundin seiner Frau auszugeben, damit diese fünfzehn Millionen Dollar erben kann, bringt schließlich Turbulenzen in das durchgeplante Leben. Denn Bissel und Janet müssen die Rollen noch einige Zeit spielen, immer mehr Menschen werden in die Farce verstrickt. Wie ein Jahr später in in *What's new, Pussycat* kann Romy Schneider hier auf Boulevardniveau neurotisch und unkompliziert agieren. »Attention please« sagt die Stimme am Flughafen, als Romy dem Gate zustrebt, und Aufmerksamkeit ist ihr gewiss. Sie spielt Janet Lagerlof aus Europa, und noch bevor sie auftaucht, lobt man ihren »charmanten Akzent« und erwähnt, sie sei in Wien aufgewachsen und habe in Paris gelebt.

Während der Dreharbeiten zu *Leih mir deinen Mann* gibt ihr der Regisseur David Swift eine Regieanweisung auf Deutsch. Sie beharrt darauf, dass Englisch gesprochen werde. Ein Journalist schnappt den Satz auf, wieder wird ihr eine deutschfeindliche Haltung angedichtet. Ihre Erklärung ist einleuchtend, wird jedoch von der deutschen Presse nicht akzeptiert: »Wenn ich in einem englischsprachigen Film spiele, bemühe ich mich, den typischen Tonfall der Sprache genau zu treffen. Das ist nicht nur mein Ehrgeiz, dafür werde ich auch bezahlt.«[305]

Während sie 1964 gemeinsam mit ihrem Bruder, dem angehenden Arzt, ein paar Wochen in Monte Carlo verbringt, dreht Delon in Spanien. Immer öfter tauchen Fotos auf, die ihn mit einer anderen Frau zeigen. Während der nächsten gemeinsamen Treffen, den letzten in ihrer offiziellen Beziehung, scheint alles unverändert zu sein. Delon bringt sie in Rom zum Flugzeug nach Hollywood. Sie telefonieren danach regelmäßig wie immer, die Gerüchte um jene andere Frau nehmen jedoch zu. Das Wort Verlobung ist zu lesen, die Andere hat jetzt auch einen Namen: Nathalie Barthélmy. Romy Schneider versucht zu relativieren, sie weiß um das Aufbauschen solcher Berichte seitens der Medien, schließlich hat sie es am eigenen Leibe erfahren. Doch die Verunsicherung wächst. Sie schreibt Delon ironische Briefe aus den USA. Eines Tages wartet sie vergeblich darauf, dass ihr der gemeinsame Freund Georges Beaume, mit dem sie in Hollywood ein Haus bewohnt, ein Gespräch mit Delon weiterleitet. Als es ausbleibt, fragt sie nach. Delon habe nicht nach ihr verlangt, erklärt Beaume. Nach und nach erfährt sie die Wahrheit. Beaume hat einen Brief für sie, den ihm Delon vor der Abreise heimlich ins Gepäck gesteckt hatte. Erst nach einem langen Drehtag händigt er ihn Romy aus, die freilich den Inhalt schon vorausahnt. Auf, wie Schneider später angibt, »zwölf bis fünfzehn Seiten« gibt ihr Delon den Abschied. Auf welche Art, erzählt Romy Schneider nicht. Sie antwortet nicht auf das Schreiben. »Ich kam zurück, die Wohnung in der Avenue de Messine war leer, niemand mehr da. Da stand ein Rosenstrauß, daneben lag ein Zettel, da stand drauf: ›Ich bin mit Nathalie nach Mexiko, alles Gute, Alain.«[306]

Die Presse weidet sich an Romy Schneiders privater Katastrophe mit unverhohlener Häme. Vier Jahre, acht Monate und 24 Tage will man seit der Verlobung errechnet haben. Romy Schneider selbst versucht, sich mit Standardsätzen abzuschirmen: »Wenn es um mein Privatleben geht, bin ich stumm. Ich glaube, daß die vielen Gerüchte um Alain und mich die Leute allmählich langweilen. Mich langweilen sie schon lange. Es geht niemanden etwas an, wie zwei Menschen ihr Privatleben gestalten.«[307] Das Gegenteil ist der Fall. Die Berichterstattung um Romy Schneider und damit auch das Bild, das sich die Öffentlichkeit von ihr macht, besteht zum überwiegenden Teil aus Skandalgeschichten, Spekulationen und aufgebauschten Fakten. Die Identifizierung von Wunsch und Vorstellung ist naheliegend und begleitet Schneider für den Rest ihres Lebens. Aussagen werden aus dem Zusammenhang gerissen oder erfunden. In jener Zeit kann sie noch betonen, weniger über ihr Glück oder Unglück zu meditieren, als es die »Schnulzenschreiber« annehmen.

Bei den Dreharbeiten zu *What's New, Pussycat?* wird sie von einem Scheinwerfer am Kopf getroffen, der eine blutende Platzwunde hinterlässt. Sie selbst wird sich, freilich aus anderen Gründen, später zumeist negativ über den Film äußern, ihre Tochter Sarah bezeichnet ihn dagegen als einen jener Streifen, in dem ihr ihre Mutter am besten gefalle.[308] *Pussycat* ist die erste Drehbucharbeit Woody Allens, der ein Gag-Arsenal installiert, hinter das die Handlung unauffällig zurücktreten kann, ohne wesentlich vermisst zu werden. Der New Yorker Komiker schreibt sich darin seine erste Filmrolle, in der er den Prototyp kommender Leinwandfiguren festlegt. In der Hauptrolle agiert Peter O'Toole, dessen übergroßer Hang zu Frauen von dem Psychiater Peter Sellers (der an derselben »Krankheit« leidet), kuriert werden soll. Beide ziehen schließlich die Krankheit der Kur vor. Romy Schneider ist mit dem Ergebnis nicht zufrieden, obwohl sie gern in Komödien agiert: »Aber wo gibt es schon die großen komischen Rollen, die ich mir vorstelle!

Und wo gibt es einen neuen Lubitsch?«[309] Schneider macht in der weiblichen Star-Ansammlung (Capucine, Ursula Andress) durchaus gute Figur. »Shall I get dressed?«, fragt sie unter der Dusche ihren Liebhaber, »or is it foreign movie time?«

Während der Dreharbeiten zu *What's New, Pussycat?* lässt sie sich in Paris zu einer Fotosession überreden. Sie posiert auf Wunsch des Fotografen in verschiedenen Kleidungsstücken, offeriert Champagner, legt Schallplatten auf. Die Lust, sich fotografisch darstellen zu lassen, wird auch bei späteren Sessions dominieren. Kerzen in Silberleuchtern, Zigaretten, Kleidungsstücke, wechselnde Accessoires, Romy, der eine exaltierte Pose oder ein Lachen die Augen schließt, die die Stirne an eine antike Uhr drückt, die sich in ihre Stilmöbel fläzt, auf dem Teppich ausbreitet in Schulterhöhe mit einem Champagnerglas. Die Medien interpretieren die Umstände anders, beschreiben eine Frau, die sich unter hysterischem Gelächter den Fotografen präsentiere, mehrmals am Nachmittag die Kleidung wechsle, bereits nachmittags Champagner trinke.

Eine andere Geschichte trifft sie tiefer. Im August 1964 verbringt sie ihre Ferien wie so oft in Berchtesgaden. Sie ist inkognito angereist, meidet die Medien, versteht daher den Inhalt eines Telegramms von Georges Beaume nicht sofort, in dem er ihr versichert: »besonders heute« an sie zu denken. Sie versteht es nicht, zeigt es ihrer Sekretärin Sandra, die nur knapp darauf meint, dass es sich wohl auf »die Hochzeit« beziehen werde. So erfährt sie, daß Delon geheiratet hat. Nur etwa ein Monat später wird sein Sohn Anthony geboren.

Kurze Zeit danach bereitet sich Romy Schneider auf eine Reise nach Monte Carlo vor, wo die Yacht des Produzenten Sam Spiegel sie erwartet. Am Vorabend ruft sie ein Reporter an, der vorgibt, für eine amerikanische Zeitung zu schreiben. Er hätte einen Brief von Alain Delon für sie und fragt, ob er ihn ihr vorlesen dürfe. Trotz ihres begründeten Misstrauens stimmt sie zu. Später stellt sich heraus, dass es sich um gestohlene Seiten eines Manuskripts der Autobiographie von Alain Delon handelt. Der Reporter am Telefon schreibt in Wahrheit für das französische Wochenblatt »France Dimanche«, wo man das Kapitel unerlaubterweise gedruckt hatte und nun Romy Schneiders Stellungnahme einholen will. Das Kapitel ist letztendlich eine Liebeserklärung an Romy, sie nimmt es zur Kenntnis, bittet den Reporter, keine Fragen mehr zu stellen. Die Schlagzeilen, die ihr während ihres kommenden Segelurlaubs entgegenprangen, zitieren schließlich Romys angebliche Liebesbekenntnisse für Delon. Das Image der naiven deutschen Jungfrau, betrogen und verlassen von einem Franzosen, wird erneut bedient, selbst der Gang ins Kloster wird ihr angedichtet. Kein Klischee fehlt.

»Es gibt keine Intensiv-Station für Liebeskummer. Du hast versagt und kein noch so großer beruflicher Erfolg kann deine Niederlage erträglich machen«,[310] schreibt Hildegard Knef. Als die Öffentlichkeit sich an diesem Teil sattgelesen hat, verkehrt sich die Geschichte ins Gegenteil. Nun werden der »Trauernden« neue Liebschaften angedichtet. Jedes Treffen mit einem männlichen Kollegen gilt als Indiz für eine neue Liaison: Eugene Lerner, Maximilian Schell, Horst Buchholz, Claude Terrail sind nur einige der in einschlägigen Blättern genannten Namen.

Delon ist Vergangenheit, aber noch keine allzu ferne. Sie selbst wäre nicht imstande gewesen, die Beziehung zu beenden, weiß sie, obwohl sie in manchen qualvollen Momenten daran gedacht habe. Sie bereue nichts, wird sie später beteuern, es noch einmal durchzumachen würde sie allerdings überfordern. Etwas über ein Jahr nach der Trennung glaubt sie, einen Geliebten verloren, aber einen Freund gewonnen zu haben. »Wahrscheinlich ist diese Freundschaft mehr als die Liebe vorher.«[311]

Narben bleiben, in vielerlei Hinsicht. Karlheinz Böhm berichtet in seinen Memoiren von einem Selbstmordversuch Schneiders 1964, den diese ihm nach einem homoerotischen Abenteuer Delons gestanden habe.[312] Freunde kennen die kleinen Narben an ihren Handgelenken, ob sie über den genauen Hergang Bescheid wissen, bleibt offen.

In Hollywood, wo sie vor der endgültigen Trennung arbeitet, will sie nicht bleiben, obwohl Romy Schneider dort sehr freundlich aufgenommen wird. Jack Lemmon lädt sie zu einer Party ein, bei der auch Otto Preminger, William Wyler und Edward G. Robinson erscheinen. Später begründet sie Alice Schwarzer gegenüber ihr Fortgehen aus Amerika 1964 mit dem Satz: »Ich wollt kein Palatschinken werden.«[313]

Bis zu ihrer Flucht nach Paris ist Romy Schneiders Karriere sorgsam gesteuert worden. Blatzheim und Magda Schneider treffen die geschäftlichen Vereinbarungen, legen die Rollenauswahl fest, nehmen Einfluss auf Drehbuch und Regisseur. Es ist eine Frage der Zeit, bis die junge Romy Schneider gegen die Typisierung als »Idealbackfisch« revoltiert, die mit der Rolle auch immer die Person meint. Die Entfremdung Romy Schneiders vom deutschsprachigen Raum wird in der Folge vor allem von Teilen der Presse herbeigeschrieben, obwohl Romy vehement dementiert: »Die Behauptung, ich würde nicht gern deutsch sprechen, ist eine dumme und rufmörderische Unterstellung.«[314] Für Romy Schneider ist diese Form der Vereinnahmung unverständlich, sie betont ihre Internationalität, sich naturgemäß der Landessprache anzupassen, ob nun Französisch, Englisch oder Deutsch. Die Darstellung in der deutschsprachigen Presse verläuft dagegen anders. Als sie auf dem Flug zu den Dreharbeiten von *Der Kardinal* von einem österreichischen Journalisten auf diverse Gerüchte angesprochen wird, die hierzulande über sie verbreitet würden, wischt sie die Frage mit der Bemerkung vom Tisch, nur »lauter Blöde« würden das tun. Die Wiener seien blöde, titelt die Presse daraufhin, und der Empfang Schneiders in Wien fällt dementsprechend kühl aus. Man dichtet ihr ein übersteigertes Superstargehabe an. Ihr Misstrauen gegenüber der Presse wächst, sie reagiert Journalisten gegenüber oft aggressiv, verweigert Gespräche. »Also muß ich mir genau überlegen, was ich sage. Und das geht am besten in einer Fremdsprache, weil ich mich da besser konzentrieren kann.«[315]

Sie versucht sich gegen die Meinungen derer abzugrenzen, die ihr Schlechtes nachsagen. Sie tut ihre Meinung kund, behält sich aber auch das Recht vor, sich irren zu dürfen, und sie ist sich im Klaren darüber, dass ihr die filmische Arbeit materiellen Wohlstand und Unabhängigkeit sichert. Wer Geld habe, darf tun, wofür er bezahlen kann. Sie zitiert ihre Großmutter, »›Kind‹, hat sie gesagt, »›laß dich nicht unterbuttern. Du bist es, die buttert.‹«[316]

Sie habe das Gefühl, in Wien geboren worden zu sein, um schließlich in Paris zu leben. Ein Viertel österreichisch, drei Viertel französisch, so lautet im Herbst 1964 ihre neue Definition. Das Deutsche spart sie wohl bewusst aus. Was Wien betrifft, bekennt sie sich zeitlebens zur Sentimentalität, wenn man will auch zum Klischee, zum »Viertel Wiener Blut« im Organismus, zu Walzer statt Twist, zu mit Charme verabreichtem Handkuss, zum Fiaker statt zur Limousine. Sie fühlt sich in ihrer französischen Umgebung wohl, besitzt Wohnungen in Paris und Monte Carlo, dazu ein Landhaus, liebt französische Küche, Kleidung, Lebensart: »Paris hat mich frei gemacht. Paris hat mir etwas gegeben, was ich vorher nicht hatte. In Paris habe ich gelernt, frei zu denken. Ich habe jetzt auch keine Angst mehr, frei zu sagen, was ich denke. Und ich habe keine Angst mehr, auch danach zu handeln.«[317]

II.

1965–1982

»Und Harry Meyen wird Regie führen«

Im Januar 1965 fasst der »Stern« Romy Schneiders private Situation zusammen. Darin hat die Zeitschrift mittlerweile bereits Übung. Schneiders Beziehung mit Delon ist zu Ende, er habe sich mit Personen beiderlei Geschlechts vergnügt, hält man für wichtig mitzuteilen, Romy war zuletzt nur mehr geduldet, eine Wohnadresse der beiden hieß bezeichnenderweise Rue de la Bienfaisance (Straße der Wohltätigkeit). Interessant ist in dem Zusammenhang Delons zitierte Aussage über Romy: »Sie hat mich mit ihrer Reinheit erobert. Romy ist unschuldig, auch angesichts der schlechtesten Dinge. Das ist eine ganz außergewöhnliche, ebenso verfängliche wie überwältigende Eigenschaft, die mich nach und nach aus der Fassung gebracht hat.«[318]

Spätestens zu jener Zeit scheint Delon seine Fassung wiedergewonnen, seine Ex-Verlobte die ihre dagegen zumindest teilweise verloren zu haben. »Mein Leben ist die Hölle«, sagt Romy Schneider selbst 1965 in einem Interview, »nur abends bin ich manchmal glücklich, dann hoffe ich, daß sie, die Angst, nicht zurückkehrt. Sie ist immer da … mit ihren Augen starrt sie in die Nacht. Sie beschimpft mich, sie lacht, sie weint. Sie hat immer die Hand auf meiner Schulter. Sie paßt immer auf mich auf. Sie wirft mir alle Fehler vor, einmal, zweimal, dreimal. Ich werde sie nie los.«[319] Es scheint ihr zu helfen, die Angst zu personifizieren und als Subjekt ansprechen zu können als »sie, die Andere«. Die Art und Weise, wie man in den Jahren zuvor ihr Privatleben zerpflückt hat, wie schmerzhaft die »Entlobung« durch die Presse ging, wird ihr stets in schlechter Erinnerung bleiben. Wohl nicht unberechtigt hat sie das Gefühl, man bezahle Erfolg oft damit, »daß man keine Ruhe mehr hat. Man muß auf alles achten, was man tut […] ich achte eben nicht genug darauf. Im Leben bin ich eine ziemlich schlechte Schauspielerin.«[320]

Mit ihren internationalen Projekten ist sie insgesamt nicht unzufrieden, doch die Karriere in Hollywood entwickelt sich nicht nach ihren Vorstellungen, sie findet dort keinen rechten Platz, erhält nicht die Filmstoffe angeboten, die sie wirklich interessieren. Romy Schneider hat es in den 1960er Jahren aber immerhin geschafft, sich von dem abgelebten Rollenstereotyp des »lieben Kindes« in historischem Ambiente zu lösen und danach mit Künstlerpersönlichkeiten zu arbeiten, die sie faszinieren und fordern, darunter Visconti, Welles und, zumindest für einen kurzen Arbeitsprozess, Clouzot. Sie hat dadurch Möglichkeiten gefunden, sich so weiterzuentwickeln, wie es ihr vorschwebt, ist an Ergebnissen gewachsen und erkennt ihre Aufgabe immer klarer: »Es kommt nicht so sehr auf die Rollen an als auf die Fragen ›Wie spiele ich die Rolle‹ und ›Wer inszeniert?‹. Das ist viel wichtiger als alles andere.«[321]

Im Februar 1965 reist Romy ins österreichische Kitzbühel, besucht Hermann Leitner und seine Frau, geht Skilaufen. Obwohl ihre laufenden Filmverträge bezüglich risikoreicher sportlicher Betätigung sehr restriktiv sind, absolviert sie intensive Skistunden. Die alpine Umgebung gefällt ihr, das auf betuchtem Niveau angesiedelte ländliche Ambiente des Tiroler Nobelskiortes erinnert sie an Mariengrund. Der Prominentenschneider Franz Prader fertigt vor Ort ihre Garderobe an und genießt dabei manche exklusive Privatvorstellung: »Wenn andere Kunden bei mir waren, hat sie sich geduldig in eine Ecke gesetzt und gewartet. Man hat aber gemerkt, da tut sich was, die sitzt nicht nur so da. Sie hat die Augen ganz weit aufgemacht oder ganz schmal zusammengekniffen, und wenn die Leute dann gegangen sind und wir allein waren, konnte sie deren Sprache und Eigenarten auf den Punkt imitieren.«[322]

Ihre Verlobung ist Vergangenheit, wechselnde, kaum dokumentierte Begegnungen folgen, kurz entfachter Funkenflug zwischen oder während Filmprojekten. Retrospektiv kann man über diese und kommende reale oder auch nur angedichtete Verhältnisse wohl nur Romy selbst zitieren:

»Mein Gott, es wird so viel geschrieben. Vielleicht hat's teilweise gestimmt.«[323]

Vielleicht maß Romy Schneider auch der Bekanntschaft, die sie im Frühling 1965 in Deutschland machte, zunächst nicht allzu viel Bedeutung bei. Am Freitag, dem 2. April 1965, wird in Berlin das Europa-Center, ein für damalige Verhältnisse hypermodernes Einkaufszentrum, eröffnet. Nicht weit entfernt davon, wo früher das Romanische Café stand, die vielzitierte Wirkungsstätte der Dadaisten, war ein 22-geschossiges, 103 Meter hohes rechteckiges Glasgebäude errichtet worden, in dem in der Folge über 100 Geschäfte eröffnen würden. Nach amerikanischem Vorbild gestaltet, ist das Europa-Center zum Zeitpunkt seiner Entstehung eine der größten Anlagen dieser Art in Deutschland. Es wird, wie viele andere architektonische Novitäten, bewundert und bespöttelt, nicht zuletzt wegen des Brunnens mit der von Bernhard Gitton installierten Wasseruhr jedoch bald zur touristischen Sehenswürdigkeit erklärt. Hans Herbert Blatzheim ist mit zehn Geschäften an dem merkantilen Unternehmen beteiligt und hält am Eröffnungstag in einem von ihm gepachteten bayrischen Restaurant eine seiner ciceronischen Einweihungsreden. Eine Vielzahl an Prominenten ist als fototrächtige Staffage aus Repräsentationsgründen geladen, darunter auch Romy Schneider, die ihrer Mutter zuliebe in Chanelkostüm, Perlencollier und elegant hochgesteckter Frisur aus Paris anreist. Beim Bankett sitzt ihr ein Mann mit dunkelblonden, kurzen Haaren und markanter Brille gegenüber, der ihr als der Schauspieler und Regisseur Harry Meyen vorgestellt wird. Ein charmanter, geistreicher Gesprächspartner, wie sie feststellt, eloquent und witzig. Sein Interesse an ihr fällt ihr angenehm auf, und es wird von ihr erwidert. Meyens Freund und Bühnenkollege, der Schauspieler Harald Juhnke, der Schneider fast zehn Jahre zuvor in Begleitung des jungen Delon im Hotel Sacher sitzen sah, schildert die Reaktion seines Freundes: »Den hatte ich noch nie so gesehen, den Jungen, an dem Abend ist er ausgeflippt. Sonst so blasiert und obercool, und auf einmal verknallt. Ich muß gestehen, so wie die aussah, gefiel sie mir auch, aber Harry brannte förmlich, sagte immer nur: Daraus muß was werden.«[324]

Romy imponiert Meyens kühle, intellektuelle Art, die mit einprägsamer Stimme bedächtig vorgetragenen pointierten Sätze und der mitunter aggressive Spott darin. Sie beginnt sich in der ihr zugewandten galanten Souveränität zunehmend wohl zu fühlen. Ihre Familie hingegen ist nicht annähernd so begeistert von der sich anbahnenden Romanze mit dem um vierzehn Jahre älteren, verheirateten Mann. Für Magda Schneider und Hans Herbert Blatzheim, so erinnert sich Harald Juhnke, sei Meyen, ähnlich wie Delon, keine ideale Wahl für eine nähere Bekanntschaft gewesen. Zwar könnte die Ausgangsbasis der beiden Charaktere kaum konträrer sein, doch wieder geht es wohl auch um schwindende Einflussnahme auf das ehemals so gewinnträchtig steuerbare Familienmitglied.

Hildegard Knef berichtet von einem Zeitungsausschnitt, den Meyen Romy Schneider anlässlich ihres ersten Treffens überreicht, in dem er Romy gegen die Anfeindungen der deutschen Kritiker verteidigt. Sie verabreden sich noch für denselben Nachmittag. Der Regisseur ist zu jener Zeit seit zwölf Jahren mit der Schauspielerin Anneliese Römer verheiratet, zieht jedoch bald nachdem er Romy kennenlernt in das unweit von seinem Wohnsitz gelegene Schlosshotel im Grunewald. Erbaut 1911 im Auftrag des Münchner Prominentenanwalts und Kunstsammlers Walter von Pannwitz, war das im Stile des Historismus an einen Renaissance-Palazzo erinnernde Palais nach bewegten Schicksalsjahren 1951 von dem Gastronomen Walter Gehrhus zum Luxushotel umfunktioniert worden, das sich vor allem in den 1960er und 70er Jahren als Treffpunkt internationaler Prominenz etablierte. Für Romy Schneider sollte das Hotel elf Jahre später noch einmal zu einem für ihr Privatleben schicksalhaften Ort werden.

Harry Meyen gilt im Bereich des Boulevardgenres als Theatergenie, er ist ein besessener Arbeiter, ein Perfektionist, der, wie spätere Sporttrainer Videoaufzeichnungen ihrer Schützlinge, Tonbandaufzeichnungen von Publikumsreaktionen auswertet und seine Inszenierungen danach gestaltet. Auch manches Bühnenbild entwirft er selbst. »Harry arbeitete ausschließlich mit Akribie, Geduld, dem sicheren Blick und Gespür für Effekte; zweifellos war er nicht das, was man einen ›schöpferischen Regisseur‹ nennt, doch sein – die Schauspieler zum Irrsinn treibender – Drang zur absoluten, ans Absonderliche grenzenden Präzision plus Unterbindung jedweder eigenwilligen Interpretation verliehen ihm den zuweilen beneideten Ruf ästhetischer Perfektion«,[325] beschreibt Hildegard Knef ihren Freund. Meyens Inszenierungen von *Barfuß im Park* und *Tausend Clowns*, beides Broadwayhits, die er für deutsche Verhältnisse maßgeschneidert adaptiert, sind am Kurfürstendamm große Publikumserfolge. Die von unterschiedlichsten Personen vorgenommenen Beschreibungen Harry Meyens gleichen sich in ihrem Respekt vor seinem Talent als Regisseur und Schauspieler und beschreiben den Menschen zumeist als einen kühlen, arroganten Mann, der seinen Spott häufig als verletzende Waffe einsetzt. Zu denen, die dabei um Differenzierung bemüht sind, gehört Meyens Bekannte Tini Ravenborg, die diese Seiten seiner Persönlichkeit auf Minderwertigkeitskomplexe und innere Gehemmtheit zurückführt. Diese behinderten ihn im Umgang mit Menschen, als Kompensation finde er absolute Sicherheit auf jeglicher Art von Bühne.[326] Harald Juhnke meint: »Meyen war ein toller Regisseur und ein guter Schauspieler, und eloquent war er auch. Mit einer Intensität, die dir jedes Argument nimmt. Auch privat spielte er diese Rolle. Das war alles gespielt, dieses Oberflächliche, Snobistische.«[327] Alles in allem zieht Juhnke jedoch den Schluss, dass Schneider/ Meyen keine gute Konstellation ergeben hätten. Doch das wird sich erst später herausstellen.

Harry Meyen wird am 31. August 1924 als Harald Haubenstock in Hamburg geboren, und seine Familiengeschichte ist der von Romy Schneider völlig entgegengesetzt. Über seine Kindheit und Jugend ist wenig bekannt, das tradierte, zumeist nicht überprüfte Wissen speist sich aus Überlieferungen. In einigen Kurzbeschreibungen kann man lesen, dass er als Sohn eines jüdischen Kaufmanns zur Welt kam, der später ins Konzentrationslager deportiert wird, wo sich seine Spur verliert. Den Namen Meyen übernimmt er von seinem Adoptivvater, dem Pressesprecher eines Hamburger Varietés, wodurch der Junge früh in Kontakt mit dem Theater kommt. Nicht alle dieser Angaben sind eindeutig belegbar. Der junge Harry blickt dem Betrachter auf Fotos aus den 1940er Jahren als blauäugiger Junge mit gewelltem blonden Haar entgegen, er trägt Anzüge mit Krawatte oder Fliege. Es trägt Züge einer schwarzen Komödie, dass die Nazis ihn in Unkenntnis seiner Herkunft zunächst als arischen Prototyp fotografierten. Auch in Film und Fernsehen wird er später immer wieder solche Rollen übernehmen, darin die ihm aus seiner Kindheit bekannte Wehrmachtsuniform tragen. Welche Gefühle er dabei hat, kann man nur erahnen, denn 1942 wird er selbst von der Gestapo verhaftet.

Im Hamburger Staatsarchiv lässt sich anhand der sogenannten »Schutzhaftkostenabrechnung« ermitteln, dass ein Harry (Harald) Haubenstock vom 3. Juli bis zum 10. September 1942 im Gestapo-Gefängnis Fuhlsbüttel (ehemals KZ Fuhlsbüttel, manchmal KoLa-Fu genannt) inhaftiert war.[328] Der offizielle Grund der Verhaftung findet sich nicht in den Akten. Ein anderer Haubenstock konnte dort nicht ermittelt werden, weder in der KZ-Gedenkstätte Neuengamme noch im Staatsarchiv Hamburg.

Harry Meyen selbst erklärte 1954 in einem Interview: »Mein Vater war Pressechef am Scala-Theater Berlin.«[329] In Nachrufen auf Meyen ist zu lesen, sein Vater sei der bekannte »Conférencier Will Meyen, später Regisseur und Pressechef der Berliner Scala« gewesen.[330] Eine andere Quelle nennt Harry den »Sohn eines Kaufmanns, der später als Pressechef und Regisseur an die Scala in Berlin ging«.[331] Hinweise auf Meyens jüdische Herkunft finden sich in den Nachrufen nicht. In einem Künstlerlexikon aus dem Jahre 1961 findet sich bei Harry Meyen der Eintrag »eigentl. Haubenstock«. Als Eltern verzeichnet man: »V: Kaufmann Bernhard Haubenstock, M: Hedwig Bertha Timm.«[332] Dem folgt der Name »Will Meyen« und die Berufsbezeichnung Schauspieler. Letzteren hat Meyen selbst als Adoptivvater angegeben. In einem Bühnenlexikon werden die beiden Personen vereinheitlicht, man liest dort: »Bernhard Haubenstock, d.i. Will Meyen, geb. ca. 1890.«[333]

Im Hamburger Adressbuch von 1925 gibt es einen Eintrag »Haubenstock, D. [vielleicht auch B., der Buchstabe ist schwer entzifferbar] Geschäftsf.«. Auf dem Ohlsdorfer Friedhof findet sich ein Grabstein, auf dem neben anderen Personen Hedi Meyen (1896–1960) und Harry Meyen (1924–1979) aufgeführt sind. Sucht man im Melderegister nach dem Namen Haubenstock, so findet man eine Melderegisterkarte auf Harry Haubenstock, dessen Künstlername Meyen ist. Als Eltern werden angeführt: Bernhard Haubenstock und Hedwig, geborene Hogetop, bei beiden fehlen Geburts- und Sterbedaten. Die Recherche im Bezirksamt Harburg, Fachamt Einwohnerwesen, Zentrale Meldeangelegenheiten/Einwohnerregister nach dem genannten Adoptiv-Vater ergibt, dass Will Meyen der Künstlername von Wilhelm Heinrich Otto Meyer ist, geboren 1901 in Clenze (Kreis Lüchow bei Hannover). Verstorben ist er 1967 in Berlin. Will Meyers erste Ehefrau war Hedwig Bertha Meyer, geb. Timm, geboren 1896, verstorben 1960 in Berlin. Bei Harry Meyens Müttern könnte man also seine leibliche, Hedwig, geborene Hogetop, mit der Adoptivmutter Hedwig, geborene Timm, verwechselt haben. Will Meyen hat in Berlin erneut geheiratet, einer der Vornamen dieser Frau ist ebenfalls Hedwig. Ob nach dem Tod oder nach einer Scheidung von seiner ersten Frau, ist ungewiss. Zur Person Will Meyen, respektive Meyer, gibt es einige literarische Hinweise. So soll Wilhelm »Will« Meyer auf Anweisung von Goebbels vom 12. Oktober 1939 als

Pressechef der Scala zusammen mit Otto Stenzel, Anita Spada-Kambeck, Heinz Heimsoth und einem Scala-Girl ins KZ gekommen sein.[334] Es gibt überdies Hinweise, dass Wilhelm Meyer in der zweiten Hälfte der 1940er Jahre mit Heinz Erhardt für den NWDR in Hamburg die Sendung *So was Dummes* gemacht hat.[335]

Adoptiert wird Harry nie, er behält seinen bürgerlichen Namen, übernimmt jedoch den Künstlernamen des Ziehvaters, wird Schauspieler und Regisseur und ist von 1945 bis 1952 am Hamburger Thalia-Theater tätig. Nach einer Zwischenstation in Aachen wird er nach Berlin engagiert. Daneben bringt er es im Laufe der folgenden Jahre auf über vierzig Film- und Fernsehrollen, ohne jedoch in diesen Medien seine Erfolge auf der Bühne auch nur annähernd wiederholen zu können. Im Synchronstudio spricht er manche Rolle von Peter Sellers, Dirk Bogarde und Robert Mitchum, später auch von Romy Schneiders Filmpartnern Jean-Louis Trintignant (*Nur ein Hauch von Glück*) und Michel Piccoli (*Trio Infernal*). 1953 heiratet er die Schauspielerin Anneliese Römer, die unter anderem am Schauspielhaus Zürich, dem Deutschen Schauspielhaus Hamburg und am Wiener Burgtheater engagiert war. Meyen hat seine Theaterarbeiten ebenso wie sein Privatleben in zahlreichen Sammelbüchern und Fotoalben dokumentiert, die sich heute im Nachlass Harry Meyen/Romy Schneider in der Akademie der Künste in Berlin befinden. Dort sieht man ihn in seiner gutbürgerlich eingerichteten Hamburger Wohnung mit Zentralheizung abgelichtet. Der Hausherr posiert vor seiner Krawattensammlung, einer Reiseschreibmaschine auf einem Edelholzschreibtisch, putzt Silber. Auch die Fotos des Hauses in Berlin-Grunewald aus den 1960er Jahren dokumentieren Privatsphäre, zeigen Römer und Meyen mit ihren Siamkatzen. Blättert man ein paar Seiten weiter, sieht man Meyen neben der Familie Artur Brauners sitzen. Im Hintergrund erkennt man das lachende Gesicht Romy Schneiders.

Als Harry Meyen Romy Schneider 1965 kennenlernt, ist

er beeindruckt von ihrer Schönheit und ihrem Wesen und verkündet: »Besonders aber schätze ich ihre Ehrlichkeit [...] Romy sagt immer, was sie denkt«.[336] Harald Juhnke bleibt skeptisch, er glaubt Schneider noch im Banne Delons, wie soll der Freund gegen einen so übermächtigen Rivalen bestehen können? Juhnke durchlebt zu jener Zeit selbst die Trennung von seiner damaligen Frau Chariklia Baxevanos und wohnt allein im Europa-Center, in dem sich damals ein Hotel und Appartements befanden. Er trinkt und bemerkt, dass auch Schneider ihm darin kaum nachsteht. Erst geraume Zeit später wird er diesen Zustand als Problem akzeptieren. In den folgenden Jahren treffen sich Juhnke und Schneider öfter spontan, wenn Juhnke anruft, weil er eine schwierige Phase durchlebt und vor dem einen Glas zu viel mit jemandem reden möchte. Was beide verbindet, ist das Wissen um die existentielle Furcht, in ihrem Beruf zu versagen. Auch Romy Schneider bricht ihren Blick auf die Angst immer öfter durch den Boden eines vollen Glases. Juhnke, der sie um 23 Jahre überleben wird, sagt später dazu: »Sie konnte nur durch diesen ›geistigen‹ Zustand aus ihren Zweifeln, ihrer Misere heraus. Wir hatten festgestellt, daß wir beide in dieselbe Schublade gesteckt werden: Niemand hat uns das Recht zugestanden, andere Rollen zu spielen, unser Leben zu ändern.«[337]

Im Herbst 1965 möchte Romy Schneider, wohl nicht unbeeinflusst durch ihre neue Beziehung, »unbedingt« wieder in Deutschland arbeiten, am liebsten Theater spielen. Filmschauspieler könne jeder werden, befindet sie nun, dahinter stecke, im Gegensatz zum Bühnendarsteller, keine Kunst. Die besten Regisseure, Schauspieler, Schriftsteller seien Deutsche. Sie spricht von Plänen, bei Boleslav Barlog oder Fritz Kortner in Berlin oder München in einer Komödie auf der Bühne zu stehen. Zudem schreibe »jemand« gerade ein Stück für sie. Danach freilich wolle sie in der jeweiligen Produktion auch in französischer Fassung in Paris und auf Englisch am Broadway spielen. Die Ankündigungen sind diffus wie die Träume, die dahinter stehen.[338] Neben der

Möglichkeit, Meyens Unterstützung bei dem Projekt zu haben, ist wohl auch der Umstand, dass ihr zu dieser Zeit in der Filmarbeit die wirklichen Herausforderungen fehlen, verantwortlich für die intensiven Bühnenträume. 1965 dreht sie nur *Was gibt's Neues, Pussy?*; die internationalen Produktionen *La voleuse / Schornstein Nr. 4* und *10:30 PM Summer / Halb elf in einer Sommernacht* werden sich erst im Laufe des Jahres ergeben. Längerfristige Verträge gibt es nicht. Zwei Mal hat sie bereits Theater gespielt, noch dazu in einer anderen Sprache, nun möchte sie es auf einer deutschen Bühne wagen. Zum Wohlwollen der Presse spricht sie wieder von und in »ihrer Sprache«. Das Problem, liege vor allem darin, die richtige Rolle zu finden.[339] Sie möchte, wohl auch unter Meyens Anleitung, ein neues, modernes Stück finden. Welches, weiß sie nicht.

Meyen ist über die Entwicklungen in London und am Broadway informiert, sucht ständig nach neuen Produktionen für den deutschen Markt. Für Romy scheint er dabei noch nichts gefunden zu haben. Auf dem Gebiet der bewährten Bühnenliteratur sieht sie andere Probleme: »Das ist doch eigentlich schon fast langweilig darüber zu sprechen, man hat mich so oft gefragt. Ich kann immer nur antworten, was man mir angeboten hat: die Julia, Ophelia, das Gretchen, Kabale und Liebe, Kätchen von Heilbronn.«[340] Hier liegen aber auch ihre größten Bedenken. In eine Shakespeare-Rolle zu schlüpfen sei nicht so einfach möglich, meint sie nun, sie fürchtet die unvermeidlichen Vergleiche mit unzähligen Vorbildern, führt ihren Mangel an Erfahrungen an. Dennoch träumt sie vom Burgtheater, das sie schon engagieren wollte. Der Wunsch und die Angst vor dem Scheitern scheinen in dieser Zeit unablässig in ihr zu streiten, vielleicht auch deshalb, weil sie sechs Jahre lang im Ausland gelebt und wenig Deutsch gesprochen hat, wie sie selbst findet. »Die Angst, das Lampenfieber, das ich hab', das kann ich Ihnen gar nicht beschreiben! Und zu dem Moment zu kommen, das Lampenfieber [zum Spielen] zu benutzen, da muss man sehr weit sein! Da muss man sehr viel Souveränität besitzen, und das hab' ich nicht auf der Bühne. Das kann ich noch nicht haben, das ist unmöglich. Aber um Ihnen ein Stück, eine Rolle zu nennen, würde ich Ihnen sagen: Shaw's *Heilige Johanna*. Das, glaube ich, wäre vielleicht eine gute Idee … Das würd' ich gern spielen.«[341]

Obwohl sie weiß, dass andere Hollywood-Stars, wie Marlon Brando und Frank Sinatra, Sophia Loren oder Elizabeth Taylor, ihren Einfluss auch dazu nutzen, sich Theaterstücke und Bühnenproduktionen auf den Leib schneidern zu lassen, glaubt sie, diesen Einfluss nicht zu haben. An Meyens Seite distanziert sie sich immer öfter von ihrem Filmschauspielerruhm, meint, sie sei nicht traurig darüber, nicht (mehr) zu jenem Star-System (sie spricht das Wort englisch aus und deklariert es so bewusst als Fremdwort) zu gehören. Der Preis dafür, so erklärt sie 1965, sei ihr zu hoch.

Doch sie kann es sich auch leisten, mit den Möglichkeiten zu kokettieren. »Entweder, du willst dieser Star sein und akzeptierst es und bist dauernd überall zu sehen, was mir Herr Preminger 'mal gesagt hat: Du hast es, du hast das Zeug dazu, du hast das Talent. Wenn du die sogenannte Weltkarriere im Film natürlich, selbstverständlich nur Film, machen willst, dann dreh' alles, was kommt, solange es nicht absoluter Dreck ist. Dreh' alles! Ich hab' ihm gut zugehört und er hat bestimmt recht. Fast hundertprozentig recht. Und ich hab's versucht, und ich konnte es nicht. Ich weiß ganz genau, wenn ich akzeptiert hätte, mindestens fünf, sechs Filme, die man mir angeboten hat, mit Partnern, die so was von box-office sind – um dieses Wort zu gebrauchen – in Amerika und überall, dann wär' ich jetzt woanders. […] Ich hatte die Chance, vielleicht hab ich sie jetzt nicht mehr. Weil ich mir's selber verpatzt hab. Oder auch nicht.«[342]

Natürlich möchte sie neben den Theaterplänen weiterhin für den Film arbeiten, am liebsten für Regisseure wie Henri-Georges Clouzot, Orson Welles, Luchino Visconti, Elia Kazan, John Huston, Tony Richardson, Sir Laurence

Olivier oder Billy Wilder. Dazu nennt sie in Frankreich noch François Truffaut und Louis Malle. In Deutschland Alfred Weidenmann, den sie von *Kitty und die große Welt* her kennt. Aus einem angekündigten Projekt mit dem Regisseur Georges Franju, der mit ihr einen Stoff von Jean Genet verfilmen will, wird nichts. Romy nutzt die Zeit anderweitig, absolviert Gesangsunterricht bei Tosca Marmor, studiert Tanz bei Eugène Robinson, nimmt Reitstunden.

Dass Romy Schneider Berlin als neues Domizil wählt, hat sentimentale Gründe, hier hat sie zwölf Jahre zuvor ihr Filmdebüt gegeben. Die Stadt, so ist sie überzeugt, werde ihr immer Glück bringen. Hildegard Knef hingegen sieht allein im neuen Partner den Grund (schließlich hat Meyen in Berlin Engagements) und findet: »Offensichtlich ist Romy hingerissen von dem selbstkontrollierten, gebildeten, verbal begabten, zuweilen unterkühlt scheinenden Harry, der obendrein zweifellos attraktiv, makellos gekleidet und von bizarr-selbstironischem Humor ist.«[343] Meyen seinerseits, schreibt Knef weiter, sei »außerstande, sich dem katzenhaften Reiz, auch der verzweifelten Habgier und Panik einer jungen, schutzsuchenden Romy zu entziehen«.[344]

Schneiders neue familiäre Situation erregt natürlich umgehend die Aufmerksamkeit der Presse. Wie schon bei Delon fühlt sie sich von Journalisten bedrängt, die sich allzu intensiv nach ihrem Privatleben erkundigen. Am 13. Juli 1965 verloben sich Romy Schneider und Harry Meyen in St. Tropez. In ihren Statements gibt sie sich nun zwar demonstrativ zufriedener als zu Jahresbeginn, reflektiert aber nach wie vor ihre Zerrissenheit, wenn es um Selbstdarstellung geht: »Ich kann mich nicht selbst beschreiben. Dazu habe ich kein Talent. Außerdem kennt man sich selbst immer am wenigsten. In jedem Fall bin ich ein sehr nervöser Mensch und ein bißchen verrückt. Das gehört zu uns Schauspielern. Ich gefalle mir nicht so sehr.«[345]

Romy verhandelt mit Fritz Kortner über die Möglichkeit, die Titelrolle in *Fräulein Julie* zu übernehmen, was

Meyen ihr angeblich untersagt. Der genaue Verlauf ist unklar. Manches Theater habe sie gar nicht besetzen wollen, weil man sie nicht für bühnentauglich hielt, meint Romys Freundin Gertraud Jesserer: »Sie haben sie nicht gelassen. Wieder eine Enttäuschung, wieder eine Demütigung.«[346]

Im Frühjahr 1966 will Romy in Berlin am Kurfürstendamm Theater spielen, Strindbergs *Fräulein Julie* wird erneut als mögliches Stück genannt, »und Harry Meyen wird Regie führen«.[347] Meyen wird nun auch für eine Zeitlang die Regie ihres Lebens übernehmen. Es gibt Fotos, die Schneider lächelnd auf einer Theaterbühne zeigen. Im Hintergrund gähnen leere, barocke Logen, zu Schneiders Füßen sieht Harry Meyen, ein Textbuch in der Hand, zu ihr auf. Der Eindruck täuscht. Sie spielt keine Rolle in dem Stück, das hier inszeniert wird, sie besucht ihren Mann lediglich bei den Proben für eine seiner Produktionen. Daran wird sich nichts ändern.

Porträt eines Gesichts

Anfang 1966 ist Romy Schneider wieder für vier Wochen in Kitzbühel, diesmal logiert sie mit Meyen in der Villa des Prinzen Liechtenstein. Der »Spiegel« berichtet darüber und rechnet vor, dass die Monatsmiete 8000 Mark betrage, worin auch das Salär für einen Butler enthalten sei. Romy besucht das Ehepaar Leitner, Toni Sailer und viele andere Bekannte. Zu ihrer Freude trifft auch Luchino Visconti ein, um seine Sequenz (*La Strega bruciata viva/Hexen verbrennt man lebendig*) des Episodenfilms *Le Streghe/Hexen von heute* dort zu drehen. In diesem agiert auch ein junger Mann namens Helmut Steinberger, der als Helmut Berger internationale Karriere machen und sechs Jahre später unter Viscontis Regie in *Ludwig II.* Romy Schneiders Partner sein wird.

Romy selbst steht ebenfalls in Kitzbühel vor der Kamera, allerdings nicht bei ihrem italienischen Lehrmeister. Der

29-jährige deutsche Regisseur Hans Jürgen Syberberg beginnt mit einer Dokumentation über sie, die er *Porträt eines Gesichts* nennen wird. Der Streifen entsteht innerhalb von drei Tagen, während Harry Meyen in Berlin weilt. Erst bei einer internen Vorführung sieht er die Muster und erklärt, dass er sie nicht freigeben werde, ohne auf die Gestaltung Einfluss nehmen und Szenen herausschneiden lassen zu können. Syberberg, damals ein junger Dokumentarfilmer, protestiert, zieht aber gegenüber seinem Auftraggeber, dem Bayerischen Rundfunk, den Kürzeren. Eine halbe Stunde der ursprünglichen 90 Minuten kommen nicht in die Endfassung. Herausgeschnitten wird unter anderem eine Szene, in der Romy zu einer Sammy-Davis-jr.-Platte einen Witz von einem deutschen Juden in New York erzählt, der sich ein Hitlerbild an die Wand hängt. Um Heimwehgefühlen vorzubeugen, wie er erklärt. Meyen empfindet die Kombination mit der Musik als zu frivol und untersagt die Verwendung der Einstellung. Ob man Romys Rekapitulation eines bekannten jüdischen Witzes im damaligen Deutschland richtig verstanden hätte, mag man bezweifeln.

Wie Syberberg sich erinnert, bestand Meyen auch darauf, dass Schneider vor einer deutschen Zuhörerschaft nicht »coffee« sondern »Kaffee« sagte.[348] Es ist bezeichnend, dass Romy Schneider es wieder kritiklos akzeptiert, dass jemand für sie die Entscheidung übernimmt, wie ihr Bild in der Öffentlichkeit dargestellt wird. Nach dem Management rund um »Daddy« Blatzheim hat nun Meyen diese Funktion übernommen. Neben ihrem Anwalt und Meyen sitzend, wohnt Romy der Zensur des Filmmaterials bei und betrachtet schweigend, welche Korrekturen ihr neuer Regisseur an ihrem Image vornimmt. Es ist ein Akt der Unterwerfung, vielleicht ist sie auch bereits zu sehr daran gewöhnt, jegliche Darstellung ihrer Person auf der Leinwand als Rolle zu betrachten.

Syberbergs TV-Film ist trotz, wie er selbst später beklagt, umfassender Einschnitte eines der besten Dokumente zumindest einiger von Romy Schneiders Wesenszügen. Sie wirkt klein in einem Raum, wenn sie nicht als Schauspielerin vor der Kamera steht. Am Anfang ist sie nervös, versucht, wie man ihr beigebracht hat, nicht in das Objektiv zu sehen, fragt ihr Gegenüber mehrfach, ob er einen Kaffee möchte, nickt ihm dabei bestärkend zu. Der Gefragte lehnt dennoch ab. In ihrer Sprache mischen sich österreichischer und deutscher Akzent, wobei die Austriazismen überwiegen. Worte werden pointiert vorgetragen, manche Bemerkung wie ein eingelernter Text akzentuiert. Vehemente Kopfbewegungen unterstreichen die Aussagen. Sie baut ihre Sätze langsam auf, denkt voraus, setzt Begriffe manchmal wie Bojen, um das Fahrwasser zu markieren, in dem sie ihre Argumentation führt. Die ein Glas fest umschließende Hand legt sie vor das Gesicht, den Daumen vor den Mund, als wollte sie die Worte darin verschließen oder zumindest ein wenig länger darin zurückhalten. Manche Aussage klingt abgeklärt. Romy legt die Stirn in Falten, setzt manchmal ein mokantes Lächeln auf. Ihr Blick fixiert das Gegenüber. Gelegentlich strahlt sie, als könne sie mit der Seele lächeln, an anderen Stellen lacht sie selbstsicher mit weit offenem Mund. In vielen Darstellungen von Romy Schneider fehlen diese für ihren Charakter wesentlichen Züge: Lebensfreude, Lebenslust, Humor, Sinn für das Absurde, Ironie, die auch vor sich selbst nicht haltmacht.

Hinter den Rauschschwaden ihrer Zigarette grimassiert sie, nickt manchmal ihren eigenen Argumenten gleichsam bestärkend zu. Sie spricht konzentriert, den Kopf geneigt, die Lider oft gesenkt. Die Arme vor dem Bauch verschränkt, die Daumen pressen die Haut des Oberarms. Manchmal legt sie den Kopf auf die verschränkten Arme. Die Hände sprechen fast immer mit. Wenn sie die Handflächen öffnet, werden die Narben ihres Selbstmordversuches kurz sichtbar.

Ob sie Paris verlassen wolle, wird sie gefragt. Ihre bestätigend gemeinte Antwort zeigt im Grunde ihre Gespaltenheit: »Weg, weg, weg, weg von dem ganzen Getue, von dem ganzen Theater, dem ganzen hektischen, enervierenden Paris. Ich mein', ich werd's immer lieben, ich werd' immer wieder mal hingehen, aber dann ist es aus. Arbeit oder einmal, was weiß ich, zum Geldausgeben. Aber dann wieder weg. Sechs Jahre, das genügt jetzt. […] Ich bin kein Großstadtmensch. Ich will mich nicht irgendwo eingraben, was weiß ich, irgendwo hoch auf den Bergen droben, das könnte ich auch nicht aushalten. Dazu fühl ich mich zu jung […] Ich bin gerne von Zeit zu Zeit dort, aber dort leben ständig, das, das kann ich nicht. […] Genauso hab' ich verloren dieses unbedingte Ich-versäum-was, wenn ich nicht jeden Tag in der Großstadt bin […] ich weiß nicht. Einerseits bin ich wirklich dazu gemacht und andererseits überhaupt nicht.«[349]

Schneiders Zusammenarbeit mit Ernst Marischka, gipfelnd in dem gigantischen Erfolg der *Sissi*-Trilogie, liegt inzwischen zehn Jahre zurück. Sie ist zu jenem Zeitpunkt in der Angelegenheit noch um faire Differenzierung bemüht. »Dem Publikum hat's gefallen, also war es richtig«, sagt sie 1966 über jene Zeit.[350] Der Blick scheint ein wenig um Entschuldigung zu bitten für dieses Zugeständnis.

Frau Meyen und Herr Schneider

Schneiders wichtigste Berliner Freundin ist Christiane Höllger. Erstmals getroffen haben sich die beiden 1964 in Paris. Höllger ist dort in einer Gesellschaft, spricht kein Französisch, erkennt aber zu ihrer Freude, dass eine andere deutschsprachige Frau anwesend ist, die ihr helfen kann. Das Gesicht kommt ihr bekannt vor, doch erst später wird ihr der Name Romy Schneider einfallen, und sie fragt: »Sagen Sie mal, sind Sie nicht mal durchs deutsche Kino getobt?«[351] Höllger entstammt einer jüdischen Familie, einigen von ihnen glückte in der NS-Zeit die Flucht ins Exil, sie landeten nach einer strapaziösen Odyssee über Argentinien und Italien nach dem Krieg schließlich im österreichischen Tirol. Nach Deutschland will der Familientorso zunächst nicht, bis sich Höllgers Großmutter Mitte der

1950er Jahre doch entschließt, mit der Enkeltochter nach Berlin zu übersiedeln. Das später als typisch geltende Flair der Wirtschaftswunderjahre registriert die junge Christiane im Grunde gar nicht, sie ist zu sehr damit beschäftigt, sich in dem ihr fremden Land einzuleben, in dem es die Traumata aus der nahen Vergangenheit aufzuarbeiten gilt. Als Höllger 1964 in Paris Romy Schneider trifft, macht sie erneut eine schwierige Lebensphase durch, sie fühlt sich unwohl unter Menschen, muss eine Trennung verarbeiten. Schneider reagiert, wohl aus eigener Erfahrung heraus, verständnisvoll und behutsam. Sie kenne das, sagt sie, es sei, als ob die Sterne herabgefallen wären.[352] Es entsteht eine Freundschaft, die fast zwanzig Jahre andauert, eine Beziehung, die auch durch die Tatsache ermöglicht wird, dass, wie Höllger sagt, Schneiders künstlerischer Status dabei unberücksichtigt blieb.

Was Christiane Höllger imponiert, ist Schneiders Fähigkeit, in jeder Situation die absurden Aspekte zu erkennen, dieser Umstand verbindet die beiden sonst so unterschiedlichen Charaktere sofort. Schneider spricht selbstbewusst von veränderbaren Moralbegriffen und der Abschaffung des Patriarchats. Sie empfiehlt Höllger, eigenes Geld zu verdienen, von Männern unabhängig zu sein. 1964 stellen sich beide darunter eine Art »Vermännlichung« vor, durch die individuelle Autarkie zu erreichen und zu sichern wäre. Erst später wird Höllger klar, dass die ungebundene Schauspielerin Schneider sich außerhalb konventioneller Gesetzgebung befindet, nach der Frauen in jener Zeit nur nach Zustimmung ihrer Ehemänner berufstätig sein dürfen und das erworbene Geld auf ein gemeinsames, vom Ehegatten verwaltetes Konto fließt.

Christiane Höllger entschließt sich trotz aller Vorbehalte 1964 dafür, in Deutschland zu leben, Romy dagegen will zunächst in Frankreich bleiben. Dass es zu jener Zeit keine ernst zu nehmenden deutschen Filmangebote an sie gibt, erleichtert ihr die Entscheidung. Die beiden Frauen bleiben in Kontakt. Höllger wird für Schneider einerseits zu einer

Kontrastfigur und andererseits einer Art Vorbild für ein mögliches anderes Leben. Jemand, der sich für Deutschland entscheidet, sich seinen Traumata aktiv stellt, eine neue Existenz aus der erfolgreichen Vermengung von Alltag, Beruf (Höllger ist Journalistin und Drehbuchautorin) und Beziehung erarbeitet. Das möchte Romy Schneider auch – vor der Kamera. So eine Frauenrolle müsse sie ihr schreiben, bittet sie ihre Freundin bezeichnenderweise. Vor der Kamera könne sie alles, im Leben dagegen nichts, wird Schneider später überspitzt formulieren. Christiane Höllger erkennt, dass Schneider der Beruf oft alles andere im Leben ersetzen muss.

1966 zieht auch Romy Schneider nach Deutschland, um in Berlin am Grunewald an der Seite Harry Meyens zu leben. Sie fühlt sich geborgen, hat ihre Unruhe verloren, den krankhaften Ehrgeiz, wie sie ihn nun nennt, besiegt. Filmangebote gibt es wenige, die österreichische »Volksstimme« behauptet sogar, Romy habe angekündigt, auf ihre Karriere verzichten zu wollen, und schreibt dies ihrer resignativen Einsicht zu, dass »ihr Typ kein Interesse mehr findet. Gewiß, Romy hat ein hübsches Gesicht, ein charmantes Wesen und schauspielerisches Talent.«[353] Als romantische Heldin würde man sie jedoch als altmodisch empfinden, sie könne weder einen Vamp darstellen, glaubt man, noch in ihr altes Fach zurückkehren. Sie sei erledigt, resümiert das Blatt. Als wolle sie dem widersprechen, schreibt die Werbung anlässlich der Premiere von *Schornstein Nr. 4* im August 1966 über Romy: »Nach 7 Jahren ihr großartiges Comeback im deutschen Film!«[354]

Beides ist übertrieben, denn allzu sehr verändert hat sich die Filmszenerie nicht. In den deutschen Filmzeitschriften dominieren 1966 immer noch die bewährten weiblichen Protagonistinnen aus den Karl-May- und Edgar-Wallace-Serien, die sich auch in den Ausläufern des Heimatfilm-Genres einsetzbar erweisen: Karin Dor (*Der unheimliche Mönch*), Marie Versini, (*Im Reich des silbernen Löwen, Ferien mit Piroschka*) sowie die 22-jährige Neuentdeckung

Uschi Glas (*Der unheimliche Mönch, Winnetou und das Halbblut Apanatschi*). Einen anderen, beinahe »neoveristischen« Typ von Frau gestaltet Maria Emo in Georg Tresslers ungewöhnlichem Heimatfilm *Der Weibsteufel.* In internationalen Produktionen engagiert sind Romys österreichische Kolleginnen Senta Berger *Poppies are also flowers / Mohn ist auch eine Blume*) und Marisa Mell (*Train d'enfer / Der Zug zur Hölle*). Zu den erfolgreichsten französischen Schauspielerinnen zählen Simone Signoret (*Compartiment tueurs / Mord im Fahrpreis inbegriffen*), Annie Girardot (*Trois chambres à Manhattan / Drei Zimmer in Manhattan*) und Jeanne Moreau (*La baie de anges / Die blonde Sünderin*) sowie der Nouvelle-vague-Star Anna Karina (*Pierrot le fou / 11 Uhr nachts*). Ende 1966 steht Karina für Luchino Viscontis Verfilmung von Albert Camus' *Der Fremde* vor der Kamera. Auch der Name Cathérine Deneuve wird in Zusammenhang mit dem Beginn der Arbeiten zu Luis Buñuels *Belle de Jour* genannt. International liest man über Jane Fonda, die in Roger Vadims *La Curée / Die Beute* agiert, Claudia Cardinale, die in Viscontis *Vaghe stelle dell'Orsa / Sandra* spielt, und Julie Christie, die für den vieldiskutierten Streifen *Darling* den Oscar erhält und durch die Rolle der Lara in David Leans *Doktor Schiwago* zum Weltstar avanciert.

Die im Gegensatz zu den obigen Beispielen als »altmodische romantische Heldin« bezeichnete Romy Schneider sagt in jener Zeit über ihr Privatleben Dinge, die durchaus dem Tenor ihrer einstigen Filme entnommen sein könnten. Oder den Regiekonzepten von Meyen. Sie brauche einen Mann, der ihr klare Vorgaben mache, sie führe. »Durch Harry bin ich ruhiger und ausgeglichener geworden. Er gibt mir die Sicherheit im Leben, die ich brauche, immer kontrolliert er beispielsweise, ob ich meine Sätze richtig formuliere und nicht Leuten ständig ins Wort falle. Harry muß man einfach mögen, weil er einen zauberhaften jüdischen Humor besitzt, mit norddeutscher Logik.«[355] Die vierzehn Jahre Altersunterschied geben ihr dennoch ein wenig zu denken, wie sie allerdings erst später eingesteht. Sie hat Angst, Meyen zu verletzen, aber noch mehr davor, ihm in geistiger Hinsicht nicht zu genügen. Viel diskutiert werden Romys Sätze zu Fragen der Gleichberechtigung in einer Beziehung. Sie sei dafür, solange eine Frau dabei eine Frau bleibe, meint sie. »Ich würde mich aus Liebe unterordnen, mich den Anordnungen eines Mannes fügen, sofern sie nicht in Tyrannei ausarten. Eine Frau, die liebt, kann das.«[356]

Die Aussagen Harry Meyens zum Thema Partnerschaft lesen sich naturgemäß kongruent. Die Meinung von Curd Jürgens, dass einer von beiden nun den Beruf aufgeben müsse, teilt er nicht, zumindest nicht sofern er selbst gemeint ist. Sich fürderhin nur als Ehemann von Romy Schneider zu deklarieren, ist für ihn keine Option. »Wir sind für manche sicher ein ganz spießiges Ehepaar geworden, finden es zu Hause am schönsten, sehen viel fern. [...] Sie findet es selbstverständlich, selber die Brötchen zu holen und keinen Chauffeur oder keine Sekretärin zu haben. [...] Romy hat einen sehr guten Instinkt für Menschen, für das, was richtig oder falsch ist. Aber ich glaube, daß sie sich sehr auf das verläßt, was ich ihr sage. [...] Ich bin immer ein Mann gewesen, der ein Ergebnis sehen will. [...] Ich würde nie eine Frau haben wollen, die selbstständig und fertig ist.«[357]

Zu Romys neuen Freunden gehören der Schauspieler und Regisseur Leonhard Steckel und seine Frau Hermine, die sie beide über Harry Meyen kennenlernt. Steckel, 1901 in Galizien geboren, wächst in Berlin auf, und wirkt dort als junger Schauspieler unter Regisseuren wie Max Reinhardt, Erwin Piscator oder Heinz Hilpert. Er überlebt die NS-Zeit durch ein Engagement im Schweizer Exil und setzt nach dem Krieg seine Theater-, Film und Fernseharbeit in Deutschland erfolgreich fort. Auch Steckel macht Schneider Mut zur Bühne, rät jedoch zur Vorsicht bei Rollen- und Stückwahl. Leonhard Steckel und Meyen sind Berufskollegen und Freunde. »Etwas Gegensätzlicheres gab es eigentlich nicht: auf der einen Seite der Ältere, ein

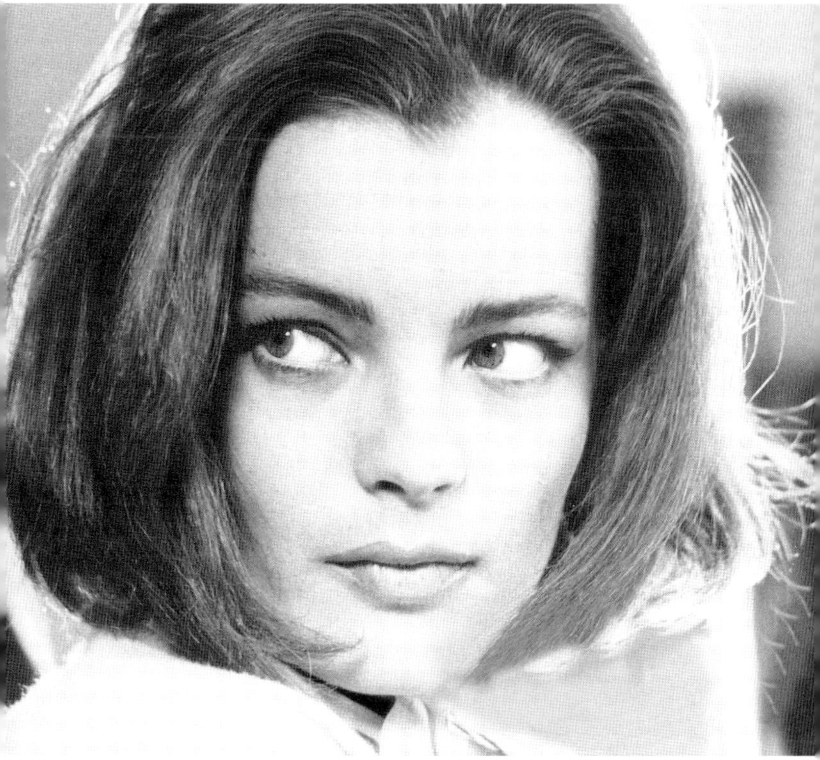

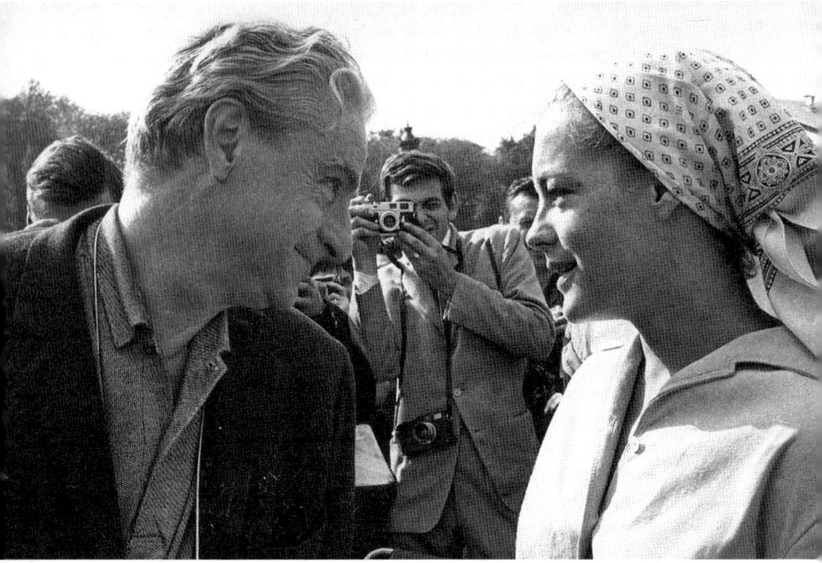

25. Mit René Clément am Set von *Nur die Sonne war Zeuge*, 1960

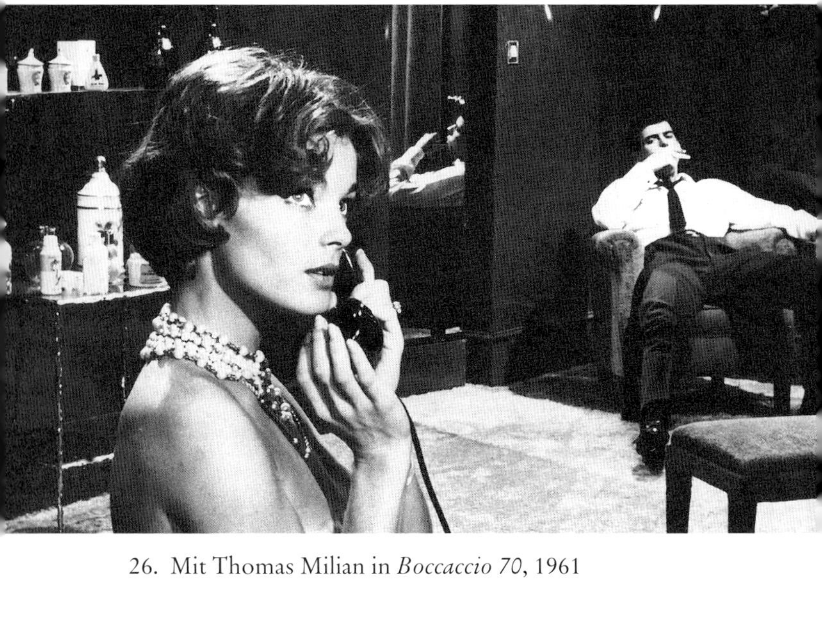

26. Mit Thomas Milian in *Boccaccio 70*, 1961

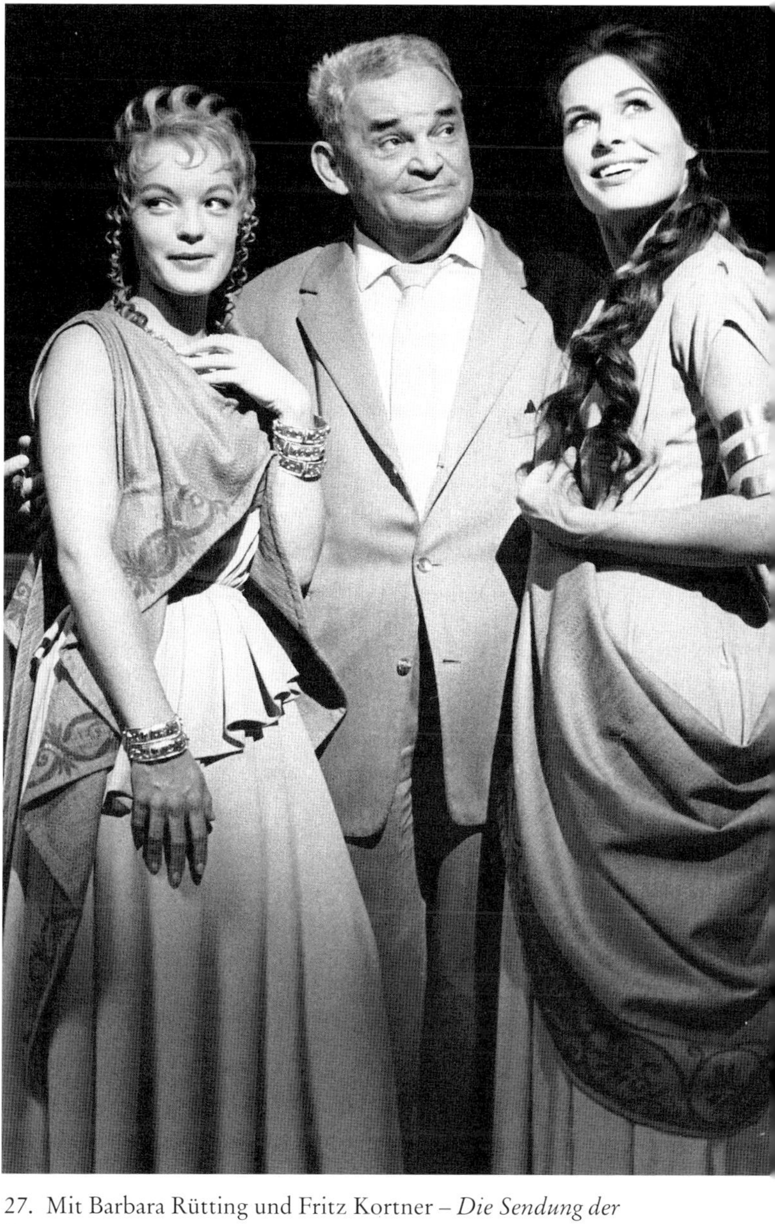

27. Mit Barbara Rütting und Fritz Kortner – *Die Sendung der Lysistrata*, 1960/61

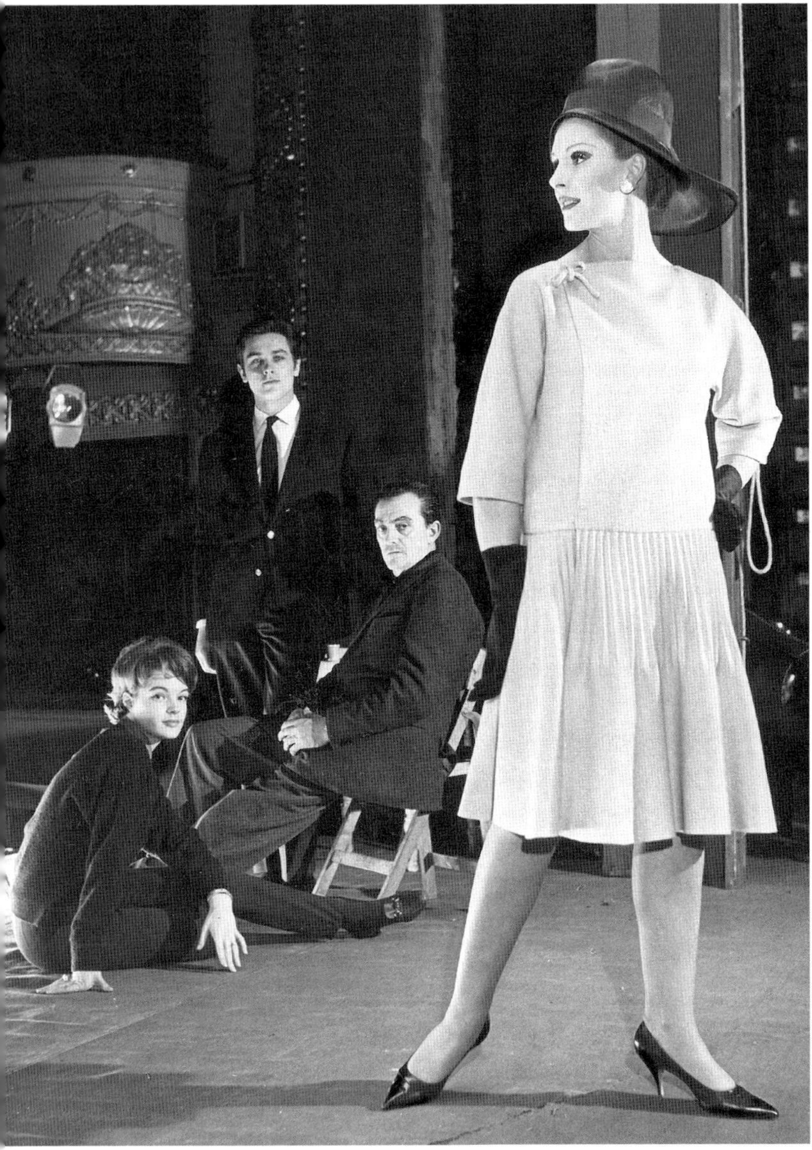

28. Mit Alain Delon und Luchino Visconti während einer Modenschau für die Proben zu *Schade, daß sie eine Dirne ist* im Théâtre de Paris, 1961

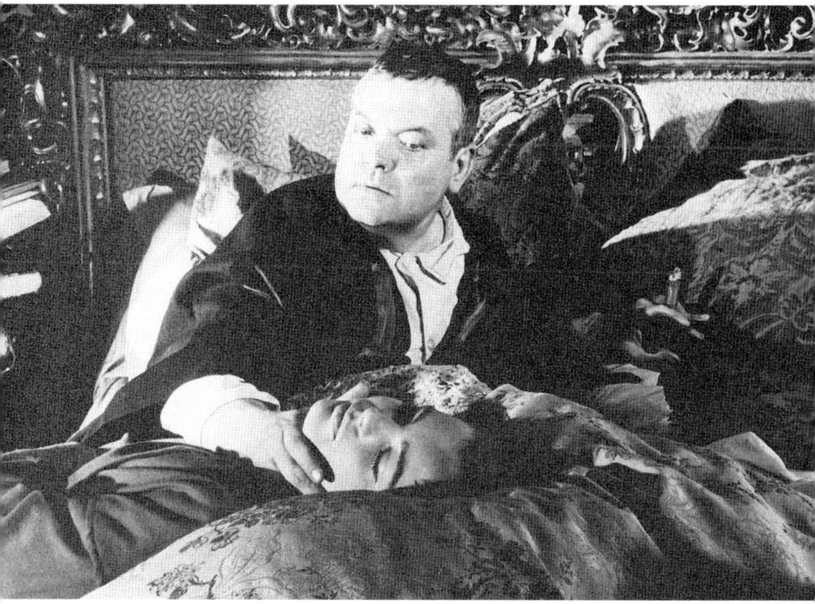

29. Mit Orson Welles in *Der Prozeß*, 1962

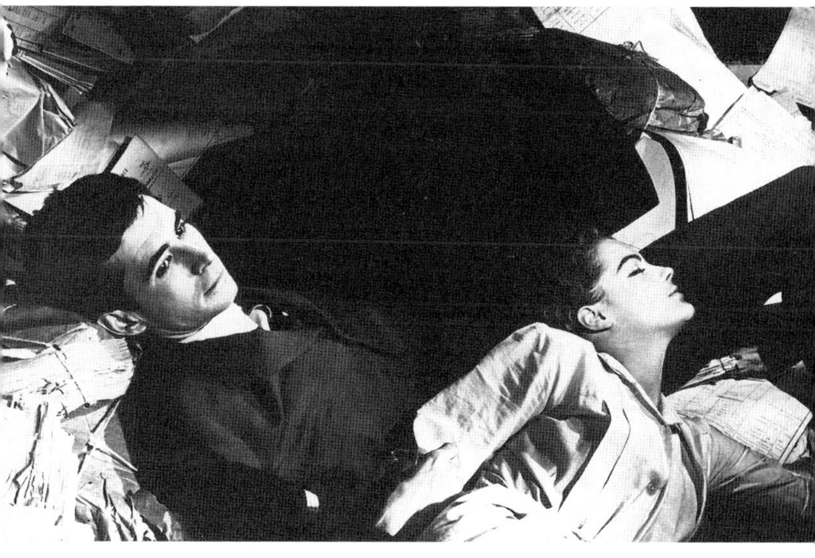

30. Mit Anthony Perkins in *Der Prozeß*, 1962

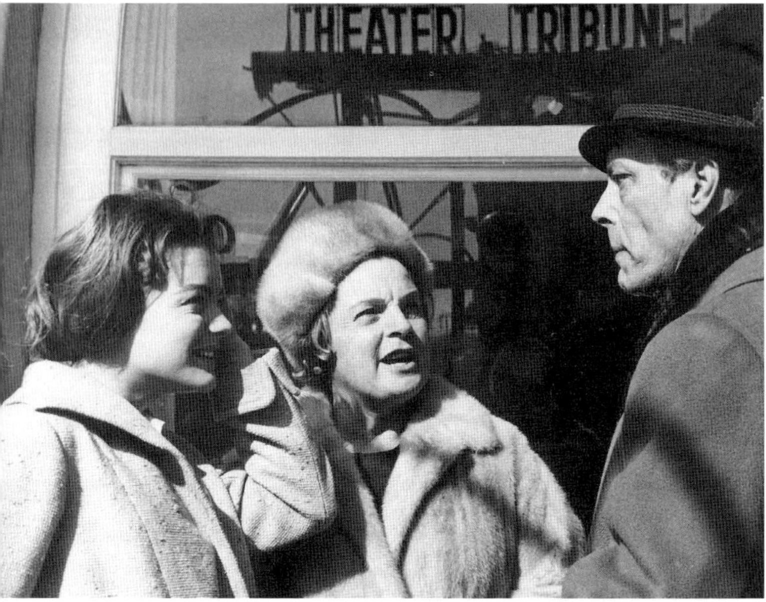

31. Mit Magda Schneider und Wolf Albach-Retty in Wien, 1963

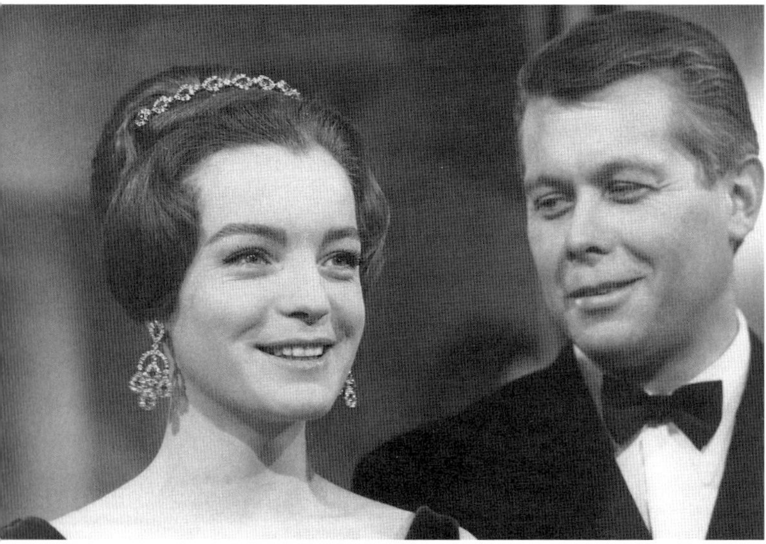

32. Mit Peter Weck in *Der Kardinal*, 1963

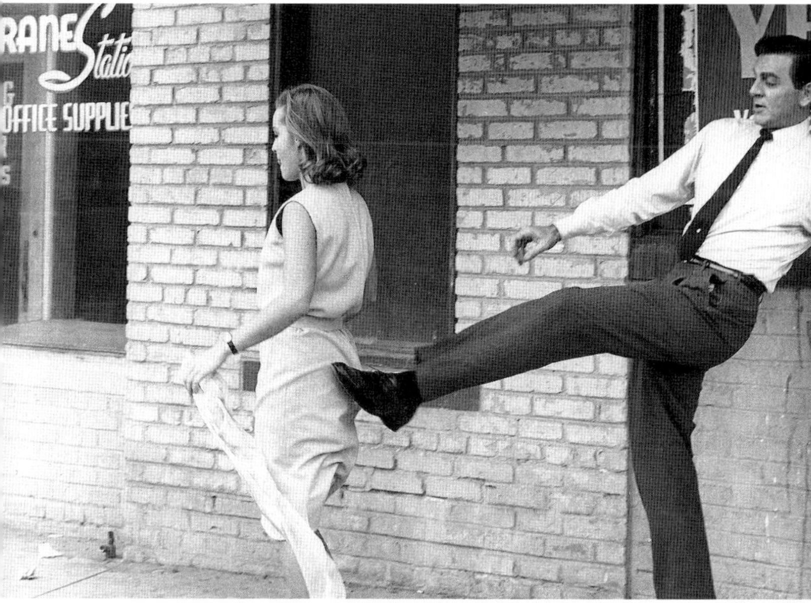

33. Mit Mike Connors in *Leih mir deinen Mann*, 1963

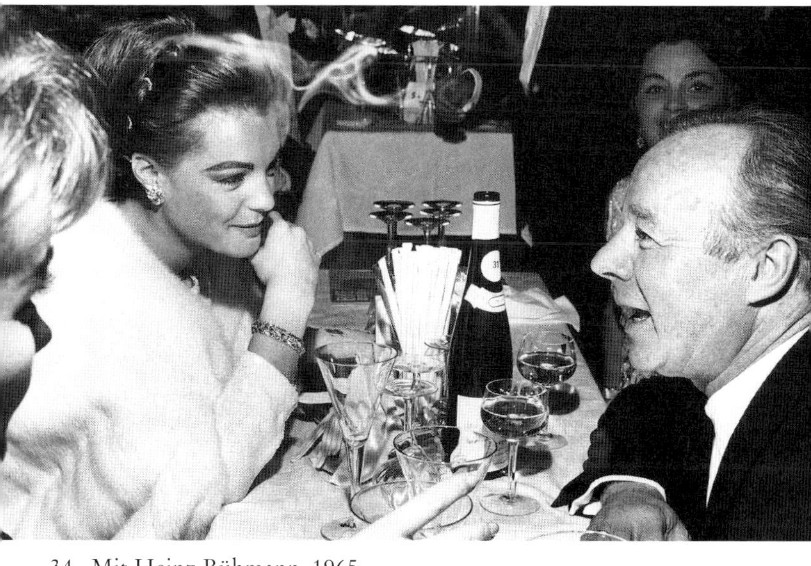

34. Mit Heinz Rühmann, 1965

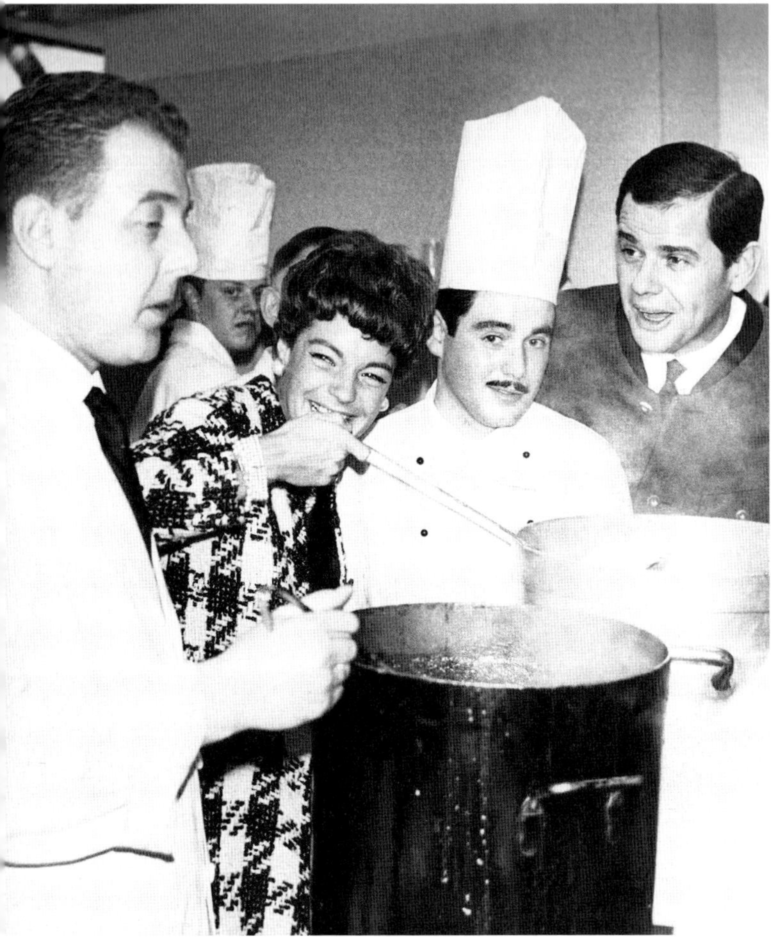

35. Mit Dieter Blatzheim (links) und Walter Giller bei der Eröffnung der Blatzheim-Betriebe im Berliner Europa-Center, 1965

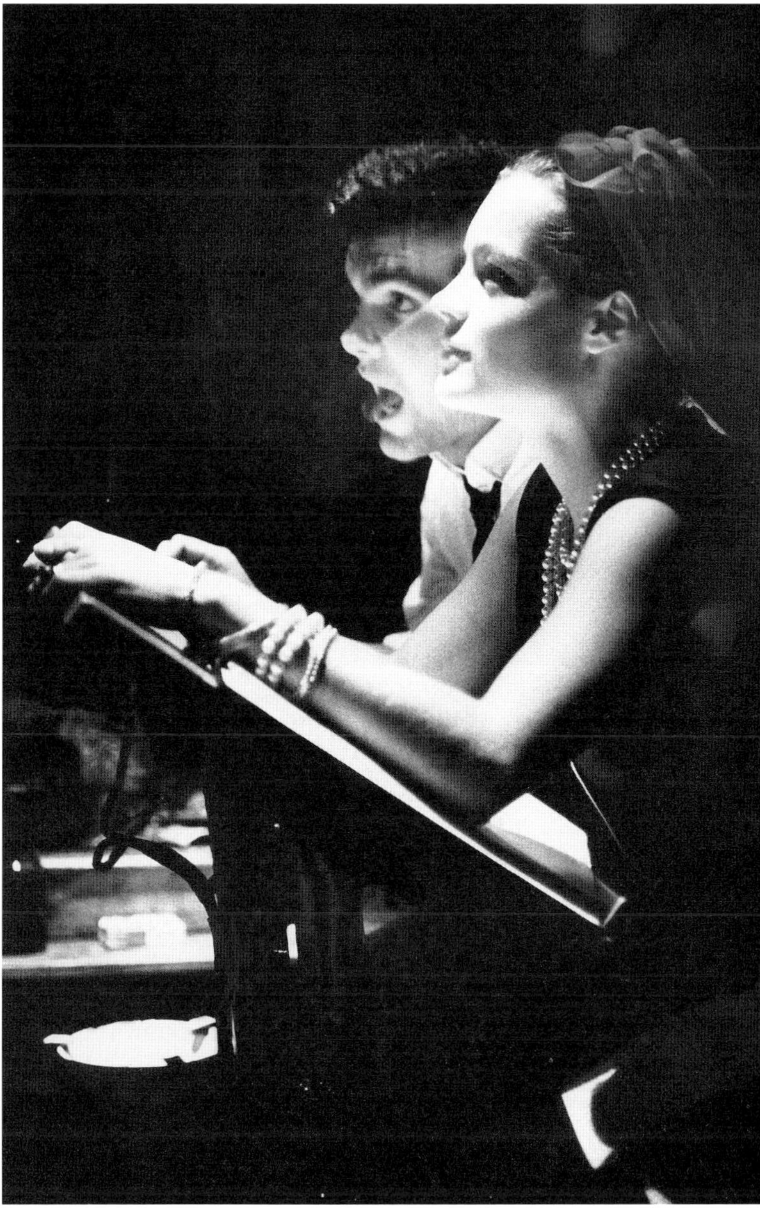

36. Mit Claus Wilcke bei den Synchronarbeiten zu *Boccaccio 70*

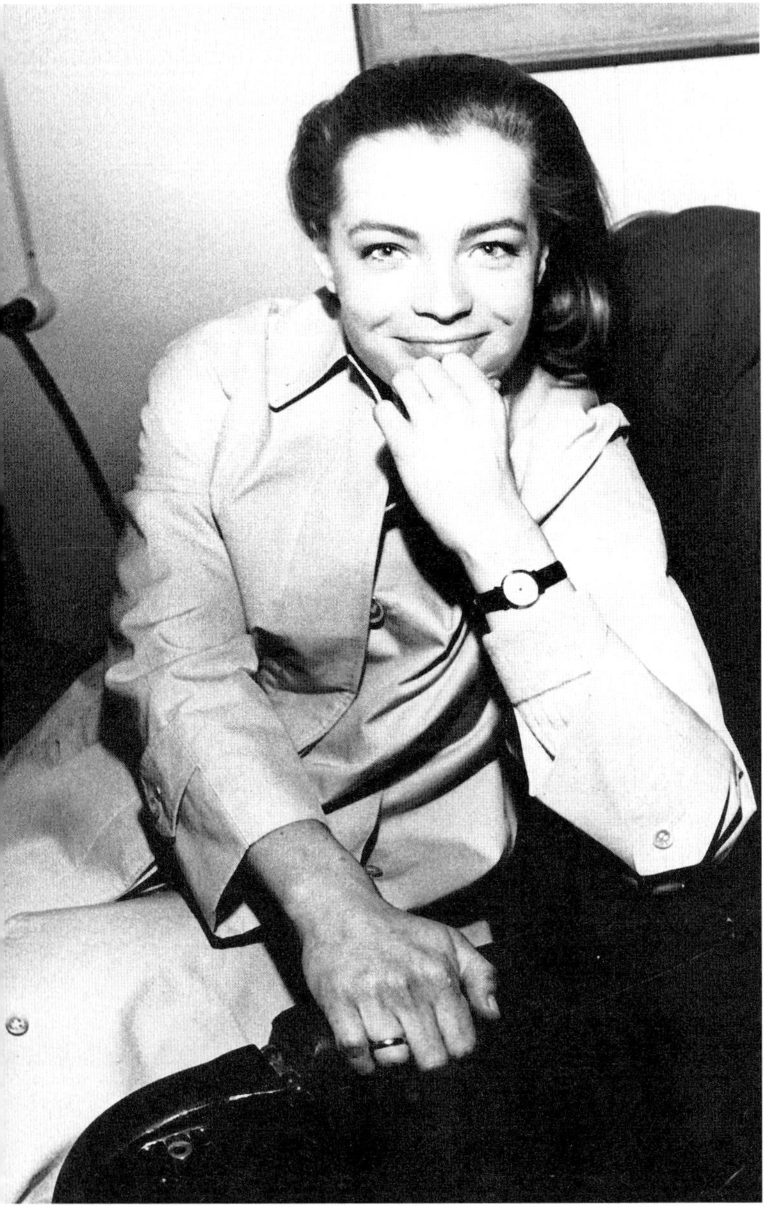

37. 1966

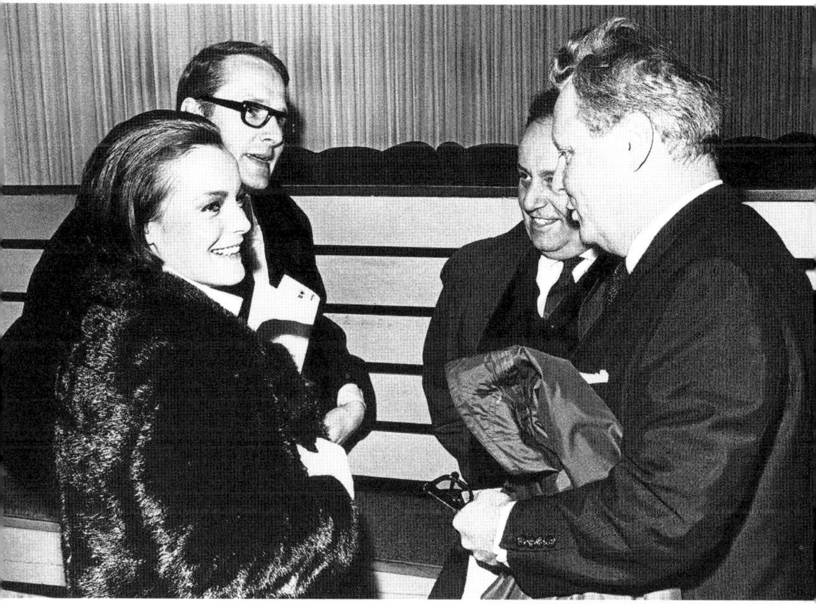

38. Mit Harry Meyen, Boleslav Barlog und Ernst Schröder

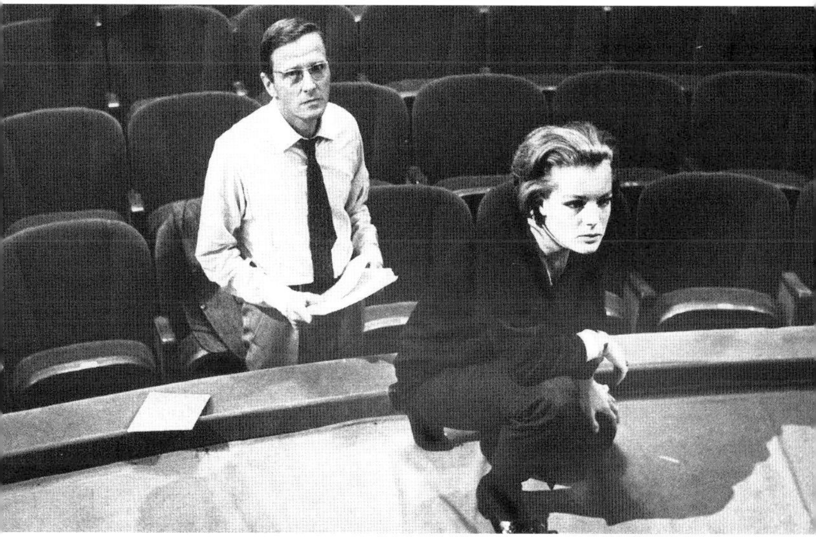

39. Mit Harry Meyen im Salzburger Landestheater

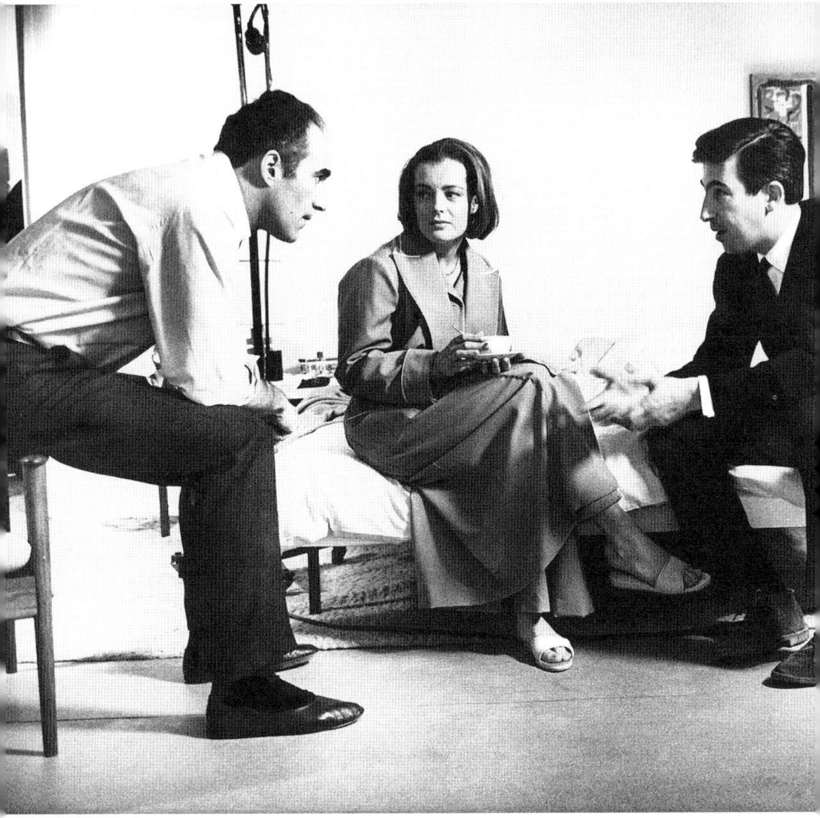

40. Mit Michel Piccoli und Jean Chapot – *Schornstein Nr. 4*, 1966

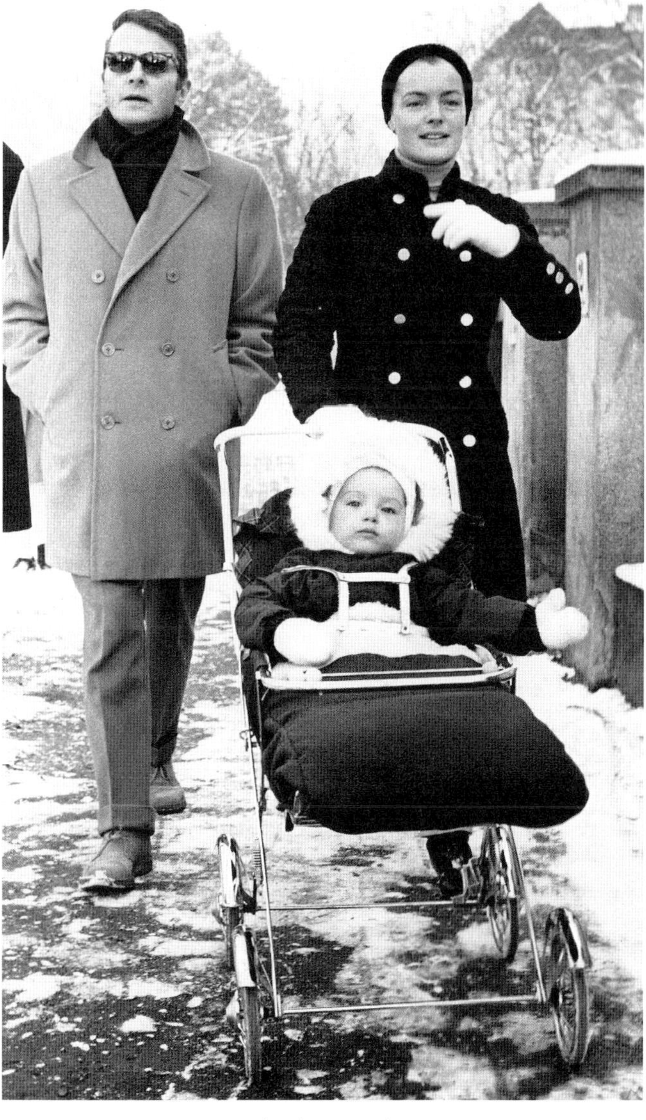

41. Mit Harry Meyen und Sohn David, 1968

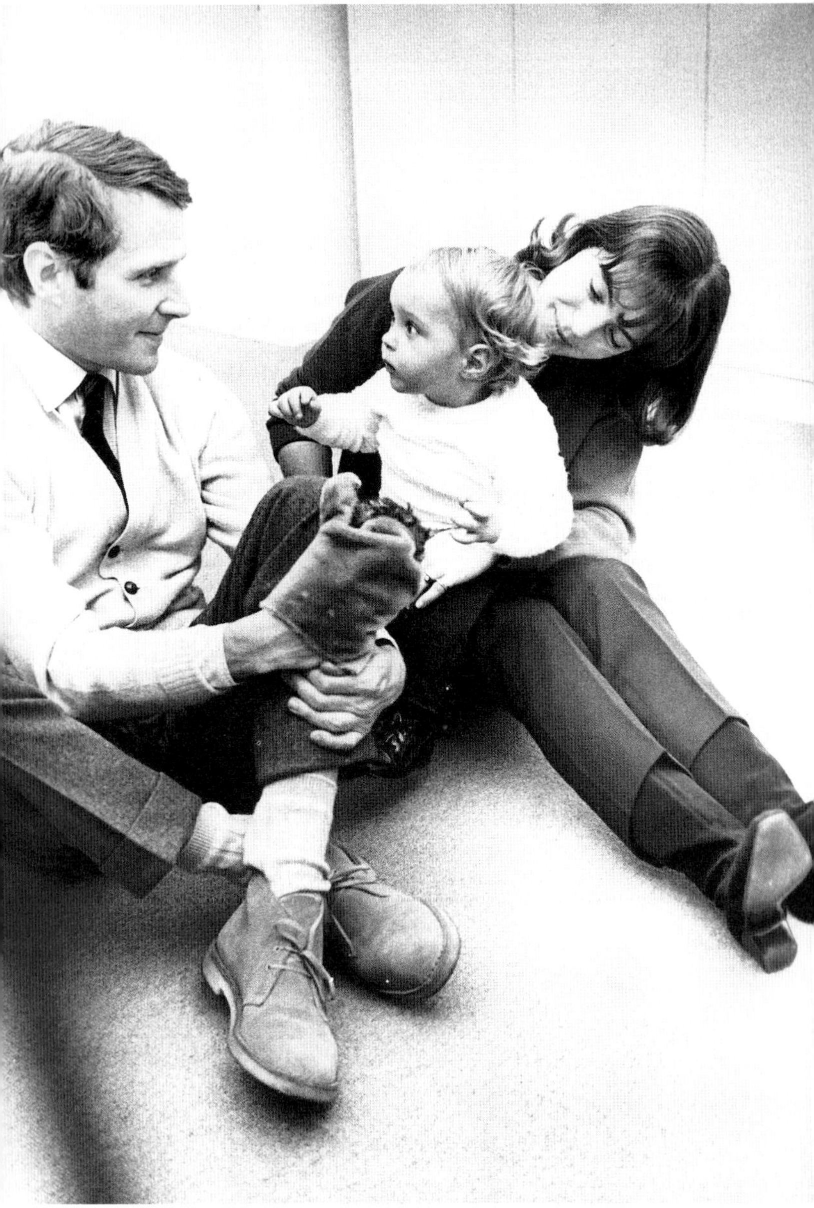

42. Mit Harry Meyen und David, 1968

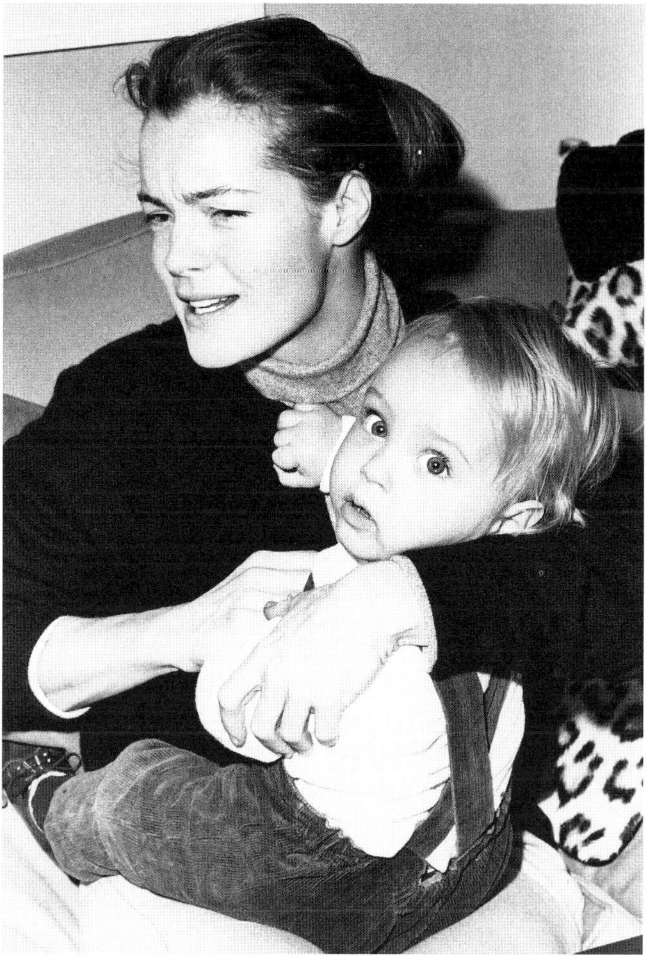

43. Mit David, 1968

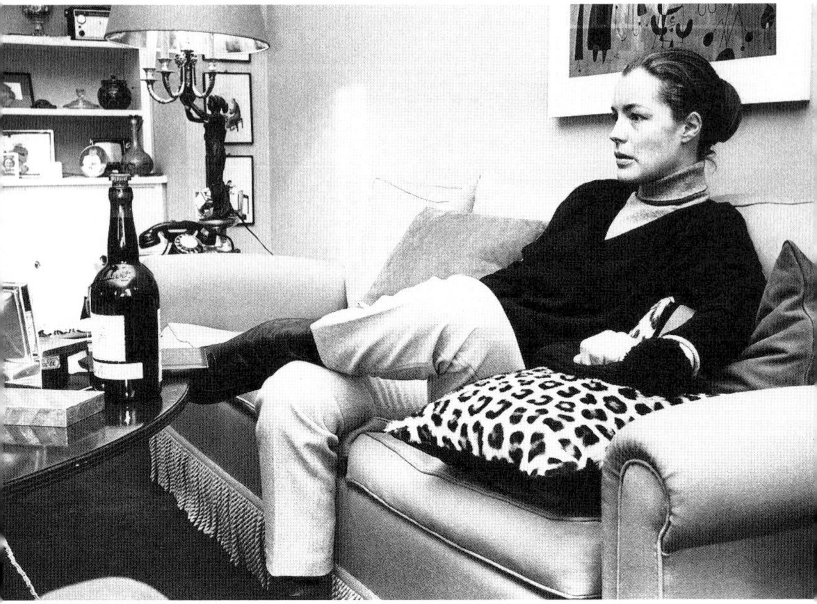

44. 1968

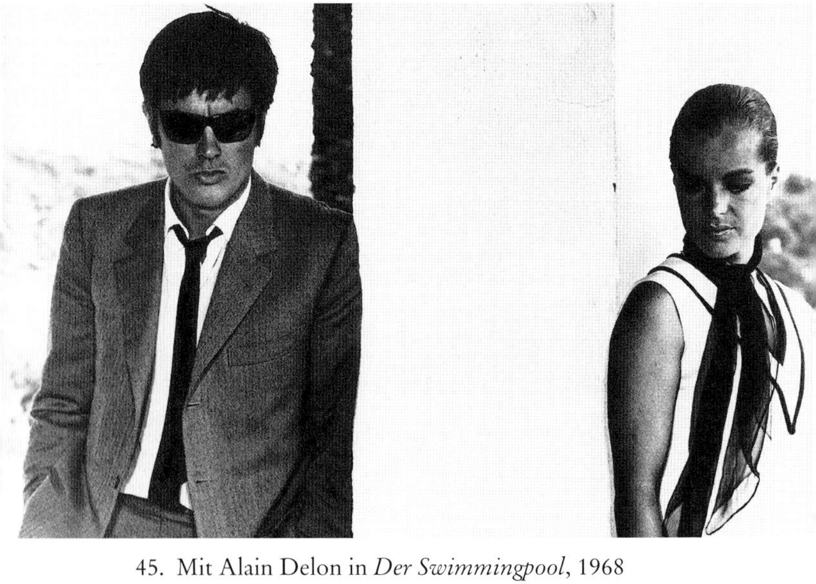

45. Mit Alain Delon in *Der Swimmingpool*, 1968

Genießer mit Leib und Seele, im dramatischen Fach – auf der anderen Seite der Asket, Lieblingsspeise Kartoffelsalat, der es beim Boulevardtheater zu glänzenden Erfolgen gebracht hatte«,[358] so charakterisiert Hermann Leitners Ehefrau Marie-Louise die beiden. Das Ehepaar Steckel zählt zu den wichtigsten Menschen in Romys Berliner Jahren, man trifft sich regelmäßig, unternimmt gemeinsame Sommerurlaube in Südfrankreich.

Romy Schneiders eigene Familie bleibt der neuen Beziehung gegenüber auf Distanz. »Sie übernimmt Meyenmaßstäbe«,[359] befindet Magda Schneider und will wissen, Meyen ändere Romys Stil, habe ihr eine Abmagerungskur verordnet, damit sie nicht wie ein »Trampel« aussähe. Ihr gefällt der neue Partner ihrer Tochter nicht. Hermann Leitner erinnert sich, dass er und Magda in Berlin Meyens Inszenierung von *Tausend Clowns* sahen, worauf sie ihn fragte, ob Romy vielleicht durch Meyen eine Chance beim Theater erhalten könne.[360] Dass sich die beiden nach dem ersten Treffen so nahe kommen, hatte Magda nicht voraussehen können. Sie hält Meyen für einen überheblichen Snob, will sich nun daran erinnern, dass er bereits 1953 auf einem Ball nach *Wenn der weiße Flieder wieder blüht* gemeint hätte: »Eigentlich habe ich genug mit Frauen um die Ohren. Aber die Romy … Wenn die mal älter ist, könnte sie mir gefährlich werden. Dann schnapp' ich sie mir.«[361]

In postum vorgenommenen Retrospektiven ihrer Berliner Jahre geht die deutsche Presse wie gewohnt nicht eben zimperlich mit Romy Schneider um und reduziert ihre Betrachtungen mit Vorliebe auf Äußerlichkeiten: »Sie ließ sich körperlich gehen, bis sie wie eine Matrone aussah.«[362] Ob sie tatsächlich hastig und wahllos trank, wie ihr später unterstellt wurde, mag dahingestellt sein. Sicher ist, der unkontrollierte Umgang mit Medikamenten, die für Schneider zu einer Art Nahrungsmittelzusatz werden, beginnt in jener Zeit. Begünstigt wird er durch den Umstand, dass die Pharmazie in den 1960er Jahren eine kaum von ernst zu nehmender Kritik gebremste Hochblüte erlebt. Tabletten sind das von Ärzten ohne Überlegung verschriebene Allheilmittel, Untersuchungen allfälliger Nebenwirkungen werden erst viel später relevant. Harry Meyen leidet unter Migräne, nimmt Tabletten dagegen, deren Wirkung, mit Alkohol gemischt, Psyche und Körper dauerhaft schädigen und die Suchtgefahr erhöhen. In diese Gefahr begibt sich auch seine neue Partnerin.

Im Sommer 1966 reist das Paar zu den Dreharbeiten für *Triple Cross / Spion zwischen zwei Fronten*, nach St. Tropez. Herbert von Karajan lädt sie zu einer Bootsfahrt auf dem Mittelmeer ein. Auch mit dem Dirigenten soll Romy Schneider zehn Jahre zuvor mehr als nur Freundschaft verbunden haben, als 1956/57 unter der Stabführung Karajans eine Schallplattenaufnahme von Prokofjews *Peter und der Wolf* entstand, bei der Romy die Stimme des Erzählers übernahm. Man kolportiert sogar Heiratsabsichten,[363] die jedoch an Karajans Bedingung, Schneider müsse ihren Beruf aufgeben, gescheitert sein sollen. Der Wahrheitsgehalt einer solchen Darstellung muss dahingestellt bleiben, in jedem Fall passt sie zu den pittoresken Lebenslegenden rund um die junge Romy Schneider.

Am 15. Juli 1966, die Aufnahmen zu *Spion zwischen zwei Fronten* sind noch nicht beendet, erfährt Magda Schneider zu ihrer geringen Freude am Telefon, dass ihre Tochter und Harry Meyen auf dem Standesamt des Rathauses von St. Jean-Cap-Ferrat in Frankreich geheiratet haben. Als Trauzeugen fungieren Romys Bruder Wolfdieter Albach und ihre Sekretärin Sandra Jurman. Nach einer kurzen Zeremonie von einer Viertelstunde verlassen die beiden als Frau und Herr Haubenstock das Gebäude wieder. Einen Tag zuvor war Meyens Scheidung von Anneliese Römer rechtsgültig geworden, Gerüchte halten sich, Schneider habe Meyen mit einer sechsstelligen »Ablösesumme« freigekauft. Die neue Frau Haubenstock weiß zu diesem Zeitpunkt längst, dass sie ihr erstes Kind erwartet.

Kurz vor der Geburt ihres Sohnes im Dezember 1966 kommt *Spion zwischen zwei Fronten* in die Kinos. Regie bei der in der NS-Zeit spielenden Spionage-Geschichte führte der durch die James-Bond-Reihe bekannt gewordene Regisseur Terence Young. Der aus diesen Erfolgsproduktionen gewohnte Ton bestimmt auch *Spion zwischen zwei Fronten*. Zwanzig Jahre nach seinem Ende verknappt man den Zweiten Weltkrieg zum Kostüm- und Agentenspaß. Immerhin leistet man sich die Zeile, dass wer vor dem Krieg bei der Exekutive gewesen sei, sich über seinen Posten keine Sorgen machen müsse: Die Polizei werde immer gebraucht, egal unter welcher Regentschaft. Der verkappte Agent 007 wird von dem Kanadier Christopher Plummer verkörpert, Romy Schneider avanciert dadurch gewissermaßen zu einem inoffiziellen Bondgirl, womit ihre Rolle recht gut umrissen ist. »Zwischen Reißer und Heroismus«, siedelt »Die Welt« den Film an. »Nicht gerade ermüdend zu sehen, aber sehr ausführlich und nicht eben ereignisreich. Ein paar Witzchen über deutsche Ordnung und englische Fairneß.«[364] Auf die Klage, nicht schlafen zu können, gibt der Film einen Rat, den man für sehr deutsch hält: »Geben sie sich mehr Mühe!« Gert Fröbe, der zwei Jahre zuvor Sean Connerys Gegenspieler im Bond-Film *Goldfinger* war, verkörpert hier einen deutschen General, Yul Brynner imitiert als sein Vorgesetzter einen Militär, wie ihn Erich von Stroheim kreierte. Auch Harry Meyen erhält auf Schneiders Vermittlung hin eine Rolle. Nachdem er, ebenso wie Fröbe, im selben Jahr einen Part in der starbesetzten französisch-amerikanischen Produktion *Paris brûle-t-il? / Brennt Paris?* spielt, in der auch Alain Delon und Orson Welles mitwirken, gibt Meyen hier erneut einen eindimensionalen NS-Militär. Es wird seine letzte Rolle für das Kino bleiben. »Ich eigne mich offenbar nicht zum Filmschauspieler«, meint er selbst.[365]

Spion zwischen den Fronten ist insgesamt der dritte Film mit Schneider, der 1966 in die Kinos kommt. Der französische Regisseur Claude Lelouche wollte sie Anfang 1966 für seinen geplanten Film *Un homme et une femme / Ein Mann und eine Frau* gewinnen, bei dem wieder Jean-Louis Trintignant ihr Partner sein soll. Da es jedoch noch kein fertiges Drehbuch gab, lehnte Romy ab, und Lelouche engagierte schließlich Anouk Aimée, die mit der Rolle für den Oscar nominiert wird. Romy dagegen drehte im Frühjahr 1966 *La Voleuse / Schornstein Nr. 4*, eine deutsch-französische Produktion unter der Regie von Jean Chapot, an deren Drehbuch Marguerite Duras mitarbeitet. Hatte sich die ursprüngliche Drehbuchfassung noch stärker mit dem von Hans-Christian Blech gespielten Adoptivvater beschäftigt, so legte man nach Schneiders Zusage größeren Akzent auf die von ihr verkörperte Rolle. Der Film wird dennoch kein Erfolg, zehn Jahre später fragt man in der Wiener Presse süffisant: »Haben Sie den Titel schon mal gehört? Wir auch nicht. Es gibt offenbar keine Kinobesucher in Österreich, die sich für Schornsteine interessieren, der Film wurde ein Totalverlust.«[366]

In *Schornstein Nr. 4* arbeitet Schneider zum ersten Mal mit Michel Piccoli. Der Franzose, der 1963 in Jean-Luc Godards *Le Mépris / Die Verachtung* an der Seite von Brigitte Bardot seine erste echte Hauptrolle spielte, wird in der Folge einer der wichtigsten Freunde und Filmpartner Schneiders. Auch der Filmemacher Harun Farocki wirkt als Statist an der Produktion mit. Zu seinen Aufgaben gehört es, im Pulk von Presseleuten gegen eine Wohnungstür anzustürmen: »Ich erfand für meine Freunde und mich je einen Satz – so etwas wie: ›Die Öffentlichkeit hat ein Recht auf Information‹, und somit bekamen wir mehr Geld als die Statisten ohne Satz, wenn ich mich recht erinnere: 50 DM statt 40. Bei der Probe sah mich Romy Schneider prüfend an, so wie man das eher damals von Männern kannte, das war eine, allerdings nicht persönliche, Anerkennung. ›Ich such mir meine Kerle aus.‹ «[367]

In der Filmhandlung gibt Romy Schneider ihr Kind zur Adoption frei, um sich nach Jahren dann doch zu entschließen, den Jungen wiederhaben zu wollen, obwohl der Ziehvater mit Selbstmord droht. Schneider liefert die Charakterstudie einer Verbissenen, die gegen alle Widerstände ihr Ziel verfolgt. Ob sie das Kind liebt oder lediglich die Idee, letztlich doch ein Kind zu haben, bleibt unbeantwortet. Für die deutsche Fassung wird Schneider synchronisiert, da sie sich wegen ihrer Schwangerschaft unwohl fühlt, und sofort mutmaßt die Presse abermals, sie wolle nicht mehr in ihrer Muttersprache spielen.

Im Oktober 1966 war ein anderer Film mit Romy Schneider in die deutschen Kinos gekommen, eine internationale Produktion, in der sie an der Seite von Peter Finch und Melina Mercouri agiert. Mercouris Ehemann Jules Dassin, mit dem sie bereits die Erfolge *Pote tin Kyriaki / Sonntags nie* (1960) und *Topkapi* (1964) drehte, inszeniert *10:30 p.m. Summer / Halb elf in einer Sommernacht* nach einer Romanvorlage von Marguerite Duras. Als schelmische Referenz auf *Sonntags nie* leistet man sich, ein Chanson als Handlungselement zu parodieren. Der Plot legt weniger Wert auf Dialog und Aktion als auf Stimmungsfarben. Vier Menschen reisen in einem Auto durch Spanien, ein Ehepaar mit Tochter, eine junge Frau als Begleiterin, eine ménage à troi. Als die Versuche des Ehepaares scheitern, einem flüchtigen Mörder, der aus Eifersucht getötet hat, zu helfen, implodiert die private Dreieckssituation. Am Ende verschwinden alle drei im scheinbar ausgestorbenen Madrid. Ein wenig zumindest sucht Dassin die melancholische Stimmung von Orson Welles' *The Touch of Evil / Im Zeichen des Bösen* (1958) zu treffen. Romy kontrastiert in lichtblauem Sommerkleid mit dem herben, brüchigen Charme der Mercouri, präsentiert jugendliche Strahlkraft, mit gerade nur so vielen Verrätselungen, dass sie sich als lösbar erweisen können. Ihre Filmpartnerin Mercouri sagt ihr: »Geniere dich nicht, vor Dassin jung und schön zu sein, während ich alt und hässlich bin. Ich bitte dich, sei schön!«[368] Melina Mercouri ist damals 45 Jahre alt, Romy Schneider feiert während der Dreharbeiten ihren 27. Geburtstag, diesmal ohne Krone auf der Torte, sondern einer 10:30 zeigenden Uhr.

Ihr Auftreten in *Halb elf in einer Sommernacht* nimmt einiges in der künftigen Rollengestaltung Schneiders vorweg. Sie präsentiert sich auf der Leinwand nun als junge, selbstbewusste Frau, die ihre Schönheit und Körperlichkeit einsetzt, um an ihr Ziel zu kommen, und bereit ist, dafür legale und moralische Grenzen zu überschreiten. In den deutschen Medien reagiert man wie gewohnt abwartend auf die neue Entwicklung: »Romy Schneider macht für eine hitzige Bett-Szene sogar die Brust frei, muß sich vom Teilnehmer jedoch sagen lassen: ›Gib dir keine Mühe. Zu einem Biest hast du kein Talent.‹«[369]

Da sie nun wieder vermehrt mit der deutschsprachigen Presse zu tun hat, thematisiert Romy Schneider immer wieder selbst das Problem der ihr angedichteten Deutschlandfeindlichkeit. In den kommenden Jahren werden sich die Berichte über sie, was die Fragen und Antworten in dieser Sache betrifft, im Wesentlichen gleichen. Zu den redundanten Passagen gehören: Sie würde gerne in einem deutschen Film spielen, doch es mangelt an Angeboten. Sie wundert sich über die Probleme des deutschen Films, verweist auf die Tatsache, dass zahlreiche deutsche und österreichische Regisseure in Hollywood reüssiert haben. Es gebe gute deutsche Nachwuchsregisseure und Schauspieler, ist sie überzeugt. Was ihrer Meinung nach fehlt, sind Stoffe und Autoren. Am Export von Stars findet Romy nichts Negatives, sieht darin eher Anerkennung. Stattdessen käme jedoch die Unterstellung von Fahnenflüchtigkeit und Ablehnung von »Heimat«. Filmarbeit, hält sie dagegen, sei international. Was ihr wirklich fehle, sei die Bühne, dieses Zugeständnis macht sie dem »Theateradel« in ihrer Familie. Sie wünscht sich erneut die Kraft, mit dem Filmen aufzuhören und eine »ernsthafte« Bühnenschauspielerin zu werden. Ob es nur für Harry Meyen sei, wie Hildegard Knef später mutmaßt, so wie sie nur für Delon in Paris auf die Bühne ging, sei dahingestellt.

»Ich hab diesen krankhaften Ehrgeiz verloren«, sagt Romy Schneider 1966 über ihren Beruf. »Natürlich gibt es etwas anderes: Mein Leben.« Darüber reflektiert habe sie stets, doch noch nie so intensiv wie zu diesem Zeitpunkt. »Ich hatte gar nicht so viel Zeit dazu, wollte sie wahrscheinlich auch nicht haben, denn es gab eben dann damals nichts anderes als nur diese Arbeit, nur den Beruf. Aber ich hab nicht mehr diesen Ehrgeiz, nicht mehr die Kraft, ich hab nicht mehr den Nerv. Und ich will auch nicht mehr.«[370]

Im Berliner Rudolf-Virchow-Krankenhaus hat sich die Hochschwangere im Dezember 1966 unter dem Namen »Frau Bossy« eintragen lassen. Kurz vor der Geburt steht noch kein Name für das Baby fest. Meyen schlägt vor, zunächst drei auszuwählen, einer passe dann bestimmt. Romy hält diesen Entscheidungsprozess schriftlich fest. Sie beginnt ein rotes Album, auf dem die Goldaufschrift »Unser Kind« angebracht ist, schreibt mit schwarzem Filzstift darüber »vorher ... und 1. Jahr danach«, malt einen Davidstern auf das Cover. Die Schriftführung erinnert an »Peggy«, ihr früheres Tagebuch. Sie schreibt mit einem Satz bunter Filzstifte, verwendet ihre mehrfachen Unterstreichungen, Rufzeichen, großen Fragezeichen, Wellenlinien, zeichnet Bäume, Blumen und Zierzeilen. Die ersten, mit Spinnwebenpapier voneinander getrennten Seiten zeigen Fotos aus *Spion zwischen zwei Fronten*, amüsiert beschreibt Schneider ihren Mann in seiner Filmrolle »als SS und yellow hair«, beklagt sich über die »endlose Arbeit – und auch noch mit zu behaartem Partner«. Neben einem Porträt, auf dem sie mit Mona-Lisa-Lächeln zu sehen ist, notiert sie, dass auch der Cartier-Schmuck ihr »runder und runder werden« nicht verdecken könne und dokumentiert in der Folge einen Urlaub in Nizza mit dem Ehepaar Steckel. Auf einer anderen Seite notiert sie über den Abend ihrer Spitalseinlieferung: »Endlich am 2. dezember abends in's virchow fahren, der Professor voraus – Du bist noch bei mir geblieben – ich hatte etwas Angst allein dort zu bleiben – dann gingst Du zu Paul [Hubschmid] – und ich machte nochmals 2 ›Listen‹.« Mit rosa Filzstift notiert sie die Mädchennamen »Florentine-Maria, Debhorra, Julia, Maria?« und stellt ihnen in blauer Farbe die Jungennamen »Christopher, david, david-Christopher, Benjamin, Philip, Harry?« fragend gegenüber. Auf derselben Seite klebt ein Foto, ein Stillleben des Nachtkästchens neben ihrem Krankenhausbett. So, schreibt sie dazu, habe sie sich dort eingerichtet. Man sieht ein Kofferradio, ein Foto von Meyen, einen Spielzeug-Clown, Schminkzeug, einen Taschenspiegel, eine Uhr, Parfum, Süßstoff, zwei Gläser, eines mit klarer Flüssigkeit, im anderen hat sich gerade ein Medikament aufgelöst. »Mit zwei Valium 10 bin ich dann herrlich eingeschlafen – hatte Dich aber nochmal bei Paul [Hubschmid] angerufen …«[371]

Am Vormittag des 3. Dezember 1966 wird ihr Sohn David Christopher Haubenstock geboren. In ihrer Freude schickt sie später ein Telegramm nach Goldenstein, um den dortigen Schwestern die Nachricht zu verkünden. Auf den Fotos mit dem Neugeborenen wirkt Romy glücklich erregt: »9^{h}6 unser david david-Christopher ist da – Gott, bin ich glücklich! Genau so hatte ich ihn im Traum immer gesehen! Meinen – unseren Jungen! Ich warte auf Dich.«[372] Der angehende Vater jedoch hatte sich nach der Einnahme von Schlaftabletten hingelegt und verschlief das Ereignis. Erst nach ein paar Stunden verständigt er Schwiegermutter Magda, die ebenfalls in Berlin logiert und daraufhin ihre Tochter besucht, um ihren acht Pfund schweren und 53 Zentimeter großen Enkel zu sehen. »Pappa« Meyen kommt schließlich auch und bringt Blumen mit, die Romy, da es keine Fotos davon gibt, kindlich stilisiert in die Albumseiten zeichnet. Am dritten Tag, so notiert sie, öffnet das Kind zum ersten Mal die Augen – »blau! [doppelt unterstrichen] wie Pappa's.« Meyen klebt Erich Kästners Gedicht *Brief an meinen Sohn* in das Album, dem folgt einige Seiten später ein in Babygebrabbel verfasster Brief von Leonhard Steckel an David.

Am 12. Dezember dürfen Mutter und Sohn nach Hause gehen, »die ersten herrlichen Monate«, wie Schneider sie nennt, beginnen. Am 25. Januar 1967 wird für David eine Kinderschwester namens Renate angestellt. Im Sommer reist die Familie nach St. Tropez. Auf den Fotos hält die junge Mutter ihren Sohn und lacht glücklich aus vollem Halse. Zwar empfindet sie die Zeit ohne ihn auch manchmal als schön, empfindet aber »sehr Sehnsucht nach David«. Im Sommer posiert sie ohne ihn für Fotos, die sie stolz mit »Man ist wieder schön schlank« unterschreibt. Das Album schließt Ende 1967 mit rosa Davidsternen, deren Außenflächen sie grün ausmalt, und dem Text: »Mein Liebling, es war das schönste Jahr und ich danke Dir dafür …«[373]

Romy Schneider ist glücklich in ihrem Mutterdasein, sie wünscht sich noch ein Kind – später. Momentan erlaubt es der Beruf nicht. Die Fotos von Mutter und Sohn gehören zu jenen, auf denen Romy Schneider am glücklichsten wirkt. Ihre Arme um seinen kleinen Leib bilden den Äquator ihres Glücks. Sie hat durch David das Gefühl, nun erst ein eigenes Leben zu haben, der Tageslauf in der Grunewalder Winklerstraße 22 richtet sich ganz nach dem Kind, die Abende sind dem Kleinen gewidmet. David, so empfindet Romy, verstärke ihr Empfinden von Ruhe und Geborgenheit. Sie hat die Schwangerschaft als schön empfunden, freut sich über die ersten drei Jahre seiner Entwicklung. Berlin wird für sie immer untrennbar mit der Geburt ihres Sohnes verbunden bleiben, »ich habe dort die schönsten, glücklichsten Jahre meines Lebens verbracht«,[374] resümiert sie später. Sie wolle ihrem Sohn eine Freundin sein, mit der er reden könne, ganz gleich, ob er mit einem schwarzen oder einem weißen Mädchen nach Hause komme. Ein fundiertes Wissen soll er erhalten (sie selbst weist oft beschämt auf ihre »Halbbildung« hin) und nie zum Militär gehen (was ihm, so die Familie in Berlin bleibt, erspart bleiben würde).

Sie fühlt sich in ihrer privaten Rolle wohl. Die anderthalb Jahre Pause tun ihr gut, sie betreut ihr Heim, kümmert sich um ihren Sohn. Ihre Selbstdefinitionen aus der Zeit klingen wie eine Orientierungssuche: »Ein schöner, gepflegter Haushalt, ein gut eingespieltes Heim ist eine Befriedigung für jede Frau. Es ist ein Irrtum, das zu unterschätzen.«[375] Sie kocht nicht selbst (»So weit geht es nicht«), gibt aber Anleitungen für den Speisezettel. Sie lebt nach Plan, denkt rational, was man tut, so findet sie jetzt, muss Sinn ergeben. So mancher schöpferische Mensch sei privat »entsetzlich bürgerlich«, hält sie fest. Bei der Frage, ob sie den Beruf aufgeben könne, bleibt sie unentschieden und betont das Theaterblut in sich, »aber ich könnte mich gut zurückziehen, wenn Sie das meinen, und zu Hause bleiben. Davor hätte ich keine Angst, weil ich mich nie langweile.«[376] Trotzdem beginnen ihr in den kommenden Monaten der Beruf und damit weitere Herausforderungen zu fehlen. »Keine Frau ist in meinen Augen aufrichtig, die das höchste Glück ihres Lebens allein in der Mutterschaft sucht.«[377] Diesen Satz findet man allerdings erst sechs Jahre nach Romy Schneiders Tod in deutschen Zeitungen zitiert.

»Mir geht es gut hier bei Dir, Papa«

Der Gedanke an ihren Vater war in Romy Schneider ständig präsent, erinnert sich Peter Weck, der Wolf Albach-Retty im Wiener Burgtheater auch als Bühnenpartner erlebt. »Er hat ihr imponiert, war, wie man in Wien sagt, ein ›Strawanzer‹, schäkerte, war charmant, umgänglich, das hat ihr ungeheuer gefallen. Auf die Waagschale der Komödianterie gelegt, war Magda Schneider niedlich, etwas hausbacken, er dagegen ein Komödiant.«[378]

Der »Komödiant« sieht seine Tochter in jenen Jahren nur bei gelegentlichen Treffen. Die Gründe dafür liegen auch bei Romys familiärem »Management«. Rosa Albach-Retty äußert während der Dreharbeiten zu *Mädchenjahre einer Königin* 1954 den Wunsch, ihre Enkelin wiederzusehen, um »von Kollegin zu Kollegin« zu fachsimpeln, allerdings nicht im Beisein Magdas, da diese Romy beeinflussen könne. Die Ex-Schwiegertochter beschwert sich in einem Brief postwendend über den Affront, und Romy muss in einem verordneten Telefonat die Einladung ihrer Großmutter unter diesen Bedingungen persönlich ausschlagen. Drei Jahre später ruft Schneider ihre Großmutter wieder an und bittet um einen Termin. Rosa Albach-Retty sagt zu und arrangiert ein Sonntagsessen. Überraschend treffen auch Wolf Albach-Retty und seine Frau Trude Marlen ein. Als die Großmutter ihre Enkelin im Hotel Sacher anruft, meldet sich Magda Schneider. Sie holt ihre Tochter ans Telefon, die im Beisein ihrer Mutter nun behaupten muss, der Anruf sei nicht von ihr gekommen, jemand habe sich wohl in ihrem Namen einen Scherz erlaubt.

Der alternde Burgschauspieler Albach-Retty erlebt den Aufstieg seiner Tochter also nur über den Umweg der Kinosäle und Illustrierten mit. Es ist beinahe eine Umkehr der Situation aus Romys Kinderzeit. Nun sind es ihre Fotos und Magazinberichte, mit denen er sich über sie informiert. 1957 drehen Vater und Tochter in unmittelbarer Nähe zueinander in einem Wiener Studio, doch erst als Magda Schneider nach München abreist, besucht Romy ihren Vater in seiner Garderobe. Sie verabreden sich für den nächsten Tag, Romy lernt Albach-Rettys zweite Frau Trude Marlen besser kennen, nennt sie »Tante Trude«. Danach ergeben erst die Dreharbeiten zu *Der Kardinal* für Romy Schneider die erneute Gelegenheit, ihren Vater wiederzusehen, sogar ein Treffen der beiden mit Magda Schneider wird am 26. März 1963 arrangiert. Hermann Leitner, zuständig für die Second-Unit-Regie des Wiener Teils der internationalen Großproduktion, der über Romys heimlichen Wunsch Bescheid weiß, zeichnet im Hintergrund dafür verantwortlich. Man trifft sich im Café Landtmann neben dem Burgtheater, an dem Albach-Retty nun wieder engagiert ist, kramt in Erinnerungen, lacht vor laufender Kamera Tränen, die Wiedervereinigung einer Schauspielerfamilie mit genau verteilten, zeitlich begrenzten Rollen.

Albach-Retty hat sich seinen mitunter skurrilen Humor und den bubenhaften Charme eines »Strizzi«[379] bis ins Alter bewahrt. In einem Porträt des Fotografen und Galeristen Franz Christian Gundlach über Albach-Retty liest sich das so: »Ein sehr introvertierter Mann, der um vier Uhr morgens aufstand, auf die Jagd ging und um acht Uhr vor der Kamera stand. Er hat sich immer von der Produktion abgesetzt; er war zwar anwesend, aber nicht präsent. Für mich hatte Romy mehr Ähnlichkeit mit ihm als mit der Mutter; vom Wesen, vom Äußerlichen, von der Ausstrahlung.«[380]

Gertraud Jesserer dreht mit Albach-Retty noch in der Anfangszeit des österreichischen Fernsehens, wobei er sich väterlich um sie kümmert. »Ein Steiger, Hallodri, Tunichtgut, entzückend in der Arbeit«, urteilt Jesserer heute lächelnd über ihn, keiner der Begriffe – die beiden ersten bezeichnen einen Don Juan sowie einen lebenskünstlerisch begabten, unberechenbaren Menschen – ist im Übrigen negativ gemeint. Damals habe sie, ebenso wie Romy, zu ihm aufgeblickt, meint Jesserer. Lampenfieber hatte er immer wie seine Tochter, »wahnsinniges Lampenfieber und die angstvolle Frage: ›Bin ich gut genug?‹ Jeder neue Film löste Angstgefühle aus wie der erste.«[381]

Romy habe ihren Vater abgöttisch geliebt, obwohl er sich wegen seiner Arbeit fast nie Zeit für sie nahm, sagen ihre Bekannten. Auch das Verhältnis zwischen Mutter und Tochter Schneider war immer wieder medialer Diskussionspunkt, wobei zumeist klischeehafte Darstellungen im Vordergrund stehen. Es mag sein, dass Romy als Jugendliche den fernen, nur von Hochglanzfotos und Kinoleinwänden lächelnden Vater idealisiert und die real erlebten Alltagssorgen der Mutter solche Illusionen untergraben. In anderen Darstellungen, etwa bei Hildegard Knef, wird Magda Schneider ebenso illustrativ wie eindimensional charakterisiert: »Hinter herzig-banalen ›Weaner Madl‹-Rollen loderte verbissene Ambition und enttäuschter Ehrgeiz.«[382] Natürlich war das Verhältnis zwischen Mutter und Tochter immer wieder gespannt, wie Gertraud Jesserer sich erinnert: »Sie liebten einander, aber eine Mutter hat ja oft etwas einzuwenden, wenn die Tochter einen anderen Weg geht. Sie war gegen Frankreich, gegen Delon, gegen die Verlobung ... Andererseits war sie voller Kinderliebe, stolz auf ihre Enkel.«[383]

Es gibt auch Quellen, die behaupten, dass Magda Schneider angesichts von Romys Entscheidung für Delon durchaus verständnisvoll reagierte.[384] Sicher ist, dass Magda Schneider sich allzu oft zu Stellungnahmen über Romy hinreißen lässt, die nicht selten von der jeweiligen Presse entsprechend bearbeitet werden. Hermann Leitner kann von sich behaupten, »beide Frauen ein Leben lang mehr oder weniger bis zu beider Tod, freundschaftlich zu begleiten. Eines ist sicher: Trotz aller Aufs und Abs haben sich beide respektiert und geliebt. Die Nabelschnur ist nie gerissen.«[385]

61 Jahre nach seiner Geburt sitzt Rosa Albach-Retty am Sterbebett ihres Sohnes, am 21. Februar 1967 ist sein Leiden beendet. »Er ist sehr schwer gestorben. Viele Tage lag er in Agonie.«[386] Nach seinem ersten Herzinfarkt 1964 schreibt Romy Schneider ihrem Vater nach Wien. Sie sei immer für ihn da, beteuert sie. Zuletzt habe sie sich nicht oft gemeldet, weil es ihr nach der Trennung von Delon nicht gut gegangen sei. Doch damit wolle sie ihn nicht belästigen. »Jeder muß durch die Scheiße allein durch ...«[387] Im Januar 1967 sendet sie ihm einen Brief, in dem sie von seinem Enkelsohn schwärmt. In der späteren Erinnerung weicht die Verklärung einer von Verständnis für alle Beteiligten geprägten Zärtlichkeit: »Ich glaube, daß meine Mutter nie einen Mann so geliebt hat. Sie hat umsonst gewartet mit den Koffern auf dem Boden, er kam halt nicht zurück. Er ist an zwei Herzinfarkten gestorben, weil er aus meiner Sicht an diesem merkwürdigen, krankhaften, unentwegten Lampenfieber ein Leben lang gelitten hat. Das habe ich von ihm geerbt. Er hatte seinen ersten Infarkt, während einer Aufführung im Wiener Akademietheater, und ich saß mit

meinem Bruder Wolfi in der ersten Reihe. Aber er hat weitergespielt und ist erst nach der Vorstellung ins Krankenhaus gefahren, der liebe Depperte. Später hat er als erstes mit seinem Hund am Telefon gesprochen. Das letzte Mal habe ich ihn in einem Wiener Krankenhaus gesehen. Ich mußte draußen warten, ich durfte das Zimmer nicht betreten, bis er sich gekämmt hatte. Dann unternahm er eine Riesenanstrengung, mich sitzend zu empfangen.«[388]

Vier Tage bleibt Romy in Wien, unterhält sich mit ihrem Vater. Bei seinem Begräbnis stürzen sich die Reporter und Fotografen auf Romy, und versuchen in gewohnter Manier das Private öffentlich zu machen. Vermutlich liegt hier der Grund dafür, dass Schneider dreizehn Jahre später nicht zum Begräbnis ihrer Großmutter anreist und erst ein paar Tage später allein das Ehrengrab auf dem Wiener Zentralfriedhof besucht.

Den Blutsteinring, den ihr Wolf Albach-Retty gibt, wird Romy Schneider 1975 ihrem zweiten Ehemann Daniel Biasini übertragen. Ihren Freund Jean-Claude Brialy nennt sie zeitlebens »Papa«, obwohl er nur fünf Jahre älter ist als sie. Der so Titulierte sieht sich eher als eine Art zweiter Bruder, akzeptiert aber die Bezeichnung, »weil sie ihren Vater so sehr liebte und verehrte und das Vertrauen in ihn auf mich übertrug«.[389] Wie Wolf Albach-Retty bringt Brialy sie zum Lachen, doch im Gegensatz zu diesem ist er in Glück und Unglück für sie immer erreichbar. Noch Jahre nach ihrem Tod wird Brialy in Schubladen seiner Wohnung kleine Zettel finden, auf denen Romy in nervöser Schrift gekritzelte Liebes- und Dankesbotschaften für ihn hinterlassen hat: »Mir geht es gut hier bei Dir, Papa. Ich danke Dir. Ich gewinne wieder Lust am Leben. Ich fühle mich stärker. Ich fühle mich besser.«[390]

»Wenn ich von irgendwoher komme und wieder die Halensee-Brücke sehe, werde ich richtig sentimental. Ich bin ja ein sehr freiwilliger Berliner – aber ich kann kaum erklären, warum ich es gerade hier am gemütlichsten finde.«[391] Nach der Geburt ihres Sohnes hatte sich Romy Schneider zufrieden für einige Zeit ins Westberliner Privatleben zurückgezogen. Im Juni 1968 zählt eine österreichische Filmzeitschrift die meistbeschäftigten deutschsprachigen Schauspieler auf und nennt dabei Harald Leipnitz, Uschi Glas, Ralf Wolter und Herbert Fux. Romy Schneider reiht man mit O. W. Fischer, Barbara Rütting, Curd Jürgens, Oskar Werner, Marika Rökk und Rudolf Forster bereits in die »alte Garnitur«.[392] In den Kinos laufen, mit neuem Reklamematerial versehen, erfolgreiche Wiederaufnahmen der *Sissi*-Trilogie, *Mädchenjahre einer Königin, Die Deutschmeister* sowie *Boccaccio 70*. »Kinder, wen regt es denn noch auf, was die olle Schneider macht?«,[393] hatte Romy ein Jahr zuvor noch selbstironisch gefragt. Langsam jedoch wäre ihr zumindest berufliches Gefragtsein wieder ganz willkommen.

Romy, die sich in Paris in den Jahren zuvor stets teure Garderobe kaufte, hat nun in Berlin eine Hausschneiderin und achtet auf ihre Ausgaben. Alle hielten sie für eine Millionärin, beklagt sie, kaum jemand wisse, dass sie gerade viel Geld verloren habe. – Wie, sagt sie nicht. Möglicherweise spielt sie darauf an, dass sich nach dem Tod ihres Stiefvaters Hans Herbert Blatzheim 1968 herausstellte, dass er Romys Gagen zum Teil in seine Wirtschaftsunternehmen investiert und mit diesen verloren hatte.

Einem Engagement von Harry Meyen folgend, übersiedelt die Familie Haubenstock 1969 nach Hamburg. Dort trifft Romy ihre Freundin Gertraud Jesserer wieder, die mit ihrem Mann, dem Schauspieler Peter Vogel, ans dortige Schauspielhaus engagiert worden ist. Schneider, der zu jenem Zeitpunkt sowohl Film als auch Bühne verwehrt bleiben, beneidet die Freundin. Das Lebensschicksal der beiden Frauen weist fatale Parallelen auf: Beide sind autodidaktische Talente, beginnen in sehr frühen Jahren eine Filmkarriere, beide werden den Schmerz nach dem Verlust eines Kindes verkraften müssen, beide Ex-Ehemänner begehen Selbstmord. (Gertraud Jesserers Ex-Ehemann Peter Vogel begeht 1978 Selbstmord, beider Sohn, der Schauspieler und Kriegsbildreporter Nikolas Vogel kommt 1991 während des Bürgerkriegs in Ex-Jugoslawien in Ljubljana bei einem Bombenangriff ums Leben.)

In Hamburg wohnt man nahe beieinander, Romy in der Agnes-, Jesserer in der Blumengasse. David liegt altersmäßig genau zwischen Jesserers Kindern, und Romy konsultiert die Freundin in erzieherischen Fragen. »Sie war völlig fixiert auf den Jungen und hatte ständig Angst, etwas falsch zu machen.«[394] Romy glaubt an antiautoritäre Erziehung, sucht einen dementsprechenden Kindergarten. Bei Kindergeburtstagen unterhält sie die Kleinen, singt, spielt ihnen Szenen vor. Jesserer bereitet für die Haubenstocks Königsberger Klopse zu, Romy revanchiert sich gelegentlich mit einer Kiste Champagner. Jesserer schildert Romy Schneider als treue, aber in ihren Reaktionen manchmal auch unberechenbare Freundin: »Man musste bei Romy ständig auf der Hut sein, jedes Wort, jede Geste sorgfältig abwägen, weil sie immer nachbohrte und diskutierte.«[395]

Nach außen hin führt Romy Schneider weiterhin ein gutbürgerliches Leben. Sonntags gibt es Kaffee und Kuchen und den obligaten Spaziergang. Später spricht Schneider von zwei langen Jahren in einer Vierzimmerwohnung. »Fast zwei Jahre hat sie nicht gedreht. Das ist nicht sehr aufgefallen, weil manche Filme noch keinen Verleih hatten und erst verspätet ins Kino kamen«, sagt Gertraud Jesserer rückblickend und diagnostiziert, dass Schneider spätestens in der Hansestadt die Rolle als Hausfrau und Mutter nicht mehr genügte. »Es hat sie nicht ausgefüllt. Sie begriff nicht, warum plötzlich eine zwanzigjährige Dominique Sanda ihre Rollen spielte.«[396]

Die – für ihre Verhältnisse – lange Filmpause macht

Schneider der Familie wegen, ihrem Mann und ihrem Sohn zuliebe. Schon im Laufe des Jahres 1968 erreichen sie wieder Filmangebote, diesmal gleich mehrere, was, wie sie ausrechnet, bedeuten würde, wieder drei Filme pro Jahr zu machen. Ob sie das verkraften kann, ist sie nicht sicher. Auf ihr Betreiben wird Harry Meyen als Synchronregisseur für die deutsche Version ihrer Filme engagiert.

Anderthalb Jahre nach ihrer letzten Filmarbeit steht Romy Schneider 1968 wieder vor der Kamera, diesmal in Großbritannien. Zuvor wird sie wieder mit einem französischen Projekt an der Seite von Jean-Louis Trintignant in Verbindung gebracht, das jedoch nicht zustande kommt. Für den Weg zurück nach Frankreich ist es noch etwas zu früh. In London entsteht unter der Regie von Dick Clement der Film *Otley*, ein Mittelding zwischen *Blow up* und *What's new, Pussycat?* Es ist eine Kriminalkomödie im Swinging London, die sich nicht um Ernsthaftigkeit bemüht und alle Charaktere in Schräglage positioniert. Es gibt mysteriöse Morde, Verfolgungsjagden, Doppelagenten und den obligaten Shoot-out. Tom Courtenay wirkt in der Titelrolle wie eine proletarische Ausgabe von Peter O'Toole in *Pussycat. Otley* bleibt international ohne große Resonanz, doch gibt das Projekt Schneider neuen Mut, für den Film zu arbeiten. Romy, die zwei Jahre lang kaum Englisch gesprochen hat, lässt sich vieles erklären, nimmt regen Anteil an der Produktion. Zu Beginn hat sie nach der ihr lang erscheinenden Filmabstinenz die Befürchtung, das junge britische Team könnte ihre Arbeitsweise altmodisch finden. Die Maskenbildner weist sie an, auf künstliche Wimpern und Haarteile zu verzichten, weil sie sich damit nicht gefalle. Tatsächlich scheint vor allem ihr Aussehen die Kritiker zu beschäftigen, manchem fällt zu ihrer Rolle nicht viel mehr ein, als dass Romy Schneider in dem Film wie eine junge Simone Signoret aussehen würde. Das Kompliment freut sie, da die Französin eines ihrer großen Vorbilder ist. Es sei keine unbedingt attraktive Rolle gewesen, doch sie habe sie ganz bewusst übernommen, erklärt Romy.

Genaue Gründe liefert sie nicht, meint jedoch: »Niemals sah ich in einem Film schöner aus als in diesem. Hoffentlich verliere ich in den nächsten Tagen noch etwas meine Hemmungen vor der Kamera.«[397]

David fehlt ihr während der Dreharbeiten, sie freut sich über die Besuche von ihm und Harry Meyen in London, will künftig »nur mehr« drei Filme pro Jahr drehen. Falls möglich, solle ihr Mann sie dabei begleiten. »Wir haben nicht geheiratet, um ständig getrennt zu leben wie andere Schauspieler-Ehepaare, die sich bestenfalls fünfmal im Jahr sehen. Das kommt für uns nicht in Frage.«[398] Durch die privat empfundene Sicherheit fühlt sie sich nun besser in der Lage, vor der Kamera, in der jeweiligen Rolle hemmungslos zu agieren, wie sie festhält. Auch ihre Wahrnehmung der Männer habe sich dadurch gewandelt.

»Nichts ist kälter als eine tote Liebe«

Bei den Vorbereitungen zu der französischen Produktion von *La piscine/Der Swimmingpool* hat sich Regisseur Jacques Deray schnell für Alain Delon als Hauptdarsteller entschieden. Die geeignete Partnerin dagegen ist schwer zu finden. Nach Derays Vorstellung soll sie mindestens gleichwertig, Delon in moralischer Hinsicht überlegen wirken. Beide denken an internationale Stars wie Monica Vitti, Angie Dickinson oder Natalie Wood, bis Delon ihm Romy Schneider vorschlägt. Eine publicityträchtigere Lösung gibt es nicht, das ist beiden sofort klar. Als Delon seine Ex-Verlobte anruft, reagiert diese sofort positiv, danach trifft sie ihn und Deray in München. Tini Ravenborg, eine langjährige Bekannte von Harry Meyen, ist der Ansicht, dass dieser Anruf einiges in der Ehe und im Leben Romy Schneiders verändert habe. Man habe gemeinsam beim Frühstück gesessen, als das Telefon klingelte, berichtet sie. Schneider nimmt den Anruf entgegen und erfährt von dem Filmprojekt. »Darauf hat Romy – und ich werde das nie vergessen – einen Luftsprung gemacht, ist in ihr Schlafzimmer gerannt, hat Koffer heruntergeholt und gepackt. Mir kommen heute noch die Tränen, wenn ich an Harrys Gesicht denke: versteinert.«[399]

Romy Schneider weiß, dass dies eine einmalige Konstellation für ihre weitere künstlerische Laufbahn ist. In Nizza wird am 12. August 1968 ein publikumswirksames Wiedersehen der beiden Stars inszeniert. Die Studentenunruhen, Streiks und Straßenkämpfe, die seit Mai die Weltpresse beschäftigen, scheinen dadurch wieder in den Hintergrund des öffentlichen Interesses gerückt. Seit einer Dekade kennen sie sich, fünf Jahre davon waren sie verlobt, ebenso lange haben sie einander nicht gesehen. Romy ist seit zwei Jahren verheiratet, Delons Scheidung von Nathalie ist für zwei Wochen nach dem Wiedersehen mit Romy anberaumt. Wie vor *Christine* holt Delon sie am Flughafen ab, diesmal jedoch in Lederjacke und weit geöffnetem Sporthemd. Er eilt ihr auf der Gangway der Lufthansa-Maschine entgegen, umarmt und küsst sie für die zahlreich erschienenen Pressevertreter. Auf die Frage, ob sie glücklich sei, ihn wiederzutreffen, meint sie: »Sehr« und lächelt beinahe schüchtern. Ob er auch so bewegt sei, fragt der Reporter daraufhin Delon. Der bejaht, meint, das sei doch normal, kommentiert im Gegenzug schelmisch den Journalistenauflauf, indem er meint, das gelte wohl auch für die Reporter.[400] Das Kalkül geht wie erwartet auf. Noch bevor die Dreharbeiten begonnen haben, ist *Der Swimmingpool* Gegenstand gespannten Interesses. In Deutschland relativiert Harry Meyen die ihm angedichteten Ängste.[401] Ein neuer, attraktiver Partner wie Marlon Brando hätte ihm vielleicht Sorgen bereitet, der französische Ex-Verlobte gehöre jedoch eindeutig der Vergangenheit an.

Alain Delon scherzt während der Dreharbeiten mit Romy Schneider, lockert die Stimmung auf. Es ist ein Spiel für die Öffentlichkeit und gleichzeitig ein Weg, sich einander wieder anzunähern. Die jetzige Liebe wird vom Drehbuch vorgeschrieben, hier ist Delon ein zuverlässiger

Partner. Das Publikum im Kino delektiert sich an den Intimitäten der beiden Protagonisten auf der Leinwand, manche erhoffen darin einen verspäteten Einblick in das, was war – oder vielleicht schon wieder ist. Die Presse reagiert wie erwartet. »Alain Delon flirtet mit Romy. Seine Frau will die Scheidung«, tituliert man in deutschen Postillen über den Film, in dem Schneider als Frau zwischen zwei Männern, deren einer im Film pikanterweise Harry heißt, gezeigt wird, und fragt mit bemühter Poesie: »Geht Romys Meyen-Zeit zu Ende?«[402] Der wiederholt, dass er Romy vertraue und an ihrer Treue zu ihm nicht zweifle. Und dennoch: Obwohl Meyen erklärt hat, nicht zu Dreharbeiten anreisen zu wollen, kommt er schließlich doch mit David an die Côte d'Azur.

Romy tankt zunächst Sonne, da sie zumeist im Badezeug drehen wird. Natürlich ist ihr klar, dass sich alle Augen auf sie und Delon richten werden. Einschlägige Projektionen sind vorprogrammiert – und für die PR-Wirkung des Films absolut erwünscht. »Nichts ist kälter als eine tote Liebe«,[403] beschreibt Schneider demonstrativ ihr jetziges Verhältnis zu ihrem Filmpartner. Eine neuerliche »Dummheit« sei nicht mehr zu befürchten. In anderen Stellungnahmen erklärt sie dezidiert, es sei, als würde sie eine Mauer umarmen. Obwohl es, wie sie zugibt, besser sei, in solchen Szenen die Haut eines Freundes statt die eines Fremden zu berühren. Ihre größte Angst, so schreibt sie später, bestand darin, dass irgendein »irrer Jugoslawe« auf Alain schießen und dabei sie treffen würde. Sie bezieht sich damit auf die mysteriöse Ermordung von Delons jugoslawischem Leibwächter, worauf der französische Star als Objekt unterschiedlichster Spekulationen in die Schlagzeilen gekommen war. Die Kritik nimmt indirekt darauf Bezug: »Es ist die Geschichte vom ›bösen, guten Jungen‹ Delon, bei dem man inzwischen nicht mehr so genau wissen kann, was Kino und was Wirklichkeit ist. Das allein ist schon ein guter Teil der Publikumswirksamkeit […] Ein prickelnder Kinogenuß mit zwei Stars, von dem man überhaupt nichts glauben darf.«[404]

Die »unglaubliche« Geschichte in *Der Swimmingpool* rund um das urlaubende Paar Jean-Paul und Marianne (Delon und Schneider) eskaliert, als Mariannes ehemaliger Liebhaber Harry (Maurice Ronet) und seine Tochter Penelope (Jane Birkin) sich zu den beiden gesellen. In der zunehmend aggressiver werdenden Spannung wird Harry von Jean-Paul ermordet (und Ronet dabei nach *Nur die Sonne war Zeuge* innerhalb von acht Jahren zum zweiten Mal von Delon ertränkt). Marianne kommt hinter Jean-Pauls dunkles Geheimnis, deckt ihn jedoch bei den polizeilichen Ermittlungen. Das Paar bleibt zusammen, verbunden durch die gemeinsame Schuld.

Rückblickend bedankte sich Romy Schneider immer wieder bei Delon für die Chance, den Film gerade zu diesem Zeitpunkt angeboten bekommen zu haben, er markiert ihre – auch kommerziell – erfolgreiche Rückkehr ins Filmgeschäft, nachdem das Interesse an der Schauspielerin Schneider zuvor stark gesunken war. Danach verkauft man mit ihrem Konterfei auch in Frankreich wieder Zeitungen, es gibt internationale Bildberichte, sie rückt wieder ins Interesse der Medien. »Ask yourself why«, heißt es im Soundtrack zu *Der Swimmingpool*.

Die französische Presse schreibt über Schneider vom »Triumph ihres Sommers« und weist auf die Doppeldeutigkeit darin hin. Im September 1968 ist Romy Schneider dreißig Jahre alt und fühlt sich wieder selbstsicher. Seit der Arbeit mit Orson Welles habe sie nicht mehr so frei in einem Film agieren können. Sie sei nun sie selbst, vermisse nichts, erklärt sie, habe alles: einen Mann, ein Kind, ihren Beruf. »Für mich spielt Nationalität gar keine Rolle, ich brauche nur meinen Platz mit wenigen Menschen, die ich gern habe [...] Eine Karriere kann man nie alleine in der Hand haben. Es ist beruhigend und sehr wichtig, wenn man das weiß.«[405] Von dem »Gleichberechtigungsgerede«, wie sie es nennt, halte sie nach wie vor nichts. Wenn sie nicht arbeite, versuche sie ihren Tagesablauf nach dem ihres Mannes zu richten. Genaue Definitionen ihrer Situation scheinen ihr nicht wichtig. »Ich weiß nicht, wie ich bin. Vielleicht etwas bürgerlich, aber nicht spießig, kleinlich, engstirnig.«[406] *Swimmingpool* habe sie gedreht, weil ihr das Drehbuch gefiel, aber auch, wie sie sich bemüßigt fühlt zu betonen, weil ihr Mann es ebenfalls mochte, denn ohne seine Zustimmung würde sie kein Skript akzeptieren.

Das Großstadtleben sagt ihr (wieder einmal) nicht mehr zu, sie träumt von einem Haus auf dem Land, möchte sich im schweizerischen Gstaad ansiedeln. Ihr Mann ist dagegen. »Er ist 14 Jahre älter als ich, und ich ordne mich ihm völlig unter. Ich bin nicht für Gleichberechtigung. Ich brauche die Ruhe und Geborgenheit meines eigenen Heimes, in die ich mich zurückziehen und von der Außenwelt abschirmen kann«, kommentiert Romy.[407]

Am 31. Januar 1969 findet die Premiere von *Der Swimmingpool* in Paris statt. Achtzig Fotografen sind anwesend. Der Streifen wird ein großer kommerzieller Erfolg. Romy hält den Film für einen persönlichen Triumph über all jene, die ihr ein frühes Karriereende angekündigt hatten. Die französische Presse prophezeit künftige poesievoll gestaltete Rollen als junge, moderne Frau von heute.

Der Erfolg tut ihr gut. Dankbar vermerkt sie die Schlangen an den Kinokassen, die Fotos und freundlichen Texte in den Zeitschriften, ist gespannt auf Einspielergebnisse. Das Wort »Comeback« will sie jedoch nicht hören, schließlich sei sie noch keine sechzig Jahre alt.[408]

Trotz des filmischen Erfolges, so klagt sie später, bewegen sich manche Interview-Anfragen aus Deutschland weiterhin auf dem Niveau, was sie von Horoskopen halte, ob sie eine Wärmeflasche verwende oder ihre Ehe als glücklich zu bezeichnen sei. »Wenn jemand kommt und fragt, ob ich Bratkartoffeln mache, dann sage ich nichts.«[409]

Anfang 1969 verkündet Romy Schneider via Boulevard-Presse: »Ich bin so glücklich wie noch nie!«,[410] präsentiert sich im Kreise der Familie in ihrem neuen Haus in Lugano am weihnachtlich gedeckten Tisch, beinahe wie zehn Jahre zuvor mit Delon. Standardbeigabe in nahezu jedem Zeitungsbericht jener Zeit ist ein zumeist nur leicht variierter Satz, wonach aus der süßen kleinen Sissi von einst eine »geheimnisvolle, Hintergründigkeit und künstlerische Leidenschaft« ausstrahlende Frau geworden sei. Doch Schneiders Befindlicheiten verändern sich innerhalb von wenigen Monaten. Sie fühle sich wohl in ihrer Haut und in ihrer Arbeit, erklärt sie noch im Juli 1969, aber sie habe den wahren Ehrgeiz wiederentdeckt, wolle in diesem Jahr drei Filme drehen, im nächsten zwei. Im Oktober relativiert sie wieder: »Ich arbeite zu viel, drei Monate hintereinander, ohne Pause. Aber das kann man sich nicht aussuchen.«[411] Auch in deutschsprachigen Landen beginnt man auf Umwegen wieder von Schneider zu profitieren. In Österreich kann man Anfang 1969 lesen, dass Romy Schneiders frühere Erfolgsfilme wieder hoch im Kurs stünden. *Mädchenjahre einer Königin* erhält in der BRD bei Publikumsumfragen hohe Noten. Der Czerny-Film-Verleih in Wien setzt *Wenn der weiße Flieder wieder blüht* auf die Wiederaufnahmeliste 1969/70.

Für 1969 stehen die Dreharbeiten zu *My Lover My Son / Inzest* an. Romy sieht ihnen gespannt entgegen und vergleicht ihre Rolle von der »Saftigkeit« her mit jener der Scarlett O'Hara. Es sei kein Krimi, eher ein psychologisches Drama, auch kein Sexfilm, wie sie betont, denn dieses Genre sei im Abflauen. Romy spielt die Gattin eines reichen Geschäftsmannes, deren 17-jähriger Sohn James (Dennis Waterman) zum Zentrum ihrer erotischen Phantasien wird, da sie in ihm das Abbild ihres toten Geliebten wiederzufinden meint. Im Film wird das durch Überblendungen der beiden demonstriert, wodurch die Übersetzung des englischen Titels als Gleichsetzung von Sohn und Liebhaber verdeutlicht wird, während der deutsche Titel einen Straftatbestand beschreibt, zu dem es nicht kommt. Der Film spielt bereits in den ersten Szenen mit Verspiegelungen. Romys Gesicht doppelt sich im Spiegel, in einem Flashback sieht man ihren Liebhaber sterben – wieder in einem Swimmingpool. Das Drehbuch führt die Zuschauer zunächst in die Irre: Als es zwischen den Eheleuten zu einem Eklat kommt, eilt James seiner Mutter zu Hilfe. Vater und Sohn stehen sich in klassischer Ödipus-Konstellation gegenüber, auch hier überlebt nur der Sohn. Nachdem James dank seinem cleveren Anwalt freigesprochen wird, gesteht ihm seine Mutter, dass sie selbst ihren Ehemann erschlagen habe und James überdies der Sohn des verstorbenen Liebhabers sei.

»Champagner zwischen den Aufnahmen« gehöre zu Dreharbeiten mit Romy Schneider, liest man auf der Rückseite eines Standfotos, auf dem Schneider mit einem Glas in der Hand wartet, dass die Arbeit fortgesetzt werden kann. In Wirklichkeit gehört das Trinkgefäß zu der Szene. Während der Mittagspause lernt sie Textänderungen, hat schließlich Probleme, ihren Part zu definieren. Sie versucht, der vom Drehbuch her recht negativ gezeichneten Figur auch ein paar sympathische Züge zu verleihen. Es handle sich dabei, so hält sie fest, um eine Frau ohne Muttergefühle. Sonst hätte sie die Rolle nicht akzeptieren können, sie fühlt sich noch zu jung dafür. Die Gefahr, auf »Mutterrollen« reduziert zu werden, sieht sie mit 31 dennoch nicht und versichert ironisch, dass jeder, der den Film gesehen habe, das verstehen werde. »Die Rolle ist aber faszinierend, vielleicht die beste, die mir je angeboten wurde. Es handelt sich um eine krankhaft veranlagte junge Frau – nennen wir es ruhig eine Liebhaberinnen-Rolle.«[412] Selbst ein Kind zu haben sei nützlich für die Gestaltung, sagt Schneider, »es hilft, obwohl die Mutter, die ich hier spiele, eine kranke und grotesk abnorme Person ist.«[413] Eine »normale Frau«, die sich in ihren Sohn verliebe, hätte sie nicht spielen können, so sagt sie. Allerdings gäbe es zwischen den beiden Figuren keinen einzigen »normalen« Moment. In Romy Schneiders Rolle wird der Typus der Verführerin gefestigt, wie sie ihn in einigen Folgeproduktionen wieder verkörpern wird: samtene Stimme, flirtendes Lächeln, Gefühlsausbrüche, das in Siegerpose in den Nacken zurückgeworfene Haar. Die Sterbeszene erinnert an *Christine*. Wie dort starrt sie mit um 180 Grad gedrehtem Gesicht von der Leinwand.

Presse und Publikum nehmen den Film mit Zurückhaltung auf. In den französischen Medien wird Schneiders Leistung wie gewohnt positiv beurteilt, sie schließe damit an die jüngst gezeigten Talentproben an, die weit über dem lägen, womit sie berühmt geworden sei. Deutsche Pressestimmen finden den Film schwülstig und melodramatisch, wobei Mutter und Sohn eher wie ein infantiles Geschwister-Paar (tatsächlich ist Dennis Waterman, der Romys Filmsohn spielt, nur zehn Jahre jünger) wirken; der Respekt gegenüber Schneider, der man solche Rollen noch vor einigen Jahren nicht zugetraut hätte, dominiert jedoch auch in einer solchen Produktion. Die Spielleitung wird süffisant beurteilt: »Auch andere Leute haben ihre Probleme – in diesem Falle zumindest der Regisseur.«[414]

Das Lob für ihre Leistung lässt Romy optimistisch in die Zukunft blicken, sie freut sich über weitere interessante Rollen. »Ich bin auf dem besten Wege, das zu spielen, was ich immer wollte. Man bekommt seine Idealrolle nie, wenn man ihr nachläuft. Sie muß von selber kommen und kommt auch immer dann, wenn man sie nicht erwartet.«[415]

Wieder ist ein Telefonanruf entscheidend für die Gestaltung ihrer weiteren Karriere. Der Regisseur Claude Sautet bietet ihr eine Rolle in seinem geplanten Film *Les choses de la vie / Die Dinge des Lebens* an. Es ist der erste von fünf gemeinsamen Filmen, für beide werden es prägende Höhepunkte ihrer jeweiligen Karriere. Schneiders Besetzung ist eine glückliche Fügung, denn die Idee, sie zu engagieren, kommt ursprünglich von dem Produzenten des Streifens,

Raymond Danon, den ihre Rollengestaltung in *Der Prozeß* beeindruckt hat. Rückblickend bekennt er: »Zu jenem Zeitpunkt wusste ich ansonsten wenig über sie.« Noch bevor *Der Swimmingpool* in die französischen Kinos kommt, setzt sich Danon für Schneider ein. Der Regisseur zögert, für ihn ist sie eine Unbekannte, er hat keinen ihrer bisherigen Filme im Kino gesehen. Doch Danon setzt sich durch: »Claude Sautet wollte eigentlich eine andere Schauspielerin für die Rolle, aber ich bestand auf Romy Schneider. Sie wurde engagiert, der Film ein großer Erfolg – und Sautet und ich danach die besten Freunde.«[416]

Romy Schneider gilt nach *Die Dinge des Lebens* endgültig als französischer Filmstar, ein Ziel, auf das sie jahrelang hingearbeitet hat. »Ihr Geheimnis«, so Raymond Danon, »lag einfach darin, dass sie eine ausgezeichnete Schauspielerin war. Der kleine, leicht hörbare Akzent gab ihrem Spiel zusätzlichen Charme und trug zu ihrer Beliebtheit bei. Das war auch bei anderen Darstellerinnen so, italienischen wie Gina Lollobrigida oder Engländerinnen wie Jane Birkin.«[417] Der Umstand ihrer deutschsprachigen Herkunft wird sofort in das Drehbuch aufgenommen. »Verdammt noch mal!« und »Herrgott noch mal!« flucht Schneider auf Deutsch in der französischen Fassung. An ihrer Seite spielt zum zweiten Mal Michel Piccoli, er wird danach noch in vier weiteren Filmen ihr Partner sein. Die Kombination der beiden erweist sich als schlichtweg ideal. Piccoli avanciert zu ihrem Lieblingspartner, er wird später über die gemeinsame Arbeit sagen: »Mit ihr habe ich das Gefühl, mehr als ein Paar zu sein.«[418] Mit Piccoli zusammen nimmt sie auch eine Schallplatte mit dem musikalischen Titelthema des Films auf. Während der Dreharbeiten meint Sautet amüsiert, dass er im Grunde nichts anderes täte, als das Potential zweier passionierter Komödianten auszubeuten. Romy liebt die Arbeit mit dem Regisseur, seinen freundschaftlichen Umgang mit allen an der Produktion Beteiligten, seine Fähigkeit, kreative Ideen aus dem Team aufzugreifen. »Das macht Freude [...] Ich habe mit sehr berühmten

Regisseuren gedreht, doch am tiefsten empfand ich das Vertrauen zu ihm [...] Er hat mich die Dinge des Lebens gelehrt – er hat mir etwas über mich selbst beigebracht.«[419]

François Truffaut sagt über seinen Kollegen: »Claude Sautet ist hartnäckig, Claude Sautet ist wild, Claude Sautet ist ehrlich, Claude Sautet ist tüchtig, Claude Sautet ist französisch, französisch, französisch.«[420] Dennoch steht Sautet zu jener Zeit nicht in der ersten Riege der französischen Regisseure. Er gilt zwar als erfahrener Pragmatiker, der in dramaturgischen Fragen gern zu Rate gezogen wird, jedoch nicht als herausragender Regisseur. Mit *Die Dinge des Lebens* beginnt er eine Serie von Filmen, in denen er seine unverwechselbare Handschrift hinterlässt. Raymond Danon bringt es aus der Sicht des Produzenten auf den Punkt: »Sautet war ein Perfektionist.«[421] Gerade darin zeigte sich eine Wesensübereinstimmug des Regisseurs und seines Stars. Von Schneiders Qualitäten als Schauspielerin ist Sautet bald überzeugt: »Sie hat eine Mischung aus giftigem Charme und keuscher Reinheit [...] sie ist sich der Macht ihres Körpers und ihrer Sinnlichkeit sehr bewußt [...] Sie besitzt jene Vielschichtigkeit, die alle großen Stars auszeichnet.«[422] Sie habe noch viel zu geben, ist er überzeugt, werde immer spielen können mit ihrem Gesicht, das die Zeit nicht zerstören, sondern nur ausdrucksfähiger machen könne.

Romy Schneider gefällt das Drehbuch auf Anhieb. Sautet analysiert menschliche Grundsituationen in Beziehungen zumeist ohne spektakuläre Überformungen, legt den schmerzvollen Alltag einer Beziehung mit pointierten Sätzen fest. »Du liebst mich, weil ich da bin«, sagt Romy in ihrer Rolle. »Aber wenn du auch nur über die Straße müsstest, um zu mir zu kommen, wäre dir das zu viel.« Im Zentrum des Films steht der tödliche Autounfall des Architekten Pierre Bérard (Michel Piccoli). In Rückblenden wird seine Geschichte erzählt, die Beziehungen zu seiner Exfrau (Léa Massari) und seiner jetzigen Freundin Hélène (Romy Schneider). Die erste hat Pierre verlassen, für die zweite trägt er einen Abschiedsbrief in der Tasche, den er jedoch nicht abschickt. In kurzen Momenten durchlebt der Sterbende noch einmal wesentliche Momente seines Lebens.

Die Dreharbeiten für *Die Dinge des Lebens* beginnen im Sommer 1969 in Paris und La Rochelle, das Team vor und hinter der Kamera wird bei dieser und den folgenden Produktionen zu einer vertrauten Gemeinschaft. Achtzehn Tage dreht man an der Schlüsselszene, dem Autounfall. Sautet gibt später an, er hätte sechs Monate der Vorbereitung dafür gebraucht und nach den Dreharbeiten drei Monate am Schneidetisch. Sautet fühlt sich von Romy Schneider inspiriert, nennt sie »Rominette«, liebt ihr Wesen und ihr Spiel, schreibt ihr in der Folge einige Rollen auf den Leib. Später fragt er sich fast schamhaft, ob er nicht zu viele Großaufnahmen von ihr gemacht habe.[423]

Die Dinge des Lebens erhält den Prix Louis-Delluc und bleibt einer von Romys Lieblingsfilmen, sie schätzt seine Alterslosigkeit. Die französischen Zeitungen betonen wieder Schneiders ideale Verkörperung einer »modernen Frau«. Erstaunlich bleibt retrospektiv die zeitgenössische Einschätzung der »Neuen Zürcher Zeitung«: »Der Film wird getragen von Michel Piccoli […] Romy Schneider kann sich neben ihm nicht halten, weil ihr – wie immer – die Ausstrahlung fehlt.«[424] In der »Zeit« reihen renommierte Filmhistoriker, darunter Enno Patalas, den Film vorderhand in die Kategorie »Lohnt sich nicht« ein, beschreiben ihn als bombastisch und vage. Andere Stimmen sprechen von einem »sensationellen Comeback«: »In Frankreich und in Amerika steigt sie ständig im Kurs: 1,3 Millionen Mark pro Film! Jetzt wird Romy ein Weltstar.«[425]

Mit den folgenden Produktionen erfüllt Schneider alte Verträge. In *Die Geliebte des anderen / Qui?* kehrt sie als mysteriöse Frau, die an einer Psychose zu leiden scheint, in das Thrillergenre zurück. »Who are you, where did you come from«, fragt die Musikdramaturgie. Die nicht unoriginelle Idee, dass jemand einen Mord – oder eigentlich

Totschlag – erst begeht, nachdem er der Tat beschuldigt wird, verliert sich etwas in einem zu sehr seiner Entstehungszeit verhafteten Filmstil. Wie so viele Filme mit Schneider kann der Streifen letztlich auf ein Spiel zwischen zwei Personen reduziert werden. Im konkreten Falle ist es die Interaktion zwischen ihr und Maurice Ronet, den sie aus *Nur die Sonne war Zeuge* und *Der Swimmingpool* kennt. Schneider selbst meint, sie habe die Skrupel einer professionellen Schauspielerin, doch es interessiere sie immer, jemanden zu spielen, der ganz anders sei als sie.

Im Januar des Jahres 1970 wird Romy Schneiders neue Karrieresituation auch in Deutschland wieder positiv beurteilt. Ganz Paris träume von Frau Schneider, kann man lesen, Frankreich bringe ihr Glück. Die Zeitschriften würden von der »belle Berlinoise«, der »schönen Berlinerin«, schwärmen, die in *Die Geliebte des anderen* bereits zum dritten Mal in anderthalb Jahren in einem französischen Film spiele. Dennoch hat man in Deutschland noch immer sichtlich Probleme, den Imagewandel Schneiders zu akzeptieren: »Erotik auf der Leinwand ist nicht mehr romantisch kaschiert, gewiß. Zu fragen ist, ob die Ausstrahlung dieser Darstellerin bei einer solch harten und auf Publikumswirksamkeit hin orientierten Regie und bei einem – vielleicht nur unbewußten – Anspielen gegen den Sissy-Komplex nicht überstrapaziert wird.«[426]

Unmittelbar nach *Die Geliebte des anderen* folgt *Bloomfield*, den Schneider unter der Regie des Schauspielers Richard Harris in Israel dreht. Die »Neue Zürcher Zeitung« stellt in ihrer Kritik lediglich lakonisch fest, dass Romy Schneider immer noch schön sei. Tatsächlich ist ihre Aufgabe in dem Fußballer-Porträt nicht sehr strapaziös. Sie spielt eine Bildhauerin, die Freundin des gealterten Fußballgenies und Titelhelden Eitan (Richard Harris). Der Film läuft 1971 auf der Berlinale und wird dort von manchen Blättern als fatalster Beitrag gewertet. Am positivsten daran wird die Auseinandersetzung zwischen Harris und Schneider gewertet, die entgegen üblicher Kinotradition in eine temperamentvoll geführte, handfeste Schreierei ausartet. Der »Telegraf« stellt fest, dass »Romy, mal lieb und ganz Frau, mal emanzipiert und ganz ernsthafte Künstlerin, die Posen wechselt wie ihren Arbeitskittel.«[427]

Christiane Höllger erinnert sich, dass Harris sehr verliebt in Schneider gewesen sei und sich über ihren Konflikt mit Deutschland und Schneiders Behauptung, sie wäre nun Französin, gewundert habe.[428] Der irische Schauspieler, der kurz zuvor mit *A Man called Horse/Der Mann, den sie Pferd nannten* internationalen Erfolg hatte, habe sie vehement davon zu überzeugen versucht, dass sie ein absolut europäisches Potential habe und sich niemals dermaßen nationalistisch angreifen oder einordnen lassen dürfe. Das schreibt er ihr »paketweise«, wie sich Höllger erinnert, in Versen. Doch Romy tut sich noch lange schwer mit dieser Frage. Erst viel später stellt sie ganz im Sinne von Harris klar, sie sei nicht primär deutsche oder französische, sondern eine europäische Schauspielerin. Ihre Regisseure wissen das längst. Schon Visconti habe in Marischkas *Sissi*-Filmen eine Subtilität entdeckt, die Schneider als europäische Schauspielerin auszeichne, meint Höllger.

Kaum sind die Dreharbeiten zu einer Produktion beendet, beginnen bereits die nächsten. Romy Schneider hat ihr früheres Arbeitstempo wieder aufgenommen, erhält regelmäßig Angebote, nimmt viele davon an, arbeitet in Frankreich und Italien. Die Qualität der jeweiligen Produktionen ist sehr unterschiedlich, doch Schneiders Star-Nimbus beginnt wieder zu strahlen, ihr Name erscheint regelmäßig in Fachmagazinen und, was noch wichtiger ist, in den Plänen von Regisseuren und Produzenten. Finanzgeber vertrauen wieder in ihre Zugkraft.

La Califfa, den Schneider 1970 dreht, ist ein Film des Schriftstellers und Regisseurs Alberto Bevilacqua, für den der Filmkomponist Ennio Morricone ein von einer Oboe getragenes einprägsames Titelthema schreibt, das in der Folge den Film selbst an Bekanntheit weit übertrifft. Wie in den Western von Sergio Leone oder Sergio Corbucci kontrastiert Morricones Musik in opernhafter Schönheit mit der drastischen und mitunter gewalttätigen Handlung. Romy Schneider spielt Irene Corsini, eine norditalienische Arbeiterin, die ihre Kollegen im Streik gegen den Fabrikbesitzer Doberdo (Ugo Tognazzi) unterstützt. Diesem imponiert ihre selbstbewusste Haltung, er beginnt ein Verhältnis mit ihr, gerät in ihren Bann. Beeinflusst durch Irene, bemüht sich Doberdo um Aussöhnung mit seinen Arbeitern und gerät dadurch buchstäblich ins Schussfeld des Mafia-Unternehmersyndikats.

Bevilacquas Sujet nimmt einiges von Damiano Damianis gesellschaftskritischen Anti-Mafia-Filmen (am bekanntesten wurde dessen Fernsehserie *Allein gegen die Mafia*) vorweg. Kameramann Roberto Gerardi platziert das moderne Passionsspiel in einem Bildaufbau, der mit den zentralperspektivischen Darstellungen auf Renaissance-Gemälden spielt und diese in die Geometrie einer Fabrikanlage transponiert. Die deutsche Kritik nennt den Film einen Tiefpunkt in Romy Schneiders neuer Karriere und die Schauspielerin selbst eine glatte Fehlbesetzung. Weder verfüge Schneider über südländisches Flair, beklagt man, noch glaube man ihr die revolutionäre Ideenträgerin. »Romy fällt von einem falschen Spielversuch in den anderen [...] Der nächste Romy-Schneider-Film kann nur besser sein.«[429]

Dies ist nur eines der vielen Fehlurteile der Kritik in Schneiders Karriere, denn sie erweist sich auch in diesem Falle durchaus in der Lage, einen Film durch ihre Rollengestaltung entscheidend mitzutragen. Alberto Bevilacqua nimmt sich Zeit, seinem weiblichen Star einige prägnante filmische Momente zu schenken. Zu Beginn kauert Romy statuenhaft auf einem blutverschmierten Boden vor einer Leiche auf dem Dorfplatz, auf dem, wie man später sieht, eine Demonstration gewaltsam aufgelöst wurde. In einer anderen Einstellung bewegt sie sich aus der Unschärfe des Bildhintergrunds in den Vordergrund, bis die Kamera sie scharf fasst. Lange Zeit sprechen nur ihre Augen, den leicht geöffneten Mund benötigt sie nur, um dem Fabrikbesitzer gegen das Autofenster zu spucken. Ihre Szenen emotionaler Ausbrüche gestaltet sie in diesen wie folgenden Filmen souverän, ihre kinematographische Kraft entfaltet sie jedoch vor allem in Szenen, in denen sie mit Blicken und kurzen Gesten die Handlung kommentiert oder bestimmt, etwa in einer kurzen Passage eines sehr sinnlich gestalteten gemeinsamen Abendessens mit Doberdo oder wenn ihre kleine Gestalt sich den riesenhaften, kolbenstampfenden Maschinen nähert, um diese zum Stillstand zu bringen.

Bevilacqua, der auch die Romanvorlage geschrieben hat, ist Schneider unbekannt, weshalb sie zunächst zögert, an der Produktion mitzuwirken. Doch als sie die ersten Muster sieht, ist sie endgültig überzeugt. Später wird sie amüsiert feststellen: »Kaum hatten die Dreharbeiten zu *La Califfa* begonnen, war ich schon splitternackt für eine Liebesszene. Ich frage mich, ob das ein Trick der italienischen Regisseure ist, um ihren Schauspielern von Anfang an die Befangenheit zu nehmen.«[430] Letztendlich sind es paradoxerweise jene Szenen und nicht die politischen Anspielungen auf syndikative unternehmerische Ausbeutung, die italienische Sittenrichter auf den Plan rufen, um gegen den Streifen zu protestieren.

Die intensive Arbeit trägt Früchte. Romy Schneider hat seit 1970 eine Wohnung in der noblen Pariser Avenue Foche und freut sich auf weitere »echte Frauenrollen«, wie sie sie selbst bezeichnet. Andere könne und wolle sie nun nicht mehr spielen. Ihre Ehe mit Harry Meyen führt sie immer mehr auf Distanz. Vorerst gibt es jedoch für die Presse inszenierte Wiederbegegnungen, wenn sie zu Synchronarbeiten reist. Im Studio darf Meyen die Regie nach wie vor übernehmen, in ihrem Leben nicht mehr. Der Regisseur betont, dass berufliche Trennungen normal und der Beziehung durchaus zuträglich seien, solange Romy für den Film und er für das Theater arbeite. Schneider gesteht Spannungen ein, spricht über das Problem, Berufsleben und Privates bei der sich ergebenden räumlichen Distanz zu verbinden. Sie sehe aber nur die Möglichkeit, entweder die Karriere zu forcieren, dann würden sich die Rollen ergeben, an denen ihr wirklich liege, oder sich völlig ins Privatleben zurückzuziehen, dann jedoch sei es mit den beruflichen Möglichkeiten vorbei, erkennt sie, und sie weiß, dass sie dazu noch lange nicht bereit ist. Noch einige Zeit zuvor fand sie Meyens Anwesenheit bei Dreharbeiten angenehm, schätzte sein regieartiges Korrektiv in ihren Gestaltungen. Das möchte sie nun, vier Jahre nach ihrer Hochzeit, nicht mehr. »Am Anfang meiner Ehe dachte ich, daß ich dem Beruf und der Ehe gerecht werden könnte. Inzwischen weiß ich, das ist unmöglich. Und das ergibt natürlich Spannungen, die Harry und ich immer wieder ausgleichen müssen, über die wir reden müssen, was für beide nicht immer einfach ist.«[431] Den Kontakt zu Freunden hält sie telefonisch aufrecht, am liebsten hätte sie diese weiterhin um sich, wie Gertraud Jesserer erzählt: »Romy ist nach Paris gezogen, hat erst im Hotel gewohnt, hat mich von dort aus angerufen, ob ich kommen mag – aber ich konnte nicht, wegen der Kinder.«[432]

Claude Sautet spricht von einem unruhigen Privatleben Schneiders nach *Die Dinge des Lebens*. »In ihrem Bedürfnis nach Ausschließlichkeit hat sie die Männer gewechselt. Sie war sehr eifersüchtig. Sie verlor schnell die Selbstsicherheit. Sie hatte immer Angst. Für einen Partner, der mit ihr lebt, muß das recht schwierig sein.«[433] Hildegard Knef beschrieb Schneiders Zustand in dieser Lebensphase: »Mehr und mehr entblättert sich ein Bündel brachliegender Nerven, unkontrollierbarer Emotionen. Selbstironie scheint furchteinflößend und weitab von ihrem Sprachschatz, Denken, Fühlen. Sie erinnert an die Monroe. Widerborstiger, angriffsbereiter als jene, doch gleichermaßen verwundbar-wankelmütig.«[434]

»Ich bin eine Schauspielerin, mehr nicht«

Im September 1970 wird Romy Schneider 32 und meint: »Ich habe meine Blütezeit hinter mir, das meine ich gar nicht ironisch, weil ich wirklich glaube, daß eine Schauspielerin mit 25 ihren Höhepunkt erreicht hat. In ein paar Jahren bin ich eine Mitdreißigerin, ich weiß schon jetzt, was dann passiert. Dann gehe ich zur Bühne. Wahrscheinlich werde ich erst dann eine richtige Schauspielerin.«[435] Die französische Kritik hat Romys Wandlung als Schauspielerin akzeptiert, der deutschen Presse gegenüber bleibt Schneider misstrauisch. Nach wie vor wird sie oft falsch oder unzusammenhängend zitiert. Vielleicht sei es besser, nichts mehr zu sagen oder unverfänglich zu antworten, mutmaßt sie. »Aber ich kann nun mal privat nicht spielen, das tue ich vor der Kamera genug. Privat lege ich mir nichts zurecht.«[436]

Die Schauspielerin Romy Schneider, für die sich das Publikum immer noch nicht gleichwertig interessiert wie für die Privatperson, arbeitet wieder regelmäßig in ihrem Beruf. In den kommenden Jahren wird sie ihren Status als fester Bestandteil des französischen Kinos untermauern. Ihr nächster Film *Das Mädchen und der Kommissar* (der Originaltitel *Max et les Ferrailleurs* bedeutet eigentlich Max und die Schrotthändler) ermöglicht es Romy 1970, wieder mit Claude Sautet zu drehen. An ihrer Seite spielt erneut Michel Piccoli, auch Raymond Danon fungiert wieder als Produzent. »Paris Match« nennt ihn einen außergewöhnlichen Film, in den Sautet scheinbar sein ganzes Ehrgefühl gelegt habe, »um uns seine Lieblingsdarstellerin in einer der faszinierendsten Aufmachungen vorzustellen, das heißt, als eine Gestalt, die einem den Atem nimmt und wie man sie nicht mehr sieht.«[437] Die »Lieblingsdarstellerin« ist jedoch, wie schon bei *Die Dinge des Lebens*, gar nicht für die Produktion vorgesehen. Sautet plant ursprünglich Marlène Jobert zu besetzen, die jedoch ebenso wie die nach ihr angefragte Cathérine Deneuve absagt. Erst dann kontaktiert Sautet Schneider, meint jedoch, die Rolle wäre wohl nichts für sie. Sie habe zugesagt, ohne das Drehbuch vorher zu lesen, weil es von Sautet kam, erklärt sie im Vorfeld der Produktion. Die Vorstellung, was die Leute sagen würden, wenn sie hören, dass »die kleine Schneider« eine Prostituierte spiele, habe sie zusätzlich gereizt.

Auch Michel Piccoli ist nicht erste Wahl für die Rolle des Kommissars. Raymond Danon spekulierte mit Alain Delon oder Yves Montand, doch beide zogen andere Projekte vor. So schien die Konstellation mit dem Erfolgsgespann aus *Die Dinge des Lebens* eine konsequente Fortsetzung des gemeinsamen Weges. Piccoli schätzt die Zusammenarbeit mit Romy Schneider mittlerweile sehr, beide verstehen sich im Versenken in die jeweilige Figur, dem körperlichen und geistigen Verschmelzen mit ihr. Drei Monate gemeinsame Arbeit schafften eine eigentümlich dichte Atmosphäre, meint Piccoli. »Man muß sich einmal vorstellen, wie zwei Schauspielern zumute ist, die acht Stunden ununterbrochen eng umschlungen unter den Scheinwerfern liegen. Für *Das Mädchen und der Kommissar* habe ich Romy stundenlang geküsst. Es hat – mit Distanz – zwischen uns Gefühle gegeben, die zu haben viele sich glücklich schätzen würden. In Wirklichkeit lieben wir unseren Beruf zu sehr, um uns mit Einzelheiten einer bestimmten Situation aufzuhalten. Wir jagen keinen Trugbildern mehr nach.«[438]

Das Drehbuch wird mehrfach geändert, vor allem für das Ende gibt es mehrere Variationen. Man berichtet von Spannungen zwischen Schneider und Sautet während der Dreharbeiten, doch letztendlich siegt die Gemeinsamkeit. Einer Szene weicht die Schauspielerin zunächst aus, spricht auch mit dem Regisseur nicht darüber. In der Nacht vor der Aufnahme schreibt sie die Passage um und zeigt Sautet am nächsten Morgen das Ergebnis. Er habe dieselbe Idee gehabt, meint er darauf.[439] Genauer wird die Szene nicht bezeichnet, Regisseur und Darstellerin wollen dadurch jedoch das gemeinsame Rollenverständnis demonstrieren.

In Frankreich zweifelt man nicht mehr an der künstlerisch wie kommerziell erfolgreichen Kombination. In Deutschland reagiert man jedoch nur langsam auf den durch die neuen Filme begründeten Imagewandel. »Ihr Rollenbild ist bestimmt durch ›cool sex‹, eine kühle, rauhe, gescheite Form von Erotik. Das glatte Gegenstück von Hanna Schygulla. Eine verrätselt nixenhafte Form der

Liebe, die Überraschungen birgt«,[440] analysiert die »Frankfurter Allgemeine Zeitung«.

Sautet zitiert in *Das Mädchen und der Kommissar* amerikanische Noir-Vorbilder von John Huston und Howard Hawks und verdeutlicht das auch in Kleidung und Habitus seines Titelhelden: Borsalino-Hut, nachtblauer eleganter Anzug, bleiches Gesicht, wortkarg, introvertiert, besessen von seiner Aufgabe. Nach einer halben Filmstunde taucht Romy Schneider erstmals auf, im Fernglas des Kommissars Max (Michel Piccoli) zeigt sie sich als Prostituierte Lili, der man wieder einen deutschen Hintergrund konstruiert. Geboren in Hamburg, heißt Lili eigentlich Julia Anna Ackermann, der Vater ist im Krieg gefallen, sie wird ein »Star« der Unterwelt. Wieder geht es Sautet um die Dinge des Lebens, die Unbestimmtheit mancher Beziehung: »Ich werde nicht mehr versuchen, dich zu verstehen.« – »Da gibt's auch nichts zu verstehen.« Der Kommissar gibt sich als Banker aus, richtet der Prostituierten eine Wohnung ein, drapiert diese mit ihren Fotos, spielt mit ihr Karten, zahlt 300 Francs, nur um mit ihr zu reden. Ohne ihr Wissen benutzt er sie als Lockvogel für die Falle, die er auslegt. Bald wird ihm klar, dass er nicht nur Informationen von ihr will. Zwischen den beiden beginnt eine seltsame Art von Beziehung, geprägt von berührungsloser Anziehungskraft. Zu Schneiders stärksten Momenten auf der Leinwand gehört der entsetzte, enttäuschte Blick, nachdem sie erkennt, hintergangen worden zu sein. In der »Neuen Zeit« nennt man die Szene, in der ihre Figur begreift, dass der Mann, der sie, scheinbar ohne etwas von ihr zu wollen, bezahlte, sie wie alle anderen nur benutzte, »von selten gesehener Größe«.[441]

1971 berichtet Romy Schneider von Theaterofferten aus Deutschland und Großbritannien. Kortner hätte ihr Lulu, Fräulein Julie und die Viola angeboten, Noelte in Hamburg die Heilige Johanna, in London soll sie Anna Karenina spielen, meint aber: »Ich hab Angst …, mit dem Film kann es vorbei sein von heute auf morgen. Ich will filmen, solange ich kann. Theater vielleicht später.«[442] Als weiteren

Grund nennt sie, dass sie sich dafür auf mindestens ein Jahr verpflichten müsste, darunter würde das Familienleben zu sehr leiden. So bleibe der Film die beste Möglichkeit.

Ihr nächstes Projekt ist *L'assassinio di Trotsky/Das Mädchen und der Mörder* unter der Regie von Joseph Losey. Über Alain Delon, dessen Geliebte sie in dem Film wieder einmal spielt, stellt sie nun fest »Wir hassen uns nicht. Wir können und mögen uns erinnern.«[443] Delon hatte Losey als Regisseur vorgeschlagen, sie empfindet die Arbeit mit ihm als – in positivem Sinne – strapaziös und aufregend, reiht ihn, obwohl er ihr für ihren Geschmack fast zu viel gestalterische Freiheit lässt, unter ihre großen Regisseure ein. Romy wundert sich, dass der Film in Deutschland unter dem Titel *Das Mädchen und der Mörder* läuft. Vermutlich spekulierte man mit der Assoziation zu *Das Mädchen und der Kommissar*, der im Original ebenfalls völlig anders hieß. Für die deutsche Werbeindustrie sollten Romys »Mädchen«-Jahre wohl andauern. Der Film schildert die Ermordung Trotzkis »so authentisch wie möglich«, er beginnt mit historischen Aufnahmen des Revolutionärs, der im Film von Richard Burton dargestellt wird. Delon spielt seinen Mörder, Schneider dessen Geliebte Gita, eine Rolle, die ihr außer einigen hysterischen Ausbrüchen nach der sehr naturalistisch inszenierten Mordszene wenig abverlangt. Simone Signoret, die man für die Rolle von Trotzkis Frau gewinnen will, sagt ab, ihren Part übernimt Valentina Cortese.

Die Kritik nimmt den Film nicht sonderlich positiv auf, »Fummelei mit der Geschichte«,[444] beklagt »Die Welt«, offenbar sei Regisseur Joseph Losey über seine Stars und ein schlechtes Drehbuch gestolpert. Die österreichische »Volksstimme« nennt ihn einen missglückten Reißer voller Klischees und führt aus: »Dies wird noch dadurch unterstützt, daß ›Stars‹ wie Alain Delon als verirrter Kinoheld, Richard Burton als Trotzki mit Opa-Image und Romy Schneider als Kommerz-Filmliebhaberin über die Leinwand schwirren.«[445]

Wesentlich mehr öffentliche Resonanz als der Trotzki-Film erzeugt in dieser Zeit eine andere Aktion Romy Schneiders. Im Frühling 1971 erhält sie einen Brief von Alice Schwarzer, die prominente Namen für eine Aktion gewinnen will, bei der Frauen öffentlich bekennen sollen, eine Schwangerschaftsunterbrechung vorgenommen zu haben und dieses Recht für alle Frauen fordern, denen bisher in Deutschland noch gesetzliche Strafen drohen. Schwarzer kann 374 Frauen dazu überreden, darunter auch prominente Schauspielerinnen wie Senta Berger und Romy Schneider. Der »Stern« berichtet darüber in einem großen Artikel am 6. Juni 1971. Ein Sturm der Entrüstung ist die Folge. Laut Alice Schwarzer war es nicht notwendig, Schneider von der Notwendigkeit der Abschaffung des umstrittenen Paragraphen 218 zu überzeugen. »Postwendend kam ein Brief mit der Unterschrift zurück. Dazu ein Gruß und der Satz: ›Da bin ich ganz und gar dafür!!!‹ Dreimal unterstrichen. Drei Ausrufungszeichen.«[446] Das Thema ist seit Jahren heiß umkämpft. Erst im August 1953 wird die Todesstrafe für »Fremdabbruch« abgeschafft. In den 1960er Jahren wird das Thema von religiösen Gruppen aufgegriffen, die sich unter Berufung auf die jeweiligen Dogmen militant dagegen aussprechen. Die Frauenbewegung fordert die Abschaffung des vieldiskutierten Paragraphen, der Betroffenen bei Schwangerschaftsabbruch mit Freiheitsentzug und Geldstrafen droht. Erst das Kabinett unter Willy Brandt 1972 setzt diese Forderung im Laufe der folgenden Jahre um.

Den neuen deutschen Kanzler trifft Romy Schneider bereits ein Jahr zuvor. Am 23. Juni 1971 besucht sie als Gast von Willy Brandt einen Empfang von Filmstars im Bonner Bundeskanzleramt und nimmt einige Tage danach auch am dortigen Sommerfest teil. Der Fernsehbericht darüber zeigt Romy im Gespräch mit Brandt und seiner damaligen Frau Rut, nennt sie eine gereifte Darstellerin, die in Frankreich steile Karriere mache und nun auch in Deutschland auf den Durchbruch im Charakterfach hoffe.[447] Romy Schneider trägt dabei den modischen Kurzhaarschnitt, mit dem sie auch auf dem »Stern«-Cover zu sehen war. Es ist ihr erster Aufenthalt in Westdeutschland nach dem aufsehenerregenden Artikel, für den ihr theoretisch strafrechtliche Konsequenzen hätten drohen können. Davon ist freilich bei dieser Gelegenheit nicht die Rede. Als erster deutscher Kanzler bittet Brandt nicht nur Politiker in den Kanzlerbungalow. Vielleicht in Anlehnung an Kennedys legendäres »Camelot«-Szenario in Washington umgibt sich der sozialdemokratische Regierungschef gern mit beliebten Künstlern deutscher Provenienz und internationalem Flair, darunter Curd Jürgens, Maria und Maximilian Schell, Mario Adorf, Ruth Maria Kubitschek, Viktor de Kowa und Horst Tappert.

»Und Romy Schneider filmt und filmt«

Romy Schneider ist um eine einheitliche Präsentation ihrer Person bemüht, ihre Rollen synchronisiert sie selbst auf Deutsch und Englisch, nur bei *La Califfa* wählt man um der Authentizität willen eine Italienerin. Sie weiß, dass es auch Äußerlichkeiten sind, die ihren Marktwert bestimmen, hält salzlose Diät, geht spazieren, schwimmt, isst Rohkost, während andere bei Banketten schwelgen. Ihre Figur, die Gesamterscheinung für den jeweils nächsten Film ist ihr Ansporn genug. In der französischen Presse hofiert man den neuen Star, lobt ihre Schönheit und ihr Talent. Die Betonung, dass sie Deutschland verließ, um in Frankreich zum internationalen Star zu werden, wird nicht ohne Stolz gesetzt. Aber es geht längst über die Freundlichkeit hinaus, sie eine akzentfrei sprechende junge Pariserin zu nennen. Man erkennt in ihren Darstellungen einen Typus, den man im französischen Kino als neu und ungewöhnlich empfindet. Es liegt etwas Zwiespältiges, leicht Gebrochenes in ihren Leinwandfiguren, gepaart mit akzentuiert femininer Leidenschaft, sie steigere die Intensität ihrer meist klug gewählten Rollen von Film zu Film. Erstmals fällt der später vielbenutzte Begriff »Mythos«. Am 3. Juli 1971 erscheint in »Paris Match« das seither vielzitierte Kompliment, wonach das Kino vierzig Jahre nach Greta und Marlene und fünfzehn Jahre nach Marilyn wieder einen Star entdeckt habe. Der steht in fetten Großbuchstaben ausgeführt daneben und ist ebenfalls längst auf einen weiblichen Vornamen reduzierbar: ROMY.

Hatte sie sich ein paar Jahre zuvor noch über den Erfolg Dominique Sandas gewundert, so konzediert man ihr 1971, dass Romy in der Lage sei, lokalen Größen wie Simone Signoret und Jeanne Moreau den Rang abzulaufen. Schneider weiß die mittlerweile herzliche Aufnahme in ihrer neuen Heimat zu schätzen, reagiert überschwänglich: »Ich fühle französisch, so wie ich lebe, wie ich liebe, wie ich mich kleide, wie ich schlafe, wie ich zu der Frau wurde, die ich jetzt bin.«[448] Im Herbst 1971 muss auch die deutsche Presse anerkennen: »und Romy Schneider filmt und filmt ...«[449]

Aus Deutschland kommen immer noch keine Angebote, die sie interessieren, klagt sie. Ob das an mangelnder Phantasie oder Risikobereitschaft liege, weiß sie nicht. Die Gründe dafür sind jedoch anderswo zu finden. In der deutschen Filmindustrie sind seit Anfang der 1960er Jahre größere Umbrüche im Gange. Im Februar 1962 haben 26 junge Filmschaffende, darunter Alexander Kluge, Peter Schamoni, Edgar Reitz und Herbert Vesely im sogenannten Oberhausener Manifest »den alten Film« für tot erklärt und einen »neuen deutschen Film« gefordert. Man kritisiert, dass die deutsche Filmindustrie allein kommerziellen statt künstlerischen Gesetzen gehorche, wobei politisch und gesellschaftlich relevante Themen in der »Wirtschaftswunder«-Euphorie bewusst ausgeklammert werden. Dies geschehe durch eine Eltern-Generation, die von der eigenen Kriegsvergangenheit ablenken wolle. Während es in den künstlerischen Neuorientierungen anderer europäischer Länder wie Cinema Nuovo, Nouvelle Vague oder Free Cinema um künstlerische Erneuerung und eine akzentuiert europäische Linie als Abgrenzung zu Hollywood geht, herrscht im »neuen deutschen Film« primär ein politischer Diskurs. Der Heimatfilm der 1950er Jahre wird darin in seiner Tendenz zu Eskapismus und Verdrängung als direkte Weiterführung der NS-Filmproduktion gesehen. Übereinstimmungen sind unzweifelhaft vorhanden, sowohl in Filmstil als auch in zahlreichem Personal vor und hinter der Kamera. Man lässt in dem Zusammenhang jedoch unbeachtet, dass die in den 1940er Jahren gepflogene Form des Unterhaltungsfilms schon seit der Stummfilmzeit tradiert wird und zahlreiche erfolgreiche Produktionen des Auslands, etwa die Filme Roberto Rossellinis oder François Truffauts, auf ihre Art ebenfalls durchaus einer Form des klassischen Erzählkinos verpflichtet sind. Einige Regisseure der Nouvelle vague folgen amerikanischen Einflüssen. Alte dramaturgische Konzepte werden auch in Frankreich erneuert, es gibt jedoch nichts Ideologisches mit der älteren Generation aufzurechnen.

Stars wie Romy Schneider verbinden in der Sicht der französischen Filmemacher altbewährte kinematographische Traditionen mit der neuen. Romy bringt das klassische Pathos aus dem Erbe einer Schauspielerdynastie mit, das sie subtil für die Gegenwart adaptiert. In Frankreich hat man kein Problem damit, Starnamen zu besetzen, worauf der neue deutsche Film zumindest vorerst demonstrativ verzichtet. Romy Schneider gerät dadurch in die ideologischen Grabenkämpfe der Generationen, ihre *Sissi* wird von den neuen Autoren-Filmemachern ebenso wie andere, zumeist ältere Beispiele als repräsentatives Exempel für den Kitsch der Elterngeneration bis zurück in die 1940er Jahre gedeutet. Was man voneinander hält, teilt man sich zumeist über die Medien mit.

Was in Deutschland über sie gedacht werde, interessiere sie nicht, erklärt Schneider 1969, mit Peter Schamoni oder Alexander Kluge würde sie nie zusammenarbeiten wollen. »Ich habe von ihnen noch nie ein Buch bekommen, das mich interessiert hat. Dem Alexander Kluge würde ich nicht in den Reisepaß schreiben ›Regisseur‹, sondern nur

›Monteur‹«, wobei ihr der Gleichklang zwischen der französischen Bezeichnung für Cutter und einem Handwerker wohl bewusst war. »Und die Schamonis sind für mich Dilettanten.«[450] Sie sei nur mehr an künstlerischen Filmen interessiert, lässt Romy Schneider 1969 verlautbaren, bekennt aber, dass sie auch mit Filmen von Godard nichts anfangen könne und bei ihnen zumeist das Kino verlasse. »Da können Sie ruhig sagen, ich bin dumm.«[451] Was den »jungen Film« angeht, so interessiere sie diesbezüglich nur der französische, und sie nennt den Regisseur François Reichenbach, mit dem sie gern arbeiten würde. Das gemeinsame Projekt »Le Massacre« lässt sich jedoch nicht verwirklichen. Die meisten deutschen Produktionen gefallen ihr nicht. »Ich glaub' an den deutschen Film, der wieder kommt. Absolut. Aber so? – Nee! Das ist ausgeschlossen. Schauen Sie: *Falsche Bewegung* von Herrn Wim Wenders, da gehen 25 Studenten rein. [...] Ich war im Kino, ich saß da, hab gesagt: Und das ist jetzt der große gute neue deutsche Film? Entweder du bist a totaler Depp oder die sind's.«[452] Sie nennt dennoch ein paar Namen, mit denen sie zu arbeiten bereit wäre, darunter Volker Schlöndorff, Werner Herzog und Johannes Schaaf. »Mit den deutschen Jungfilmern habe ich gar nichts im Sinn. Nennen Sie mir einen unter ihnen [...] Ich kenne keinen – außer Schlöndorff vielleicht. Sein *Törless* hat mir gut gefallen. Bei Schamoni-Filmen schlafe ich ein [...] Geben Sie mir einen guten Regisseur und ein gutes Buch, und ich komme sofort nach Deutschland, um einen Film zu machen. Alle Behauptungen, ich würde hier nicht arbeiten wollen, sind unsinniges Geschwätz.«[453]

Die Ressentiments der Autorenfilmer gegen das Startum versteht sie hingegen, betont, selbst nichts damit zu tun haben zu wollen, was wohl ein wenig mit Selbstverleugnung zu tun haben mag. »Ich arbeite und ich tue mein Bestes, das ist alles.«[454] Christiane Höllger erinnert sich, dass sich Schneider die Frage an Rainer Werner Fassbinder jedoch nicht verkneifen konnte, was denn ein »Antistar« sei, wie man Fassbinders Schauspieler gern bezeichnete. Ihrem Empfinden nach sei man entweder ein Star oder eben keiner. Der Regisseur kann ihr die Frage nicht ausreichend beantworten, worauf sie ihn auffordert: »Fahr' nach Hause. Leg' mir ein anständiges Drehbuch hin oder fahr' nach Hause.«[455]

Mehrere geplante Projekte mit Fassbinder kommen nicht zustande – nicht des Geldes wegen, wie Schneider betont. Man vermutet ein ungewöhnliches neues *Sissi*-Projekt der beiden, nach einem Drehbuch des Schauspielers und Autors Peter Berling, das den spekulativen Titel *Sissi IV* tragen soll. Karheinz Böhm bestätigt, es sei »ein Wunschtraum von Rainer Werner Fassbinder gewesen, mit uns beiden einen Film zu drehen. Wenn ich zurückdenke muss ich ganz ehrlich gestehen, ich hätte es mir auch gewünscht.«[456] Fassbinder gehört zu den jungen Regisseuren, die weder mit dem Erzählkino noch dem Besetzen von Stars Probleme haben, man denke an seine Zusammenarbeit mit Karlheinz Böhm bei *Martha* (1974) oder *Faustrecht der Freiheit* (1975). Böhms selbstkritische Bemerkungen zu manchen seiner Filme aus den 1950er Jahren fegte der junge Regisseur sofort vom Tisch: »Du hast diese Sissi-Filme doch gedreht. Ob die dir heute passen oder nicht ist doch scheißegal. Du musst dich in jeder Sekunde deines Lebens mit der notwendigen Selbstkritik zu allem bekennen, was du gemacht hast. Wenn du das tust, wirst du dich immer nach vorne entwickeln.«

Sicher ist, dass Fassbinder Schneider für das 1979 umgesetzte Projekt *Die Ehe der Maria Braun* gewinnen will. Fassbinder und Schneider treffen sich, um es zu besprechen. Romy gefällt die erste Drehbuchfassung nicht, danach verliert man sich wieder aus den Augen. Ihr Problem mit dem deutschen Film bleibt bestehen. Einerseits hängen ihr die alten Erfolge nach, andererseits kann sie nach wie vor mit dem Neuen Deutschen Film wenig anfangen. »Ich bin für dieses Kino nicht gemacht.«[457] Fassbinders Idee, Schneider im geplanten »Immensee«-Film einzusetzen, lehnt sie ab, ein weiteres Projekt missbilligt sie, ohne es näher zu bezeichnen, als »melo-melo-melodramatisch«.

Der von Schneider gelobte Volker Schlöndorff bedauert heute, dass es nie zu einer Zusammenarbeit kam. »Wir sind uns immer wieder begegnet, waren einander sehr verbunden als Deutsche im Ausland, waren beide sehr frankophil und in Frankreich auch anerkannt. Ich bedaure sehr, dass wir nie zusammengekommen sind. Bei der *Möwe* war ich noch zu jung, und später machte ich andere Filme. Es hat leider nie gemeinsame Pläne gegeben. Ich habe sie immer wieder getroffen, konnte sie aber nie auf ein Projekt ansprechen, sie mich umgekehrt auch nicht.«[458]

Immer noch erhält Romy Schneider aus deutschen Landen Briefe, in denen sich die Absender auf die *Sissi*-Filme beziehen. Sie bringt dem wenig Verständnis entgegen. Tatsächlich steht ihr eine Wiederbegegnung mit dieser Rolle bevor. Im Mai 1971 wird Romy Schneider ausgewählt, Luchino Visconti in Cannes den Preis für sein Lebenswerk zu überreichen. Bei der anschließenden Feier im Palais des Congrès schlägt »Lucca« seiner »Romina« einen Filmstoff vor, berichtet von einer Rolle darin, die ihr bereits vertraut sei. Die Offenbarung, dass es ausgerechnet wieder die Kaiserin von Österreich ist, verwundert sie kurz, sie erkennt jedoch die einmalige Chance einer Neukonfrontation mit Sissi und ist überzeugt: »Ich werde diese Rolle, den Charakter dieser Frau zum erstenmal wirklich spielen [...] Visconti hat als einziger die Sissi historisch authentisch porträtiert.«[459]

Der Italiener plant, inspiriert von Klaus Manns Novelle *Vergittertes Fenster*, das Leben des bayerischen Königs Ludwig II. zu verfilmen. Im Zentrum der Handlung soll dessen Verehrung für seine Kusine und geistige Wahlverwandte, Kaiserin Elisabeth, den Komponisten Richard Wagner und seine eskapistischen Schlossbauten stehen. Helmut Berger wird für die Titelrolle verpflichtet, Trevor Howard als Richard Wagner, Silvana Mangano als Cosima Wagner-Bülow, in weiteren Nebenrollen spielen Helmut

Griem und Gert Fröbe. Auch Josef Kainz, mit dem Romys Großmutter noch auf der Bühne stand, erscheint als Spielfigur im Film. Romy Schneider bekniet Paula Wessely, die Rolle von Ludwigs Mutter zu übernehmen. Die Wiener Burgschauspielerin lehnt jedoch mit der Begründung ab, dass nur eine englische Version des Films geplant sei, in der sich ihr Akzent als störend erweisen könne. Auch die Namen Oskar Werner und Alec Guinness (als Wagner) werden vor Drehbeginn kolportiert.

Die Dreharbeiten dauern von Januar bis April 1972, wieder wird in Bad Ischl gedreht, diesmal bei Eiseskälte, mit Schnee und satten, gedeckten Farben statt Fünfziger-Jahre-Märchenkolorit. Visconti wählt authentische Schauplätze in Bayern und Österreich, sein persönlicher Ehrgeiz besteht darin, auch Originalrequisiten in die Handlung einzubauen, was die Familie Wittelsbach ihm, dem Mailänder Adeligen, auch gestattet: Erstmals öffnet sie einem Filmteam ihre Schlösser. Die Presse kolportiert die Summe von zehn Millionen Mark an Produktionskosten, allein die handgenähten Kostüme sollen 20000 Mark gekostet haben. Sie werden, wie bei zahlreichen anderen Filmen Viscontis, von dem Kostümbildner Piero Tosi angefertigt, der dafür 1974 für den Oscar nominiert wird. Romy Schneider wird unter ihren eleganten samtschwarzen Gewändern in derart enge Korsetts geschnürt, dass sie während der Dreharbeiten kaum etwas essen kann. Nur langsam kann sie in diesem eleganten Aufzug ihrem die Treppen hinunterspringenden, mittlerweile fünfjährigen Sohn David folgen, als der sie bei den Dreharbeiten besucht. In Drehpausen darf der Kleine durch Viscontis Megaphon krächzen und sich von dem Regisseur in den Arm nehmen lassen.

Die Kritik ist, was das Gelingen des Films betrifft, ambivalent, lässt jedoch keinen Zweifel an der Leistung Schneiders. Die »Süddeutsche Zeitung« urteilt über *Ludwig II.*, dass »der Film ein Sieg Romy Schneiders ist, der nicht genug bewundert werden kann«,[460] spricht von ihrer schauspielerischen Bravour und der Souveränität, inmitten von

Viscontis Monstrosität und Strenge als akzentuiert lebendige Figur bestehen zu können. Viscontis entrückt-opernhaftes Pathos, mit dem sich sein Ludwig von der Wirklichkeit entfernt, wird von Schneiders Elisabeth ironisch kommentiert. Sie besticht im Film durch einen gewissen Zynismus, mit dem sie die Figur der Kaiserin ausstattet, und bricht so gleichsam die naiv-mädchenhafte Strahlkraft ihrer bisher bekanntesten Rolle. Unter Viscontis Regie nähert sie sich auf neue Art dem historischen Vorbild der tragischen, getriebenen Märchenkaiserin an: »Ich verschwinde einfach, wann ich will.«

Für Helmut Berger, Viscontis neuen Star und Lebenspartner, bleibt seine Rolle die einzige, »mit der ich mich bis heute identifizieren kann«. Er leidet jedoch unter Viscontis extremen Anforderungen, etwa sich auch privat intensiv mit dem Bayernkönig und seiner Hingabe an Richard Wagner zu beschäftigen: »Noch ehrlicher, noch direkter, zeig deine Liebe und Hingabe an diesen Komponisten, in dessen Musik sich der König mit all seiner Wesensart wiederfindet. Ich war fix und foxi. Wenn ich Romy Schneider nicht gehabt hätte, wäre ich verzweifelt.«[461] Auch Schneider leidet an Erschöpfungszuständen, muss einige Tage pausieren, dennoch hat Viscontis Film für sie beinahe therapeutische Wirkung. Sie setzt sich intensiv mit der historischen Figur auseinander, widerspricht ihrem Regisseur in manchen Punkten, bringt eigene Aspekte in die Geschichte ein. Mit dieser Annäherung an Elisabeth kann sie deutlich mehr anfangen, auch wenn sie findet, dass die Rolle zu knapp war, um ihren vielschichtigen Charakter noch besser auszuleuchten. Sie ist fasziniert von der Frau, ihrem völligen Mangel an, wie sie glaubt, körperlicher Angst vor Attentaten. Solche Phobien sind auch ihr fremd, auch in anderen Wesensmerkmalen fühlt sie Ähnlichkeiten. Visconti ist von ihrer Darstellung begeistert, spricht mit ihr über ein künftiges Projekt, die Geschichte der Kaiserin Elisabeth neu zu verfilmen, diesmal in ihrer beider Interpretation. Dieser Vision traut Schneider mehr als der Fassbinders. Doch mit dem Tod Viscontis 1976 stirbt auch das Vorhaben. 1972 erleidet der Italiener einen Kreislaufkollaps mit Lähmungserscheinungen, er erholt sich auf seinem Familienbesitz am Comer See, wo er auf einem von ihm dorthin beorderten Schneidetisch den *Ludwig*-Film beendet.

Ludwig II. ist jahrelang nur in einer gekürzten Version in den Kinos zu sehen, erst 1995 kommt die über drei Stunden lange Fassung in den Verleih. »Eros und Pathos«, erkennt die »Neue Zürcher Zeitung« in dem Film und sieht in diesem Teil von Viscontis »deutscher Trilogie« (neben *Die Verdammten* und *Tod in Venedig*) durchaus auch NS-Kritik, die er zwar nicht an tatsächlicher Geschichte, wohl aber aus ihr geborgten Figuren formuliere. »Dabei geht es natürlich nicht um historische Identifikation und Überprüfbarkeit, sondern um die ins symbolische Geschehen transferierte psychologische Beschäftigung mit der [...] Entfaltung zerstörerischer Kräfte.«[462]

Die strapaziöse Arbeit an *Ludwig* während der bitterkalten Winterdrehtage benutzt Romy als Ablenkung von privaten Problemen, trotzdem kann sie weitere Krisensituationen in ihrer Ehe nicht vermeiden. Romys Zigarettenkonsum steigt, sie stürzt sich bis zur Erschöpfung in Filmarbeit, wird beinahe von einem Auto angefahren, muss im Dezember 1972 zur Erholung in ein Pariser Sanatorium. Die Ehe im Hause Haubenstock scheint für beide Partner längst nur mehr auf dem Papier zu bestehen. Hildegard Knef berichtet von wechselseitigen Verhältnissen der Eheleute: »Freiheit – oder was sie dafür hielten – hatte den Vorrang eingenommen, zivilisierte Techtelmechtel hüpften vor den Grimassen endgültiger Trennung. Beide rannten einer unbenannten Bestätigung nach. Beide nahmen Rache an sich selbst.«[463]

Romy hat an Selbstbewusstsein gewonnen. 1972 sucht sie eine neue Wohnung in Paris. David, der mit 1. September 1973 aus Hamburg amtlich abgemeldet ist und bei ihr wohnt, kommt in die Schule, sie sieht es als Vorteil an, dass er zweisprachig aufwächst. Als große Umstellung empfindet sie, dass ihr Sohn sie nun nicht mehr so oft bei Dreharbeiten besuchen kann. Daran hat ihr immer viel gelegen, weil sie möchte, dass er ihren Beruf und vor allem das, was ihr daran wichtig ist, durch eigene Anschauung kennen lernt. Das negative Beispiel ihrer eigenen Kindheit, in der die Eltern meist abwesend waren, hat sie nicht vergessen.

Sie lebt nun wieder gern ohne Öffentlichkeit, braucht primär ihre Arbeit und den Kontakt zu ausgesuchten Menschen. Trifft sie sich mit Männern, werden ihr augenblicklich Verhältnisse angedichtet. Die Bezeichnung »scheu« findet sie nicht angebracht, sie lebt vielmehr bewusst zurückgezogen. »Ich liebe meinen Beruf, er ist meine große Passion. Aber ich kann nun mal nicht viele Menschen ertragen, Menschen, die mir auf die Schulter klopfen oder mich ausfragen wollen.«[464] Sie möchte Mark Spitz, den siebenfachen Goldmedaillengewinner bei den Olympischen Sommerspielen in München 1972, kennen lernen. »Ich mag Sieger. Es ist doch komisch, da gewinnt einer eine Goldmedaille nach der anderen, und man wünscht ihm noch eine und noch eine. Wieso eigentlich? Er hat doch schon genug. Sieger sollen strahlen. Ich bin da genauso beeindruckbar wie alle Menschen.«[465]

Wer sie in den kommenden Jahren am meisten beeindruckt, ist jedoch wieder ein Schauspieler. In den Jahren 1972/73 ist Romy Schneider häufig zu Gast in der Berliner Schaubühne am Halleschen Ufer, besucht die Theaterkantine. Diesen Ort wie auch den Zuschauerraum sucht Romy auf, um Bruno Ganz nahe zu sein. Später wird sie ihm auf Gastspielreisen, etwa 1973 nach Wien folgen. Während andere Bühnenkollegen den Filmstar meiden, suchen Bruno Ganz und sein Kollege Otto Sander ihre Gesellschaft, obwohl sie sich, wie sich Sander erinnert, zu Beginn wie »Kellerkinder« fühlen. Sander findet die stets elegant Gekleidete zunächst etwas naiv, ihr ehrliches Interesse für Theater beeindruckt ihn jedoch. Sie stellt gezielte Fragen zu den Produktionen, zur Arbeit der Schauspieler an ihren Rollen, auch der Gedanke, einmal bei einer Produktion mitzuspielen, gefällt ihr. Sie nimmt das politische Theater bewusst wahr, beginnt sich Fragen zu stellen über das Land, in dem sie einige Jahre gewohnt hat. Romy liest Heinrich Böll, der 1972 mit dem Nobelpreis für Literatur ausgezeichnet wird und dessen »Spiegel«-Essay »Will Ulrike Gnade oder freies Geleit?«, in dem er für humanen Umgang mit den RAF-Terroristen plädiert, einen Sturm politischer Entrüstung zur Folge hat. Ein Jahr zuvor erscheint sein Roman *Gruppenbild mit Dame*, bei dessen Verfilmung Romy Schneider 1975 vor der Kamera stehen wird. Die Person Willy Brandts verkörpert für Schneider einen neuen, offenen Umgang mit Geschichte, bei beider Bekanntschaft will man bald – wie so oft bei Schneider – von mehr als nur Freundschaft wissen. »Das wissen die beiden allein. In Herzensschlampereien«, lächelt Romys Freundin Gertraud Jesserer charmant auf die Frage danach, »bleibe ich bei meinen eigenen …«[466] Schneiders Liebe zu Bruno Ganz bestreitet niemand. Otto Sander reagiert gentlemanlike: »Ich war nicht dabei, wenn die beiden zusammen waren.«[467] – worauf sich unsere Kenntnisse der meisten tatsächlichen oder angeblichen Affären Romy Schneiders im Grunde reduzieren lassen. »Meine Begegnung mit Romy war ganz persönlich«, sagt Sander heute, »ich habe sie nur vor dem Presserummel geschützt.«[468]

Auf Einladung von Otto Sander wohnt Romy einige Wochen in einem Zimmer seiner Berliner Wohngemeinschaft, er erinnert sich an gemeinsame Spaziergänge und Schneiders ständige Angst davor, in der Öffentlichkeit erkannt zu werden. Wie eine »Kunstfigur« sei sie ihm erschienen. Auch Silvester 1972 verbringt man zusammen: Romy Schneider und das Ensemble der Schaubühne, darunter Peter Stein, Botho Strauss, Jutta Lampe, Edith Clever, Bruno Ganz und Otto Sander. Gelegentlich wohnt Schneider mit Christiane Höllger und anderen in einer anderen Wohngemeinschaft in der Berliner Bregenzer Straße. Eine der Mitbewohnerinnen, Elisabeth Zobel, meint später: »Sie kam zu uns, um vor ihrer Existenz als öffentliche Frau zu flüchten. […] Ich empfand sie als armes Hascherl, so ungeschminkt, wie sie bei uns immer auftauchte. Auf der Straße hätte sich kein Mensch nach ihr umgedreht.«[469] Schneider plaudert über Gewichts- und andere Alltagsprobleme und macht, ihrer Gewohnheit folgend, teure Geschenke. »Mit den Worten ›Kindchen, wie siehst denn wieder aus?!‹ hatte sie mir ein fliederfarbenes Wollkleid, später eine weiße Sportjacke, dann wieder einen Blazer, alles natürlich von Yves Saint-Laurent, in die Hand gedrückt.«[470]

Rudolf Augstein, Journalist und Gründer des »Spiegel«, schildert eine Szene, in der Schneider in einer Eifersuchtsangelegenheit dermaßen ausgerastet sei, dass ihr Bruder sie in die Psychiatrie einweisen lässt, wo sie einige Stunden Zeit hätte, sich zu beruhigen. Wolfdieter Albach äußert sich bis heute nicht öffentlich zu Romy. »Wir wissen nicht, wie es ist«, meint Rudolf Augstein, »im Schatten einer weltberühmten Schwester zu stehen. Als anerkannter orthopädischer Spezialist mußte er sich von seinen Patienten Gutes und Mieses über seine Schwester anhören. Und Romy war, was den geliebten Bruder betraf, nicht gerade zimperlich, obwohl sie sehr an ihm hing. Mit sprühendem Temperament gesegnet, haben sich die Geschwister angefetzt, daß die Funken flogen.«[471]

Im März 1973 liest man in der Presse: »Nun ist Romy wieder allein.«[472] Das Foto darunter gibt den Blick auf Romys nackten Rücken frei, es stammt aus dem Film *César und Rosalie*. Während der Dreharbeiten fotografiert man Romy in Paris in Begleitung ihres dortigen Agenten Jean-Louis Levi, des Discjockeys Christian Barbier sowie des amerikanischen Produzenten Bob Evans, zitiert in dem Zusammenhang gern dessen größten Erfolg *Love Story* und vergisst auch nicht zu erwähnen, dass *César und Rosalie* von einer Frau zwischen zwei Männern handle. »Die Scheidung des Jahres« zeichnet sich ab, möglicherweise gipfelnd im »Prozeß des Jahres«; im ersten Absatz wird für diejenigen, die den Namen Harry Meyen noch nicht kennen mögen, ironisch erklärt, dieser wäre Romy Schneiders »erster

Ehemann«. Bei der Hochzeit 1966 hatte man auf Gütertrennung verzichtet, in den Jahren danach sei Romy Schneider zum Weltstar aufgestiegen. Nun dürfe, nach geltendem Recht, der Ehemann die Hälfte des »Zugewinns« verlangen. Meyen, so die weitere Darstellung, hätte nach der Hochzeit mit Romy auf eine vielversprechende Karriere verzichtet und »kümmerte sich nur um dieses verschreckte und verschüchterte Mädchen aus Paris. Von Romy wollte offenbar niemand mehr etwas wissen.« Erst durch die Ehe mit Meyen, so wird suggeriert, habe sich der Erfolg wieder eingestellt, und er sei sogar in größerem Ausmaß ausgefallen als je zuvor: »Was die Schneider braucht, um Erfolg zu haben – das stellte sich erneut heraus –, war ein geregeltes Gefühlsleben, ein Mann, der auf sie wartet, wenn sie nach Hause kommt, ein Kind.«[473]

»Warum Romys Ehe scheiterte«, weiß in jener Zeit vor allem die Presse. Größere Gegensätze als die beiden Künstlerpersönlichkeiten seien kaum denkbar, dazu komme Romys Aufstieg zum Weltstar, während Meyen nur in Fachkreisen ein Begriff sei. Das daraus folgende Problem, »zumal wenn die Frau der erfolgreichere Partner ist, erscheint als unausweichlich«.[474] Abseits des Boulevards scheint sich Meyens Talent nicht zu bewähren. Seine auf Einladung von Intendant Rolf Liebermann an der Hamburgischen Staatsoper 1969 gezeigten Umsetzungen von Wagners *Tannhäuser* und Rossinis *Der Barbier von Sevilla* sind weder bei Publikum noch Kritik erfolgreich. Die zur Opernpremiere aus Paris angereiste Romy Schneider versucht in ihrer Loge mit stehender Ovation vergeblich gegen die Missfallskundgebungen anzukämpfen, zeigt sich danach auf der von gedrückter Stimmung gezeichneten Premierenfeier demonstrativ an Meyens Seite. Die Fotos, die davon zu vorgerückter Stunde entstehen, zeigen einen durch Champagner bereits gelösten Harry Meyen unter dem Tisch, wie er neben Romy kniet, die im eleganten Pariser Kostüm abwesend in die nachtspiegelnde Fensterscheibe eines Restaurants blickt. Im Gegensatz zum Probenfoto, das einige Jahre zuvor entstanden ist, stimmen hier die Proportionen. Meyens Stern ist im Sinken begriffen, Engagements bleiben in der Folge aus oder sind nur schwer zu erlangen, die Karriere gerät ins Stocken – ganz anders bei seiner Frau.

»Romy ist wie eine Colaflasche«

Ihr nächster Film *César und Rosalie* holt Romy Schneider 1972 aus dem neunzehnten ins zwanzigste Jahrhundert. Nach Abschluss der Dreharbeiten ist Romy glücklich über den Film, die Arbeit mit Claude Sautet habe sie wieder besonders erfreut, erklärt sie, bezeichnet ihn als ihren Lieblingsregisseur und als Freund der Schauspieler. »Paris Match« zieht bereits den Vergleich zu Marlene Dietrich und Joseph von Sternberg.[475] Auch Michel Piccoli war ein wenig an der Produktion beteiligt, er spricht im französischen Original den Erzähler. Romy empfindet sich jetzt als so privilegiert, sich Rollen und Regisseure aussuchen zu können. Bei Letzteren achtet sie darauf, dass das Wohlwollen auf Gegenseitigkeit beruht. »Regisseure«, so definiert sie, »sind Diebe. Sie versuchen, mir meine Seele zu rauben. Manchmal gebe ich ihnen ein wenig davon, manchmal auch gar nichts.«[476] Jean-Claude Brialy sieht dieses Verhältnis etwas anders: »Sie verführte immer – das war schon fast zwanghaft […] Jeder Regisseur, wirklich jeder, musste für die Dauer der Dreharbeiten zu ihrem platonischen Liebhaber werden. In der ständigen Einforderung von Liebesbeweisen war sie gnadenlos. Nur wenn sie diese Zuneigung fühlte, war sie bereit, als Schauspielerin bis zum Ende zu gehen.«[477]

César und Rosalie ist eine Art burleskes *Jules et Jim*, an dessen Ende der Beginn einer großen Männerfreundschaft steht. Im Zentrum steht Rosalie (Schneider), die von César (Yves Montand) und David (Sami Frey) geliebt wird. Sie liebt auf ihre Art beide, aber auch ihre Unabhängigkeit und dazu eine Anzahl ihr wichtiger Menschen. Konsequenterweise entzieht sich Rosalie daher immer wieder äußerlichen

Erwartungen und kehrt erst nach eigenem Entschluss wieder in die jeweilige Partnerschaft zurück. Sautet spricht bei dieser Arbeit von einer »Autopsie der Gefühle« und achtet sehr darauf, dass das Fundament seiner verstrickten Liebesgeschichte zwischen drei Menschen die unverkennbare Freude am Leben ist. Überraschenderweise gibt er auch hier an, er habe ursprünglich vorgehabt, Romy Schneider nicht für die Rolle der Rosalie zu besetzen, wieder plante er mit Cathérine Deneuve, doch schon während des Entstehungsprozesses schien das Drehbuch wie für sie gemacht. »Als ich vor einer konkreten Szene stand, war nur sie es, die dafür in Betracht kam. Es ist ihr leidenschaftlicher Charakter, der mich anzieht, sie hat eine unglaubliche innere Energie, sie ist nicht friedfertig, sondern aufgewühlt, heftig, stolz. Wenn ich mit ihr drehe, empfinde ich eine besondere Art von Kraft, eine Wärme, einen Lebenshunger, und das ist nützlich für den Film und für ihre Partner.«[478]

Romy tut ihrerseits alles, um Sautets Vision zu entsprechen. Den Text zum Chanson »La Lettre de Rosalie« notiert sie sich handschriftlich, vermerkt die zu sprechenden und die gesungenen Passagen, kennzeichnet, wo ein »me« wie ein »mö« klingen, ein »déclive« auf der ersten Silbe betont werden soll. Der Film wird in Frankreich zu einem ihrer größten Erfolge, er bestätigt die Erwartungen, die das Publikum in ihre neue Karriere gesetzt hat. Spätestens zu jenem Zeitpunkt sind die Romy-Schneider-Figuren in Sautets Filmen symbiotische Geschöpfe, erwachsen aus den Phantasien eines Regisseurs und seiner Diva. In diese phantastische Schnittmenge verlieben sich, stellvertretend für das Publikum, auf der Leinwand ihre Partner Yves Montand und Sami Frey nur allzu bereitwillig – und nicht nur sie. Auch das macht künftig den Nimbus von Romy Schneider auf der Leinwand aus: Immer interessieren sich zumindest zwei Männer in Konkurrenz für sie.

Im Gegensatz zu den hymnischen französischen Kritiken glaubt die »Süddeutsche Zeitung« 1973 eine gewisse Stagnation in der künstlerischen Entwicklung Romy Schneiders zu erkennen: »Romy ist wie eine Colaflasche. Man kennt sie, findet sie schön, aber nicht mehr aufregend. Ein Markenzeichen. Egal wieviel Filme Sautet um sie noch herumstellen wird, er scheint nicht mehr imstande, mehr an ihr zu ändern als die Frisur.«[479]

Was hier so negativ formuliert klingt, beinhaltet auch einiges an Positivem. Die Metapher beschreibt, wie erläutert, einen Markenartikel, etwas Unverwechselbares, das von zahlreichen Menschen unzweifelhaft identifiziert werden kann. Dass sich die jeweilige Maske, respektive Frisur dem Film anpasst, ist selbstverständlich, die Rolleninterpretation Schneiders tut dies jedoch auch. Sicher ist, dass zu Beginn ihrer zweiten Karriere ein Typus kreiert wird, der zur eigentlichen Basis des »Mythos Romy Schneider« wird. Eine souveräne Protagonistin, die sich in Haupt- und Nebenrollen bewährt, für die Drehbücher (um)geschrieben werden.

Zwei Jahre nach *César und Rosalie*, im Sommer 1974, sehen auch deutsche Medien Romy Schneider mit 36 Jahren auf dem Höhepunkt ihrer Karriere und als von Frauen bewundertes Vorbild. »Vielleicht liegt das daran«, mutmaßt sie selbst, »daß ich dem Bild entspreche, das man sich heute von einer Frau macht.«[480] Ob sich an Romy die damalige »moderne Frau« schlechthin definieren lässt, wie oftmals geschrieben wird, darüber ließe sich diskutieren, sicher jedoch gestaltet sie die moderne Frau im Film mit. Diese Kreation hat bis heute Bestand in der Filmgeschichte. Sie ist zu jenem Zeitpunkt Mitte dreißig, alt genug, um auf Erfahrungen zurückgreifen zu können, und jung genug, neue Wege zu gehen. Es ist kein radikal neues Bild, das plötzlich entsteht, sondern ein sich langsam weiterentwickelndes, zu dem das fast resignativ wirkende, wissende Lächeln auf Schneiders Zügen passt. Romys Starimage erinnert an die Dietrich, mit der sie auch ein etwas problematisches Verhältnis zur Heimat teilt. Jean-Claude Brialy meinte, dass die Franzosen ausländische Schauspielerinnen, die sie durch Talent und Schönheit berühren, adoptieren, das sei mit Romy Schneider ebenso gewesen wie mit Marlene Dietrich, Anna Magnani oder Ingrid Bergman. Neben der spröden, intellektuellen Jeanne Moreau und dem unterkühlten Reiz der Deneuve punktete Romy mit Sensibilität, Wärme und Emotion.

Das weibliche Interesse an Romy Schneider provoziert jedoch nicht nur positive Äußerungen. 1974 kann das Publikum lesen, »was Frauen an Romy so bewundern ... und was sie ihr nicht verzeihen«, und man erfährt auch von dem (im übrigen nicht neuen) Umstand, dass proportional zum künstlerischen Erfolg Romys auch die Kritik an der Privatperson wachse. Die Überschrift bezeichnet sie als »Zündstoff mit hübschen Augen«.[481] Über Romys Augen hat Gregor von Rezzori bereits 1962 geschrieben: »Sie liegen ein wenig tief, diese wachsamen Augen, eingebettet in die zarte Schwellung der Unterlider, die wie in einem innewohnenden, das ganze Wesen durchtränkenden Lächeln hochgezogen und aufgeworfen sind. Wendet es sich einem zu, bewirkt es eine jähe Rührung und heftige Zuneigung wie die runden und weichen Zutraulichkeiten junger Tiere.«[482] An ihrem Totenbett wird Jean-Claude Brialy anlässlich der geschlossenen Augen feststellen, dass die Liegende wenig mit seiner Freundin zu tun hätte, denn Romy war für ihn vor allem Blick.[483] »Der Partner ist nicht das Objektiv«, meint Otto Sander. »[...] Es ist das Zelluloid. Man muß sozusagen hinter die Linse gucken. Wenn man sagt Ich liebe dich, muß man sich den Filmstreifen vorstellen und es darauf sprechen.«[484] Das, so meint Sander, erkläre Romys einzigartigen Blick bei Großaufnahmen. »Sie ist einer der absolutesten Menschen, denen ich je begegnet bin. Hier! Heute! Jetzt! Sofort! Alles! Oder nichts ...«[485]

»Ein Kameragesicht. Großflächig schön. Ein süßes Mädel, wie von Schnitzler«,[486] schwärmt Gertraud Jesserer. Privat und ungeschminkt verlor sich einiges der magischen Ausstrahlung, bemerkt sie weiter. »Das Faszinierende an Romy war, dass sie, abgesehen von der optischen Ergiebigkeit des Gesichtes, eine unwahrscheinlich starke Persönlichkeit auf die Leinwand brachte und eine enorme Verwandlungsfähigkeit besaß. Wenn man heute nur kurze Szenen aus ihren Filmen zusammenschneidet, würde man das beste Kaleidoskop von einem Menschen erhalten, das es gibt«,[487] fasst Hermann Leitner zusammen. In einem solchen Kaleidoskop wird die Interpretation Romy Schneiders durch die Rezipienten zu einem individuellen Rorschach-Test. Sie habe so viele Figuren überzeugend darstellen können, meint Christiane Höllger über ihre Freundin, an eine Rolle habe die Schauspielerin selbst allerdings nie glauben können: an die Rolle der Romy Schneider.

In den letzten Lebensjahren thematisiert Romy zunehmend ihr Alleinsein zwischen den Filmen; als ob die in Drehbüchern festgelegte Dramaturgie die unvorhersehbare des Lebens kompensieren sollte. Jenseits einer vorgeschriebenen Szenenabfolge bleibt der Schauspielerin immer weniger Zeit, Zwischenräume auszuloten, eigene Befindlichkeiten zu hinterfragen. Das wird bei privaten Problemen letztendlich zur Strategie. »Hoffentlich bekommt das Publikum nicht genug von mir«, fürchtet Romy Schneider am Ende des Jahres 1974, das für sie als Schauspielerin ebenso erfolgreich wie als Privatperson verlustreich verlief. »Für mich gibt es keine Gipfel in der Karriere, ich möchte arbeiten und lernen. Immer weiter. Und dann irgendwann den richtigen Moment finden, um aufzuhören. Vielleicht habe ich bis dahin noch viel Zeit, aber ich gebe sie mir nicht. Dinge, die ich vorhabe, möchte ich bald machen.«[488] Es bleiben ihr dazu nur mehr weniger als acht Jahre Zeit. Im Dezember telegrafiert sie ihrer Mutter, dass sie kaum größeren beruflichen Erfolg haben könne als jetzt, dass Privatleben jedoch dabei auf der Strecke bleibe. Sie sei oft traurig, allein. Auch ihre Berufskollegen machen sich Gedanken über ihre Arbeitswut. Claude Sautet spricht offen aus, dass sie zuviel drehe und sich damit nicht nur gesundheitlich schade, sondern auch für das Publikum »entwerten« könne. »Ich fürchte, sie ist von einer inneren Unruhe getrieben und arbeitet so viel, weil sie Angst hat, allein zu sein.«[489]

So entsteht ein kurzes, aber dennoch reiches und faszinierendes Schauspielerdasein. An der Seite internationaler Darsteller und Regisseure bestimmt der Star Romy Schneider die kinematographische Wahrnehmung des zwanzigsten Jahrhunderts mit. Ihre Geschichte ist auch die des europäischen Nachkriegskinos, das sich nach den Heimat-Lustspielfilmen der fünfziger Jahre zunehmend einer vor allem durch Produktionen aus Frankreich und Italien geprägten internationalen Sprache bedient, mit gelegentlichen Koketterien in Richtung Hollywood. Ihre Filmographie symbolisiert das Angebot, an einer schauspielerischen Profilierung teilzunehmen, auch wenn Romy Schneider selbst überzeugt scheint, sie habe keine zehn wirklich guten Filme gemacht. Von der historistischen »Märchenprinzessin« reift sie zu einer modernen Frau, die sich mit der Zeit wandelt, sich den Fragen der Vergangenheit und Gegenwart stellt, wobei ihre Freizügigkeit und Offenheit im Medienumgang oft falsch bewertet wird. Teile des Publikums und der Medien erliegen dem Missverständnis, sie habe das Klischeebild der Prinzessin lediglich mit dem entgegengesetzten des Vamps ausgetauscht. Claude Sautets Einschätzung, Romy sei die Synthese aus vielen Frauentypen, mag etwas zu pauschal sein, aber sie beschreibt die faszinierende Mischung aus kindlicher Unbefangenheit, erotischer Ausstrahlung, Charakter und Persönlichkeit. Die Jahre nach Schneiders Tod konnten dieses Bild nicht verblassen lassen, es schien sich darin sogar noch stärker auszuprägen.

Der Film, ein Leben. Phantasievolles Konglomerat unterschiedlichster Rollen, die vom Fräuleinwunder bis zum gefallenen Engel reichen. Ihre Filme scheinen zum jeweiligen Lebensabschnitt zu »passen«, ihn künstlerisch überhöht wiederzugeben, manche Jahre bestehen primär aus Filmarbeit.

»Alles, was ich gelernt habe, habe ich durch den Film gelernt«,[490] ist ein vielzitierter Satz von Romy Schneider. Wie jemand, der nie eine Schauspielschule besucht, eine solche Karriere machen kann und sich zunehmend diffizilere

Rollen zu erarbeiten imstande ist, verwundert bis heute. Volker Schlöndorff hält dagegen: »Wie kann man den Beruf besser erlernen als von Film zu Film? Wenn man so jung anfängt, ist es doch die beste Schule.«[491] Sie könne echte Schauspieler von unechten unterscheiden, sagte Romy während ihrer zweiten französischen Karriere. Sie zähle sich zu den echten, mit allen Fehlern, aller Kraft, allem Ehrgeiz und dem sie nie verlassenden Lampenfieber. »Sie war eine außerordentliche Begabung«, meint Peter Weck, »von der Familie ihres Vaters her ›erblich vorbelastet‹ und zudem ein sehr aufgeweckter Mensch, hatte eine gute Beobachtungsgabe und konnte das intuitiv umsetzen. Wo andere an der Betonung feilen müssen, kam es von ihrer Seite spontan und richtig. Später hat es sich, auch durch die Schicksalsschläge, auch noch vertieft, und sie konnte Register ziehen, die unwahrscheinlich waren. Das hat auch das Publikum zunehmend überrascht.«[492] Sissi wird zur Hypothek für Romy Schneider, allerdings eine, von deren Zinsen sie auch bei späteren Filmen paradoxerweise profitiert. Georg Stefan Troller analysiert: »Immer schaut die ehrliche Haut der kleinen Kindfrau heraus und zwinkert uns zu: ›Habt keine Angst, ich bin es.‹ Das was die Schauspielerin Romy zur Verzweiflung bringt, macht in Wirklichkeit ihren Erfolg aus.«[493] Jacques Rouffio, der Regisseur ihres letzten Films, sagt über Schneider, für das Kommando »Action!« wäre sie in den Tod gesprungen. »Was sollte ich denn machen, ich habe ja nichts anderes gelernt?«,[494] fragt Romy immer wieder.

Der Film ersetzt immer mehr ihr Leben, privat scheitert sie früher oder später am jeweiligen Alltag. Romys Selbstsicherheit scheint nur dort garantiert, wo sie vor sich selbst sicher ist. Nur im Atelier scheint das, wie Harald Juhnke bemerkt, letztendlich der Fall zu sein.[495] So gesehen wirken die zahlreichen Filmarbeiten letztendlich wie eine Flucht. Kam das »Eigenleben« dabei zu kurz? Hatte die Schauspielerin Romy Schneider den Menschen Romy Schneider schon zu Lebzeiten überrundet? Führten die künstlerischen Äußerungen zu einer Entäußerung der Person? Fasziniert das Publikum letztlich nur das Klischee der tragischen Aktrice: berühmt, schön, jung, unglücklich? Man sollte nicht vergessen, mahnt Christiane Höllger, dass Romy in vieler Hinsicht kein Opfer gewesen sei, sondern ein privilegiertes Leben geführt habe.[496]

»Romy ernährte sich unbewusst von dem Leid, das ihr widerfuhr, und sie übertrug es auf ihre Filmrollen«, urteilt Gertraud Jesserer. »Wenn ihr die Regisseure diese Rollen gaben, dann deshalb, weil sie etwas Tragisches an sich hatte. Dabei hatte sie ganz und gar keine Lust, unglücklich zu sein.«[497] Bertrand Tavernier, der ihr in *Der gekaufte Tod* eine solche Rolle gab, in der man Schneider selbst porträtiert sehen wollte, bestätigt diese Aussage: »Es gibt ein paar Parallelen, aber weniger, als man glaubt. Sie orientierte sich nie an ihrem eigenen Leben, wenn sie die Szenen spielte, sondern nur am Drehbuch.«[498]

Ihre Bekannten beschreiben Romy Schneider als generell fröhlichen Menschen, der gern lachte, auch über sich selbst. Was er an ihr am meisten geschätzt habe, erinnert sich der Fotograf Robert Lebeck, sei die Stimme gewesen. »Am liebsten habe ich den Mund gehalten und ihr zugehört und hab' sie reden lassen. Dieser Wiener Sing-Sang im Akzent war phantastisch. Davon konnte ich nicht genug bekommen. Dann waren es natürlich die Augen, und wenn sie lächelte, war man bezaubert.«[499] Lebeck hat jedoch auch die beängstigenden, hysterischen Heiterkeitsausbrüche Schneiders im Bild festgehalten. »Danach kam auch bald der Absturz. Wenn sie so lachte, kam es auf einmal, dass sie ganz deprimiert und niedergeschlagen war. Oder sie wurde wütend und beschimpfte einen, weil man etwas Falsches gesagt hatte. Man brauchte nur einen falschen Ton zu sagen, dann konnte sie ganz wild werden.«[500] Auf seinen Bildern wollte sie realistisch dargestellt werden, was dem Fotografen nicht schwerfiel. Maskenbildner wurden nicht benötigt, Schneider schminkte sich selbst, machte dieses Ritual zu ihrem Beitrag an den gemeinsamen Sessions. Die

Bilder dokumentieren diese Nähe und Vertrautheit, ist Lebeck überzeugt, »im Bad, vorm Spiegel, rauchend, mit Rotweinglas und Tablettenschachteln auf dem Nachttisch. Ich hab einfach nur geknipst.«[501] Romy Schneider selbst relativierte die Begeisterung der Fotokünstler für ihre Person: »Ich bin fotogen. Das ist alles. Knie hab ich wie Beckenbauer.«[502] Sie weiß um ihre optische Wirkung, bewundert aber insgeheim Schauspielerinnen wie Anna Magnani, Ingrid Bergman und Katherine Hepburn, deren Nimbus sie für unerreichbar hält. Heute steht sie längst in deren Reihe.

»Sie hatte Scham, Gefühle direkt auszusprechen. Wenn sie sagen wollte ›Ich liebe dich‹ oder ›Du fehlst mir‹, dann fand sie immer einen Weg, das auf Umwegen zu sagen«,[503] erzählte Jean-Claude Brialy und erläuterte es an einem Beispiel. Bei einem Gespräch über Marlene Dietrich beschließt Romy, ihr spontan zu schreiben, setzt sich hin und verfasst acht Seiten. Obwohl es bereits nach 22 Uhr ist, schickt Romy ihren Chauffeur mit dem Brief, in dessen Umschlag sie auch ihre Boucheron-Goldkette packt, zum Appartement von Marlene Dietrich. Eine halbe Stunde später kommt ein Antwortschreiben, in dem sich zwei Ketten befinden. »Das war wunderbar, echte Zuneigung. Marlene mochte Frauen sonst nicht so gern, aber sie liebte Romy. Die beiden waren sich ähnlich: sehr gediegen und sehr solide.«[504]

Stars wie Dietrich oder Schneider gesteht man etwas Magisches zu, etwas, das Menschen zu brauchen scheinen und in sich selbst nicht finden können. Mit einem Star »interagiert« das Publikum auf einseitige Weise.

Ihre Großmutter Rosa Albach-Retty schätzte den Begriff »Star« nicht sehr: »Romy, der Weltstar. So liest man's seit vielen Jahren in den Zeitungen. Ich höre das nicht gern. ›Der Star blendet, die Persönlichkeit besticht‹, hat Kainz gesagt.«[505] Gefallen hätte ihr wahrscheinlich ein anderer Ansatz zu dem Thema, den Romy selbst gegenüber Christiane Höllger äußert: »Sonst möchte ich nur eines sagen, daß wir, nicht nur wir 2 – alle, die mit gutem [mehrfach unterstrichen] Publikum ›zu tun‹ haben, uns täglich sagen müssen: ›Ich möchte das Publikum so talentiert machen, wie ich es bin.‹ (das ist kein ›Satz‹ od. Arroganz, das ist ›etwas verstanden haben‹ + Können * Talent * viel Arbeit!«[506]

Ein anderer auf Romy Schneider häufig angewandter Terminus ist »Diva«. Der aus dem Lateinischen für »göttlich« abgeleitete Begriff, ursprünglich nur Göttern und in deren Stand gerückten Kaisern vorbehalten, wird seit dem achtzehnten Jahrhundert für Opernsängerinnen und Schauspielerinnen verwendet, wobei er vom exklusiven Prädikat längst zum inflationären Gemeinplatz mutierte. Der dabei entstandene Bedeutungswandel ist nicht abzuleugnen. Unverhohlene Bewunderung ist nun zumeist einer gewissen Distanz gewichen, man versteht unter einer Diva heute eher eine unantastbare, vom Leben abgehobene Persönlichkeit, die sich zumeist über Launenhaftigkeit und Allüren definiert.

Bei der Nennung von Schneiders Namen assoziieren die Menschen spontan: »Sissi, Skandale, Affären, Scheidung, Alain Delon.« Die Presseberichte zu ihren Lebzeiten befassen sich kaum mit ihrer künstlerischen Entwicklung, sondern gleichen einer chronique scandaleuse. Man hält sie für »arrogant, eingebildet, sehr von sich überzeugt«, gesteht ihr aber zu: »gute Schauspielerin mit guten künstlerischen Leistungen, sehr gutes Aussehen, hat ihre Karriere gehalten, gibt sich natürlich, frei, macht nicht auf sexy, ist emanzipiert, macht, was sie will, läßt sich nichts vorschreiben.«[507] Als Gesamturteil kristallisiert sich heraus, Schneider habe das von ihr ungeliebte *Sissi*-Klischee überwunden und sei ihren eigenen, sehr erfolgreichen Weg gegangen.

Der Film *Mado* (1976), wieder mit Claude Sautet, ist symptomatisch dafür, wie die Rezeption Historie und Legende verbindet. Wieder ist Schneider eigentlich nicht für die Produktion geplant, doch sie bittet den Regisseur am Telefon, mitarbeiten zu dürfen. Sautet erinnert sich 1998: »In meinem Drehbuch gab es eine Frau, die trinkt und die das Leben schwarz sieht. Romy wollte unbedingt eine Rolle, und ich habe ihr von dieser Rolle erzählt. Später war sie darin phantastisch, aber ich wusste damals noch nicht, dass sie selbst schon so nahe an der Verzweiflung war. Immer wenn ich heute an diese Szene denke, beschämt mich das.«[508] Der Film erzählt die Geschichte des Baufinanziers Simon (Michel Piccoli), der sich mit Hilfe seiner jungen Freundin Mado (Ottavia Piccolo) an einigen Bauspekulanten rächen will. Dabei trifft er Hélène (Romy Schneider), eine Frau aus seiner Vergangenheit, wieder, die sich nach dem Selbstmord ihres Mannes hinter Medikamenten und Alkohol vor der Welt versteckt. Nachdem Simon seinen Racheplan durchgeführt hat, bringt er Hélène in eine Entziehungsklinik.

Sautet hat später, wenn er die Szenen sieht, Tränen in den Augen, macht sich Vorwürfe, nicht erkannt zu haben, in welchem Zustand Romy war. Am Drehort, so bekennt er, hätte er nur das Resultat für die Leinwand sehen wollen oder können. Ob Sautet, der diese Feststellungen erst nach Schneiders Tod macht, auf die Schauspielerin während der Entstehungszeit von *Mado* Bezug nimmt oder sie als Metapher für das, was kommt, auslegt, lässt sich heute nicht mehr sagen. Sicher ist: Publikum und Kritiker empfinden ihren nur etwa sieben Minuten dauernden Auftritt als stillen, erschütternden Höhepunkt des Films. Auf einem deutschen Programmheft zu *Mado* nimmt Romys vergrößerter Kopf die Hälfte der Titelseite ein, vergleichsweise klein stehen die Hauptpersonen im Hintergrund.

Auch aus der Distanz einiger Jahrzehnte gesehen, verführt die Szene aus *Mado* zu einer Identifikation von Rolle und Darstellerin. Tatsächlich mag sich Schneider in der von Medikamenten abhängigen, zu Depressionen neigenden Figur durchaus teilweise wiedergefunden haben. Andererseits vollbringt sie auch hier primär eine schauspielerische Aufgabe, spielt eine Rolle, in die sie sich einlebt. Man darf nicht vergessen, dass zu jenem Zeitpunkt, also 1976, die großen Katastrophen in Schneiders Leben noch fern sind.

Romy Schneider selbst hatte ihren Kurzauftritt stets in bester Erinnerung. Sie agiert ungeschminkt, fordert keine schmeichelhafte Ausleuchtung, »und danach habe ich mir gesagt: ›Das ist genau, was ich will, ich muß in dieser Hinsicht weiterarbeiten.‹ Die Szene war für mich so etwas wie ein neuer Anfang.«[509] Das klingt weniger nach einer privaten als einer beruflichen Analyse.

Oft zitiert wird eine Passage aus den 1978 (also vier Jahre vor Romys Tod) erschienenen Memoiren von Rosa Albach-Retty, die einst einer Graphologin eine Schriftprobe Romys vorlegte, um sie, ohne ihr zu sagen, um wen es sich handle, nach ihrem Urteil zu fragen. »Sie hat eine große Karriere vor sich, man könnte sagen, daß sie alles erreicht, was sie sich vornimmt. Aber sie ist nervlich labil und neigt zu unüberlegten Handlungen. Es besteht die Gefahr, daß sie durch Selbstmord endet.«[510] Die Ehren-Professorin und Namensgeberin eines Rings, den die jeweilige Doyenne des Wiener Burgtheaters trägt, hat den Aufstieg ihrer Enkelin stets verfolgt, die Anerkennung wird dabei stets von Sorge begleitet, wie sie schreibt, »denn ich halte es für durchaus möglich, daß meine Enkelin eines Tages seelisch in eine Sackgasse gerät, aus der sie keinen Ausweg mehr findet. Wer sich, wie sie, so hemmungslos von seinen Emotionen, Leidenschaften und Begierden treiben lässt, denkt sicher nicht daran, daß eine Kerze, die man an beiden Seiten entzündet, auch schneller abbrennt.«[511]

»Ich muß noch ein paar Jahre gut aussehen«

Im September 1972 feiert Romy Schneider ihren 34. Geburtstag und macht sich Gedanken über das Alter. »An meinem Sohn merk' ich's, an meinem Gesicht ..., an meinem Beruf, Sie müssen bedenken, ich bin ja nicht im häßlichen Charakterfach! [...] Noch bin ich jung. Aber manchmal denke ich doch, na ja? Wenn ich mal Tränensäcke unter den Augen habe. Wenn die Leute sagen: Die sieht ja aus wie 'ne

Krähe! Da mach ich mir gar nichts vor. Das kommt ja nicht nur im Unterbewußtsein. Ich seh mich doch auch im Spiegel. Und das ist dann nicht immer komisch: Vor fünf Jahren sah ich noch anders aus.«[512] Sie kokettiert, denkt aber auch an das Publikum, hat Angst vor dessen Verdikt, für »ihre« Rollen als zu alt und unattraktiv abgestempelt zu werden. Dafür arbeitet sie hart. Über ein Jahr schon hat sie keine Ferien gemacht, drei Filme hintereinander abgedreht: *Das Mädchen und der Mörder*, *Ludwig II.* und *César und Rosalie*. Sie bekennt aber auch: »Ohne Arbeit kann ich nicht leben. Ein paar Monate Urlaub geht, aber sechs Monate ohne Film, das halte ich nicht aus.«[513]

Die Ehe mit Harry Meyen trägt nun unübersehbare Spuren der Entfremdung, 1973 ist Meyen auf der Suche nach einer neuen Wohnung in Hamburg, spricht aber gegenüber der Presse immer noch von rein beruflichen Trennungen. Er lebe in Hamburg und Lugano, seine Frau mit David in Paris. Er verweist auf ihre ständige Arbeit in Frankreich, seine Synchrontätigkeit in Deutschland sowie auf Theaterarbeiten und Fernsehspiele, die er vorbereite. Glückliche Ehen, oder was landläufig so bezeichnet werde, seien im künstlerischen Gewerbe allein durch die vielen Trennungen und die immer wieder neuen Begegnungen, die nicht alle nur beruflich bleiben, kaum möglich. Sollte seine Frau sich endgültig für Paris entscheiden, wäre eine endgültige Trennung unvermeidlich, vorerst wolle er jedoch versuchen, auch dort möglichst viel Zeit mit ihr und David zu verbringen. Von einer Unterordnung seiner Frau ist nicht mehr die Rede, ihr beruflicher Erfolg überstrahlt den seinen längst unübersehbar. Später wird er eingestehen, er habe »immer gewußt, daß ihr Erfolg das Ende unserer Beziehung bedeutet«.[514]

In Romys Sprache zeichnet sich die Entscheidung zugunsten eines Auseinandergehens bereits seit längerem ab. Der einstige Lehrmeister wird nun als Störenfried gesehen. Sie möchte, wie sie erklärt, nicht mehr die Eliza Doolittle eines Professor Higgins sein, sieht sich längst als mehr denn nur eine »Fair Lady«. Mit einem »Herr Haubenstock versteht mich nicht« beendet sie nun oft Diskussionen oder Kommentare. Meyen wiederum meldet sich manchmal mit einem »Herr Schneider« am Telefon. So hat man ihn in Frankreich zuvor bereits immer wieder spöttisch bezeichnet. Mit den Kollegen am Münchner Residenztheater hat er sich 1973 bei der Inszenierung von James Joyces *Verbannte* zerstritten, sein größter Erfolg in jenen Jahren war das zuvor für das ZDF inszenierte Fernsehspiel *Endspurt* von Peter Ustinov. Zu den Drehorten, an denen Romys Filme entstehen, wird er nicht mehr eingeladen, weil man seine Präsenz als störend empfindet. Eine Scheidung steht im Raum, und Romy klagt: »Harry will mein ganzes Geld. Ich habe ja schon viel Geld für Männer ausgegeben. Aber daß einer alles will, ist neu.«[515] Sie habe einige Angebote um seinetwillen nicht angenommen, er hätte um ihretwillen nichts ausschlagen müssen. Daher sehe sie nicht ein, nun für den Unterhalt des »Herrn Haubenstock« zahlen zu müssen. Man schiebt die Scheidung schließlich auf, weil dies, wie das Scheidungskind Romy meint, ihren Sohn traumatisieren könnte, und einigt sich auf eine Trennung, die de facto längst besteht. Man beschließt, sich schon des Kindes wegen oft zu sehen, jeweils eine Wohnmöglichkeit für den anderen einzurichten.

Dass die Presse wilde Spekulationen über die finanzielle Einigung anstellt, ist Romy Schneider bewusst. Sie plädiert für eine faire Teilung. Die einstigen Aussagen von der Unterwerfung unter den Mann, die Absage an Emanzipation sind überwunden. Ihr Begriff von Selbstbestimmung besteht nun darin, sich ein anderes Glück zu erkämpfen als jenes, auf das Frauen zumeist hinerzogen werden. Später ist sie überzeugt: »In Wirklichkeit war ich meiner Zeit einfach voraus. In einer Epoche, in der noch nirgends von einer Befreiung der Frau die Rede war, nahm ich meine eigene Befreiung vor. Ich habe mein Schicksal selbst geschmiedet und bereue nichts.«[516] Sie beklagt die Bequemlichkeit und den Alltagstrott, in den ihre Ehe zunehmend verfallen sei bei Abenden mit, wie sie meint, zu viel Kartoffelsalat und zu viel Fernsehen. Es habe, so findet sie, keine Selbstreflexion mehr gegeben. In München 1973 wird eine »vorläufige Trennung« mit Harry Meyen schriftlich fixiert, eine Scheidung noch heftig dementiert. Zahlen erfährt man nur gerüchteweise, drei Millionen Mark soll das gemeinsame Vermögen betragen. Romy hat ihren festen Wohnsitz nun wieder in Paris und stellt amüsiert fest, dass alle ihre neuen Lebensabschnitte in Frankreich beginnen. Wie zuvor trauert sie dem Vergangenen nicht nach, freut sich über den Neuanfang und beschließt: »Heute fange ich an, mich zu verstehen, nicht mehr vor mir wegzulaufen.«[517] Den neuen Alltag muss sie erst wieder erlernen, das Reglement einer Ehe hatte diesbezüglich auch seine praktischen Vorzüge. Abermals wiederholt sie ihren Sermon von einem neuen, ganz »anderen Leben«: Sie sieht der Zukunft zuversichtlich entgegen und möchte weniger arbeiten, mit ihrem Sohn auf dem Land leben, vielleicht ein zweites Kind haben.

Es gibt Filmangebote von Luis Buñuel und Joseph Losey, die sich jedoch zerschlagen. Auch die Rolle der Eva Braun in *Hitler – Die letzten zehn Tage / Hitler: The Last Ten Days* lehnt sie ab (an ihrer Stelle spielt Doris Kunstmann). Doch auch Schneiders nächster Film ist eine Reise in die NS-Zeit. Sie dreht *Nur ein Hauch von Glück / Le Train* nach einem Roman von Georges Simenon. Julien, ein französischer Radiotechniker (Jean-Louis Trintignant) besteigt 1940 mit Frau und Kind einen Zug nach Süden, um vor den anrückenden Deutschen zu fliehen. Auf der Reise werden sie getrennt, Julien lernt die deutsche Jüdin Anna Kupfer (Romy Schneider) kennen und verliebt sich in sie. »Lieben sie Ihre Frau sehr?« fragt Anna, worauf Julien verlegen lächelnd antwortet: »Wir sind verheiratet …« Nachdem die Flucht geglückt ist, verlässt ihn Anna, damit er seine Familie suchen kann. Einige Zeit später wird Julien, der nun wieder bei Frau und Kindern lebt, von der Gestapo abgeholt und nach Anna befragt. Er leugnet erst, sie zu kennen, als man die beiden konfrontiert, bekennt er sich jedoch zu ihr. Mit diesem Moment der Wärme in der Hoffnungslosigkeit endet der Film, die Coda in Moll mag sich der Zuschauer selbst ausmalen.

Die Rolle der von ihr porträtierten deutschen Jüdin, die sich in einen Franzosen verliebt und ihm zu helfen versucht, nennt Schneider die beste, die ihr seit langem angeboten wurde, der sie auch gefühlsmäßig am meisten zustimme. Was ihr daran gefällt, ist die Emotionalität der Figur, das Einstehen für Überzeugungen auch angesichts von Repressionen. Sie sieht auch eine gewisse Parallelität zu der von Teilen der deutschen Medien angefachten Diskussion rund um ihren angeblichen »Landesverrat«.

Schneider geht an ihre Figur, wie an alle anderen Rollen auch, zunächst völlig unpolitisch heran, sucht den emotionalen Zugang, der dann letztlich politische Dimensionen erhält. Es erstaunt sie, dass dreißig Jahre nach Ende des Zweiten Weltkriegs nationalistische Vorbehalte bis in die schauspielerische Arbeit zu beachten seien. Sie habe die Rolle aus beruflichen ebenso wie aus privaten Gründen angenommen, mutmaßt jedoch, dass man es ihr in Deutschland übel nehmen werde, kontert schon, bevor sie angegriffen wird: »Ich spiele das auch deshalb, um ein Signal zu setzen gegen die Nazi-Typen, die in Deutschland immer noch etwas zu sagen haben.«[518] In solchen Aussagen ist Schneider unverhohlen direkt, wie sich der Fotograf Robert Lebeck erinnert: »Jemandem, der etwa sagte, Hitler habe immerhin die Autobahn gebaut, dem hätte sie die Augen ausgekratzt. Das war schlimmer, als wenn jemand auf *Sissi* zu sprechen kam.«[519]

Die Außenaufnahmen werden in Nevers gedreht. Romys neuer Privatsekretär Daniel Biasini besucht sie während der Dreharbeiten und berichtet von Trintignants spöttischen Bemerkungen über die Disziplin seiner deutschen Kollegin: »Wenn man dir sagt [...], daß du für eine Szene den Kopf unter Wasser halten sollst, dann tust du es. Und wenn man dir zu sagen vergißt, daß du ihn wieder herausziehen mußt, dann wirst du eines Tages ertrinken [...]. Ich kenne keine, die so viel Engagement einbringt und dabei so voll von ehrlichem Gefühl ist. Du bist eine wunderbare Darstellerin.«[520] Biasini hält überdies fest, dass Trintignant während der Dreharbeiten seiner Partnerin auch privat über das kollegiale Maß hinaus nahe gekommen sei.

In Deutschland liest man 1974, dass Romy Schneider *Nur ein Hauch von Glück* zu ihrem Lieblingsfilm erklärt, ein Bekenntnis, das sie ehre, leider aber auf die Qualität des Films ohne Einfluss geblieben sei. Man hätte sie schon in besseren Produktionen gesehen, vor allem das in der Romanvorlage von Simenon nicht vorgesehene »Happy End« kreidet man dem Drehbuch an, respektiert jedoch, dass auch Schneider sich dagegen ausgesprochen hatte. Allerdings lobt man explizit Schneiders Spiel, das in dem Film frei von jedem Extempore sei. Schneiders ruhige, zurücknehmende Art zentriert den Blick automatisch auf sie. Schon wenn sie scheinbar untätig auf der Leinwand erscheint, plötzlich im Halbdunkel eines Waggons sitzt, ist sie präsent. Ihr Akzent wird zunächst damit erklärt, dass sie Elsässerin sei, später erklärt sie: »Ich bin Deutsche, aber Jüdin.« Als ihr französischer Reisegefährte sie fragt, warum sie vor ihren Landsleuten flüchte, erklärt sie, dass man in Deutschland Juden verfolge und in Lager sperre. Der Franzose spricht aus, was sich viele denken: »Das hört sich unwahrscheinlich an. Bist du sicher?« Die weitere Handlung widerspricht jeglichem Zweifel.

»Oh, Sissi, wie tief bist du gesunken …«

Es ist eine Szene, die sich tief ins Bewusstsein der Fernsehzuschauer gegraben hat, obwohl man sich zumeist undeutlich, vielfach sogar falsch daran erinnert. In der Talkshow *Je später der Abend* ist Romy Schneider am 31. Oktober 1974 zu Gast bei Dietmar Schönherr. Er hat sie zuvor in Paris besucht und in seine Sendung eingeladen. Er weiß, dass sie solche Auftritte nicht mag, versichert ihr aber, dass ihr nichts Böses widerfahren werde. Sie sagt zu, unter der Bedingung, dass private und persönliche Angelegenheiten ausgespart bleiben. Schönherr hat Verständnis für ihre Situation, die Angst, nicht ausreichend gebildet zu sein für fundamentale Auseinandersetzungen. So verharrt sie in der Sendung die meiste Zeit schweigend und etwas verkrampft in ihrem dunklen Samtanzug von Yves Saint-Laurent und einer Chenille-Kappe. Die Sensation, so moniert man in der deutschen Presse, erschöpfe sich in ihrer körperlichen Anwesenheit. Neben Schneider setzt man Burkhard Driest, Schauspieler und Autor, der Öffentlichkeit vor allem durch einen knapp vor Ende seines Jurastudiums absolvierten Banküberfall bekannt. Driest wird von Schönherr gefragt, was nach seinem Dafürhalten eine politische Aktion sei. Der antwortet: »Wenn ich persönlich jetzt beschließe, Herrn Brandt 'n Ei an den Kopf zu werfen, dann ist das nicht politisch, sondern das ist unanständig oder ungezogen.« Schneider, deren Sympathie für Brandt und seine Politik bekannt ist, lächelt und sagt spontan: »Sie gefallen mir. Sie gefallen mir sehr« und berührt mit ihrer Hand Driests Arm. Nicht das Knie, wie danach in unzähligen Ausschmückungen der Szene zu lesen sein wird. Schönherr hält später fest, dass Romys beinahe zärtliches Lob nicht Driest selbst, sondern seinem Brandt verteidigenden Argument galt. In der Boulevardpresse freilich wird es anders interpretiert, sie ergeht sich in genüsslicher Häme über Romys vermeintlich allzu offen demonstrierte Sympathie für den Ex-Häftling Driest, rückt die kleine Geste in die Nähe von Exhibitionismus, sogar eine spontane Affäre will man dokumentiert wissen. Romy Schneiders bereits in den Abspann der Sendung hineingesagten Satz, sie hätte Driest gern noch etwas gefragt, ist symptomatisch. Was es ist, erfährt man nicht, über den unbekannten, vielleicht völlig trivialen Satz entzünden sich wilde Spekulationen. »Die Zeit« fasst die allgemeine Aufregung aus einiger Distanz selbstkritisch zusammen: »Und wenns auch im faktischen Sinne nicht wahr war: daß das vom Leben gezeichnete feinsinnige

Bewußtsein laut mit dem grobschlächtigen, kriminellen Unterbewußtsein in uns allen spricht, gar sagt, es gefalle ihm sehr, ist wahrer als jede Wirklichkeit.«[521]

In einer der TV-Sendung folgenden abendlichen Journalistenrunde dementiert Romy, dass sie mit ihrer Nervosität kokettiere, und beklagt sich erneut darüber, dass man ihr immer noch vorwerfe, nach Frankreich gegangen zu sein, obwohl die Gründe dafür rein privater Natur gewesen wären. »Warum läßt man mich nicht in Ruhe? Ich kann nicht reden, wie man es erwartet. Es heißt, daß ich einen schlechten Charakter habe, weil ich keine Frau bin, die immer nur ja sagt. Wenn ich die Brauen hochziehe, sehe ich bestimmt böse aus. Ich frage mich nur, was die anderen mit meiner Freiheit anfangen können? Sie gehört doch nur mir?«[522]

Nicht unbeeinflusst durch das Medienecho auf *Je später der Abend …* will Fassbinder 1982 sein geplantes Projekt *Cocaine* nach dem Roman von Pitigrilli mit Schneider realisieren. Als männlichen Partner hat er Burkhard Driest vorgesehen. Doch die Umsetzung des Projekts sollten weder der Regisseur noch die Schauspielerin erleben. Fassbinder stirbt acht Tage nach Romy Schneider.

Schneiders nächste Arbeit entsteht wieder in Frankreich. *Sommerliebelei / Un amour de pluie* (1974) wird im Club Méditerranée von Vittel gedreht. Es ist ein Film ihres Freundes Jean-Claude Brialy, dem sie versprochen hat, einmal unter seiner Regie zu agieren. Sie hätten beide gewusst, dass man nicht *Lady Macbeth* drehe, scherzt Romy Schneider, aber es sei ein hübscher Film geworden. Mutter und Tochter verbringen darin einen gemeinsamen Kuraufenthalt, beide verlieben sich, beide Affären überdauern die Ferien nicht. Man leistet sich einige Insidergags. Die beiden Urlaubenden entdecken das Kinoplakat zu dem Visconti-Film *Les damnés / Die Verdammten* und beschließen hinzugehen. Auch ihr Hotelzimmer trägt den Namen »Luchino«. Romy hat in *Sommerliebelei* denselben Vornamen wie in *Ludwig* und natürlich der Marischka-Trilogie: Elisabeth. Regisseur Brialy selbst hat sich einen Gastauftritt als glückloser

Charmeur vorbehalten. Regie zu führen brauchte er bei ihr kaum, wie er meint: »Sie lebte so in ihrer Rolle, daß ich sie kaum unterbrechen mochte. So intensiv, wie sie spielte, lebte sie auch.«[523]

Brialy stellt sich, ohne deren inszenatorischen Leistungen folgen zu können, in die Tradition französischer Filmemacher, die ihrer Liebe zum Film Ausdruck verleihen möchten. Beiläufig wird von Filmen erzählt, die man durch die Türen eines Vorführraumes sieht. Der Vater ihres Kindes, erzählt Elisabeth, sei der erste Mann gewesen, der sie ins Kino einlud, also aus dem Elternhaus herausholte. »Ich sagte mir, wenn ich mich mit dem verheirate, dann gehe ich jeden Abend ins Kino und überhaupt wird mein ganzes Leben wie ein Film.« Es gibt jedoch Filme, die schlecht enden, weiß sie jetzt. »Du meinst«, fragt die Tochter, »mit einer Heirat?« Der Vater und Ehemann ist nur eine ferne Stimme am Telefon, Mutter und Tochter erleben eine Liebelei, die vergeht wie ein leichter Sonnenbrand.

Ein deutsches Filmposter von *Sommerliebelei* zeigt eine nackte Romy in einem Korbsessel, ein Motiv, das sehr stark an die Erotikfilmreihe *Emmanuelle* erinnert und trotz der Aktszenen in dem Streifen völlig falsche Assoziationen weckt. Es ist jedoch längst kein Problem mehr für Romy, wenn die Rolle es verlangt, vor der Kamera »Seele wie Busen gleichermaßen freizulegen«.[524] Das tut sie auch in ihrem nächsten Film *Le mouton enragé / Das wilde Schaf*. Ein deutscher Rezensent ergeht sich in ornithologischen Metaphern: »Romy Schneider, unser Star und Zug-Vogel, bringt sich herb und schön zu Bett. Sie ist ganz Gefühl, von leichter Ironie gebändigt.«[525] Romy ist wie bei den vorigen gemeinsamen Arbeiten beeindruckt vom Humor Jean-Louis Trintignants, nennt ihn einen fabelhaften Kollegen und Freund. In *Das wilde Schaf* spielt er Nicolas, der, um einem befreundeten Literaten (Jean-Pierre Cassel) Schreibstoff zu verschaffen, Frauen verführen und den anderen voyeuristisch daran teilhaben lassen soll. Unter den Auserwählten befindet sich auch Roberte (Romy Schneider), die Frau eines Philosophieprofessors. Ihr Ehemann kommt hinter das Verhältnis, erschießt seine Gattin und entschuldigt sich bei deren Geliebtem für sein altmodisches Naturell. Alles, was von der Beziehung zur – vielleicht – einzigen wirklich geliebten Frau bleibt, sind die Kreidestriche, mit denen man die Position von Robertes Leiche auf dem Boden von Nicolas' Wohnung nachzeichnet. Ein Kritiker fragt den Regisseur daraufhin, warum der Film nach dem Tod Romy Schneiders überhaupt noch eine halbe Stunde dauere.[526]

Die Jahre 1972 bis 1974 gehören zu den arbeitsintensivsten in Romys Leben. Zwischen ihren Drehterminen liegen oft nicht einmal drei Tage Pause, dennoch empfindet sie es nicht als zu viel. Auch für das nächste Jahr sieht sie kaum eine Woche Urlaub voraus. Es scheint, als habe sie ihr Leben endgültig vor die Kamera verlegt, ihre Person geht vollkommen in den Facetten der jeweiligen Rolle auf. Ihre positiven Gefühle verschenkt sie an die Interpretationen ihrer Figuren. Ein leises, wissendes Lächeln liegt über den Darstellungen, im Amüsement distanziert sie sich von der privaten Rolle, die ihr zunehmend entglitten ist. »Man muß sich mal wieder verlieben«,[527] überlegt sie 1974 laut. Zunächst spielt sie diese Liebe in originellen Liebesgeschichten nach vorbestimmten Drehbüchern. Am liebsten, so bekennt sie, möchte sie nur noch Liebesfilme drehen. Es ist eine Flucht aus dem Alltag, der ihr selbst in seiner Kürze zwischen den Filmen oft zu lang wird. Zu sehr sieht sie sich dabei auf ein einsames Selbst reduziert, mit dem sie nicht allzu lange allein sein will. Also stürzt sie sich in das nächste Projekt, von dem sie bereits im Vorhinein weiß, dass viele sich dadurch erneut von ihr provoziert fühlen werden. Mord, Leichen, die in Schwefelsäure aufgelöst werden, Orgien, Versicherungsbetrug ... *Trio Infernal* ist eine schwarze Komödie mit sehr vielen Elementen des absurden Theaters. Romy probiert ihre Szenen erst auf Deutsch, stachelt sich an ihrer Muttersprache zu aggressivem Spiel auf, um die Szene dann auf Französisch zu spielen. Die Arbeit mit Michel Piccoli ist längst zur angenehm eingespielten Routine geworden. Er schätzt ihr impulsives Spiel, auch wenn es ihn diesmal einen Zahn kostet: »Zweimal hatte sie schon eine filmreife Ohrfeige versucht. Beim dritten Mal schlug sie so hart zu, daß mir der Zahnarzt hinterher einen wackeligen Zahn ziehen mußte. Romy hatte sich völlig mit ihrer Rolle identifiziert, entschuldigte sich, und wir lachten herzlich mit dem ganzen Team.«[528] Nachdem Uschi Glas die Rolle der nymphomanischen Catherine ablehnt, wird Mascha Gonska dafür verpflichtet. Die neue Aufgabe einer ersten großen Rolle, ausgerechnet in einem so kontroversen Film, macht die 22-jährige Schauspielerin zunehmend nervös. Die Routiniers im Team spüren das, wie sie erleichtert feststellt: »Da nahm Romy mich einfach in die Arme, streichelte mich und tröstete: ›Keine Angst, Kleine, ich bin doch bei dir.‹«[529]

Der Film spielt 1919 in Frankreich, Philomena Schmidt, ein deutsches Kindermädchen, verliebt sich in einen Anwalt, der bald eine Strategie für einen lukrativen gemeinsamen Lebenswandel entwickelt: Philomena soll reiche ältere Herren heiraten und möglichst bald beerben. Sollten sie keines natürlichen Todes sterben, hilft man nach. Auch unliebsamer Zeugen entledigt man sich so. Am Ende genießt Romy den Part der Philomena Schmidt, auch wenn sie fürchtet, dass man ihn ihr vor allem in Deutschland wieder einmal übel nehmen wird. Im Grunde sind solche Partien primär Mutproben, in denen sie ihr schauspielerisches Potential auslotet. Der Ehrgeiz muss dabei über die Angst siegen. Nicht die Festlegung eines bestimmten Profils ist ihr Ziel, sondern die Erweiterung ihrer bisherigen Gestaltungskraft. Entscheidend ist letztendlich die Machart eines Films, findet sie, was die Schauspieler produzieren, müsse, egal ob in drastischer oder dezenter Form gespielt, primär über den Kopf und nicht den Körper vermittelt werden.

Die Reaktionen aus Deutschland vorherzuahnen ist in diesem Falle nicht schwer. »Oh, Sissi, wie tief bist du gesunken ...«,[530] titelt man bereits vorab und beklagt, dass

Romy einst »taufrisch, bieder, brav und rosig wie eine Aprikosenblüte als Sissi die Herzen von Millionen Kinofreunden« berührt habe, während sie nun in *Trio Infernal* als »nackte Schwefelsäure-Mörderin« zu sehen sei.

»Ohne Rollen kann ich nicht leben«

»Schauspieler müssen sanft behandelt werden, sie sind so leicht, so zerbrechlich«, sagt Romy Schneider 1974 in ihrem Film *L'Important c'est d'aimer / Nachtblende* in der Rolle der Nadine Chevalier, deren Gestaltung sie auf besondere Weise herausfordert. Schneider spielt eine Schauspielerin, die, um überleben zu können, auch in Pornofilmen auftritt. Dabei lernt sie den Fotoreporter Servais (Fabio Testi) kennen, der sich in sie verliebt. Nadine erwidert seine Gefühle, will jedoch ihren Mann nicht verlassen, dessen Realitätsflucht bereits krankhafte Formen angenommen hat. Um ihre Karriere zu fördern, finanziert Servais ein Stück, für das Nadine engagiert wird. Das Geld stammt aus Verbrecherkreisen, die es mit Gewalt wieder eintreiben. Erst nachdem Servais und Nadine, jeder auf seine Art, die Rechnungen für ihr bisheriges Leben beglichen haben, bietet sich ihnen die Chance einer gemeinsamen Zukunft.

»In diesem Beruf habe ich immer Angst, nicht alles aus mir herauszuholen. Jeder Film, in dem ich mitwirke, ist für mich wie eine Wette, die ich unbedingt gewinnen muß. Ich muß mich immer selbst übertreffen.«[531] Kaum eine andere französische Schauspielerin, ist sie überzeugt, hätte eine solche Rolle akzeptiert, in der sie die traurige Karikatur einer Aktrice abzuliefern hat. Sie kann sich in die Verlorenheit der Figur einfühlen, schließlich hat sie ähnliche Situationen selbst bereits erlebt, betont jedoch, im Privatleben nun das Gegenteil zu verkörpern. Die Dreharbeiten sind nicht leicht. Romy Schneider reagiert bei Anspannungen zunehmend aggressiv, deutet das selbst als Schutz vor der Angst, nicht das Optimale geben zu können.

Die Arbeit, eine italienisch-französische Koproduktion mit dem polnischen Regisseur Andrzej Zulawski, empfindet sie zu Beginn nicht als angenehm, dennoch reiht sie ihn später unter ihre vier Lehrmeister ein. Zulawski, der als Regieassistent bei Andrzej Wajda begann, meint, dass es ihm bei der Arbeit nur darum gegangen sei, eine gute Leistung von ihr zu erhalten, »also habe ich sie benutzt, wie wir sie alle benutzt haben [...] Romy hat sich von vornherein für eine Figur entschieden, die weder besonders reizvoll noch verführerisch ist. Sie spielt ganz unverblümt und, wie ich glaube, zum ersten Mal. Sie ist ›entblößt‹. Ich finde das sehr schön, aber viele andere werden meinen, daß es häßlich ist.«[532] Romy Schneider teilt seine Meinung. Dekorative Filme habe sie genug gedreht und könne sie weiterhin machen. Nun geht es ihr vor allem darum, mit und in einem Team optimale Leistung zu erbringen. Sie verliebt sich in den Schauspieler Jacques Dutronc, die Dreharbeiten verlaufen angespannt. Die Kritik reagiert nach seiner Uraufführung im Februar 1975 anfangs verhalten, erst mit zunehmender zeitlicher Distanz zu seiner Entstehung wird der Film von Romy Schneider selbst in den Kreis ihrer bevorzugten gerechnet. Sechzehn Jahre nach den Dreharbeiten und acht Jahre nach Schneiders Tod schreibt die »Süddeutsche Zeitung«, »Romy Schneider war nie schöner als hier, wo jede Einstellung wie ein Röntgenbild der Seele wirkt. Einmal versucht sie verzweifelt, den Blick der Kamera mit der Hand abzuwehren, ohne Erfolg. Da zerfließt mit Tränen die Schminke auf ihrem Gesicht. Die Maske fällt, ganz nackt liegt dann die Schönheit da. ›I've been photographed to death‹, hat Marlene Dietrich einmal gesagt. Was das heißt, kann man hier sehen.«[533]

Als der Film im Februar 1975 in Deutschland anläuft, zitieren die Zeitungen lieber die Übersetzung des französischen Originaltitels: »Das Wichtigste ist, zu lieben«, und vermuten, dass sie bei ihrer eindrucksvollen Darstellung auf der Leinwand von privaten Erlebnissen zehrt. Sie wird mit der Monroe verglichen, zumindest in dem Umstand, dass beruflicher Erfolg sich proportional zu privatem Unglück verhalte. »Trotzdem befürchtet niemand in ihrer Umgebung, daß sie eines Tages plötzlich den gleichen Ausweg wie Marilyn Monroe nehmen wird.«[534] Man will jedoch Unsicherheit wegen der vergangenen privaten Fehlentscheidungen erkennen, »deshalb braucht sie unbedingt einen Mann, der ihr helfen kann, ihre inneren Spannungen zu bewältigen.«[535] Den habe sie in dem Regisseur Andrzej Zulawski auch gefunden, er habe ihre Bedürfnisse verstanden. »Offensichtlich war das eine Form von Liebe, und da sie seine Gefühle erwiderte, hat sie sich in vielen Szenen selbst übertroffen.«[536] Es wird eine anonyme Beobachterin der Dreharbeiten zitiert, die erkannt haben will, dass der Pole seit Alain Delon der erste Mann sei, der Romy als Mensch und Künstler gleichermaßen fasziniere. Ähnliches hat man zuvor schon öfter gehört, Delon wird längst als permanente Metapher herangezogen, wenn es gilt, eine neue Beziehung Schneiders zu kommentieren.

Marco Ferreri bietet Schneider eine Rolle in seinem Projekt *Die letzte Frau* an, nennt Gérard Depardieu als Partner, doch da er kein fertiges Drehbuch hat, ist sie nicht interessiert. Ihre neue Freiheit sieht sie nun darin, Dinge neu zu überdenken und zu werten. Der Beruf ist ihr nun endgültig zu einer existentiellen Sache geworden. »Das ist meine einzige Möglichkeit, mich zu verändern – wenigstens eine kleine, um aus dieser Sackgasse herauszukommen, in der man als der Markenartikel ›Romy Schneider‹ festsitzt. [...] Ich meine einfach, Idealfiguren fallen eines Tages von der Leiter und dann ist aus Versehen ein unwirkliches Leben zu Ende gelebt. Ja, darüber mache ich mir erst jetzt Gedanken. Früher habe ich mich immer rasend selbst davon überzeugen wollen, daß ich, Romy Schneider, einen Alltag leben kann wie alle anderen. Solche Sprüche habe ich in Interviews von mir gegeben, behauptet, ich mache Ferien wie du und ich, verbringe einen Alltag wie jeder andere auch. Heute weiß ich, daß ich so einen Alltag gar nicht leben kann. Ohne Rollen kann ich nicht leben.«[537]

Im Sommer 1974 macht sie Urlaub in der Ägäis. Beim Tanzen in Griechenland wird das obligate Porzellan zerschmissen, Romy tanzt trotz der Scherben exzessiv barfuß weiter und tritt sich einen zwei Zentimeter langen Glassplitter in den Fuß. Kurze Zeit später trifft sie Harry Meyen in St. Tropez, wo sie sich mit David eingemietet hat. Sie bedauert Brigitte Bardot, als deren Rivalin sie früher betrachtet wurde, die ebenfalls hier Urlaub macht, von den Linsen der Ferngläser und Fotoapparate verfolgt wird und ihrem derart zudringlichen Publikum die Zunge herausstreckt. Acht Jahre später wird sich Bardot empathisch über Romy Schneider äußern, Parallelen ebenso wie Unterschiede aufzeigen: »Nach außen ist man ein Star, vom Glück verwöhnt. In Wirklichkeit ist man allein. Ich bin ausgestiegen. Aber Romy hat ihren Beruf so sehr geliebt, daß sie nicht aufhören konnte.«[538]

An der Côte d'Azur finden die Dreharbeiten zu *Les Innocents aux mains sales/Die Unschuldigen mit den schmutzigen Händen* statt. Romy Schneider arbeitet erstmals mit dem renommierten Regisseur Claude Chabrol, der neben Godard und Eric Rohmer als einer der Begründer der Nouvelle vague gilt. Chabrol hat sich auf sozialkritische Filme verlegt, die er gern in eine Kriminalhandlung verpackt. Wie einem guten Kriminalautor geht es ihm weniger um die Aufklärung des Verbrechens als vielmehr die Demaskierung des sozialen Umfeldes, durch das die Tat zumeist begründet wird. Sein internationales Renommee lässt ihn das eigene Werk mit ironischer Gelassenheit betrachten. Auf die Frage, welchen Film er selbst aussuchen würde, um sein Œuvre zu repräsentieren, meinte er: »Den Schlechtesten. Welcher das ist, müssen Sie aber selber beurteilen.«[539]

Mit Chabrol versteht Romy Schneider sich nicht, fühlt sich von dem während der Dreharbeiten ständig Schach spielenden Regisseur vor der Kamera alleingelassen. Was sie brauche, seien Herzensfreundschaften wie mit Visconti, Welles oder Sautet oder Herausforderungen wie Zulawski. Dabei war es gerade Chabrol gewesen, mit dem sich

Schneider seit Jahren eine Zusammenarbeit gewünscht hatte. Als er ihr von der geplanten Geschichte zu *Die Unschuldigen mit den schmutzigen Händen* erzählte, willigte sie sofort ein, und das Drehbuch entstand mit der ihr zugedachten Figur im Zentrum. Im Gegensatz zur Romanvorlage von Richard Neely reduziert Chabrol alle weiblichen Elemente des Stoffs auf Romys Person, was deren Verlorenheit in den verschiedensten Formen des Patriarchats vergrößert. Wie in anderen seiner Filme erweist Chabrol dem von ihm geschätzten Alfred Hitchcock Reverenz. Dessen unverkennbare Verehrung für seine Protagonistinnen wie Grace Kelly, Kim Novak oder Tipi Hedren ist bei Chabrol im Falle von Schneider jedoch nicht spürbar.

Julie (Schneider) ist mit dem um achtzehn Jahre älteren Louis Wormser (Rod Steiger) verheiratet, der jegliche Form der privaten Beziehung zugunsten übermäßigen Alkoholkonsums eingestellt hat. Jeff, ein junger Mann (Paolo Giusti), nützt die Situation aus, wird Julies Liebhaber und überredet sie dazu, Wormser zu ermorden. Als der Ehemann wie geplant nach einem Bootsunfall verschwindet, findet Julie heraus, dass sein Vermögen auf der Bank abgehoben wurde und Jeff verschwunden ist. Beide Männer tauchen aber wieder auf, und Julie gerät dadurch in Lebensgefahr.

Das Konzept gefällt Romy, sie soll eine mutmaßliche Verbrecherin spielen wie in *Die Geliebte des anderen*, die sich jedoch aus der Männerwelt, in der sie nur als Objekt benutzt wird, befreien will. Entgegen ihren Gepflogenheiten sagt sie zu, bevor das Drehbuch vorliegt, dessen endgültige Form erst feststeht, als es Chabrol gelingt, Elsa Martinellis Villa an der Côte d'Azur als Drehort anzumieten. Romys Filmpartner Rod Steiger wird später angeben, es sei vom ersten bis zum letzten Meter Schneiders Film. »Der Regisseur war der Mörder«, beklagt die »Süddeutsche Zeitung« das Scheitern des Films, prangert das Outrieren Steigers an und meint: »Romy Schneider hat wenig Chancen, Profil zu zeigen, weil Chabrol sein ganzes Interesse an menschlich-komplexen Figuren an die beiden Kriminalkommissare verschwendet.«[540] Zumindest erhalten die beiden inmitten der düsteren Szenerie einige erheiternde Auftritte, die sowohl Regisseur als auch Publikum Vergnügen bereiten.

Mit ihrem nächsten Regisseur Robert Enrico wird sich Schneider besser verstehen. Zumindest die Kommunikation mit ihm sucht sie intensiv. Zum Vorausplanen einer Actionszene, berichtet der Regisseur, habe Romy in der Nacht zuvor an der Hotelbar mit einer Flasche Bordeaux auf ihn gewartet. Zunächst ist Enrico verwirrt, für ihn gibt es wenig zu bereden, Romy dagegen kann wegen der Szene nicht schlafen.

Bereits *Nur ein Hauch von Glück* war ein Film gewesen, der Romy Schneider in die 1940er Jahre zurückführte. Ihr nächster Film wird dies wieder tun, diesmal in noch stärkerem Ausmaß. Für die Arbeiten zu *Le vieux fusil / Das alte Gewehr* reist Romy Anfang 1975 nach Montauban und Biarritz. Ihr Partner ist Philippe Noiret, dessen melancholisches Gesicht sich von weicher Gutherzigkeit zu Verbissenheit wandelt, wenn er seinen Rachefeldzug beginnt. Als französischer Arzt während der deutschen Besatzung will er seine Familie in Sicherheit bringen lassen und liefert sie damit einem Massaker aus. Zu spät fährt er ihr nach, begreift erst langsam, dass die leblose Puppe mit dem Blut auf dem Gewand seine Tochter und der nach einem Flammenwerfereinsatz grotesk verformte Körper seine Frau (Romy Schneider) ist. Während er mit einem alten Gewehr Rache nimmt, ersteht das verlorene gemeinsame Leben in Rückblenden wieder, in denen Romys Figur sagt: »Eines Tages werde ich alt sein, und du wirst mich nicht einmal richtig angesehen haben.«

»Ich wollte zeigen, wie ein einmal in Gang gesetzter Mechanismus jeden mitreißt, auch den Sanftesten«[541], sagt Robert Enrico. Man findet es wichtig, die relativ kleine Rolle der Ehefrau mit einem Star zu besetzen, denn ihr tragisches Schicksal motiviert den weiteren Handlungsverlauf. Die schrecklichen Szenen, die den Mann quälen, hat dieser eigentlich gar nicht miterlebt. Nur die Soldaten, die er in der Folge nacheinander hinrichtet, waren Zeuge der Verbrechen. Dennoch erscheinen sie in der Phantasie des Rächenden und bleiben so in der Erinnerung der Zuseher. In einigen Filmkopien hat man Schnitte darin vorgenommen. Die Szene ist großteils ohne Originalton und nur von elektronischer Musik untermalt. Romys Flucht vor ihren Vergewaltigern wirkt fast dokumentarisch, nur das Gesicht der schreienden Tochter ist als Großaufnahme dazwischen geschnitten. Mit dem Mädchen läuft die Mutter ins Freie, wo ihr riesenhafte dunkle Körper den Weg versperren. Das Kind wird erschlagen. Als der Soldat mit dem Flammenwerfer auf sie zu kommt, weicht die Frau zurück. Ein paar Mal schießt die meterhohe Feuersäule ziellos über ihre Person hinweg, der eingeblendete Originalton verschärft die unheimliche Demonstration. Dann visiert das Mündungsrohr in Großaufnahme den Kamerafokus an, so dass man die Ausstoßlöcher erkennen kann. Der gehetzte Gesichtsausdruck der nach der Kraftanstrengung keuchenden Frau spiegelt fassungsloses Erstaunen wider. Romys Todesschrei, als der Feuerstrahl sie trifft, wird neben dem Originalton des Flammenwerfers als einziges Tonelement in den Soundtrack eingebaut. Mit dem zusammenbrechenden Ehemann darf sich endlich auch der Betrachter abwenden.

Wie in *Trio Infernal* agiert Schneider in einigen Szenen, ohne sich und andere zu schonen, die Folge sind Verletzungen am ganzen Körper und mehrtägige Zwangspausen. Robert Enrico imponiert Schneiders Bemühen um die Konstanz künstlerischer Leistungen mit nahezu allen Mitteln, er nennt sie »auf diabolische Weise fotogen« und zählt sie zu den wenigen Schauspielerinnen, die wirklich Filmgeschichte zu schreiben imstande sind.[542]

Das alte Gewehr wird in Frankreich mit drei Césars ausgezeichnet, darunter auch als bester Film des Jahres. In Paris läuft der Film sechs Monate hindurch, die 773 978 Besucher übertreffen den Rekord der *Sissi*-Filme.[543] In der BRD beschreibt man, wie die Film-SS Romy mit dem

Flammenwerfer verbrennt, beklagt das offensichtliche Wogen einer antideutschen Welle auf den Kinoleinwänden und zeigt sich betroffen über die (national)hymnische französische Kritik. »Lichterloh brennt die ›première dame‹ des französischen Films, übrig bleibt nur ein verkohlter Körper. Die Zuschauer stöhnen, die wenigen deutschen Touristen sehen scheu zu Boden.«[544] Um Revanchismus gehe es dabei jedoch nicht, betont eine andere Zeitungsstimme. Die Konfrontation mit der NS-Problematik müsse in jedem Falle zugelassen werden, auch wenn es, wie angemerkt wird, aus Deutschland kritische Gegenstimmen gibt: »Daß Enrico gleichwohl nicht einer privaten Rache das Wort redet, auch zwischen Deutschen und Deutschen zu differenzieren weiß, bestätigt seinen Durchblick und seine Ehrlichkeit. Wer den Film dennoch als scheußlich, ungeheuerlich und in Erbfeind-Denken befangen diffamiert, wie in der bürgerlichen Presse geschehen, offenbart nur, daß ihm die ganze antifaschistische Richtung nicht paßt.«[545]

Scheidung im Hause Haubenstock

Im Januar 1975 ist in der Presse zu lesen, dass Romy Schneider der populärste Weltstar sei, den man allein anhand des Vornamens identifizieren könne. Sie verweist damit ihre Konkurrentinnen »Barbra« (Streisand) und »Sophia« (Loren) auf die Plätze zwei und drei.[546]

Doch diese Popularität hat ihren Preis. Der Kräfteverschleiß durch die intensive Filmarbeit zeigt sich nun. Im Februar 1975 beschließt Romy, eine Pause zu machen. Sie glaubt nun auch, sich zu viel zugemutet zu haben, nicht aber dem Publikum, wie sie selbstbewusst anmerkt. Im April besucht sie ihre Großmutter in Wien, die ihr erklärt, dass sich Frauen »von unserem Schlag« nicht unterkriegen lassen dürften, da sie stärker als die meisten Männer seien. Einen neuen Mann, an dem das Kräfteverhältnis erprobt werden kann, gibt es bereits: Daniel Biasini, der seit drei Jahren als

Romys Privatsekretär arbeitet, wobei die ersten beiden Silben der Berufsbezeichnung zunehmend stärker gewichtet werden, auch wenn die Zeitungen zu jenem Zeitpunkt noch zumeist andere Männer an ihrer Seite vermuten.

1972 ist Biasini 22 Jahre alt, eben von einer USA-Reise zurückgekehrt, und hat sich bei der Lira-Film, die zu jener Zeit unter der Führung von Raymond Danon steht, um einen Job beworben. Im September 1972 wird er von Danon zur Betreuung von Romy Schneider abgestellt, soll ihr Chauffeur werden und sie zu offiziellen Anlässen begleiten. Beim ersten Treffen erkennt Biasini den Star nicht sofort, wohl auch, weil er nicht erwartet hat, dass dieser ihm persönlich die Tür öffnen würde. »Sie trug einen langen, ziegelfarbenen Kaftan und hatte den Kopf mit einem Tuch wie ein Turban umhüllt. Sie war ungeschminkt, und ich hatte sie mir deutlich größer vorgestellt. Aber was einem sofort ins Auge stach, war dieser unglaublich leuchtende Blick. Ein Blick von ganz eigener Intensität, der einem zu verstehen gab, daß er die Gabe der Sprache besaß. Romy hat ihn auch wie das gesprochene Wort verwendet.«[547] Schneider ist auf Promotionstour für *César und Rosalie* und erteilt Biasini als erstes die Aufgabe, eine Schule für David zu finden. Der junge, sportliche Mann wird zur neuen Bezugsperson für Romys Sohn, später sogar mehr als ein Vaterersatz. Er verbringt viel freie Zeit mit David, nimmt ihn auch mit zu seinen Eltern nach Saint-Germain-en-Laye. Bald ist auch Romy dort regelmäßiger Gast. Biasini wird Schneiders Sekretär, organisiert eine neue, 300 Quadratmeter große Wohnung für Mutter und Sohn in der Rue Bonaparte 34 und ein portugiesisches Hausmädchen namens Olga. Auch Biasini erhält dort sein Büro und ein Zimmer zugewiesen, behält aber sein kleines Appartement. Er lernt Romys Stimmung an der Schrift ihrer für ihn bestimmten Notizen abzulesen. Die Sätze werden unterstrichen, eingerahmt, sind mit Interpunktionen übersät. »Ein einziger Bleistiftstrich signalisierte oft einen Wechsel von Wut zu Fröhlichkeit.«[548]

Manchmal muss er ihr Kleidung bringen, Jeans, Pullover, übergroße Sonnenbrillen, und sie zieht sich zu seiner Überraschung in einem Café oder gleich im Fond seines Wagens um, während er auf dem Gehsteig wie eine spanische Wand Aufstellung nimmt, um sie vor den neugierigen Blicken (und einschlägigen Assoziationen) der Passanten zu schützen. Das Frühstück nimmt man oft gemeinsam im Hôtel de Flore am Montmarte ein. Im Dezember 1972 bietet Romy Biasini an, in die gemeinsame Wohnung zu ziehen. Er feiert Weihnachten im Beisein von Harry Meyen und akzeptiert schließlich Schneiders Angebot zu bleiben.

Biasini organisiert für die Familie eine neue Wohnung in der Rue Berlioz 18. Er gibt an, dass die Schweizer Imfra, eine auf Anraten des Schweizer Anlageberaters Henrik Kaestlin von Romy gegründete Immobilienfirma, die Kosten dafür übernimmt. Der Innenarchitekt Michel van Leempol gestaltet das neue Domizil nach den Intentionen Schneiders. »Ihr Geschmack war, gemessen an ihrem progressiven Image, einigermaßen konventionell. So gab es an den Wänden wohl Picasso und Miró, aber nicht ein Stück der Avantgarde«,[549] befindet Biasini. Auch der zur Schneiderschen Wohnidylle gehörende Hund findet sich, der Labrador erweist sich jedoch als zu groß für Pariser Wohnverhältnisse und erhält Asyl auf dem Lande.

Im September 1973 unterschreibt Romy Schneider einen Vertrag mit der Schweizer Firma Cinecustodia, zu deren Klienten auch Romys frühere Filmpartner Lilli Palmer und Curd Jürgens gehörten. Die Gesellschaft übernimmt sämtliche pekuniären Angelegenheiten, kümmert sich um alle den beruflichen Projekten zuzurechnenden Dinge bis hin zu Unterkunft und Bekleidung. Michael Jürgs schreibt in seinem Romy-Schneider-Porträt, dass die Firma zwischen 1974 und 1980 fast sechs Millionen Francs aus Schneiders Gagen überwiesen erhielt.[550] Das Schneider zuerkannte monatliche Gehalt liegt bei 12000 Schweizer Franken, wie Biasini sich erinnert.[551] Neuer offizieller Wohnsitz Schneiders ist nun die Segantinistraße in Zürich. Die französische

Finanzbehörde sieht in der Firma später allerdings eine Scheingesellschaft, mit deren Hilfe Romy Schneider ihre Steuerpflicht in Frankreich umgehen wollte. Eine Millionenklage wird die Folge sein.

Harry Meyen drängt auf die Scheidung. Durch Schneiders Affären empfindet er den um des gemeinsamen Sohnes willen beschlossenen »Waffenstillstand« als gebrochen. Dass sich der Entfremdungsprozess bereits über Jahre hinzieht und die Angelegenheit längst nur mehr einer pekuniären Regelung bedarf, verschweigt die Boulevardpresse, ergeht sich aber in Zahlenspielereien. Die Scheidung, die Romy ursprünglich vermeiden wollte, obwohl sie diese längst als notwendig erachtet, läuft mittlerweile als »reine Formsache« in gegenseitigem Einverständnis, sie betont, dass Harry Meyen seinen mittlerweile achtjährigen Sohn »jederzeit« in Paris oder Hamburg sehen könne. Kolportiert wird eine vom Noch-Ehemann geforderte Summe von 11,2 Millionen Mark, Meyens Anwälte pochen auf den Verdienstverlust, den er wegen der »aus Liebe und Treue zu seiner Frau« ausgeschlagenen Angebote erlitten habe. Romy Schneider kontert: »Erstens habe ich in den ersten Jahren meiner Ehe ebenfalls viele Angebote ausgeschlagen und mich nie darüber beklagt. Zweitens hätte mein Mann viele Aufträge übernehmen können, ohne daß ich ihn daran gehindert hätte. Deshalb ist es nicht normal, daß ich jetzt für den Unterhalt des Herrn Haubenstock [...] sorgen soll. An sich war ich als seine Frau ja nicht einmal verpflichtet, für meinen eigenen Unterhalt zu sorgen.«[552] Am härtesten trifft sie Meyens Anspruch auf das alleinige Sorgerecht für David. Ein anderer angeblicher Satz Schneiders, um die Sache endlich zu beenden, wird später gern zitiert: »Let's split the fucking money – ich will frei sein!«[553]

Ab dem 5. Juli 1975 kann sie das wieder von sich behaupten, um zehn Uhr Vormittags, wird die Ehe zwischen Rosemarie Haubenstock-Albach und Harald Haubenstock in Berlin aufgrund beiderseitigen Verschuldens einvernehmlich geschieden, beide Beteiligten lassen sich durch ihre Anwälte vertreten. Man vereinbart, wie von Meyens Rechtsbeistand gefordert, Gütertrennung, die Presse berichtet von 1,4 Millionen Mark als Abfindungssumme für Meyen. Ein paar Monate später, im Januar 1976, stellt sie klar, dass Meyen ihr sehr harte Bedingungen für die Scheidung diktiert habe. Den Verzicht auf die Hälfte ihres Vermögens bezeichnet sie als »sträflich naiv«. »Ich wollte die Freiheit von einem Mann, der mir, ungeachtet der im Sommer ausgesprochenen Scheidung, weiter die Schuld in die Schuhe schob. Ich wollte sie von ihm, nicht nur, weil ich verletzt war, sondern weil er unser Kind leiden ließ.«[554] David bleibt bei Romy, regelmäßige Treffen mit seinem Vater werden vereinbart. Meyen äußert sich in Interviews in der Folge zumeist positiv über Romy als Mutter.

Im Februar 1976 spricht die Zeitschrift »Ciné Revue« Romy den Grand Prix International zu. Als sie im April den César für *Nachtblende* entgegennimmt, dankt sie vor allem dem im März desselben Jahres verstorbenen Luchino Visconti, den sie als Entdecker und Förderer ihres »eigentlichen Talents« bezeichnet, und widmet ihm die Auszeichnung. Die versammelte Künstlergarde Frankreichs gratuliert, allen voran Jean Gabin, für den es einer seiner letzten offiziellen Auftritte ist, er stirbt im November desselben Jahres an Herzversagen. Der Preis macht Schneider stolz, ist sichtbarer Ausdruck für die große Nachfrage nach einer Frau, die als Ausländerin zur erfolgreichsten Schauspielerin Frankreichs geworden ist. Einen weiteren César erhält sie 1979 für *Eine einfache Geschichte*. Für den Preis nominiert wird sie 1977 (*Die Frau am Fenster*), 1980 (*Die Liebe einer Frau*) und post mortem 1983 (*Die Spaziergängerin von Sans-Souci*). Bereits 1964 hatte sie für *Der Kardinal* in Hollywood eine Nominierung für den Golden Globe erhalten.

»Hauptsache ist jetzt Daniel Biasini.« Die deutsche Presse beweist an ihm zunächst ihr mathematisches Talent: »Der neue Mann ist neun Jahre jünger.«[555] Tatsächlich sind es elf, Biasini wurde 1949 geboren. Fotos von beiden gemeinsam gibt es schon länger, neben offiziellen drucken die Zeitungen auch gern solche, mit denen Boulevardblätter seit je ihre Auflagen in die Höhe treiben, wie etwa Aktfotos von Romy an der Seite Biasinis auf der Yacht »Danycha IV«. Biasini sei als einziger da gewesen, als es ihr schlecht ging, begründet sie ihre Zuneigung. Unumwunden gibt sie zu, dass er sie an Alain Delon erinnere, über denselben autarken Charakter verfüge, ihm in Charme und Humor gleiche.

1975 wird sie 37 Jahre alt und wünscht sich schon seit längerer Zeit ein zweites Kind. Allerdings hat sie für Frühjahr und Herbst 1976 bereits Filmverträge unterschrieben, die nähere Zukunft ist damit bereits verplant.

Heiratspläne bestreitet sie zumindest noch eine kurze Zeit, glaubt an eine bessere Möglichkeit, sich das »Glück einer Liebe ohne Trauschein« zu bewahren. Im September 1975 weiß sie, dass sie wieder schwanger ist, und plant nun doch eine Hochzeit innerhalb weniger Wochen. Nur die Trauzeugen sollen geladen werden. Dass die Schwangerschaft der Auslöser für den Sinneswandel ist, verschweigt sie nicht. Immer wieder betont sie, dass sie mit Biasini auch ohne Formalitäten glücklich sein könne, doch sie wolle, dass das Kind den Namen seines Vaters trage.

Am 18. Dezember 1975 heiratet sie Daniel Biasini in Berlin, die Trauzeugen sind Christiane Höllger, der Anwalt Gerd-Joachim Roos und der Nobel-Coiffeur Alexandre de Paris. Romys Bruder Wolfdieter Albach, Biasinis Familie und Claude Sautet sind unter den wenigen geladenen Gästen. Warum die Hochzeit in Berlin stattfindet, ist unklar. Sicher ist, dass die Braut mit der Stadt positive Gefühle verbindet, zumal sie hier ihrem ersten Kind das Leben schenkte. Sicher ist auch, dass Romy im fünften Monat schwanger ist, eine schnelle Hochzeit plant und die amtlichen Formalitäten in Berlin weniger lange dauern als in Paris, zumal die Ehe zwischen einer Deutschen und einem Franzosen geschlossen wird. Aus dem Privatsekretär, der jetzt als Journalist für das Fernsehen arbeitet, soll der Produzent einer eigenen Filmfirma werden, die Schneiders selbstgewählte Projekte verwirklicht.

Sie gesteht sich ein, dass es ihr unmöglich ist, allein zu leben, sie fühlt sich bei Biasini verstanden und geborgen, schätzt seine Sorge um ihre Schwangerschaft. Die Neugierigen am Standesamt Friedenau warten jedoch vergeblich, das Brautpaar erscheint nicht, aus gesundheitlichen Gründen, wie es heißt. Schneider leide an einer Grippe, könne das Schlosshotel Gehrhus in Grunewald nicht verlassen, und die Hochzeit müsse dort im hauseigenen Wintergarten stattfinden. Alexandre hat für Romy einen Lockenkopf kreiert, der mit einem seidenen Feldblumenkranz geschmückt ist, und nennt dafür Porträts von Stummfilmdiven als Vorbild. Dazu trägt sie ein helles Kleid mit buntem Blumenmuster, auf dessen üppiges Dekolleté die Teleobjektive der Fotografen begierig zoomen. Die Brautleute antworten in der Landessprache des Partners auf die entscheidende Frage, nach zehn Minuten ist die Zeremonie vorüber. Romy bedauert die Umstände der schnellen Trauung abseits der wartenden Menschenmassen, sie ist um Versöhnung mit ihren deutschen Fans bemüht, schon im September 1976, so das Versprechen, käme sie für die Dreharbeiten zu *Gruppenbild mit Dame* für zwölf Wochen nach Berlin. »Da werde ich alles wieder gutmachen.«[556] Am Abend desselben Tages feiert man mit Mutter Magda und deren neuem Lebensgefährten, dem Kameramann Horst Fehlhaber, sowie 33 Gästen in Paris, wo Jean-Claude Brialy sie in seinem auf der Île Saint-Louis gelegenen Restaurant »L'Orangerie« bewirtet. Romy ist dort Stammgast, sie bezeichnet die Lokalität als ihr »Esszimmer«.

Die neue Ehe macht sie wieder optimistisch. Sie erkennt, dass der Arbeitseifer der letzten Jahre eine Flucht vor der Einsamkeit war, sieht dies nun als Selbstbetrug an, bezeichnet vergangene Lebensumstände als übel. »Früher wollte ich die Leute so sehen, wie ich sie mir wünschte. Ich stellte mich gern blind, um allein in meinen Illusionen zu leben. Diese Haltung hat es mir oft eingebracht, einige Schläge des Lebens hinzunehmen, mich oft enttäuscht und einsam zu finden. Ich war nicht immer bequem.«[557] Dem Film wolle sie zwar weiter verbunden bleiben, solange man sie dort brauche, jedoch nicht um den Preis eines harmonischen Familienlebens. Schon bald muss sie dafür wieder in die Offensive gehen, die Presse karikiert Biasini als Gigolo, Romy betont, er arbeite seit einiger Zeit als Fernsehreporter in politischen Belangen, wovon die Öffentlichkeit jedoch wenig mitbekommt. Sie zählt akribisch die Länder auf, aus denen er berichtet hat, und die Sender, die seine Berichte angekauft haben.

Ein paar Wochen nach der Hochzeit erleidet sie eine Fehlgeburt. Als Grund liest man zumeist, sie sei zusammen mit Biasini, der das Fahrzeug lenkte, in einen Auffahrunfall verwickelt gewesen, und Romy habe sich dabei verletzt. Biasini selbst gibt an, ein Virus, übertragen durch einen Kunstfehler nach einer Kieferoperation bei Schneider in der Vorweihnachtszeit, hätte zu den tragischen Umständen geführt.[558]

Im Februar 1976 ist Romy zur Kur in Quiberon, einer Halbinsel im Süden der Bretagne, um dort einige Pfunde zu verlieren und ihren Körper wieder fit für neue Dreharbeiten zu machen. In Frankreich assoziiert man den Ort oft mit dem Begriff »Entziehungskur«. Statt des Babys kann und muss sie sich nun wieder dem Film widmen. Im Juni 1976 dreht sie in Griechenland, Italien und Frankreich *Une femme à la fenêtre / Die Frau am Fenster*. Den Regisseur Pierre Granier-Deferre kennt sie bereits von der drei Jahre zurückliegenden gemeinsamen Arbeit *Le train / Nur ein Hauch von Glück*. Das Team, darunter Philippe Noiret und Umberto Orsini, berichtet später von Reibereien mit dem Star, der sich zunehmend isoliert habe. Wie Godards *Le Mépris / Die Verachtung* ist die Mehrecks-Beziehungsgeschichte in *Die Frau am Fenster* voller Anspielungen auf antike Stoffe. Und eine Reise in die jüngere Vergangenheit.

Die Geschichte beginnt im Griechenland des Jahres 1936. Margot Santorini (Romy Schneider) ist die titelgebende Frau am Fenster, die dem von der Polizei gesuchten Michel Boutros (Victor Lamoux) während der griechischen Militärdiktatur Unterschlupf gewährt. Mit der Liebe zu dem Fremden erwacht auch ihr Interesse für dessen politische Ideale, Margot benutzt ihren Mann und ihre Freunde, um Michel zu helfen. Schließlich folgt sie ihm in den Untergrund, wo sich ihre Spuren während des Krieges verlieren. 1967 kehrt ihre Tochter (ebenfalls Romy Schneider) nach Griechenland zurück um nach ihren Wurzeln zu suchen.

In die politische Handlung passt auch die österreichische Abstammung Romy Schneiders, ihre Figur erzählt von der Dollfuß-Regierung im sogenannten »Austro-Faschismus«. Er habe sie nicht persönlich gekannt, berichtet der Drehbuchautor Jorge Semprún, aber die Rolle mit Romy Schneider als Vorbild im Kopf geschrieben.[559] Ihr Vater sei Franzose gewesen, sagt Margot einmal, sie selbst sei in Österreich geboren. »Die Frauenzimmer«, seufzt Schneider in der Originalfassung einmal auf Deutsch. Es gäbe bei Romy und ihrer Rolle der Margot, so Pierre Granier-Deferre, eine Übereinstimmung an Emotionalität, »mit dieser außerordentlichen, so seltenen Fähigkeit, nein zu sagen, nachdem man ja gesagt hat, alles umzuwerfen, mutig die Richtung zu ändern«.[560]

Gruppenbild ohne Eltern

Im Jahr 1976 schreibt Alice Schwarzer an Romy Schneider in die Rue Berlioz und bittet sie um ein Interview, das in der ersten Ausgabe der feministischen Zeitschrift »Emma« erscheinen soll. Bisher haben die beiden Frauen nur brieflich miteinander verkehrt. Man trifft sich während der Dreharbeiten zu *Gruppenbild mit Dame* am 12. Dezember in Köln, und Schwarzer ist überrascht, »wie klein und zierlich sie war. Und, in der Tat, auf den ersten Blick eigentlich unauffällig«.[561] Romy gibt Alice Schwarzer das Interview, wählt Französisch als Konversationssprache, ein Wunsch, den ihr Schwarzer gern erfüllt, bezeichnet Frauen darin mit dem österreichischen Wort »Palatschinken« (Eierkuchen) und Männer als »Waschlappen«. Gemeinsam mit Schwarzer schreibt sie sich in das »Schutzkomitee Freiheit und Sozialismus« ein, das zur Solidarität mit schikanierten DDR-Bürgern aufruft. Sie steht damit in einer Reihe mit Heinrich Böll, Max Frisch, Alexander Mitscherlich, Marianne Koch und Otto Schily. Auf Schneiders Bestreben hin werden Simone Signoret, Yves Montand und Claude Sautet korrespondierende Mitglieder des Komitees. Der spontane Einsatz für solche gesellschaftspolitischen Dinge, für die sie auch bereit ist, andere zu begeistern und zu mobilisieren, ist typisch für Romy Schneider. Die Unterstreichungen und Ausrufezeichen, mit denen sie ihren ersten Brief an Schwarzer, die Legalisierung von Schwangerschaftsunterbrechungen betreffend, versieht, spiegeln ihre rasche Entschlossenheit wider. Ihr Einsatz geht über eine bloße Unterschrift hinaus, sie informiert sich über Hintergründe, bewundert in TV-Interviews das politische Engagement von Jane Fonda, fügt aber wie eine Entschuldigung vor sich selbst hinzu, dass Fonda dafür wohl ihren Beruf aufgeben müsse.[562] Mit 42 Jahren beneidet Romy Schneider die 26-jährige Eva Mattes als talentierte, selbstsichere, politisch denkende junge Frau, mit »richtigem Alltag«, erfolgreich in Film und Theater. Nach Romy Schneiders Tod wird der Vergleich wieder aufgenommen.

Die Dreharbeiten zu *Gruppenbild mit Dame* unter der Regie von Aleksandar Petrovič beginnen am 1. September 1976 in Berlin. Die Produktionsgesellschaft schottet Romy ab, sie hat ihr eigenes Personal, zieht sich zumeist in ihren Wohnwagen zurück, der von der Crew nicht eben liebevoll als »Knast« tituliert wird. Romy sieht der Rolle mit besonderem Interesse entgegen, denn es ist eine Reise in die Vergangenheit ihrer Eltern, in »eine Generation, deren Leben und Wirken mich immer fasziniert und berührt hat«.[563] Wie viel sie über diese Zeit wirklich wissen will, geht aus dem Statement nicht hervor, denn sie bezieht es auf die hervorragenden Schauspieler, die hier in Haupt- und Nebenrollen zum Einsatz kommen. In Frankreich, so behauptet sie, gebe es kein solches Reservoir an guten Theaterschauspielern. Sie geht nach ihrer bewährten Bewertungsregel vor: »Stoff – Regisseur – Schauspieler«, und liest nach anfänglichen Schwierigkeiten den Roman von Heinrich Böll, der zunehmend ihr Interesse weckt. Am Drehbuch beeindruckt sie die Authentizität, mit der die Figuren umgesetzt werden. Leni Gruyten, eine Tochter aus gutem Hause, blickt darin 1965 auf ihr Leben zurück. Sie war stets eine Frau gewesen, die ihren Gefühlen und Überzeugungen folgte, ohne sich um die jeweiligen Konventionen zu kümmern. In der NS-Zeit setzt sie sich für ihre jüdische Lehrerin ein, folgt ihrem Geliebten nach Dänemark, muss später erfahren, dass er wegen Wehrdienstverweigerung erschossen wurde. Als die Familie das Vermögen verliert, wird Leni Hilfsarbeiterin in einer Friedhofsgärtnerei, wo sie sich in einen russischen Gefangenen verliebt. 1965 erwartet sie das Kind eines türkischen Gastarbeiters …

Der Part der Leni sagt Romy zu, wobei sie den Eindruck hat, dass es immer schwerer wird, gute Rollen zu finden, da die Kinolandschaft von Männern dominiert werde, für die dann auch die besten Figuren geschrieben würden. Ihre Darstellung erzählt vom Fremdsein im eigenen Lande, ein Zustand, der ihr vertraut ist. Wie Marlene Dietrich oder Hildegard Knef ist sie ein international tätiger deutschsprachiger Star, der sich der Geschichte des Nationalsozialismus stellt, die Konfrontation mit ihr sucht – und dadurch auch mit denen in Berührung kommt, die diese Geschichte vertuschen. Vielleicht rührt von daher Jean Gabins Wort, Romy Schneider verkörpere »das gute Deutschland«.[564] Die Annäherung an ihren Part bezeichnet sie als schwierig. Sie ist 38 und hat zu den Geschehnissen der NS- und unmittelbaren Nachkriegszeit kaum Bezug, wie sie bekennt. »Ich weiß einiges von meiner Mutter. Das berührt mich sehr. Sie kannte diese Zeit, und ich habe davon zu lernen.«[565]

Heinrich Böll kennt Köln aus der Kriegs-, Romy aus der Wirtschaftswunder-Zeit. Zwar sieht sie als 14-Jährige auf dem Weg in ihr erstes Filmstudio hier erstmals Schutt und Ruinen, doch ihre Realität ist die durch Blatzheims Geschäftstüchtigkeit ermöglichte gehobene Bürgerlichkeit, aus der sie einige Jahre später flüchtet. Als Vorbereitung auf ihre Rolle sieht sich Romy den deutschen Dokumentarfilm *Schlacht um Berlin* (1973) von Franz Baake und Jost van Morr an, um an ihm die Verhaltensmuster der Menschen während des Bombenkriegs zu studieren. Später will sie mehr Bezüge hergestellt wissen, betont, vieles von dem, was »deutsch« sei an ihr, in den Film eingebracht zu haben. Sogar Dinge aus ihrer Kindheit, persönliche Eindrücke. Sie sei zwar erst sechs Jahre alt gewesen, als der Krieg zu Ende ging, »aber durch meine Mutter, meine Familie bin ich sehr sensibel für diese Epoche [...] Das Interesse an diesem Film besteht vor allem darin, dass die Tragödie von 1939 bis 1945 hier aus der Sicht der Besiegten gesehen wird, während sie bisher nur von seiten der Sieger gezeigt wurde.«[566]

Gruppenbild mit Dame findet keine freundliche Aufnahme bei der Kritik. »Die Zeit« schreibt von »einer ermüdenden Folge von Nahaufnahmen, deren sich jedes Fernsehspiel schämen müßte, konfus und dilettantisch [...] Vollends unerträglich wird diese ärmliche Abschreibungsproduktion durch die outrierte Schauspielerführung, der auch Romy Schneider zum Opfer fällt.«[567] Im Juni 1977 schreibt Romy Schneider an Heinrich Böll, dankt für seinen Brief, meint, dass sie sich nicht über die deutsche Kritik informiert hätte, sondern bereits bei der Vorführung in Cannes am 24. Mai vom Resultat enttäuscht gewesen sei und die alleinige Schuld dafür beim Regisseur sähe (wie übrigens auch die Presse). Tatsächlich vermindert der Endschnitt des Films einiges an der szenischen Wirkung, so dass es nachvollziehbar ist, dass sowohl Schneider als auch – das ist bei einer Adaption nicht unüblich – der Autor der literarischen Vorlage etwas anderes erwartet haben.

Alice Schwarzer berichtet, dass Romy Schneider sie gebeten habe, sie zu dem Besuch bei Heinrich Böll in Köln zu begleiten. Man trifft sich an einem Adventsonntag in Bölls

Wohnung in der Hülchrather Straße. Romy Schneider bringt französischen Rotwein mit, Bölls Ehefrau Annemarie kredenzt Tee. Alice Schwarzer beschreibt den Nobelpreisträger als väterlich-freundlich, Romy hört in den folgenden zwei Stunden zumeist beeindruckt zu, »nur, dass sie hier nicht in die Erotik-Offensive gehen kann«.[568] Vergessen ist die Kränkung, dass Böll sich ursprünglich für eine andere Schauspielerin (Angela Winkler) ausgesprochen haben soll. Umso versöhnlicher die – vermutliche – Legende, dass er sich nach Ansicht von *Das Mädchen und der Kommissar* umstimmen ließ. In einem freundlichen Gespräch legt Romy dem Schriftsteller schließlich ihre Interpretation der Rolle Lenis dar, die sie bereits zuvor in Briefen an Böll niedergeschrieben hat, in denen sie ihm auch ihren Respekt und ihre Bewunderung bezeugte. »Die Leni in *Gruppenbild mit Dame* war eine sehr wichtige Rolle für mich. Auch weil diese Leni so deutsch war, so deutsch ist. Aber vor allem, weil ich Böll kennengelernt habe. Da fühlte ich mich wohl. Der hat ein Zuhause ganz ohne Dekoration, da stimmt alles. Als ich zu ihm kam, stand da ein Adventskranz. Er saß ganz ruhig am Tisch, und ich mochte ihn sofort, diese ganze Umgebung. Er war so einfach zu mir. Er sagte, da ist das Klo, Romy, da rechts. Ich glaube, er mochte mich auch.«[569]

Für *Gruppenbild mit Dame* wird Romy Schneider 1977 in Berlin mit dem Filmband in Gold ausgezeichnet. Wegen der anstrengenden Dreharbeiten holt sie David nicht nach Berlin, telefoniert jedoch täglich mit ihm. Nach dem Film will sie ein Jahr Pause machen, danach sollen drei Filme folgen, *Der gekaufte Tod*, *Die Bankiersfrau* und *Eine einfache Geschichte*. Sie möchte, so betont sie Ende 1976, in Zukunft weniger drehen, da sie den Sinn ihrer Existenz nicht mehr über ihren Beruf definieren wolle. Ganz wird ihr das nie gelingen. »Das Nicht-Leichte«, schreibt sie an Alfred Nemeczek, »wird für mich immer reizvoll sein. Fast alles aus sich herausholen ist etwas, was mich vielleicht mein Leben lang beschäftigen wird. Vielleicht? Man kann ja plötzlich aufwachen und total leer sein – kein Gespräch mehr, kein Zusammensein, kein Mut, keine Möglichkeit mehr, etwas geben können, weil man schon alles gegeben hat, was möglich war.«[570]

»Die haben ja nie geschrieben, was ich gesagt habe«

»Über Romy Schneider können Sie schreiben, was Sie wollen, ein paar Millionen deutscher Frauen werden Sie dabei immer auf die Füße treten«,[571] stellte ein Münchner Meinungsforschungsinstitut 1974 fest. »Am liebsten wäre mir, Sie würden Fragen stellen, wo ich nur mit ja oder nein antworten muß«, meint Romy Schneider bereits 1969, »sonst rede ich und rede, und am Schluß weiß ich nicht mehr, was ich gesagt habe. Ich kann ja nicht kontrollieren, wie man mir das auslegt.«[572] Die Ausdeutung Romy Schneiders nach den jeweiligen Wünschen der Interpretatoren erfolgt schon früh und dauert auch nach ihrem Tod unvermindert an. Wirklich einverstanden war sie damit nie, wie Christiane Höllger klarstellt: »Romy hat all diese politisierenden Deutungen gehasst, weil sie bevormundend waren [...] Sie hat zwar genickt, aber sie hat sie wie Geiselnahmen empfunden.«[573]

Jean-Claude Brialy berichtet, dass Romy sich oft wochenlang auf Interviews vorbereitete und dennoch in der Angst lebte, dass man ihre Aussagen wieder missverstehen oder entstellt wiedergeben würde. Sie hat Angst vor Tonbändern, fürchtet, dass ihre Formulierungen zu wenig intelligent klingen würden. Manchmal fügt sie in solchen Gesprächen eigene Feststellungen hinzu: »Ich glaub', das ist richtig – oder?«[574]

Manche unter ihrem Namen gedruckten Interviews hat sie wohl nie gegeben, etliche von ihr stammende Sätze sind uns als zweifelhafte Nachdichtungen erhalten. Die wenigen tatsächlichen Interviews gibt sie oft im Zustand der Verzweiflung, der Wut, manchmal unter Alkoholeinfluss. Die Sätze erscheinen im Original oder sanft umformuliert. Danach klagt sie: »Die haben ja nie geschrieben, was ich gesagt habe.«[575] Sie beschimpft die Presse, bittet Reporter andererseits aber auch sehr offen: »Ich brauche von Ihnen Hilfe, wie ich von einem Regisseur Hilfe brauche.«[576] Selten ist eine Zeitung so ehrlich, die ungleiche Balance in der Berichterstattung darzulegen: »Wer die Auseinandersetzung mit seinem Publikum so total aufnimmt wie Romy Schneider, der kann mit Mitleid nicht rechnen.«[577] Als Christiane Höllger 1976 während der Dreharbeiten zu *Gruppenbild mit Dame* von Romy gebeten wird, die Pressearbeit zu übernehmen, erlebt sie Schneider als zumindest von Teilen der Presse gejagt, nervös und leicht erregbar. Der am Film-Set entstehende ständige Beweisdruck potenziert sich: »Das Publikum zählt! Nicht diese verdammte Scheiß-Presse, die mich kaputt macht. Das Publikum zählt, das lehnt mich gar nicht ab. Ich möchte, dass man sich für mich überhaupt nicht mehr interessiert, außer das Publikum. Ich bin kein public property! Ich habe mein Leben, das gehört mir. […] Und das geht niemand was an!«[578]

Romy Schneider ist längst eine Person öffentlichen Interesses, das sich jedoch zumeist auf ihr Privatleben bezieht. Längst werden Reporter und Fotografen auf sie angesetzt, um »alles« über sie zu berichten, werden Rotwein- und Champagnerflaschen in ihren Einkaufskörben oder bei Lokalbesuchen gezählt, manchmal potenziert und allein dem Konsum Romys zugeschrieben. Die deutsche Presse rechnet vor, dass Romy Schneider in *Gruppenbild mit Dame* mit 950 000 Mark die höchste Gage ausbezahlt worden sei, die je eine deutsche Schauspielerin erhalten habe, und sie sich trotzdem oder gerade deswegen »besonders scheußlich« zur Presse verhalten habe. Man gönne ihr das Geld, »aber wir fragen uns, ob sie für die knappe Million nicht ein bißchen freundlicher zur deutschen Öffentlichkeit hätte sein können, die von jener Presse repräsentiert wird, ohne die sie zwar auch Schauspielerin, aber nicht ein

Star geworden wäre«.[579] Stattdessen habe sie Interviewtermine abgelehnt und nur ein durch ihre Freundin Christiane Höllger vermitteltes Interview (»à la Soraya«) veröffentlichen lassen. Fotografen und Kamerateams ließe sie abweisen, was, wie man ihr selbstlos besorgt vorhält, zu Lasten der Popularität der anderen Schauspieler und der Produktion gehen würde.

Nicht alle Fotografen freilich. Robert Lebeck macht in jener Zeit einige der schönsten Porträts von Schneider. Zum ersten Mal gesehen und fotografiert hat er sie 1959 auf einem Filmball, als sie mit Joachim Fuchsberger, Heinz Oestergaard oder Hardy Krüger tanzt. *Gruppenbild mit Dame* bringt ihn 1976 wieder in ihre Nähe. Romy dreht in Rosenau bei Zwettl in Niederösterreich. Es sind strapaziöse Dreharbeiten mit einigen Leerläufen im Produktionsplan, der Spuren in ihr hinterlässt. Lebeck reist mit dem Reporter Alfred Nemeczek an, um über die Dreharbeiten zu berichten. Auch der Fotograf betont den Unterschied, wie überragend Schneider auf Fotos wirke und wie »normal« sie privat aussehe. Auch habe sie die Aufnahmen immer mit Albernheiten unterbrochen. »Schon im Wohnwagen am Set fing sie an herumzualbern, setzte sich irgendwelche Mützen auf, flirtete, damit ich sie dabei fotografieren konnte. Und sie gab mir sofort den Spitznamen ›Lebo‹.«[580] Beim Abschied schiebt sie Lebeck einen roten Zettel unter der Tür durch, auf den sie schreibt: »Du machst mir Angst – und ich mach mir Angst – vergiss mich schnell – aber bitte sag mir gute Nacht.« Der Fotograf folgt ihrer Bitte. »Es war Winter, es war kalt, dort war abends nichts los, und sie suchte jemanden zum Reden. Mir kam das ganz gelegen. Ich nahm meine Kamera und ging über den Flur. Die Tür war angelehnt, sie saß in Stiefeln auf dem Bett. Wir haben die Nacht durchgequatscht, ich bekam auch bisschen was vom Rotwein ab, und zwischendurch haben wir Fotos gemacht. Danach haben wir gut geschlafen, sonst ist nichts passiert. Sie hat mir seltsamerweise gesagt, dass sie schwanger ist. Sie schien völlig zu vergessen, dass ich Journalist bin. Heutzutage würde man das gierig ausschlachten, ich hab's aber niemandem erzählt. Ich weiß nicht, ob sie es Biasini damals schon gesagt hatte.«[581]

Am Ende von *Gruppenbild mit Dame* spielt Romy eine 65-Jährige und wünscht sich, tatsächlich einmal so auszusehen, falls sie je so alt würde. Allerdings weiß sie um die Illusion dabei: »Aber das geht nicht, denn unter der Maske ist ein Gesicht von 38 Jahren. So ist alles nur ein Spiel – aber eins, das mich aufregt.«[582]

Im Februar 1977 agiert sie, wie der Nachspann vermerkt, »als Gast«, sechzehn Sekunden lang in *Tausend Lieder ohne Ton* von Claudia Holldack nach einem Buch von Christiane Höllger und ist fasziniert von der Art, wie die Autorin und Regisseurin mit dem Medium Film umgeht. Es ist das schnörkellose Porträt einer jungen deutschen Frau aus der unteren Gesellschaftsschicht, die ihre alkoholkranke Mutter regelmäßig aus der Anstalt holen muss und sich trotz scheiternder Hoffnungen in Beziehungen im Alltag zurechtzufinden weiß. In ihrer einzigen Szene rempelt sie dabei Eva Mattes, die von einer Liebesnacht zurückkehrt, an und hält spöttisch fest: »Na, eigentlich wär' ich ja gestern dran gewesen.« Der damalige deutsche Nachwuchsstar bleibt ihr, stellvertretend für den deutschen Film insgesamt, eine Entgegnung schuldig.

Es ist für Romy Schneider die erste Fernsehproduktion nach langer Zeit, und sie nimmt dies als Gelegenheit, eine Bilanz ihrer bisherigen Karriere zu ziehen. »Ich habe mich daran gewöhnt, seit meinem siebzehnten Lebensjahr wie eine Ware beliebig verpackt und verkauft zu werden. Man jubelt mich rauf und runter wie das Schicksal der Soraya. Ich glaube, das ist einfach der Preis für eine Karriere, die mit 15 begonnen hat, in einem Alter, in dem man sich nicht zu wehren weiß und noch keine eigene Meinung hat.«[583] Und weiter: »Manchmal [...] kommt der Moment, da wünsche ich mir, nicht mehr gefragt, angeglotzt, gar nicht mehr fotografiert zu werden. Das ist kein ›Melodrama‹, was ich hier sage, auch kein ›Sich-Selbst-Beweinen‹. Ich bin wohl recht ›unlebbar‹ für mich selbst – und schon gar für andere. Dabei nehme ich mich viel weniger ernst, als man denkt! Meine Arbeit schon, meine Person – non.«[584]

Sarah

Obwohl der Schweizer Arzt Hubert de Watteville, der dadurch berühmt wurde, dass ihn Sophia Loren während ihrer Schwangerschaften zu Rate zog, mit anderen Medizinern übereinstimmt, dass eine weitere Schwangerschaft für Schneider risikoreich wäre, hat sie sich dennoch dazu entschlossen. Der prognostizierte Geburtstermin liegt im September 1977, am 30. Juni schreibt Schneider aus dem südfranzösischen Ramatuelle an Heinrich Böll, dass es nur noch zwei Monate seien, bis das Baby käme. Zu dem Zeitpunkt werde sie wieder in Paris sein und sich bei ihm melden. Doch die Fruchtblase platzt zu früh, Romy ist noch in Südfrankreich und wird dort im Juli in die »Oasis«-Klinik eingeliefert. Sie darf nicht aufstehen, man will jedes Risiko vermeiden. Da der siebente Schwangerschaftsmonat erreicht ist, führt man einen Kaiserschnitt durch. Am 21. Juli 1977 kommt so ihre Tochter Sarah Magdalena Biasini im Krankenhaus von Gassin, Var, zur Welt. Da es dort keinen Brutkasten gibt, transportiert man sie ins 200 Kilometer entfernte Nizza, wo man entsprechend ausgerüstet ist. Romy ist glücklich über das gesunde Kind, äußert aber bald die Vermutung, es werde ihr letztes sein. Erst im September darf sie mit ihrer Tochter zurück nach Paris. Die Familie Biasini wohnt nun nahe dem Arc de Triomphe in der Avenue Bugeaud. In Ramatuelle, an der Côte d'Azur, hat Romy Schneider eine aus zwei Gebäuden bestehende ehemalige Hühnerfarm als Landsitz gekauft. Ein Ehepaar führt den Haushalt, Sarah wird von dem Kindermädchen Nadou betreut.

In einer langen Pause, wie Romy ihre knapp einjährige Karenzzeit empfindet, erzählt sie dem französischen Fernsehen, hätte man viel Zeit, um nachzudenken, sich zu fragen, was für ein Beruf die Schauspielerei eigentlich sei. Sollte er ihr eines Tages nicht mehr behagen, dann wäre das der Moment, damit aufzuhören. Was sie danach zu tun gedenkt, sagt sie nicht. 1978 stellt Romy ihren Namen für eine Werbekampagne des französischen Juweliers Van Cleef & Arpels zur Verfügung. Schmuck zählt zu ihren Leidenschaften, sie belohnt sich und andere gern durch den Kauf einer Kette, eines Medaillons oder einer Uhr aus dem Geschäft des Juweliers Oxeda in der Rue Faubourg Saint-Honoré.

Claude Sautet weiß, dass Romy wieder arbeiten möchte, er überredet sie zu *Eine einfache Geschichte / Une histoire simple*, über den sie schließlich sagt: »Ich muß diesen Film spielen, der irgendwo auch ein Film über mich ist.«[585] Marie (Romy Schneider) ist 40, geschieden und Mutter eines 16-jährigen Sohnes. Das Kind ihres jetzigen Freundes Serge (Claude Brasseur) lässt sie sich nehmen, da sie fühlt, dass die Beziehung zu Ende geht. An ihren Freundinnen meint Marie zu erkennen, wohin Abhängigkeit von den Männern führe. Keine von ihnen ist glücklich. Marie nimmt die Beziehung zu ihrem geschiedenen Mann Georges (Bruno Cremer) wieder auf. Ob sie mit ihm leben möchte, weiß sie nicht, doch das Kind, das sie bald darauf von ihm erwartet, möchte sie behalten.

Eine einfache Geschichte trägt Schneider 1979 ihren zweiten César für die beste schauspielerische Leistung ein. Es ist, ähnlich wie *César und Rosalie*, ein Film über Paare rund um die (Un)Möglichkeiten dauerhafter Liebesbeziehungen, wie er Woody Allens spätere Arbeiten inspiriert haben könnte. Den Plan, wieder einen Film mit Schneider zu drehen, hat Sautet bereits seit längerer Zeit gehabt, die bisherige Zusammenarbeit war stets erfolgreich gewesen, die »neue Romy« betrachtet er zumindest ein wenig auch als seine Kreation. *Eine einfache Geschichte* setzt diese Ikonographie fort: Eine schöne Frau mit einem ruhigen, lebenserfahrenen Lächeln, das sich auch im Schmerz nur leicht verändert. Zusammen mit dem Drehbuchautor Jean-Loup Dabadie versucht Sautet, eine an Schneiders Biographie angelehnte Frauengestalt zu entwerfen, die sich nach einer Trennung ein neues Leben aufbaut. Die Arbeit mit dem Regisseur empfindet Schneider längst als eine Art Fortsetzung der Liebe mit künstlerischen Mitteln. Sautet streut ihr galant Rosen, findet sie nun mit vierzig Jahren schöner, als sie es mit zwanzig gewesen sei. Niemand wird ihm darin widersprechen, bis heute verwendet man bei der Mehrzahl der Poster und Bildsujets mit Romy Schneider Motive aus jener Zeit. Bei der Arbeit überrascht Sautet sie mit dem Satz, bei ihrem Spiel nicht an der Wirklichkeit interessiert zu sein, denn er wolle einen Film drehen. Das Sichtbarmachen einer Illusion, das geforderte Selbstbewusstsein, eine eigene Interpretation der Wirklichkeit zu schaffen, überrascht Romy positiv. Sautet bezeichnet die Arbeit mit Schneider als stete Herausforderung, die Verbindung der beiden reißt nie ab, abseits der Dreharbeiten schickt sie ihm Briefe und Exzerpte ihrer jeweiligen Lektüre zu. An den Pariser Drehorten herrscht die gewohnte familiäre Atmosphäre, David besucht sie, sieht bei manchen Szenen zu, sitzt auf Sautets Schoß. Romys Sohn geht bis Ostern 1978 in das Internat de Sailly, ist Klassensprecher und wie seine Mutter nicht besonders begabt für Mathematik. Danach besucht er das Gymnasium in Saint-Germain-en-Laye, dem Wohnort von Biasinis Eltern, bei denen er während des Schuljahres lebt.

»Romy im Glück,« befindet die »Süddeutsche Zeitung« nun anerkennend. »Romy Schneider darf alles prunkvoll ausspielen, was eine Frau zum Schatz macht. Sie, die sich einst entgehen ließ, im Wellenvorreiter der französischen Partner-Schnulzen, in Lelouchs *Ein Mann und eine Frau*, die Frau zu spielen, hat seither in vielen französischen Filmen den Beweis geliefert, daß sie damals die Idealbesetzung gewesen wäre, daß sie als Frauenidol, als zarte Zielbewußte durch nichts und niemand zu ersetzen ist.«[586]

Noch während der Dreharbeiten reift in Schneider der Gedanke, ein Projekt wieder aufzunehmen, mit dem sie sich schon längere Zeit beschäftigt: *Die Spaziergängerin von Sans-Souci*. Sie kennt den Roman von Joseph Kessel und denkt ernsthaft an eine Verfilmung des Stoffs. Sie deponiert den Wunsch bei ihrem Agenten Jean-Louis Livi und wünscht sich Jacques Rouffio als Regisseur, dessen Filme *L' horizon* und *Le sucre* sie kennt und schätzt. Es ist eines der wenigen Male, dass die Initiative zu einem Filmprojekt von Romy ausgeht. Umgesetzt wird es erst vier Jahre später.

Schneiders nächster Film, die deutsch-amerikanische Produktion *Bloodline*, wird im Deutschen reißerisch irreführend mit *Blutspur* statt korrekt mit »Stammbaum« übersetzt (und um Familienbande geht es primär). Nachdem ein reicher Industrieller auf mysteriöse Art gestorben ist, muss seine Tochter Elizabeth (Audrey Hepburn) das Erbe antreten. Inspektor Hornung (Gert Fröbe) glaubt an ein Verbrechen und vermutet zu Recht, dass eine Person aus dem Rest der Familie nun auch der neuen Erbin nach dem Leben trachtet. Romy Schneider spielt als eine dieser Verdächtigen die dominante Helene Martin, die ihren Mann (Maurice Ronet) terrorisiert. Regie führt wieder Terence Young, für den sie schon bei *Spion zwischen zwei Fronten* vor der Kamera stand. Der Film steht in einer Reihe von Kriminalfilmen, deren Besetzung sich mit einem Großangebot internationaler Stars schmückt. Während dies bei manchen Agatha-Christie-Adaptionen durchaus unterhaltsam gerät, lässt *Blutspur* letztendlich jegliche Kongruenz vermissen. Trotz Ennio Morricones Partitur und des Mitwirkens von Stars wie Audrey Hepburn, James Mason, Omar Sharif, Ben Gazzara und Gert Fröbe nennt man *Blutspur* nicht zu Unrecht einen Aspiranten auf den Titel des schlechtesten Films des Jahres 1979. »Namen wie Romy werden unter ihrem Preis verkauft. Ob man sie samt und sonders abschreiben kann? Die – erstaunlicherweise – deutsche Produktion läßt es vermuten.«[587]

In ihrer Rollenauswahl sei Romy Schneider »zur Zeit so glücklos«,[588] bedauert eine deutsche Zeitung, wohl auch in Anspielung auf *Blutspur*, anlässlich ihres Films *Die Liebe einer Frau/Clair de femme* 1979. »Am schlimmsten ist der Dialog«,[589] moniert »Die Welt« und stört sich an Sätzen wie »An Ihrem Lächeln sieht man, dass sie lange Zeit glücklich waren« oder »Es kann nichts komisch genug sein, um das Leben auszuhalten.« Möglicherweise ist die Presse auch nur überrascht davon, dass sich der für seine politischen Arbeiten wie *Z* (1968) bekannte griechische Regisseur Constantin Costa-Gavras diesmal allein den privaten Problemen zweier Menschen widmet. Romy Schneider und Yves Montand verkörpern zwei Gestrandete, die bereits die Hoffnung auf ein rettendes Schiff aufgegeben haben, ehe sie sich gemeinsam entscheiden, selbst schwimmen zu lernen. Am Ende flieht die Frau noch vor zu viel Nähe, doch man verabredet ein Wiedersehen. Der Mann verspricht einstweilen, seine Illusionen auszunüchtern. Nicht zu sehr jedoch, darüber sind sich beide einig.

Über ihren Filmpartner Montand sagt Romy Schneider, dass sie beide Profis seien, deren Ängste sich addieren würden. Ihre Beziehung zu Montand bleibt freundschaftlich, die Zeitungen wollen jedoch wissen: »Sie lebt eine heftige heimliche Affäre mit seiner Frau Simone Signoret.«[590]

Schatten

1979 stellt Romy Schneider erleichtert fest: »Alle Schatten sind verschwunden. Die Schatten der Männer, die mir gesagt haben, daß sie mich lieben, und die mir in Wirklichkeit nichts gegeben haben. Die Schatten der Neurosen, die mich gezwungen haben, Pillen zu schlucken, um sie zu überwinden und um den Kopf für die Arbeit frei zu haben. Ich bin nie so glücklich gewesen wie jetzt. Ich habe unter der Zwangsvorstellung gelebt, verraten zu werden, im Stich gelassen zu werden. Mein Glück war aus furchtbar vielen

Gründen bedroht. Offenbar konnte mich niemand so lieben wie Daniel.«[591] Sie fühlt sich wohl in ihrer neuen Familie. Spätestens eine Minute nach Drehschluss, so betont sie nun, habe sie auf dem Weg nach Hause ihre Rolle, ihre Arbeit vergessen.

Daniel Biasini dagegen schreibt von einer Ende der siebziger Jahre an Schneider wahrgenommen Veränderung der Persönlichkeit, hervorgerufen durch Alkohol und Psychopharmaka, mit denen sie ihre Selbstzweifel in den Griff bekommen wollte.[592] »Langatmige Kostüm-, Masken-, Frisurproben, nervtötende Stunden in Photoateliers, Textlernen, Besprechungen mit Regisseuren und Drehbuchautoren, Schlaflosigkeit und über allem fiebernde Angst vor neuerlicher Anforderung werden Tribut und Peitsche zugleich.«[593]

Einem der von Romy zitierten Schatten gleichend, lebt Harry Meyen indessen seit geraumer Zeit in seiner Hamburger Wohnung inmitten von Erinnerungen und Wahnvorstellungen, die er mit Alkohol und Tabletten hervorruft und mit denselben Mitteln zu bekämpfen sucht. Freunde berichten von Dingen, die er selbst als Weihnachtsgeschenke verpackt, um sie danach als Präsente seiner Freunde wie Frank Sinatra und anderer internationaler Stars zu deklarieren. Seine letzten Erfolge liegen Jahre zurück, 1976 und 1977 kann er mit *Unter der Treppe* (Hamburger Schauspielhaus) und *Orchester* (Hamburger Kammerspiele) noch einmal die Aufmerksamkeit der Theaterszene erringen. Er spielt kleine Rollen in TV-Filmen, manchmal erscheint er nicht zum vereinbarten Drehtermin. In der Psychiatrie einer Hamburger Entziehungsklinik macht er Anfang 1979 Zwischenstation auf seinem Weg, der nicht mehr lang sein soll. Auf Fotos aus jener Zeit wirkt sein Gesicht aufgedunsen, die blauen Augen schimmern unter der schweren Hornbrille, auf dem Morgenmantel prangen seine Initialen wie Insignien aus einer besseren Zeit. Er ist maßgeschneidert und ein Geschenk seiner Ex-Frau.

Im April 1979 urlaubt Romy mit Biasini in Mexiko,

wohin sie als Backfisch viele Jahre zuvor aus dem Internat Goldenstein hatte entfliehen wollte. Dass Delon dieses Land in seinem Abschiedsbrief als Reiseziel für sich und seine zukünftige Frau angegeben hatte, spielt längst keine Rolle mehr. Sie wohnt in einem Haus, das Elizabeth Taylor und Richard Burton gehörte, und ist Gast des Regisseurs John Huston. Mitten in die Urlaubsstimmung platzt am 15. April ein Anruf: Harry Meyen hat Selbstmord begangen, man fand den 54-Jährigen, mit einem Schal erhängt, an der Feuerleiter neben seiner Wohnung in Hamburg-Harvestehude. Immer stärkere Abschottung, Betäubung durch in Alkohol aufgelöste Medikamente waren diesem verzweifelten Schritt vorausgegangen ebenso wie lange Telefonate mit Abwesenden. Das bei der Scheidung von Romy Schneider an Meyen gezahlte Geld liegt, wie man später feststellt, noch unangetastet auf seinem Konto.

Romys Reaktion auf die Nachricht liest sich in der Erinnerung ihrer Bekannten unterschiedlich. Die einen sprechen von einer sofortigen Rückkehr nach Europa. Sie macht ihm und sich selbst Vorwürfe. »Ich hätte mich mehr um ihn kümmern müssen [...] Wie konnte er seinem Sohn das antun?«[594] Nach Angaben Biasinis jedoch reagiert sie gefasst und beendet den Urlaub erst, wie vorgesehen, vier Tage nachdem sie die Selbstmordnachricht erhalten hat. Harry Meyen wird am 24. April 1979 in Hamburg im Grab seiner Mutter beigesetzt. Die Presse erwartet Romy Schneider, die ihr Gesicht hinter einer riesigen Sonnenbrille verbirgt, mit unzähligen Kameras, sie entflieht der Meute auf dem Boden eines Lieferwagens. Szenen, die sich knapp zwei Jahre später auf makabre Weise wiederholen sollten.

Im September 1979 spricht man von einer möglichen Verfilmung des Lebens von Farah Diba, für die Hauptrolle ist Romy Schneider im Gespräch, und die Assoziation der deutschen Presse liegt auf der Hand: »Wird Sissi wieder Kaiserin?«[595] Auf dem Foto zu der Geschichte blickt eine wildgelockte »Sissi« den Betrachter über die nackte Schulter eines rückenfreien Kleidungsstückes an und hantiert lässig mit einer Zigarette. Doch das Projekt kommt nicht zustande.

Romys nächstes Filmprojekt *La mort en direct/Der gekaufte Tod* ist eine düstere Zukunftsvision. Die Rolle fasziniert sie, drei Viertel der Figur, ist sie überzeugt, hätten mit ihr zu tun. In der Tat berühren die Parallelen seltsam, wenn Schneider in der Rolle der Katherine in einer nicht näher bezeichneten nahen Zukunft die Übertragungsrechte ihres eigenen Todes an eine Fernsehgesellschaft verkauft, die mit der Ausstrahlung solcher Ereignisse Quoten macht. Für Privatbilder von Romy Schneider, etwa nach ihrer Fehlgeburt oder anderen Schicksalsschlägen, werden hohe Summen geboten. Sie fühlt sich dagegen schutzlos wie die Figur, die sie hier spielt. Ähnlich wie bei *Mado* fällt es heute schwer, bei der vor einem Plakat mit dem eigenen Konterfei neben der Aufschrift »Death watch« stehenden Romy die Schauspielerin eindeutig von ihrer Rolle zu trennen. Für eine begierige Öffentlichkeit soll das Sterben eines Menschen von einem NTV genannten Sender live übertragen werden. Katherine (Romy Schneider), die gerade erfahren hat, dass sie unheilbar krank ist, geht auf den Handel ein, flieht jedoch danach. Sie ahnt nicht, dass der sie begleitende Roddy (Harvey Keitel) eine Minikamera in seinem Kopf eingebaut hat und nach wie vor Teil des Spiels ist.

»In meinen Augen war sie die beste Besetzung«, sagt der Regisseur von *Der gekaufte Tod*, Bertrand Tavernier, heute. »Ich dachte nie an jemand anderen. Ich glaubte, sie hatte die Stärke, die emotionale Kraft, das Pulsieren und die lyrischen Qualitäten, die zum Charakter von Katherine Mortenhoe gehören. Sie schrieb mir: ›Ich werde ohne Selbstmitleid Deine Katherine sein‹.«[596] Romys 13-jähriger Sohn David ist in dem Film ebenfalls auf der Leinwand zu sehen. In einem Park sieht Katherine einen blonden Jungen Fußball spielen. Er blickt sie kurz an, sie geht zu ihm hin, kniet vor ihm nieder, wobei ihr Gesicht in einem strahlenden Lächeln zerfließt. Es ist eine kurze poetische Sequenz und einer der wenigen hellen Momente des Films.

Der Film aus dem Jahre 1980 nimmt die Gegenwart des Reality-TV auf geradezu beängstigende Weise vorweg in seiner Form einer neuen Pornographie und Aussagen wie »Alles interessiert uns, aber nichts kümmert uns mehr.« Tavernier meint dazu: »Leider ist der Film, den ich als Science-fiction drehte, schon nach ein paar Jahren sehr real geworden. Man lobte ihn als einen der prophetischsten Filme zu einem essentiellen Thema, Philosophen wie Paul Virillio führten an seinem Beispiel ihre Thesen zur Mediengeschichte aus. Ich war besorgt um die Zukunft des Fernsehens, aber ich hoffte, es würde nicht wie in *Der gekaufte Tod* werden. Ich war Idealist. Es geht aber nicht nur um das Fernsehen. Es ist auch ein Film über unsere Angst vor dem Tod, eine Fabel über die Verantwortlichkeit eines Filmemachers als jemand, der Bilder manipuliert. Ich wollte einen verantwortungsvollen, moralischen Film über eine Gesellschaft machen, in der Verantwortungslosigkeit zum Regelfall geworden ist. Auch das war prophetisch. Und ich hoffe, es ist auch eine Liebesgeschichte.«[597]

Ende 1980 kommt Romy mit einer Serie von Aktfotos in die Schlagzeilen. Im Gegensatz zu vielen davor wurden diese jedoch von ihr autorisiert. Überrascht vermerkt die Presse: »Wer hätte das von ihr gedacht: Romy Schneider erlaubt einem Fotografen, sie in ihrer ganzen, unverhüllten Schönheit abzulichten!«[598] Die Fotos von Giancarlo Botti erscheinen im Dezember 1980 exklusiv in der deutschen »Quick« und sind übertitelt mit »Der Zauber einer schönen Frau«. »Quick« war die erste Illustrierte, die nach dem Zweiten Weltkrieg in Deutschland erschien, und bewährte sich einige Jahre erfolgreich als Konkurrentin von »Bunte« und »Stern«. Anfänglich punktete sie wegen ihres dezidiert auf Unterhaltung abgestimmten unpolitischen Inhalts, später durch von Oswald Kolle verfasste Aufklärungsserien – und nicht zuletzt das dabei verwendete Bildmaterial. Die Fotos entstanden in Romys Pariser Wohnung und zeigen eine entspannte, selbstsicher blickende Frau, die sich, auch wenn sich die Blicke bei den Aufnahmen nicht allein darauf richten, des Zaubers ihres Gesichts gewiss sein kann. Botti berichtet, das Angebot sei von Romy selbst gekommen und sie hätte auch die Posen ausgesucht, in denen er sie porträtierte. Die Wirkung der Aufnahmen der, wie die deutsche Ausgabe vorrechnet, 42-Jährigen ist vorhersehbar, die Ausgabe des französischen »Playboy«, in dem die Fotos zuerst abgedruckt wurden, an den Kiosken bald vergriffen. Längst in Vergessenheit geraten ist, dass Romy Schneider schon 1963 verkündet hatte: »Schauspieler […] sollten keine Kleider tragen.«[599] Zehn Jahre später denkt sie anders darüber.

Das Angebot, in Bernardo Bertoluccis *Ultimo tango a Parigi / Der letzte Tango in Paris* zu spielen, schlägt Romy Schneider 1973 aus, obwohl man ihr wieder Alain Delon als Partner avisiert. Sie möchte nicht fast einen ganzen Film lang unbekleidet vor der Kamera stehen, selbst wenn sie erst zwanzig Jahre alt wäre, also wie jene Schauspielerin, die schließlich engagiert wird und mit der sie der Nachname verbindet: Maria Schneider. Delon lehnt ebenfalls eine Mitwirkung ab, die ihm zugedachte Rolle übernimmt Marlon Brando.

Immer wieder drucken die Zeitungen Paparazzi-Abschüsse einer nackt im Meer badenden Romy. 1974 kommentiert sie Darstellungen ihres Körpers mit offensivem Stolz, überlässt Spekulationen über die ihr allzu zahlreich angedichteten Liebhaber jedoch der öffentlichen Meinung. Ein gewisses Maß an Exhibitionismus kennzeichne alle Schauspieler, meint sie, längst sei sie es gewöhnt, sich in Rollen einzufinden, die primär anderen gefallen sollen. Es gäbe aber auch Momente, in denen sie sich dem Ganzen am liebsten entziehen wolle und sich erst nach einem Drink vor eine Fotokamera zu stellen bereit sei. Als »erotisch« empfinde sie sich selbst ebenso wenig, wie sie sich als »Star« sehe. Im September 1976 erscheinen Aktbilder in der französischen Zeitschrift »Ciné Revue« unter der Überschrift »Beunruhigende und faszinierende Romy Schneider«, Romy hat der Veröffentlichung nach anfänglichen Bedenken zugestimmt. Auf das Cover einer der Ausgaben, von der sie mit geschlossenen Augen lacht, merkt sie, ihre Beine damit übermalend und mit einem Pfeil auf ihr Gesicht deutend, handschriftlich an: »Woran ich dabei dachte, weiss der Himmel – ich nicht – wenn ich überhaupt an was dachte dann wahrscheinlich an etwas was mir fehlte [...] Sag ich mir halt heute – bzw. so what!«[600]

Wieder überlegt sie, Theater zu spielen, nennt als mögliche Städte Paris oder Berlin. Ihr liegt ein Angebot von Boy Gobert, dem Intendanten des Berliner Schiller Theaters, vor, doch sie zögert. Die Argumente kennt man längst: »Wenn ich es tue, müßte es ein Stück und eine Rolle sein, wo man mich nicht vergleichen kann. Ein modernes, neues Stück. Das würde ich gern machen. Aber ich muß dafür Vertrauen haben.«[601] Vertrauen hat sie weiterhin nur in das Filmgeschäft, für das sie nach *Trio Infernal* 1980 zum zweiten Mal mit Francis Girod arbeitet. Die Figur der Emma Eckhert in *La Banquière / Die Bankiersfrau*, einer Frau, die sich im Frankreich der 1920er Jahre bis zur Präsidentin einer Bank emporarbeitet und schließlich einem Attentat zum Opfer fällt, zu verstehen und zu kreieren, empfindet Romy als Herausforderung Sie informiert sich über das historische Vorbild der Bankiersfrau Marthe Hanau, ist fasziniert von deren humanitären Aktivitäten. Vor allem eine Differenzierung sagt ihr zu: Hanau wollte zwar unter allen Umständen nach oben, aber nicht um jeden Preis. Die deutsche Presse lobt die Produktion diesmal einhellig: »Selten sah man Romy Schneider so gelöst, so diszipliniert – sie beherrscht, man staune – auch das feingestimmte Kammerspiel.«[602] Die Besetzungsliste weist einige weitere Stars auf: Jean-Louis Trintignant, Claude Brasseur, Jean-Claude Brialy. Das steigert zwar den Verkaufswert, doch für Romy als Schauspielerin ist es keine Hilfe. »Kein Regisseur kann sich vorstellen, wie verlassen ich mich vor der Kamera fühle. Ich weiß nicht, wie es meinen Kollegen ergeht, aber bei mir ist es jedenfalls so. Ich bin auf meinen Regisseur angewiesen und arbeite daher immer sehr eng mit ihm zusammen, aber es gibt Augenblicke, da ist man völlig auf sich selbst gestellt.«[603]

Am 26. August 1980 stirbt Romys Großmutter Rosa Albach-Retty in einem Altersheim für Künstler in Baden bei Wien, das Begräbnis findet am 3. September auf dem Wiener Zentralfriedhof statt. Romy reist erst einige Tage später an, sie will die Aufmerksamkeit der Trauergäste nicht auf sich ziehen und allein Abschied nehmen.

Das Phantom der Liebe

Romy Schneider wollte immer, dass man ihre Beziehungen nicht anders betrachte als die aller anderen Frauen. 1964 sagte sie: »Gut, ihre Sissy, dieses Glückskind, darf nicht unglücklich verliebt sein. Doch das ist doch nur eine Rolle von mir. Ich bin doch nicht Sissy. Gesetzt den Fall, ich – Romy – wäre unglücklich verliebt. Was ist daran übelzunehmen? Hat eine Schauspielerin mehr Anrecht auf Glück als andere Frauen, nur weil sie Erfolg hat im Beruf und bekannt ist? Andere Frauen haben auch im Beruf Erfolg und Pech in der Liebe.«[604]

Vierzehn Jahre später geht wieder eine ihrer Beziehungen zu Ende. Im Sommer 1980 trifft Hermann Leitner, ihr Freund und Wegbegleiter seit *Mädchenjahre einer Königin*, Romy Schneider in Ramatuelle an der Côte d'Azur. Daniel Biasini ist in Amerika, Romy holt Leitner mit dem Auto eines Bediensteten ab, auf dem Rücksitz hat sie beide Kinder, begrüßt ihren Bekannten mit einem frohen: »Da samma.« Sie trägt Jeans, eine weiße Hemdbluse, Strohhut und Sonnenbrille. Als Treffpunkt ist zwei Uhr vereinbart, Romy ist, wie fast immer, pünktlich. Leitner beschreibt das von Schneider erworbene Areal um ihr Landhaus als farbenfrohes, gemütliches Refugium, ein typisch ländliches Anwesen, in dessen Garten Wildwuchs vorherrscht. Es wird ein schöner Abend, Romy hockt im Schneidersitz vor dem Kamin, man trinkt, lacht, tauscht Erinnerungen aus.

Vor allem David nutzt die Gelegenheit, möglichst viel über seinen Vater zu erfahren, den Leitner gut gekannt hat. Immer wieder schiebt er das Zubettgehenmüssen mit einer neuen Frage hinaus. Sie könne das gut verstehen, meint Romy. »Ich habe auch allen Leuten, die Pappi kannten, ein Loch in den Bauch gefragt, Wenn ein Kind keinen Vater hat, dann baut man sich aus Erzählungen ein eigenes Bild, vergißt das Negative und formt ein Ideal.«[605] Sarah, so erinnert sich Leitner, habe immer getanzt, sich in Szene gesetzt, wie Romy es als Kind getan hatte.

Wo sie sich im Moment zuhause fühlt, kann Romy Schneider in jener Zeit nicht genau sagen. »Erstens gibt es keins, zweitens ist es nur ein Platz im feinsten Winkel von Paris, das nach Dekorateur stinkt, ein Zuhause, das ich nicht mag, und drittens ist es halt da, weil sich noch nichts anderes findet. Ich suche eine Wohnung für mich und meine Kinder.«[606] Die Ehe der Biasinis befindet sich nach sechs Jahren in der Endphase. Im Jahr 1981 nimmt Biasini an der Rallye Paris-Dakar teil, danach flüchtet er vor den gemeinsamen Problemen in die USA. Biasini betrachtet seine Ehe mit Romy Schneider rückblickend als zunehmend exaltiertes, leidenschaftliches Kräftemessen. Durch die Trennungen während der jeweiligen Arbeiten habe man sich auseinandergelebt. Wirkliche Gründe geben beide nicht an. Bei der Verleihung des César 1981, für den *Die Bankiersfrau* in einigen Kategorien nominiert ist, aber leer ausgeht, sitzt David an der Seite seiner Mutter. Der Junge verbringt noch immer viel Zeit bei Biasinis Eltern, und obwohl Romy Schneider es erst nicht erlauben will, reist er Daniel Biasini in die USA nach. Das Verhältnis der beiden zueinander ist nach wie vor sehr eng, sodass sich der Junge, wie Biasini berichtet, in den Klassenbüchern als David Biasini eintragen lässt.[607]

Im Mai 1981 leitet Romy Schneider die Scheidung ein, die im Oktober schließlich erfolgt. Sie schreibt Daniel Biasinis Mutter einen Brief nach Saint-Germain-en-Laye, in dem sie sie bittet, im Interesse von David beiderseits auf

Gehässigkeiten zu verzichten, sie wolle das Verhältnis zwischen David und seinem Stiefvater nicht gefährden. Die Eheauflösung geht schnell und ohne die Anwesenheit der Ehepartner über die Bühne, Biasini gibt rückblickend an, auf alle Ansprüche verzichtet zu haben, und verpflichtet sich zu einer monatlichen Alimentszahlung von 1500 Franc. Sarah wird der Mutter zugesprochen, ihr Vater darf sie alle vierzehn Tage am Wochenende besuchen. Nach Biasinis Erinnerungen mussten beide im Juni 1981 zu einem gerichtlich angeordneten »Reuetermin«, wobei sie den Tag und die Nacht miteinander verbringen.

Nach der Trennung von Biasini beschließt Romy, allerdings nicht zum ersten Mal, »daß ich mein Leben nun endlich leben will, falls das noch geht«.[608] Es gibt auch einen neuen Mann in ihrem Leben, sein Name ist Laurent Pétin. Er ist zehn Jahre jünger als sie, Filmkaufmann, arbeitet später als Produzent. Sie hat ihn bei den Dreharbeiten zu *Die Frau am Fenster* kennengelernt. David, der sehr an Biasini hängt, ist über die neue Entwicklung nicht erfreut und reagiert zunächst reserviert.

Es ist bei Romy Schneider oft von Einsamkeit die Rede. »Ich weiß, daß man nicht alles auf ideale Weise haben kann: die große Liebe und die große Karriere. Die Einsamkeit ist wahrscheinlich die Hauptwaffe im Kampf für den Erfolg [...] Man kann das Glück nicht erzwingen. Man greift nach ihm, dann hält man es fest durch viel Arbeit und Aktivität ... Talent ist eine Frage der Liebe.«[609] Auch Harald Juhnke spricht über die Einsamkeit nach dem Vollbringen einer künstlerischen Leistung. Das Publikum kehre in sein Leben zurück, meint er, »aber du, du bleibst allein mit deiner Anspannung, deinen Zweifeln, den Ängsten, der Auseinandersetzung. Das Gefühl dieser Einsamkeit, die dich auffrißt und umhüllt wie ein schwarzer Mantel, das kann einem niemand abnehmen, damit muß man allein fertig werden.«[610]

Der Journalist und Autor Michael Jürgs schreibt 1990 sein Buch *Der Fall Romy Schneider* als biographischen

Roman. Als Basis verwendet er jenes Interview, das er 1981 in Quiberon mit ihr führte. Das erste Treffen beeindruckt ihn nicht: »Das kann nicht Romy Schneider sein! Das kleine Mädchen, das da mit Kopftuch, Brille und superlangem Mantel die Treppe herunterkommt. Die berühmte Schneider! Unmöglich!« Erst im folgenden Gespräch kristallisiert sich für ihn das Bild der Schauspielerin heraus. Auch Jürgs hat das Gefühl, Teil einer Vorstellung zu sein. »Sie schlüpfte in die Rolle der Unkenntlichkeit.«[611] Nüchtern ist und bleibt Romy bei dem Gespräch nicht, was einige – wie Daniel Biasini – im Nachhinein daran kritisieren. Im Verlauf der durchzechten Nacht fordert Jürgs Romy auf, sich gegen die Dinge zu wehren, die ihr so sehr zusetzen. Ihre Antwort bleibt ihm unvergessen: »Du hast es einfach, so zu reden, du bist ja ein Mann! Das ist ein Schlüsselsatz: Du bist ja ein Mann!«[612]

In den biographischen Betrachtungen über die Männer in Romys Leben dominieren Klischees. Eine Bildunterschrift zu einem Foto mit ihrem Stiefvater lautet: »›Nimm Dich zusammen, Kind‹, sagte Daddy Blatzheim zu seiner Stieftochter, als Romy sich an seiner Vaterbrust ausweinte. ›Wir Männer sind nun mal so!‹ Trotzdem fällt der 19-jährigen Romy der Abschied von Deutschland nun doppelt schwer. Sie leidet wie in einem guten Drehbuch.«[613] Im Grunde scheint sich daran auch in den kommenden Jahren nichts zu ändern. »Privat«, befinden Journalisten 1980, »wirkt Romy Schneider noch immer eher verhuscht, unkapriziös und angewiesen auf Geborgenheit – auf Haus, Mann, Freunde, Konto, Kinder.«[614] Der Regisseur Alberto Bevilacqua meint: »Romy sucht Helden, und Helden sind Dummköpfe. Immer hat sie sich Männer ausgesucht, die scheinbar ›Biß‹ hatten – äußerlich. Der richtige Mann für sie wäre einer gewesen, der nichts Heldenhaftes hat, aber eine innere Tiefe und eine sexuelle Kraft wie sie.«[615]

Wie in einer virilen Commedia-dell'arte-Version reduziert man die Männer in Romys Leben auf Stereotypen, als reichte Eindimensionalität als Beschreibung aus. Man fin-

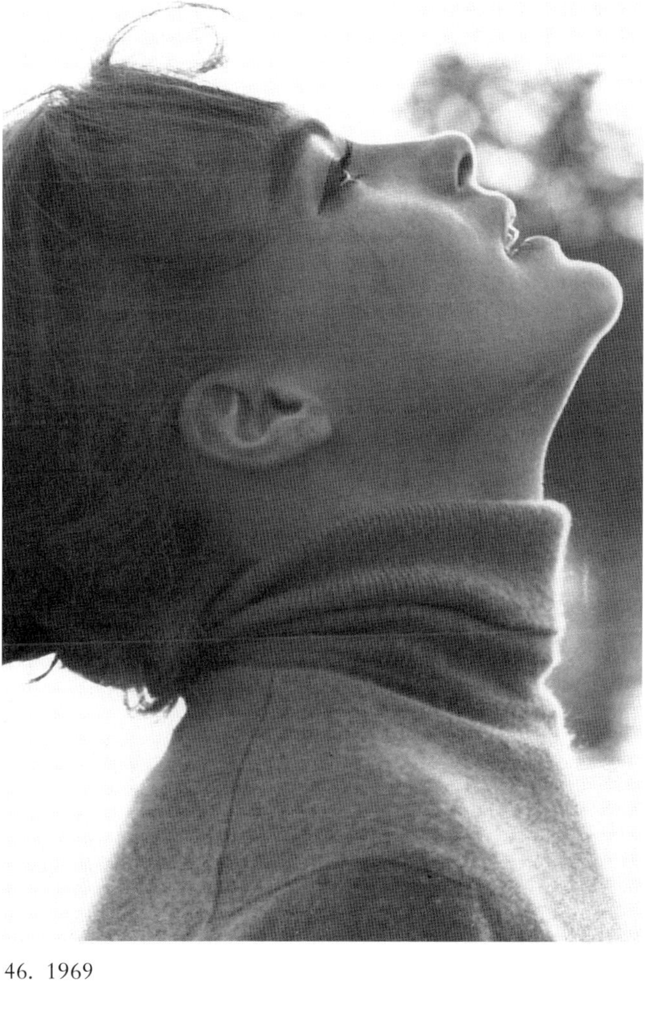

46. 1969

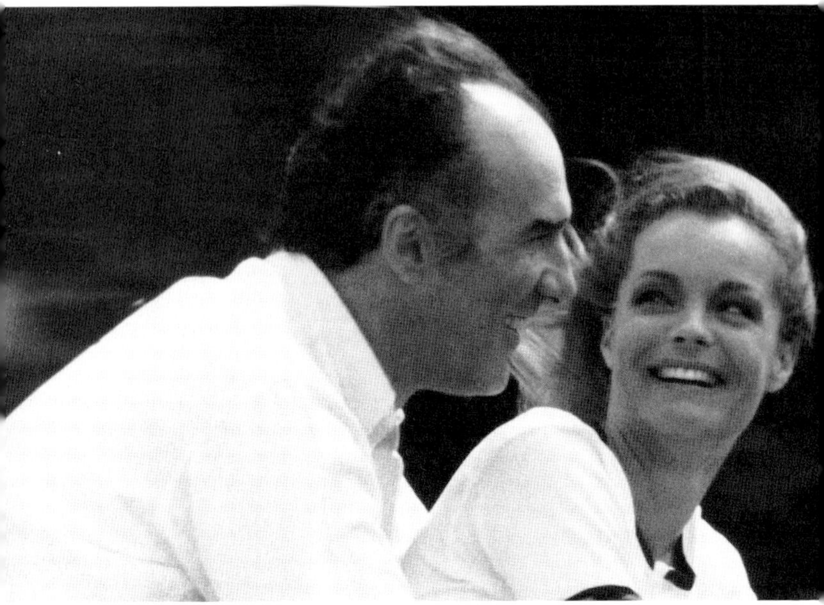

47. Mit Michel Piccoli in *Die Dinge des Lebens*, 1969

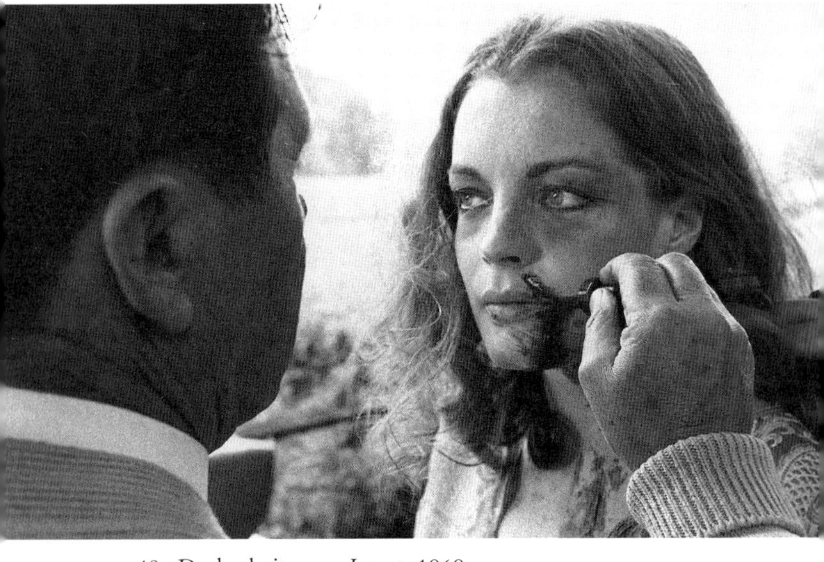

48. Dreharbeiten zu *Inzest*, 1969

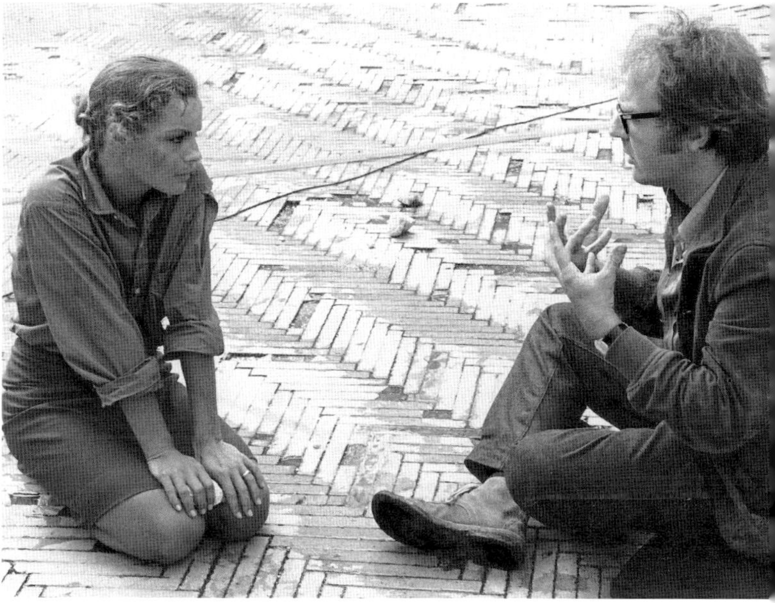

49. Mit Alberto Bevilacqua – *La Califfa*, 1970

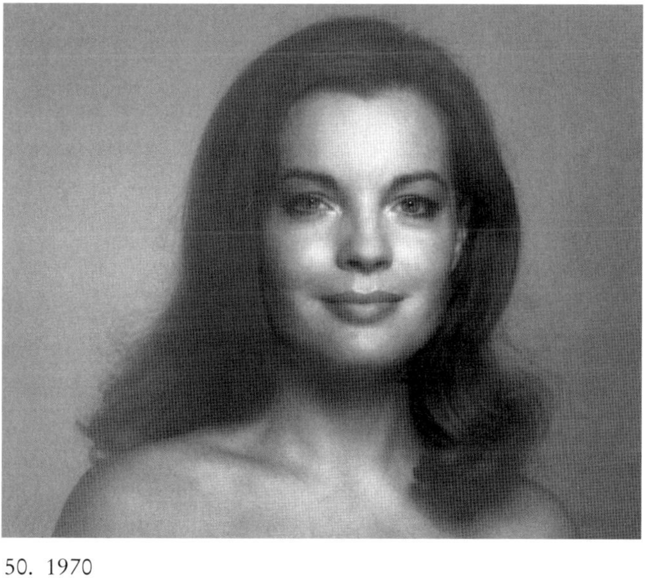

50. 1970

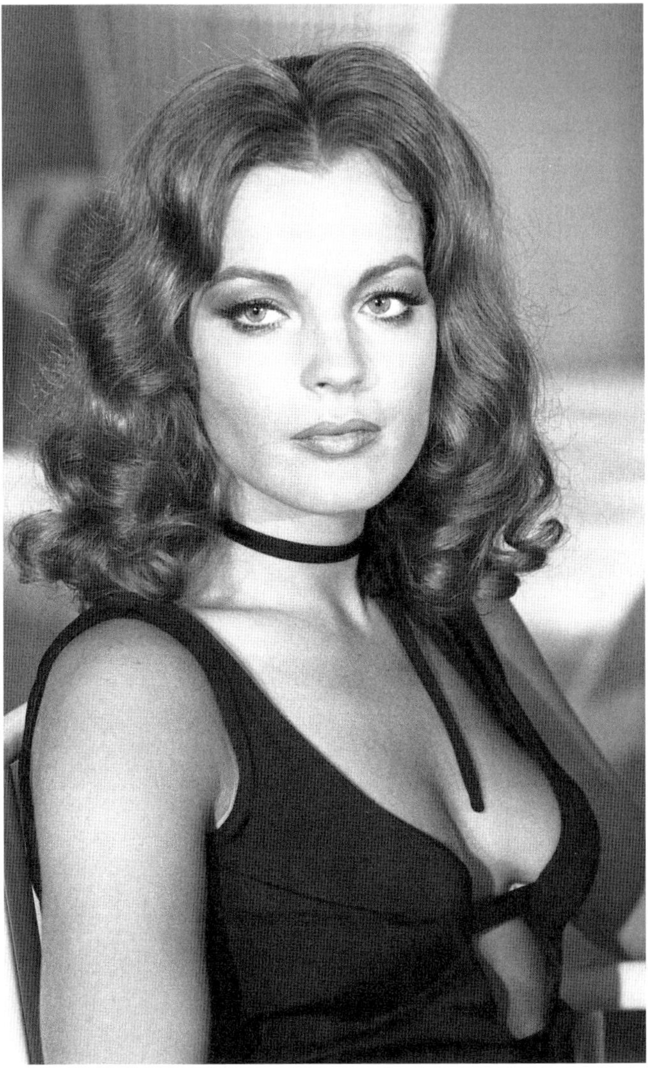

51. *Das Mädchen und der Kommissar*, 1970

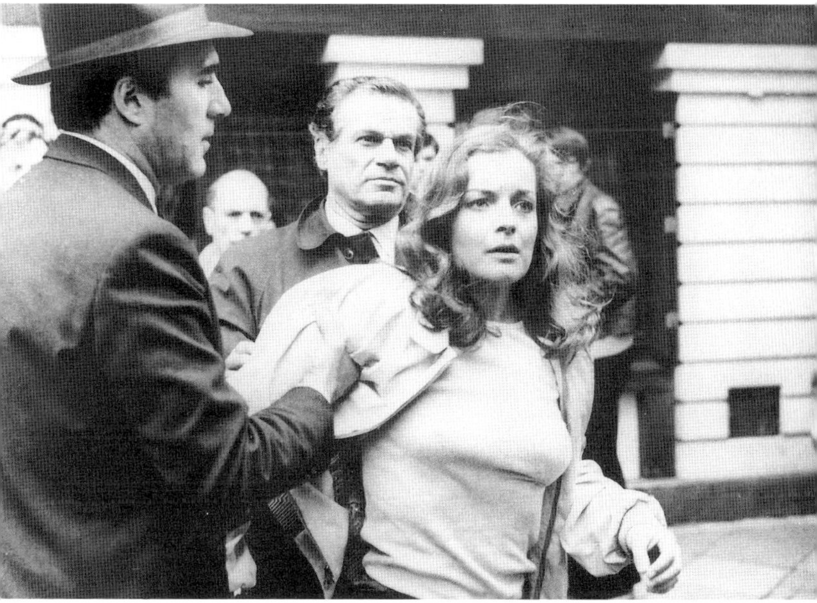

52. Mit Michel Piccoli in *Das Mädchen und der Kommissar*, 1970

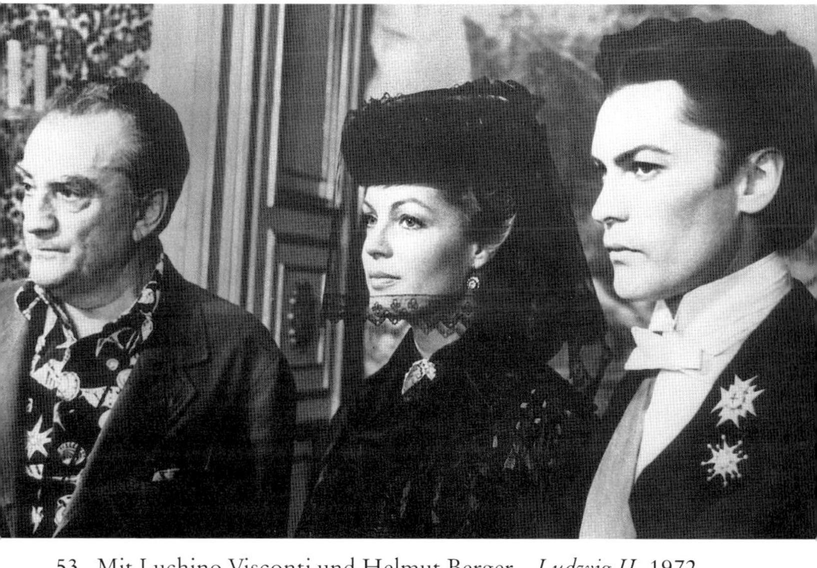

53. Mit Luchino Visconti und Helmut Berger – *Ludwig II*, 1972

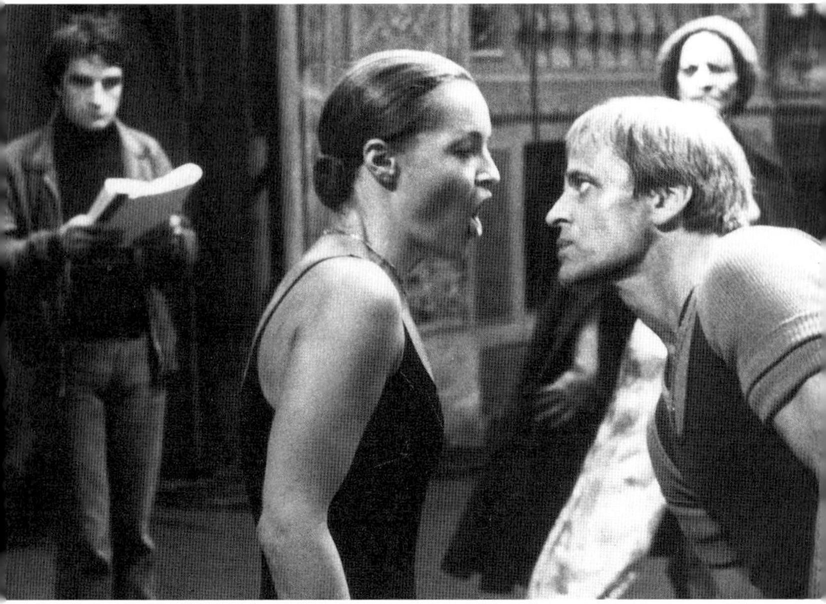

54. Mit Klaus Kinski in *Nachtblende*, 1974

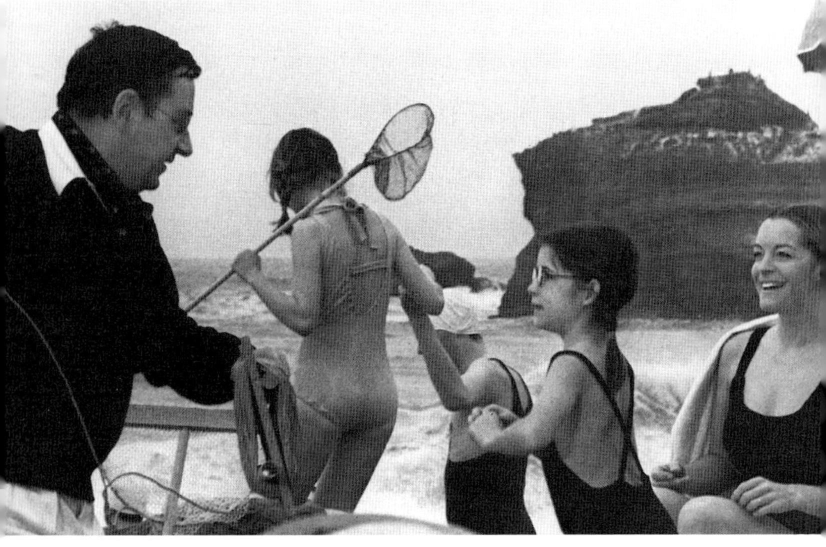

55. Mit Philippe Noiret in *Das alte Gewehr*, 1975

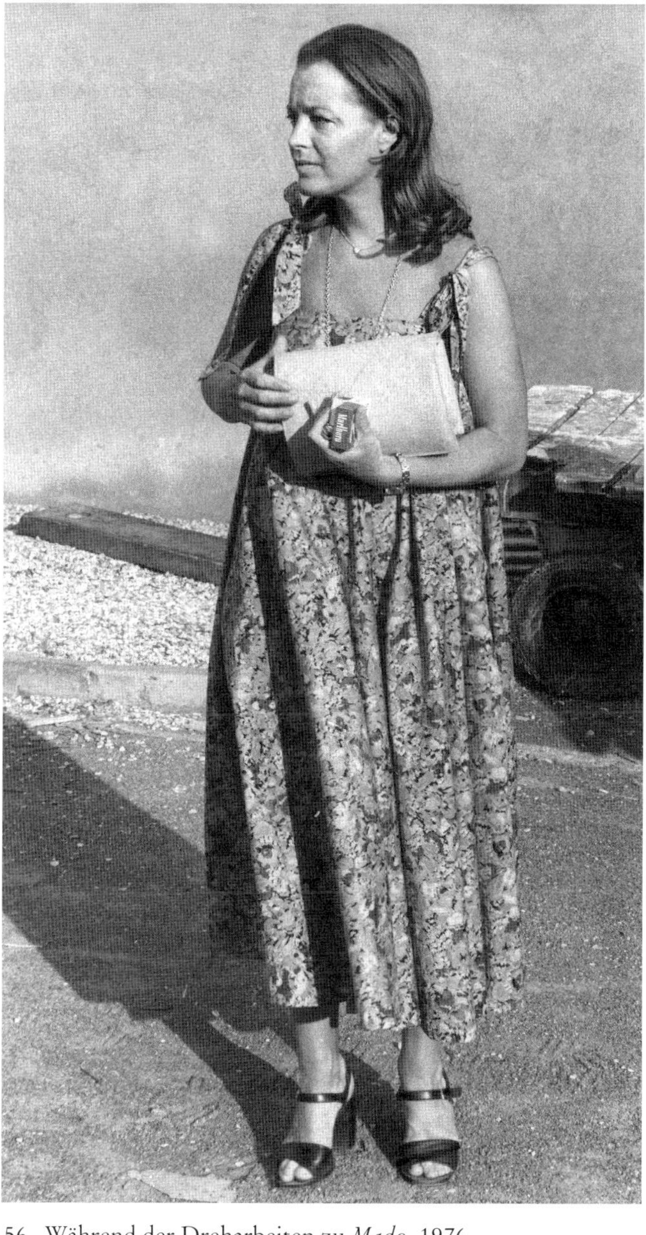

56. Während der Dreharbeiten zu *Mado*, 1976

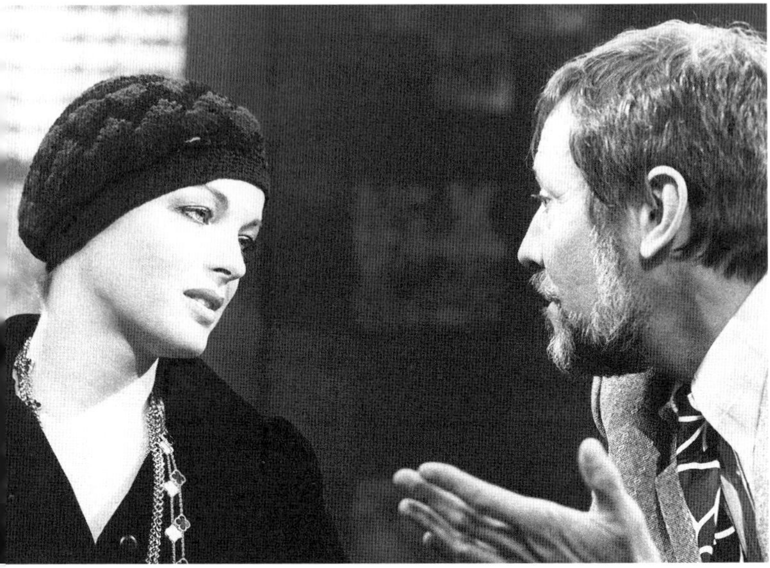

57. Mit Dietmar Schönherr in der Talkshow »Je später der Abend«, 1976

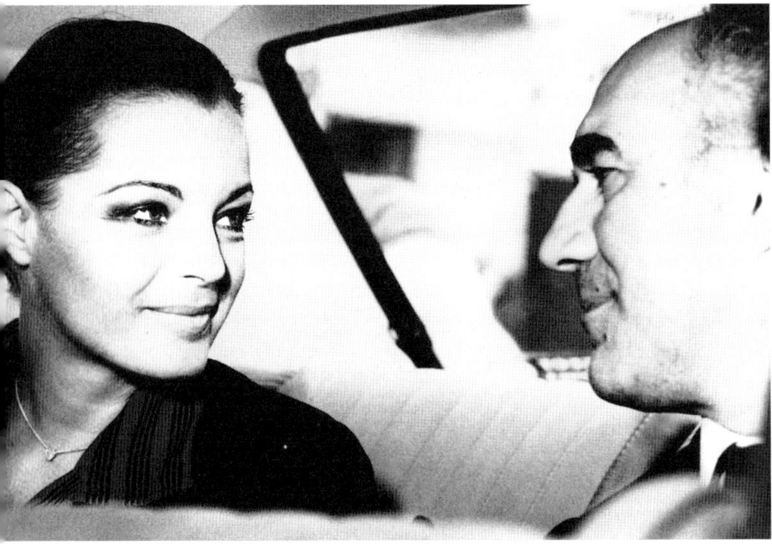

58. Mit Michel Piccoli in *Mado*, 1976

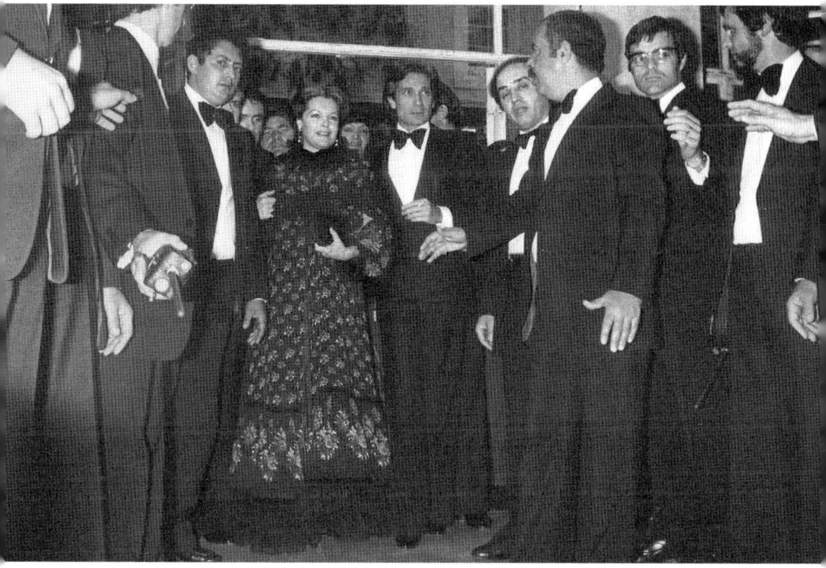

59. Mit Daniel Biasini bei der Premiere von *Gruppenbild mit Dame* in Cannes, 1977

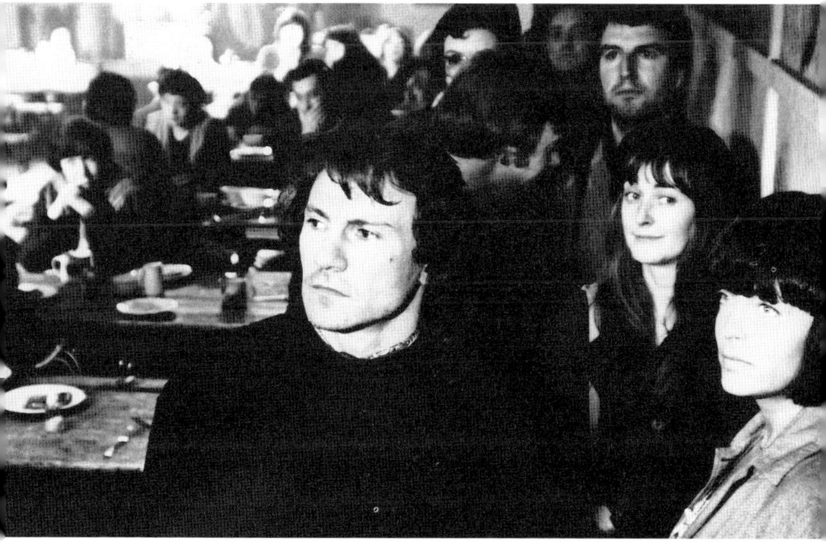

60. Mit Harvey Keitel in *Death Watch – Der gekaufte Tod*, 1979

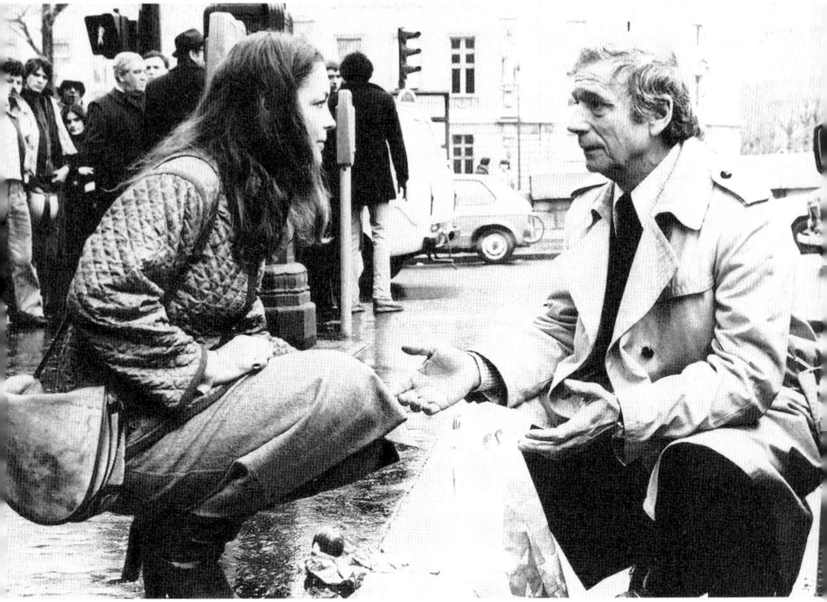

61. Mit Yves Montand in *Die Liebe einer Frau*, 1979

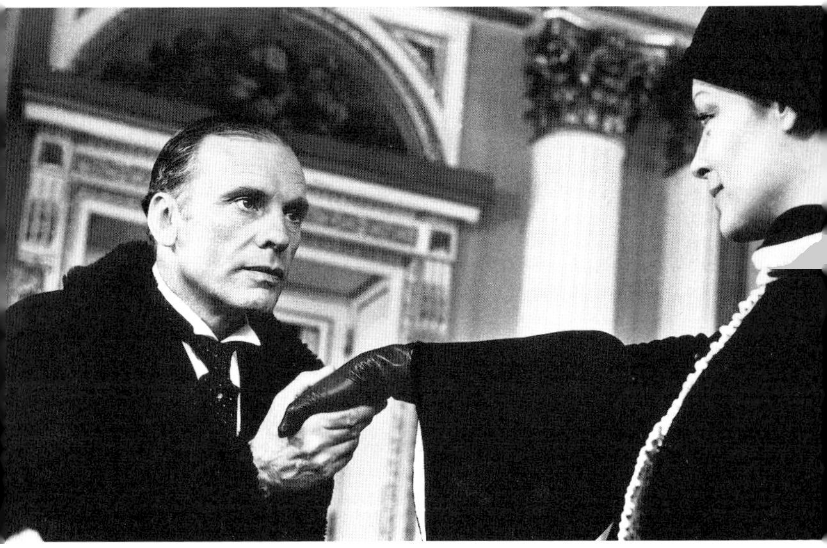

62. Mit Jean-Louis Trintignant in *Die Bankiersfrau*, 1980

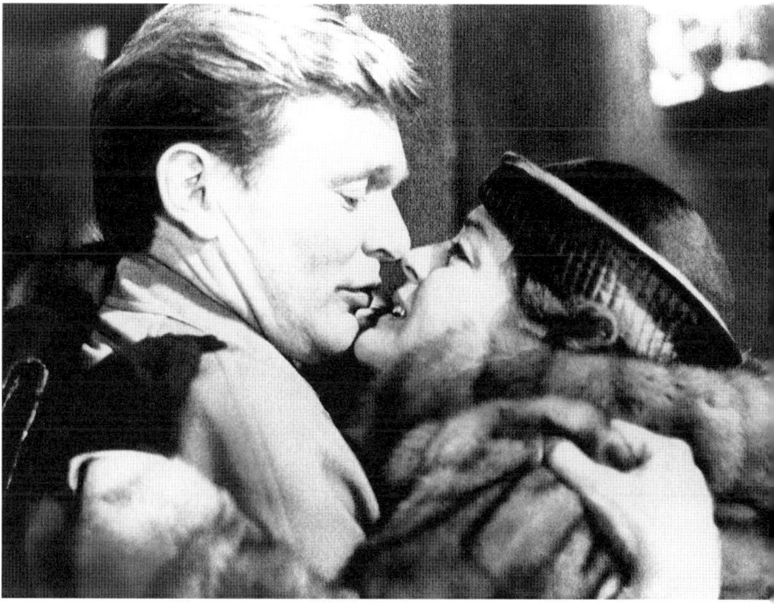

63. Mit Helmut Griem in *Die Spaziergängerin von Sans-Souci*, 1981/82

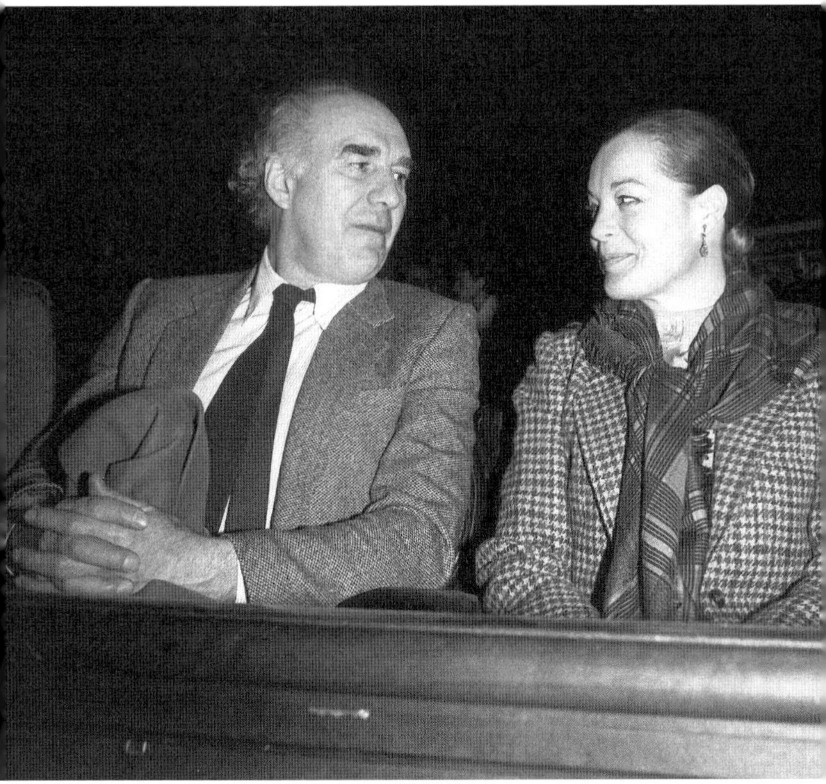

64. Mit Michel Piccoli in der Pariser Oper, 1981

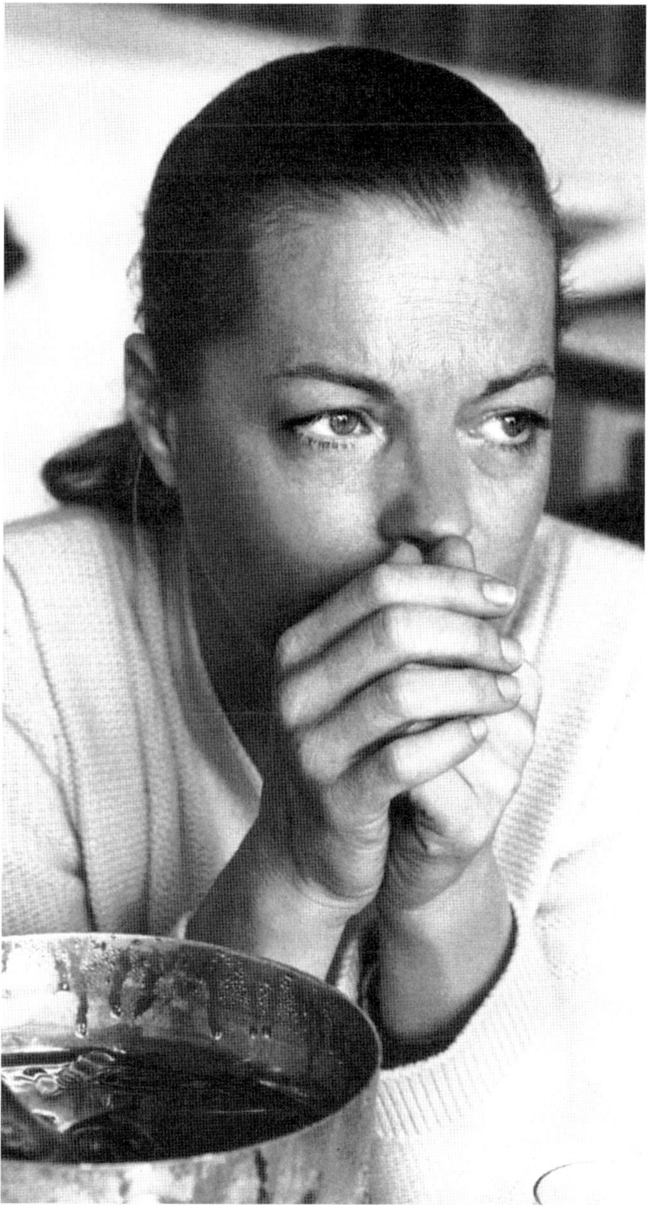

65. 1981

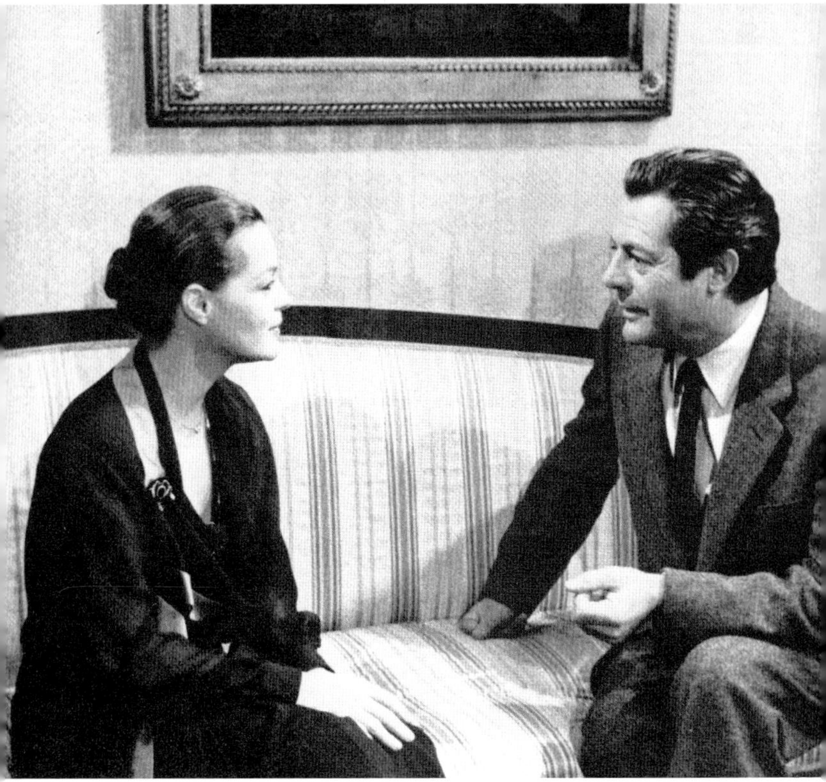

66. Mit Marcello Mastroianni in *Die zwei Gesichter einer Frau*, 1980/81

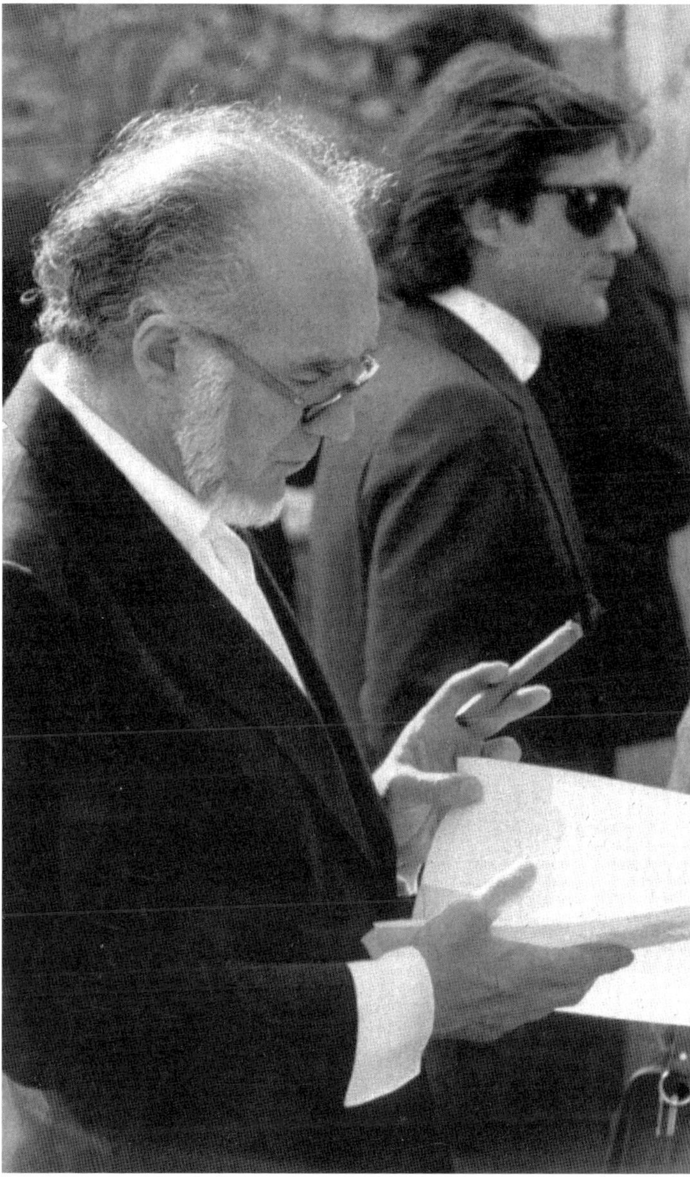

67. Michel Piccoli und Daniel Biasini auf Romy Schneiders Beerdigung, 2. Juni 1982

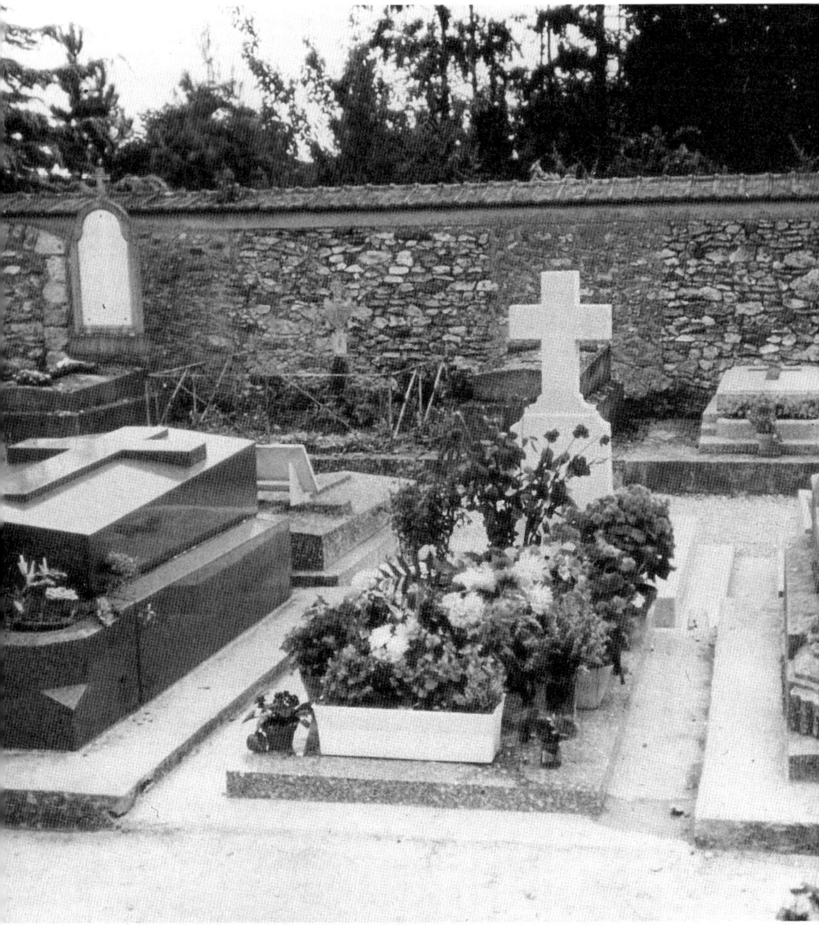

68. Das Grab in Boissy-sans-Avoir

det den rücksichtslosen Macho (Alain Delon), den kalten Intellektuellen (Harry Meyen), den Gigolo und Ausbeuter (Daniel Biasini), den fürsorglichen letzten Freund (Laurent Pétin). Nichts davon reicht über eine Schablone hinaus. Delon ist als Mensch längst kaum mehr fassbar, er wurde ein klassischer Star, der sich seinen eigenen Mythos schuf und diesen hegt, solange er dazu in der Lage ist. Er war natürlich die entscheidende Prägung für Romy bei ihrem Ausbruch aus der familiären Obsorge und der märchenhaften Karriere, die in eine imperiale Endlosschleife gemündet war. An der Beziehung zu Delon musste Romy reifen – und wohl auch scheitern. Meyen übernahm danach eine intellektuelle Führungsrolle, lebte mit Romy und David einige Jahre in einem Familienverband, wie ihn sich Schneider durchaus wünschte, bis er in den Schatten ihrer rasant fortschreitenden Karriere geriet. Biasini verkörpert den jugendlichen Neuanfang einer zweiten Karriere, wurde der Vater ihres zweiten Kindes und – mindestens genauso wichtig – übernahm die Vaterstelle bei David. Die Tränen, von denen Raymond Danon berichtet, die Biasini bei der Erwähnung Davids in die Augen treten, sind echt.[616] Natürlich profitierte der Sohn aus gutem Hause, der zumeist gerade soviel arbeitete, dass er für einige Zeit versorgt war, von der spendablen Partnerin und konnte sich ohne viel Dazutun einen hohen Lebensstandard leisten. Pétins Zeit mit Schneider ist im Grunde zu kurz, um wirklich beurteilt werden zu können. Er fing sie in der schwierigen Endphase immer wieder auf, auf den gemeinsamen Fotos wirkt er wie der beruhigende Ausgleich zu den Schicksalsschlägen, die Schneider in dieser Zeit erlitt. Hauptsächlich durch diese Bilder ist sein Image geprägt. Nach Romys Tod liest man von einer geplanten Hochzeit und fügt fälschlicherweise hinzu: »Er wäre ihr erster Ehemann geworden, der finanziell von ihr unabhängig gewesen wäre.«[617]

Laurent Pétin schweigt heute zu dem Thema Romy Schneider, beantwortet diesbezügliche Anfragen mit: »Wie Sie wissen, habe ich nie gewünscht, mich zu jenem

Abschnitt meines Lebens zu äußern, der nur mich betrifft. Ich habe immer alles zurückgewiesen und werde damit fortfahren. Es tut mir leid, falls ich Sie damit in Verlegenheit bringe, aber ich bitte Sie einzig und allein darum, mich zu verstehen.«[618]

In den wenigen Ausnahmen, in denen Romys Partner sich später über sie äußern, tun sie es sehr gentlemanlike. Daniel Biasini etwa wehrt sich gegen die Etikettierung Schneiders als »Alkoholikerin, Nymphomanin und Neurotikerin«. Seiner Ansicht nach habe man das Image der Schauspielerin über die Jahre hinweg zunehmend verzerrt, bis ein Bild entstand, »in dem sie als Zentralfigur einer griechischen Tragödie steht, die zeit ihres Lebens an der schweren Last ihres Schicksals zu tragen und ihren Tod förmlich herbeigesehnt hat. Das ist kompletter Unsinn.«[619]

Die reservierte Haltung vieler von Romys französischen Freunden und Kollegen sind bleibend gemeinte Solidaritätsakte, die man der Verstorbenen gegenüber jeglichem öffentlichen Interesse, vor allem aus deutschsprachigen Ländern, schuldig zu sein meint. Einzig Jean-Claude Brialy blieb eine konziliante Ausnahme. Alain Delon schweigt zumeist, wenn es um Romy Schneider geht, oder kommentiert ihren Namen mit Komplimenten. »Ich werde versuchen über die Liebe zu sprechen, aber ich weiß überhaupt nicht, was ich sagen soll. Ich werde versuchen, mein Herz und meine Erinnerung sprechen zu lassen,«[620] sagte er in einer Talkshow vor Publikum. Harald Juhnke erinnerte sich, dass Delon bei gemeinsamen Treffen immer von ihr sprach, sich bemühte, ein wenig Deutsch zu sprechen, das er bei Romy gelernt hatte.[621]

Wenn der Erfolg einmal aufhöre, werde sie eine unermessliche Einsamkeit kennen lernen, vermutet Romy 1981. Jacques Rouffio, der Regisseur ihres letzten Films, *Die Spaziergängerin von Sans-Souci*, fragt Christiane Höllger, wer man denn sei, wenn man sich fast nur mehr in Briefen und kleinen Notizen mitteile und nachts seine (Film)-Freunde anrufe? Jemand, der allein mit seinen Ängsten sei.

»Das sind alles nur Freunde, weil ich die Romy Schneider bin. Noch bin ...«,[622] sagt sie etwas unbestimmt, gezeichnet von Schmerz und Resignation, ein Jahr vor ihrem Tod. Doch auch andere fühlen sich von ihr manchmal allein gelassen. Senta Wengraf, die sie während der *Sissi*-Filme kennenlernte, erzählt: »Nach Jahren sah ich sie zufällig bei den Salzburger Festspielen. Es war auf einer Eröffnungsparty, sie war ungeheuer zurechtgemacht, sehr pariserisch, natürlich sehr hübsch, aber sie bemerkte einen kaum mehr. Nichts kann einem aber mehr den Rücken stärken als Freundschaft. Freunde sind wichtiger als Liebhaber.«[623]

Im März 1981 ist Romy in Quiberon zur Kur, um sich auf kommende Filmprojekte vorzubereiten. Robert Lebeck besucht sie dort in Begleitung von Michael Jürgs und Christiane Höllger, der »Stern« hat eine Bildreportage in Auftrag gegeben. Der Fotograf freut sich darüber, dass, obwohl sie sich fünf Jahre lang weder gesehen noch am Telefon gesprochen haben, zwischen ihnen sofort wieder die alte Vertrautheit herrscht. Schneider akzeptiert die Fotosession, weil sie Lebeck vertraut. »Meine Angst war völlig überflüssig. Als sie uns sah, hat sie gleich die Arme ausgebreitet, gerufen: Lebo! [...] Sie war lieb und freundlich, hatte ein seltsam übertriebenes, fast hysterisches Lachen. Daran merkte man, dass sie aus dem Gleis war.«[624]

In einer kleinen Kneipe kommt es dann zu einer vielzitierten und von Lebeck fotografisch dokumentierten Szene, in der sie sich – wohl zum ersten und einzigen Mal seit ihrer Abkehr vom Sissi-Image – zu ihrer einstigen Traumrolle bekennt. Bisher hatte sie zunehmend aggressiv bei jeglicher Anspielung reagiert: »Ich hasse dieses Sissi-Image. Was gebe ich den Leuten schon außer immer wieder Sissi, Sissi? Ich bin doch längst nicht mehr Sissi, ich war das auch nie.«[625] Sätze wie diese überraschen. Man erhält den Eindruck, es hätte trotz verschiedenster Rollen nie ein echtes Regulativ zum Sissi-Trauma gegeben. Ihre internationale Filmkarriere, in der sie in zahlreichen anderen Rollen zu überzeugen wusste, spricht eine andere Sprache. Für manche deutschen Magazine mag das ständige Rückbesinnen wichtig sein, doch Schneiders Karriere in Frankreich bedarf längst keiner Rechtfertigung aus der Vergangenheit mehr. Karlheinz Böhm sah es mittlerweile längst abgeklärter: »Ich hatte nie dieses Syndrom-Problem damit, hatte eher Probleme mit der Popularität, die die Filme mit sich brachten. Man bot mir alle möglichen Kaiser- und Königsrollen an, die ich alle ablehnte«[626] Eine Zeitlang empfindet er die Filme als peinlich, bis ihm ausgerechnet Rainer Werner Fassbinder widerspricht und ihn auffordert, sich selbstkritisch, aber eindeutig zu seinen Rollen zu bekennen, nur das würde ihn voranbringen. »Das ist für mich ein Lehrsatz, den ich seit diesem Moment nie vergessen habe, er war für mich eine Lebensgrundlage, wie sie nicht idealer sein könnte.«[627]

Als Romy Schneider 1981 mit Lebeck die kleine bretonische Kneipe betritt, ist sie ungeschminkt, müde, hat die Haare unter einem Kopftuch verborgen. Ein alter Bretone kommt auf sie zu und fragt: »Vous êtes Sissi, n'est-ce pas?« Es gibt Quellen, die behaupten, sie habe daraufhin genickt, andere wollen wissen, sie hätte geantwortet: »Nein, ich bin Romy Schneider.« Robert Lebeck erzählt, er habe den Mann für einen Clochard oder Fischer gehalten, später aber erfahren, es wäre ein bekannter bretonischer Dichter gewesen. Fest steht, dass Romy mit dem Fremden zu »Help« von den Beatles zu tanzen begann und keiner von beiden mehr einer Phantasie bedurfte – oder des Schutzes davor.

In Quiberon war Romy Schneider froh, jemanden zum Reden zu haben, ist Lebeck überzeugt. Die dortige Atlantikküste ist nur im Hochsommer erholsam, zum Zeitpunkt ihrer Anwesenheit herrscht windiges und ungemütliches Wetter. Bei einer Fotosession am felsigen Strand rutscht Romy aus, hält sich mit schmerzverzerrtem Gesicht den linken Fuß. Da sie bei den Shootings oft herumalbert, hält Lebeck es erst für Übertreibung und merkt erst später, dass sie wirklich große Schmerzen hat. »Jürgs und ich mussten sie ins Krankenhaus tragen. Ein paar Tage später hab ich sie dann noch mal in Paris getroffen, um das Interview autorisieren zu lassen. Da lag sie mit eingegipstem Fuß auf dem Bett, und ihre Tochter Sarah kletterte auf ihr rum – das sind meine liebsten Fotos von ihr, weil sie so entspannt ist und man ganz viel Liebe spürt. Überall steht, ich hätte sie wochenlang fotografiert. Wenn ich alles zusammenrechne, waren es vielleicht vier Tage. Die Serie mit Sarah war in zehn Minuten geknipst, und ich bin wieder nach Hamburg zurückgeflogen.«[628] Sie habe ihn einmal gefragt: »Lebo, wenn du dich in mich verlieben würdest, würdest du den Menschen Romy lieben oder den Filmstar?« Seine Antwort: »Wenn du dich in mich verlieben würdest, wäre es der Starreporter vom ›Stern‹ oder der Mensch Lebeck? – Damit war sie still, das Thema abgehakt.«[629]

Die für 1981 geplanten Arbeiten zur *Spaziergängerin von Sans-Souci* müssen verschoben werden, weil Romy Schneider am 22. Mai 1981 im Krankenhaus von Paris-Neuilly eine Niere entfernt wird, in der sich ein Tumor befindet. Auf ihrem Nachttisch liegen Zigaretten, der obligate Spiegel, Briefe und Polaroid-Fotos ihrer Kinder. Delon kümmert sich darum, dass Romy die beste Pflege erhält. Die Operationsnarbe zieht sich um den halben Körper vom Rücken bis auf die Brust. Damit würden sich künftige Nacktszenen erübrigen, scherzt sie bitter. Es folgen Monate langsamer und mühevoller Regeneration.

Letztes Schicksalsjahr

Das Jahr 1981 beginnt für die Schauspielerin Romy Schneider mit einer Ehrbezeigung. Sie und Alain Delon werden von »Paris Match« als »beliebteste Darsteller« und »Wahrzeichen« französischer Filmkunst ausgezeichnet. Sie treffen einander in Delons Wohnung am Quai Kennedy, Delon scherzt darüber, dass sie beide sich so lange an der Spitze halten konnten, hofft, dass sie diesen Status in zwanzig Jahren immer noch haben werden.

Wie immer nach einer Trennung stürzt sich Romy Schneider in Arbeit und beginnt einen neuen Film. Der Regisseur Claude Miller spricht von Romy Schneider als »Modelliermasse«, sieht seine Aufgabe aber dennoch nur als Richtungsgeber, in welche Richtung sie ihre Magie zu entfalten habe. Millers Film *Garde à vue / Das Verhör* ist primär ein Film der beiden Schauspieler Lino Ventura und Michel Serrault. Das Szenario rund um das Verhör eines des Sexualmordes an zwei Kindern verdächtigten Notars wirkt theaterhaft, auf den Einsatz von Musik wird, trotz des Engagements von Georges Delerue als Komponist, weitgehend verzichtet. Romy Schneiders Name wird als dritter angekündigt. Als Gattin des Angeklagten sieht das Publikum sie erst auf einem Foto, das mit dem Satz »So hätte ich sie mir nicht vorgestellt« kommentiert wird. Ihr kurzer Auftritt erfolgt erst nach 51 Filmminuten. Die Kamera zoomt langsam auf ihre, mit dem Rücken zum Betrachter im Dunkeln stehende kleine Gestalt. Mit maskenhaft unbewegtem Gesicht und leiser Stimme porträtiert sie Chantal, den vor kaltem Luxus starren, resignierten weiblichen Teil einer bereits toten Ehe. Zwischen ihrem Mann und ihr liegen mehr als die fünfzehn Meter Flur, die ihre Schlafzimmer trennt. Romy Schneider erweist sich Ventura gegenüber als ebenbürtig im Duell mimischen Understatements.[630] Er legt den alternden Kommissar resigniert an, die Augenlider meist auf Halbmast. Als er am Ende des Films vom Selbstmord Chantals hört, wirkt er kurz schockiert, danach blitzt eine Träne in seinem Auge auf, ein winziges Indiz der Anteilnahme.

Ebenfalls 1981 kommt *Fantasma d'amore / Die zwei Gesichter einer Frau* in die Kinos. Die Dreharbeiten dazu hatten bereits im Herbst 1980 in Pavia begonnen. Daniel Biasini schreibt, dass Romy sich davor in ihr italienisches Hotelzimmer zurückgezogen hätte, um mit einer Kombination aus Alkohol und Medikamenten ihre Angst vor dem ersten Drehtag zu bekämpfen. Ein Zusammenbruch ist die Folge, erst mit dreitägiger Verspätung können die Aufnahmen beginnen. Auch nach ihrer Rückkehr nach Paris, so Biasini, hätte sich stets ein Tablettensortiment in ihrer Handtasche befunden. »Jedenfalls kam es immer wieder zu Rückfällen […] Verzögerte Bewegungen, leichte Sprachhemmungen und dieser starre Blick ins Nirgendwo. Sie schien abwesend und depressiv zu sein, ein Zustand, der sich mit plötzlichen Angstzuständen und einer Art Verfolgungswahn abwechselte.«[631]

Über die Inspiration zu seinem Film sagt der Regisseur Dino Risi: »Marilyn Monroe, Jean Seberg, Romy Schneider. Drei Frauen, drei Schauspielerinnen, drei beinahe identische Geschichten … Was hat sie zum Selbstmord getrieben? Eines Tages erzählte mir Romy Schneider: ›Die Schönheit und die Jugend sind Geschenke, die wir zurückerstatten müssen.‹ Ich habe einen Film mit ihr gemacht, einen der letzten, *Das Phantom der Liebe*. Es ist die Geschichte einer toten Frau, die um der Liebe willen zu einem Mann ins Leben zurückkehrt. […] Eines Tages wollte ich von ihr wissen: ›Hast Du keine Angst vor dem Tod?‹ ›Aber ich bin doch schon tot‹, antwortete sie mir lachend.«[632]

Marcello Mastroianni ist in diesem Film auf der Suche nach der verlorenen Zeit, muss sich dabei von einem Geisterwesen fragen lassen, ob die Zeit überhaupt existiert, als kaum merklicher Ablauf, der uns älter werden lässt, obwohl wir innerlich dieselben zu bleiben meinen. In *Die Dinge des Lebens* hatte Romy Schneider laut Drehbuch Piccoli zu fragen, warum er sie liebe. Der antwortet seiner damals 31-jährigen Partnerin mit der Pointe: »Weil du alt bist und hässlich.« Kehrt man die Ironie um, lautet die Antwort: weil sie jung und schön ist. Eine Frage der Zeit also? »Ich kann sie mir nicht alt vorstellen. Das dachte ich auch nach so vielen Jahren, als ich zu ihr auf den Friedhof fuhr«,[633] meint Christiane Höllger über ihre Freundin. Die Frage, wie alt Romy Schneider hätte werden können, lässt sich nicht beantworten, wohl aber lässt sich die Überlegung anstellen, wie sie hätte alt werden können. Hätte das Publikum sie dabei begleitet, hätten sich weiterhin

Rollen gefunden, oder hätte sich jene Distanz ergeben wie in der abwehrenden Haltung der von Marcello Mastroianni gespielten Filmfigur in *Die zwei Gesichter einer Frau*, als ihn Schneider als kranke und nicht mehr junge Anna auffordert, sie zu küssen. Das tut er nur mit Widerwillen, im Grunde zwingt sie ihn zu der Zärtlichkeit. In diesen Filmen ist es, ebenso wie bei *Gruppenbild mit Dame*, noch Koketterie mit dem Alter. Der in vielen Produktionen vielbeschworene »Mut zur Hässlichkeit« meist junger, attraktiver Schauspielerinnen ist ein maskenbildnerisches Experiment, die Rückverwandlung inkludiert. »Wir Schauspieler dürfen nicht alt werden«, hatte Schneider schon 1968 geklagt, »wir dürfen keine Falten kriegen.«[634] 1972 räumt sie ein, es sei ihr einmal vielleicht egal, ob sie Krähenfüße um die Augen bekomme, solange sie nicht fett werde. Sie versucht zu relativieren, dass Herz und Hirn das Entscheidende wären, wichtiger als das rein Äußerliche, »aber wir müssen doch auch an die denken, die uns sehen, die im Kino oder vorm Fernseher sitzen. Ob die uns noch so sehen wollen!«[635] Über die phantastischen Komponenten der Geschichte irritiert, über die »hässliche Hübsche« in *Die zwei Gesichter einer Frau*, schreibt »Die Welt«: »Wie Romy Schneider sich in die Hässliche hineinspielt und wie Mastroianni wie von Furien gehetzt einem Traum nachrennt und dabei die Gegenwart immer mehr aus den Gedanken verliert, das ist höchst sehenswert.«[636]

Ende Juni, nachdem sie sich von ihrer Nierenoperation etwas erholt hat, absolviert sie die Nachsynchronisation zu *Das Verhör*, wo David sie am 24. Juni besucht. Eine zärtliche Fotoserie von Mutter und Sohn bleibt als Beleg davon zurück. Sie äußert sich in Interviews positiv über das liebevolle Verhältnis, das sie und David verbindet. Der Junge habe Interesse an ihrem Beruf, gebe ihr Ratschläge, helfe ihr bei der korrekten Aussprache. Vielleicht wolle er selbst einmal Schauspieler oder Regisseur werden.

Im August 1981 sind die bereits einmal verschobenen Dreharbeiten zu *Die Spaziergängerin von Sans-Souci* anberaumt, zuvor will sie mit David in die Ferien fahren. »Ich glaube, ich habe alle Schwierigkeiten überwunden und bin völlig wiederhergestellt. Ich bin überhaupt nicht müde.«[637] Sie wolle für den Moment leben, meint sie, niemand könne sagen, wie lange das Glück dauert, meint sie prophetisch: »Es könnten doch furchtbare Dinge geschehen. Man könnte krank werden oder sterben.«[638]

Am Abend des 4. Juli 1981 telefoniert Romy Schneider mit ihrem Sohn. Sie fordert David darin auf, zu ihr und Pétin zu ziehen. Als er sich weigert, endet die Unterhaltung mit Misstönen. Es ist das letzte Gespräch der beiden miteinander. Am Sonntag, dem 5. Juli, kommt David am Nachmittag vom Spielen zurück zum Haus seiner Großeltern in der Rue de Lorraine. Er findet das Tor verschlossen und will, wie oft zuvor, über den schmiedeeisernen Zaun klettern. Beim Absprung auf der anderen Seite rutscht er aus, eine der Spitzen des Zauns bohrt sich in eine Arterie. Mit den Händen auf der Wunde schleppt er sich bis zum Haus, wo seine Großmutter sofort einen Krankenwagen ruft. Mit schweren inneren Blutungen wird er ins Centre Hospitalier gebracht und seine Mutter benachrichtigt, die sofort von ihrem Landsitz anreist. David ist noch bei Bewusstsein. Die Operation dauert etwa vier Stunden, die Angehörigen warten gedrückt, sehen Krankenhauspersonal mit Blutkonserven vorbeihasten. Im Spital, in dem Jahre zuvor Szenen für *Die Dinge des Lebens* gedreht worden waren, informiert man Romy Schneider am Abend, dass ihr Sohn nicht mehr zu retten gewesen sei. Nachdem die verzweifelte Mutter vor Schmerz zusammenbricht, gelangen Fotografen, als Pfleger verkleidet, ins Krankenhaus und fotografieren das tote Kind. »Wo ist die Moral? Wo ist der Anstand?«, wird Romy Schneider in einem französischen Fernsehinterview später anklagend fragen. Antworten darauf erwartet sie längst nicht mehr.

Daniel Biasini, mit dem Schneider zu diesem Zeitpunkt noch verheiratet ist, sieht sie an jenem Tag zum letzten Mal lebend. Nach seinen Erinnerungen wendet sie sich im ersten

Schock an ihn, mit der Frage, was sie jetzt tun sollten. Seine im Affekt gegebene Antwort bedauert er später: »Wir? Was wir tun sollen? Ich sag' dir was – es ist mir ganz egal, was du tust. Mach das, was du glaubst tun zu müssen.«[639]

Das Szenario des Begräbnisses am 7. Juli 1981 in Saint-Germain-en-Laye scheint fast wie eine Probe zu ihrem eigenen. Im Mittelpunkt steht Alain Delon, der alle Formalitäten übernimmt, Öffentlichkeit und Medien von Bodyguards zurückdrängen lässt, um Romy so gut es geht abzuschirmen. Nun zeigt sich, was sie im Januar 1977 über Delon sagte: »Wenn ich ihn brauche, ist seine Hand immer noch für mich da. Auch heute noch ist Alain der einzige Mann, mit dem ich rechnen kann. Er würde mir jederzeit helfen. Alain hat mich nie mir selbst überlassen, auch heute nicht.«[640] Den Fotografen gelingen nur wenige Aufnahmen. Darauf ist zu sehen, wie sie von Freunden gestützt wird, ihr Bruder Wolfdieter birgt sie schützend in seinen Armen. Unter gefurchter Stirn blickt er ins Leere, Romys Augen, unter einer großen Sonnenbrille verborgen, sind geschlossen. Sie hält die Arme an die Brust gepresst, ein großer Strauß Rosen liegt auf ihrem Schoß. In den Fenstern der Limousine spiegeln sich Absperrzäune, deren Zwischenräume gleichsam zu Schießscharten für die Kameras werden. Romy verlässt den Friedhof auf dem Boden von Pétins Kleinwagen, während die Journalisten durch den Fuhrpark der chromblitzenden Limousinen prominenter Teilnehmer abgelenkt werden. Delon offeriert Romy sein Landhaus als Unterschlupf, Brialy sein Schloss bei Paris, doch sie zieht das 45 Kilometer westlich von Paris gelegene Anwesen von Pétins Vater in Orgeval vor. Als man das Versteck nach ein paar Tagen ausfindig macht, übersiedelt sie auf Brialys Herrensitz.

Sie braucht Monate, um den ersten Schmerz zu überwinden. »Wenn sie will, denkt sie nach; wenn nicht, verdrängt sie«,[641] schreibt Alice Schwarzer. Nach Davids Tod gelingt zunächst beides nicht mehr. Die Belagerung der Trauernden dauert an. Fotografen brechen in ihre Häuser ein, postieren sich auf Hügeln, erklimmen Baumwipfel, tarnen sich mit Büschen, erwerben Feldstecher, stellen ihre Beute mit Teleobjektiven und automatischen Kameras, die per Fernsteuerung bedient werden. Ein Heer von Paparazzi umlagert vermutete und gesicherte Verstecke von Romy Schneider. Fotos von ihr, Bilder einer trauernden, vielleicht gebrochenen Frau bringen viel Geld. Ihrem ehemaligen Modedesigner Oestergaard gegenüber klagt sie: »Was glaubst du, was denen schon eingefallen ist, um mich reinzulegen, um meine privaten Momente zu stehlen? Die Leute sollen ihre Gier, ihre Geilheit woanders befriedigen und nicht ausgerechnet mit mir onanieren.«[642]

Die Auseinandersetzung mit ihrem Leben vertraut sie wie so oft kleinen Zetteln an. »Ich habe den Vater begraben, ich habe den Sohn begraben, ich habe sie beide nie verlassen und sie mich auch nicht. Ich will's zumindest manchmal – ein wenig – noch glauben können – oder mehr & mehr –?«[643] Auf Papierstücken wie diesem notiert Romy Schneider nachts, was sie tagsüber in Gesprächen nicht sagen kann oder will. Solche Notizen, Briefe und Anrufe zu allen Tages- und vor allem Nachtzeiten gehören nun verstärkt zu ihren Mitteilungsmöglichkeiten, um die Zeit zu überstehen. Auf dem Landsitz von Pétins Vater, den sie »Bobby« nennt, empfängt sie drei Monate nach der Katastrophe den Journalisten Michael Jürgs. Er beschreibt sie als ruhige, gefasste Interviewpartnerin, die ihre Zigaretten, von denen sie bis zu vierzig Stück am Tag konsumierte, ohne Zittern hält, manche Sätze des Gesprächs bleiben unbeendet. »Wenn sie von David spricht, lehnt sie sich wie zufällig fest in den Sessel zurück.«[644]

Einem anderen, auf seine Art existentiellen Problem muss sie sich ebenfalls stellen. Die französischen Finanzbehörden wollen, nach heutiger Währung umgerechnet, 1,4 Millionen Euro von ihr als Steuernachzahlung. Der genaue Hergang kann nicht mehr geklärt werden, fest steht, dass Romy Schneider ihren Hauptwohnsitz in der Schweiz angemeldet hat und daher glaubt, ihre in Frankreich verdiente Gage nicht in Frankreich versteuern zu müssen. Solange sie in Deutschland arbeitete und auch noch während der Ehe mit Harry Meyen, sind die geforderten Beträge gering. Die französischen Steuern sind jedoch beträchtlich höher und nehmen keinerlei Rücksicht auf das Schweizer Domizil. Dieser simple Umstand wird von Romy Schneider und ihren Beratern nie beachtet, die Summe der Forderungen vergrößert sich daher ständig. Die Angaben zum weiteren Verlauf sind widersprüchlich. Romy Schneider wird so zitiert, dass sie selbst die Einwände der Steueranwälte ignoriert habe, ja ihnen das Honorar verweigert, falls sie die Sache nicht allein regeln könnten. Daraufhin hatten diese natürlich jegliche weitere Tätigkeit unterlassen.[645] Dazu kommt Schneiders aufwändiger Lebensstil, der in keiner Phase ihrer Karriere Rücksicht auf die jeweiligen ökonomischen Gegebenheiten nimmt. Sie beauftragt den Anwalt Heinrich Senfft, Ordnung in das Chaos zu bringen. »Romy war von einer ungeheuer naiven Vertrauensseligkeit und wurde von ihrer Umwelt ständig ausgebeutet und im Stich gelassen.«[646]

Einzig Daniel Biasini nennt für das Jahr 1979 Zahlen, was Romys Verdienst angeht. 1 108 663,44 Francs bekam sie für *Der gekaufte Tod*, 373 891,19 Francs als Restsumme für *Die Liebe einer Frau* und 165 000 Francs als Vorschuss auf *Die Bankiersfrau*.[647] Belege dafür sowie was davon wo versteuert wurde, führt er nicht an, wohl aber, dass die französischen Behörden von ihm im Jahr 1984 eine Steuernachzahlung von 11 223 144 Francs forderten.

»Sie wird sich umbringen, oder sonst was tun«

Die nächsten Monate gleichen einer Flucht. Reporter und Fotografen belagern Schneiders Haus, sie wohnt in Hotels und zumeist rasch gewechselten Wohnungen. Was sie aufrecht hält, ist der Gedanke an Arbeit, an ein neues Filmprojekt. Zuvor ist sie zu Gast in Yves Montands Chansonprogramm im Pariser »Olympia«. Davids Tod liegt drei Monate zurück, und Montand stellt fest: »Sie war endlich wieder guter Laune und lachte. Nie mehr habe ich sie so gelöst gesehen. Sie erzählte mir, dass sie mich um meinen Beruf als Sänger beneide und dass sie vielleicht selbst einmal singen werde. Am liebsten Songs von Bert Brecht.«[648] Am 8. September zeigt sie sich kurz den Medien, begleitet Alain Delon zur Premiere seines Regie-Erstlingswerks *Pour la peau d'un flic / Rette deine Haut, Killer*. Am 22. September 1981 sitzt sie an der Seite von Michel Piccoli in der Pariser Oper. An diesem Abend gedenkt Frankreich der politischen Ereignisse im kommunistischen Polen, wo die Solidarność für mehr Mitbestimmung und Demokratie kämpft. Piccoli verkündet die Bildung eines Komitees, das ähnliche Veränderungen auch in anderen osteuropäischen Ländern unterstützen und zuvor eine Delegation nach Polen schicken möchte, um die Umstände der Verhaftungen von Künstlern und Intellektuellen zu untersuchen. Der Abend steht unter der Schirmherrschaft von Kulturminister Jack Lang, unter den Gästen sind auch der französische Ministerpräsident Pierre Mauroy, Danielle Mitterrand, Simone Signoret, Marguerite Yourcenar, Joan Baez, Joseph Losey, Simone Veil und Françoise Giroud.

Der Plan zur *Spaziergängerin von Sans-Souci* ist schon ein paar Jahre alt, die Dreharbeiten sind zum zweiten Mal verschoben worden. Nach Davids Tod scheint das Projekt nicht mehr realisierbar, zumindest nicht mit Schneider in der Hauptrolle. Umbesetzungen stehen im Raum, Hanna Schygullas Name wird genannt, doch der Produzent Artur Brauner möchte erst mit Romy Schneider sprechen, ruft sie in einem ihrer Verstecke in Südfrankreich an. Sie müsse wieder arbeiten, beschwört sie ihn, sie werde sonst verrückt, sie wolle diesen Film unbedingt machen. Die Versicherungsgesellschaft der Produktion ist nicht begeistert, erzählt Regisseur Rouffio, sondern befürchtet: »Sie wird sich umbringen, oder sonst was tun.«[649] Pétin ruft den Regisseur an, bittet: »Bitte drehe mit ihr, sonst stirbt sie.«[650]

Artur Brauner lässt die bereits vorbereiteten Atelieraufbauten stehen, bis Romy Schneider wieder arbeitsfähig ist. Später in Berlin, als die Dreharbeiten laufen, ist sie beim Ehepaar Brauner zu Gast. Man trinkt Bordeaux, durchplaudert eine Nacht, sie spricht über ihr Leben. Im Nachhinein erscheint es Brauner wie eine Schlussbilanz und Romy selbst wie eine Scheherazade, die erzählen muss, um ihr Leben zu verlängern. Es geht um ihre Mutter, Blatzheim, den Tod ihres Sohnes, Delon, Visconti, Biasini ... Romy bewundert die Kontinuität im Leben der Brauners, wohingegen ihr eigenes so ganz anders verlaufen sei. Man spricht auch über künftige Projekte. Brauner hat zwei fertige Drehbücher für sie, »Vor Rehen wird gewarnt« nach einem Roman von Vicki Baum und »Die Geschichte der Edith Stein«. In der ersten Geschichte soll sie die Entwicklung einer Frau vom siebzehnten bis zum siebzigsten Lebensjahr darstellen. Sie ist einverstanden, möchte ihre Erfahrung, ihr Leid nutzen, um eine alte Frau zu spielen.

Zuvor entsteht, wie geplant, *La passante du Sans-Souci / Die Spaziergängerin von Sans-Souci*. Die Romanvorlage von Joseph Kessel stammt aus dem Jahr 1937, Schneiders Wunschregisseur Jacques Rouffio arbeitet sie mit Jacques Kirsner zu einem Drehbuch um. In ihrer Erweiterung machen sie klar, dass die Geschichte von damals bis in die heutige Zeit wirkt. Elsa (Romy Schneider), eine aus Deutschland geflohene Jüdin, versucht in Paris als Geliebte eines NS-Bonzen (Mathieu Carrière) zu erreichen, dass ihr Mann (Helmut Griem) aus dem KZ entlassen wird. In ihrer Begleitung befindet sich ein Kind, das sie aus Deutschland retten konnte. Dieses Kind, Max Baumstamm (Michel Piccoli), nimmt Jahrzehnte später Rache an dem ehemaligen Nationalsozialisten, durch den seine Zieheltern umkamen. Begleitet wird er dabei von seiner Freundin Lina (ebenfalls dargestellt von Romy Schneider). Im Abspann des Films ist zu lesen, dass beide einem Attentat zum Opfer fallen, zu dem sich niemand bekennt.[651]

Der Film ist abermals eine Konfrontation mit der Vergangenheit, die von der Gegenwart aus beurteilt wird. Ihr Ex-Mann Harry Meyen, dessen Namen sie nun selten ausspricht, sie nennt ihn zumeist den »Vater ihres Sohnes«, nicht unähnlich Magdas Diktion über Albach-Retty, verliert als Jugendlicher seinen Vater. Eigene Erinnerungen an die Zeit hat Romy kaum, sie und ihr Bruder wachsen weitab von jeglichem Kriegsgeschehen auf, ihre Eltern trennen sich bald. Die weinende Mutter an einsamen Weihnachtsabenden ist einer der wenigen bleibenden Eindrücke.

Auf den ersten Blick spielt Romy eine Doppelrolle wie in *Die zwei Gesichter einer Frau*. Für den Produzenten sind es eher zwei Charaktere, die Schneider porträtiert. »Sie hatte mit dir viel Ähnlichkeit«, bekommt die eine Filmfigur über die andere zu hören. Rouffio äußert anfänglich Bedenken gegenüber Schneiders Akzeptanz bezüglich der dramaturgischen Erweiterung des Sujets. Später sagt sie stolz: »Ich habe Elsa und Lina geschaffen. Jacques Rouffio hat mir sehr dabei geholfen, indem er mich instinktiv spielen ließ, niemals Einstellungen wiederholte, in dem Wissen, daß ich das Maximum sofort leiste. Außerdem arbeite ich ganz allein. Ich schreibe auf kleine Papierschnitzel Wörter, Notizen und Bemerkungen zum Film, zu den Personen: ›Lina macht dies, Elsa macht jenes.‹ Ich pflege diese Eigenart seit langem.«[652] Als Rouffio einmal den Text ändert, reagiert sie, die immer textsicher zum Dreh erscheint, wie so oft mit einem Wutanfall. Der versierte Regisseur regelt den Eklat jedoch per Blickkontakt.

Romy kümmert sich um den Neuling im Team, Gérard Klein, spielt Stichwortgeberin, versichert ihm, dass ihre eigene Nervosität größer sei als die seine. An ihrer Seite ist wieder ihr Freund Michel Piccoli, der mit spöttischen Kosenamen wie »La boche« (nach dem Schimpfnamen der Franzosen für die Deutschen) alte Vertrautheit herstellt. Romy beschreibt das Ritual gemeinsamer Arbeiten mit Piccoli. Erst tausche man Komplimente aus, wechsle die dominante Haltung in dramatischen oder humoristischen Szenen. Piccoli lobt Schneiders Fähigkeit, ihre Rollen selbst zu gestalten. Die Dreharbeiten mit ihr verlaufen in schweigendem Einverständnis, sagt Piccoli und ergänzt: »Die Intimitäten der Arbeit erfordern sehr viel. Mit Romy ist es weder eine Laune noch eine Liebschaft. Es ist eine GmuV – eine Gesellschaft mit unbegrenztem Vertrauen.«[653] Dasselbe sagt Romy auch über Rouffio, der sie an Sautet erinnert, sie schätzt seine respektvolle Art, mit Schauspielern umzugehen, sein Verständnis für ihre schwierige Situation, sein Satz »Es muß gar nicht lustig sein, alle Tage den Beruf des Schauspielers auszuüben«[654] beeindruckt sie.

Die Dreharbeiten beginnen am 12. Oktober 1981 in Berlin; Romy hat dort bereits an zwei Filmen gearbeitet, 1958 *Mädchen in Uniform* und 1976 *Gruppenbild mit Dame*. Es ist ihr ein wenig unheimlich, dass sich in diesem Lande nichts verändert zu haben scheint. Sie äußert sich abermals mit Unbehagen über die Beziehung des deutschen Publikums zu ihr, glaubt, man habe ihr hier immer noch nicht verziehen. Sie trifft alte Freunde wie Christiane Höllger und Otto Sander. Sie besteht darauf, den Film David und Harry Meyen zu widmen, die Zueignung findet sich im Abspann. Ihr Sohn hatte das Drehbuch noch gelesen, es gefiel ihm, auch wenn er nicht alle Zusammenhänge verstand.

Der Komponist Georges Delerue verwendet ein charakteristisches Violinsolo als Leitmotiv des Films, ähnlich wie es einige Jahre später John Williams bei *Schindlers Liste* tut. Der Film reiht sich in eine Serie, bei der Publikum und Kritik gelernt haben, die Schauspielerin und ihre Filmfiguren gleichzusetzen. Hier schließt sich ein Kreis, der spätestens mit *Mado* begonnen wurde, Schauspielerin und dargestellte Figur scheinen eins zu werden, für das Publikum und vielleicht auch für Schneider. Die Grenzen sind aufgehoben, der Satz von Sautet, es gehe um Film, nicht um Wirklichkeit, verliert seine Gültigkeit. Es ist sehr schwer vorstellbar, dass Schneider hier noch zu differenzieren in der Lage war, auch wenn sie selbst betont: »Bei einer Schauspielerin gibt es die Arbeit und das Leben. Man vermengt nichts. Bei mir ist da eine Kraft – ich weiß nicht, woher sie kommt –

aber sie ist nun einmal da. Ich wusste, daß es schmerzhafte Momente geben würde, nicht nur wegen einiger Sequenzen, sondern weil mein Beruf sehr hart ist.«[655] Die Großaufnahmen scheinen den Eindruck zu vermitteln, man könne am Schicksal Schneiders, das kurz zuvor eine weitere so tragische Wendung genommen hatte, teilhaben. Ihr Gesicht scheint die Geschichte zu kommentieren, es ist ein Antlitz, das Schicksalsschläge gewohnt ist und weitere erwartet. »1977 habe ich erklärt: ›Ich bin 50 Filme‹, so wie man sagt: ›Ich bin 50 Jahre‹, ob es mein Höhepunkt ist? Darauf kann ich nicht antworten. Für mich ist *Die Spaziergängerin von Sans-Souci* mehr als nur ein Film. Sehr viel mehr!«[656]

Während der Dreharbeiten lebt sie allein in einem Hotel in Berlin, nimmt je nach Stimmungslage Schlaf- oder Aufputschtabletten. Trinkt, wie Freunde später erzählen, dazu Wein. Das interessierte Mitleid des Publikums trägt nichts zur Linderung des Schmerzes bei. Ihre Freunde, darunter auch Simone Signoret, raten ihr zur Arbeit, allerdings nicht mehr zum Pensum von drei Filmen pro Jahr, auf Kosten privater Zeit. Doch die Anspannung der Arbeitssituationen bleibt für Romy stimulierend. Sie ist müde und erschöpft, aber die Arbeit gibt ihr Kraft, lenkt sie ab. Die Filmszenen mit dem Jungen, der in Davids Alter ist, sind schmerzhaft, Assoziationen, Erinnerungen unausweichlich, Schneiders Tränen echt. Rouffio hilft ihr vor allem bei diesen Passagen. Anfang Mai 1982 berichtet »Die Welt« über den Streifen, und zieht den – wie sich herausstellen wird: voreiligen – Schluss, der Film habe Romy Schneider gerettet. Korrekter ist die Wiedergabe der Stimmung in Frankreich, wie sie in »Jour France« ausgedrückt wurde: »Wir wissen, daß der Film für Sie mehr als nur ein Film ist. Für uns ist er es auch [...] Wir lieben Sie, Romy Schneider.«[657]

»Warum rufst du mich nicht öfter an, du Arsch. Zum Beispiel in Berlin, bei der *Spaziergängerin*«,[658] fragt Romy Schneider in ihrer manchmal etwas brüsken Art Hermann Leitner bei ihrem letzten Treffen in Ramatuelle. Das eingeforderte Gespräch findet nach der Nierenoperation statt. Romy beschwichtigt Leitner in seiner besorgten Nachfrage nach ihrem Gesundheitszustand, sie macht sich viel mehr Sorgen wegen der Angina-pectoris-Anfälle ihrer Mutter. Phasen des Leids und der Verzweiflung werden abgelöst von Bekenntnissen zur Zuversicht. »Ich werde weiterleben – und richtig gut!«,[659] fügt Romy Schneider handschriftlich dem großen, letzten »Stern«-Interview an, nachdem sie im Gespräch zuvor von den Alternativen »weiterleben« oder »weiter durchdrehen« gesprochen hat. »Meine Mutter hat in über sechzig Filmen mitgewirkt, bevor sie sich zurückzog. Meine Großmutter väterlicherseits hat noch mit 80 Theater gespielt. Ich möchte nicht so wie sie arbeiten und auch nicht 105 Jahre alt werden.«[660]

Im Februar 1982 erholt sie sich an der Seite von Laurent Pétin und ihrer Tochter Sarah auf den Seychellen, findet es paradiesisch, schwärmt vom Strandleben. Ein paar Tage später beneidet sie ihre Mutter, die zuhause am Kamin sitze und noch einen Sohn habe. »Ich bin eine kaputte Frau. Und das mit 43 Jahren.«[661]

Angst vor dem Altwerden habe sie mit 42 nicht mehr, erklärt sie. Auch die Rollen älterer Frauen sieht sie jetzt als reizvolle Aufgabe. Nach einigen gescheiterten Beziehungen hat sie erkannt, wie schwierig es für den jeweiligen Partner sein kann, im Schatten eines Stars zu stehen. Von ihm wird Unterstützung erwartet, gleichzeitig ist er den Launen und Stimmungen der Berühmtheit an seiner Seite ausgesetzt, muss Auseinandersetzungen führen, die eigentlich auf andere Menschen zielen. »Man hat nicht das Recht, von diesen uns ganz nahe stehenden Personen zu verlangen, daß sie uns helfen, unsere Last zu tragen. Ich bin mir bewußt, daß ich eine leicht reizbare, unleidliche Person bin. Jetzt lehne ich es ab, daß jemand da ist, mir Sicherheit zu geben, mir in meinen Augenblicken der Angst, des Lampenfiebers und der Hysterie beizustehen. Jetzt respektiere ich mehr die anderen.«[662]

Der Autor Curt Riess schreibt von einer Veränderung in ihrem Wesen, etwa ein Jahr nach Davids Tod. »Ich hatte sie eine Weile nicht gesehen und ich war ein bißchen erschrocken, als ich sie nun wiedersah. Sie hatte sich verändert, war ganz anders geworden … Sie war gar nicht mehr heiter, was sie so oft gewesen war, oder beherrscht, was sie früher fast immer war. Sie wirkte hypernervös, fahrig, hektisch, sie setzte sich hin, um gleich wieder aufzustehen, sie machte ein paar Schritte, um wieder aufzustehen, um irgendein Möbelstück zurechtzurücken. Sie wirkte ratlos, fast verstört. Und ihr Gesicht … Dieses wunderschöne Gesicht, das für mich immer Jugend und Lebensfreude ausgedrückt hatte … Es war ein verstörtes Gesicht, und es war irgendwie auch ein zerstörtes Gesicht.«[663]

Am 10. Mai 1982 sucht Romy Schneider in Begleitung von Laurent Pétin ihren Anwalt Heinrich Senfft in Zürich auf, um sich wegen der horrenden Steuernachforderungen nach dem Verbleib ihrer Gagen zu erkundigen. »Die ganze Nacht erzählte sie mir von ihrem toten Kind, trank, schrieb ihr Testament.«[664]

Auf dem handgeschriebenen Zettel, der später viel diskutiert wurde, ist vermerkt, es wäre »alles [doppelt unterstrichen] was ich – Romy Schneider – besitze: an Laurent Pétin, und meine Tochter Sarah zu überweisen – – – ich meine: es ist, nochmals gesagt, mein Testament […] Dies ist mein Wille und bleibt meine Entscheidung – Romy Schneider. «[665]

Sarah ist viereinhalb und noch zu klein, um sie ins Atelier zu begleiten. Im April 1982 wohnt sie im Hotel, da sie es nicht mehr erträgt, in einer Umgebung zu leben, in der sie alles an David erinnere. Sie sucht nach einem neuen Haus, das zum Fundament eines neuen Lebens werden soll, auch wenn sie überzeugt ist, den Kummer über seinen Tod niemals überwinden zu können. Sie konsumiert Beruhigungs- und Schlafmittel, durchleidet Übelkeiten und Ohnmachtsanfälle, gibt den Alkohol nie auf. Manchmal fällt es ihr sehr schwer, damit umzugehen: »Ich schaffe es nicht, ich schaffe es nicht ...«,[666] weint sie ihrem Bruder im Mai 1982 ins Telefon.

Die Wohnung in der Rue Bugeaud will sie nach Davids Tod nicht mehr betreten. In Paris wohnt sie in einer Suite des Hotel Royal Monceau am Arc de Triomphe, in dem auch Szenen für *Das Verhör* gedreht wurden, später zieht sie in eine Wohnung im zweiten Stock eines Hauses in der Rue Barbet de Jouy im siebenten Arrondissement. Es ist ein inmitten von Patrizierhäusern hochgezogener schmuckloser Neubau unweit des Invalidendoms, dessen goldene Kuppel sich in der gläsernen Eingangstür spiegelt. Eine ruhige Seitengasse, in der man keinen Star, sondern bestenfalls einen Parkplatz sucht. Das Vier-Zimmer-Luxus-Apartment gehört dem tunesischen Filmproduzenten Tarak ben Amar. Trotz laufenden Steuerverfahrens kauft Pétin in ihrem Namen im März ein Landhaus etwa fünfzig Kilometer von Paris, in der kleinen Ortschaft Boissy-sans-Avoir. Es ist nicht ohne Ironie, dass man das französische »avoir« mit »Haben, Guthaben, Gutschrift« übersetzen kann, »sans« bedeutet »ohne«. Nach einigen Umbauten soll es im August endgültig bezugsfertig sein. Wieder träumt sie vom Landleben mit ihrer Familie, davon, dort alt zu werden. Fünf Wochen lang sind ihr solche Pläne noch vergönnt. Und sie kauft, wenige Wochen vor ihrem eigenen Tod, auf dem örtlichen Friedhof eine Grabstelle für David. Sie bleibt lange im Bett, spricht nachts zu ihrem toten Kind, sichert sich danach mit Medikamenten und Schlafmitteln einen schweren, bewusstlosen Schlaf, ihr geschwächter Körper muss zunehmend gegen pharmazeutische Vergiftungen ankämpfen. Nur medikamentös ist zumindest kurzzeitig seelische Balance herbeizuführen, der unterdrückte Schmerz entlädt sich in privaten Zwistigkeiten. »Euch hab' ich lieb«, schreibt sie ein dreiviertel Jahr nach Davids Tod, »so wie die paar ganz wenigen Freunde – und ich kann nichts mehr ›vorspielen‹ – es geht mir halt so gut und so schlecht es eben gehen kann – und ich hab' nichts zum sagen.«[667]

Ein neues Projekt mit dem kolportierten Titel »L'Un contre l'autre/Einer gegen den anderen« ist unter der Regie von Laurent Heynemann geplant. Initiiert wird es von Alain Delon, es soll ihr nächster gemeinsamer Film werden. Die für Anfang Juni geplanten Dreharbeiten sind von Seiten Romy Schneiders wegen Erschöpfungszuständen bereits verschoben worden. Auch das Projekt, die 1979 gestorbene Ulrike Meinhof darzustellen, erfüllt sich nicht mehr. Wie Christiane Höllger berichtet, war sich Schneider höchst unsicher, ob sie sich eine solche Rolle in Deutschland überhaupt zutrauen könne.[668]

»Es geht besser, mon Papa. Ich werde am Land leben, weniger drehen. In Ruhe und Frieden. Mit Sarah. Für Sarah. Ich werde mir das Leben wieder zurückholen.«[669] – Mit diesen Worten fasst Jean-Claude Brialy sein letztes Telefonat mit Romy Schneider zusammen. Es ist Freitag, der 28. Mai 1982, das Pfingstwochenende steht bevor. An diesem Tag begleitet sie Laurent Pétin gegen 22 Uhr in das Fischrestaurant »Le Duc« auf dem Montparnasse. Gemeinsam mit dem Drehbuchautor Jacques Kirsner tafelt man bis etwa ein Uhr. Danach besucht man eine Bar. Den Weg nach Hause geht das Paar zu Fuß, etwa gegen zwei Uhr früh legt sich Laurent Pétin im Schlafzimmer zu Bett. Romy klagt über Unwohlsein, lehnt das Angebot Pétins, einen Arzt zu rufen, aber ab. Übelkeit und Schwindelanfälle sind keine Seltenheit mehr für sie. Der Polizeibericht hält fest, dass Romy Schneider sich im Salon in den Fauteuil setzt, Briefpapier und einen Kugelschreiber vor sich, Filmzeitschriften und Kirsners Drehbuch. Daneben eine Flasche Rotwein und ein Glas. Sie trägt eine weiße Bluse und eine Hose. Ihre letzte nachweisbare Tätigkeit ist ein begonnener Brief an die französische Frauenzeitschrift »F-Magazine«, in dem sie einen Interviewtermin absagt, weil ihre Tochter Sarah die Röteln habe. »Wir hörten gegen 2.30 Uhr einen lauten Aufschrei«, zitiert eine deutsche Zeitung eine Nachbarin, »Wir waren gerade nach Hause gekommen. Da die Schreie sofort aufhörten, haben wir der Sache keine Bedeutung beigemessen.«[670] Am Samstag, dem 29. Mai 1982, steht Pétin um 7.45 Uhr auf, um nach Romy zu sehen und findet seine Lebensgefährtin im Salon. Der in der Nacht begonnene Brief endet mitten im Satz, der Schreibstift befindet sich noch in ihrer Hand. Er glaubt sie schlafend und trägt sie, selbst noch schlaftrunken, ins Bett. Dort erst bemerkt er, dass sie nicht mehr atmet. Der herbeigerufene Arzt Emile Deponge versucht vergeblich, sie wieder zu beleben, stellt Herzversagen als Todesursache fest und schätzt die Todeszeit auf fünf Uhr morgens. Am anbrechenden Vormittag verkündet die Presse der Welt: Romy Schneider ist tot.

Kurze Zeit später wird der Pariser Staatsanwalt Davenas in die Wohnung von Romy Schneider gerufen. »Als wir das Schlafzimmer betraten […] sahen wir Romy Schneider auf dem Bett liegen. Sie schien zu schlafen. Sehr schnell konnte Dr. Deponage feststellen, daß ihr Körper weder Würgemale noch Hämatome oder Verletzungen anderer Art aufwies, die sie sich selber hätte zufügen oder die ihr jemand anderes hätte zufügen können. Seine Untersuchungen dauerten eine volle Stunde. […] Im Schlafzimmer lag ein leeres Fläschchen Barbiturate. Auf dem Wohnzimmertisch stand jene Weinflasche, gleichfalls leer […] Ich hatte nicht viel Zeit, mich zu entscheiden. Man würde diesen Todesfall immerhin offiziell melden müssen.«[671] Davenas entscheidet sich gegen eine Autopsie. Fremdverschulden schließt er aus, die Einnahme von Alkohol und Schlafmitteln ist evident. Sein finales Verdikt hätte eine Figur von Flaubert nicht literarischer formulieren können: »Ich hätte anordnen können, daß man diese Frau in Stücke schneidet, und hätte das auch ohne weiteres erreicht. Doch das hätte nichts geändert. Weder an ihrem Tod noch an der Wahrheit ihres Todes. Was auch immer künftig geschieht, dieser Tod gehört ihr, nur ihr allein, für immer.«[672]

Romy Schneider stirbt, so darf vermutet werden, an Herzversagen nach einer für ihren gesundheitlich angegriffenen Organismus fatalen Unverträglichkeit einiger chemischer Substanzen in Kombination mit Genussmitteln. Deren artifizielle Namen wie Optalidon, Staurodorm oder Ähnliches wüssten vielleicht zu einer in chemischen Formeln verklausulierten letalen Schlussrechnung zu beeindrucken, durch das Unterlassen einer Autopsie muss die genaue Zusammensetzung der tödlichen Mischung wie manches andere in Schneiders Leben jedoch Spekulation bleiben.

»Ich bedaure es nicht, dass sie gestorben ist«, sagt Jacques Rouffio Jahre später ohne Sentimentalität. »Haben Sie sie vor dem Spiegel gesehen? Sie nahm sich nicht mehr wahr im Spiegel. Sie war am Ende, ihr Weg, ihre Reise war beendet. [...] Warum sollte ich sentimental werden? Der Schatten, der Tod war bereits da auf unserem Vertrag. Wir wussten es vorher. Aber er hat uns nie daran gehindert, die Leidenschaft des Films und der Freundschaft zu leben.«[673]

Die Nachricht von ihrem Tod verbreitet sich schnell, denn der Polizeifunk wird von der Presse gewerbsmäßig abgehört. Eine Heerschar von Fotografen, Fernsehteams und Schaulustigen versammelt sich nur etwa eine Stunde nachdem Pétin den Tod Romys gemeldet hat, vor dem Apartmenthaus in der Rue Barbet de Jouy Nr. 11, einige Stunden später bekommen sie ein lohnendes Objekt vor die Objektive.

Alain Delon hat die Nachricht in seinem Autoradio auf dem Weg zu seinem Landsitz gehört. Er macht sofort kehrt, ruft Pétin an, fährt zu der Wohnung. »Und dann«, schildert Brialy, »wie in einem Western, mit einem ›Klack‹, stand plötzlich Alain Delon im Zimmer. Nach fünf Minuten sagte er: ›Lass uns, lass uns allein, sie und mich. Du hast hier nichts mehr zu tun.‹ Und ich ging.«[674] Vier Stunden bleibt Delon dort, sieht, wie zwei Männer Eiswürfel auf den Leichnam legen, nimmt allein Abschied. Als er im eleganten Anzug und mit steinernem Gesicht unter grauen

Schläfen das Gebäude verlässt, stellt er sich, umgeben von ihn abschirmenden Polizisten und Leibwächtern, der Menge für ein paar kurze Bemerkungen. Seine blauen Augen scheinen das einzig Bewegte in seiner überaus kontrollierten Mimik zu sein, im anschwellenden Lärm der mechanischen Geräusche und der lauten Zwischenrufe geht seine raue Stimme fast unter. Bruchstückhaft notieren Journalisten, was der sichtlich um Fassung Bemühte mit mehreren Pausen stichwortartig protokolliert: »Ich habe Romy gesehen ... Ihr Gesicht strahlt Ruhe aus ... Ich bin fast erleichtert für sie ... Dort, wo sie jetzt ist, hat ihre Seele den Frieden gefunden [...] Es kann sich um einen Schwächeanfall gehandelt haben, aber ich glaube eher, daß ganz einfach das Herz einer Mutter nicht mehr konnte ... Ihr Tod begann, als sie David verlor [...] Das Schicksal hat ihr mit der einen Hand das genommen, was es ihr mit der anderen Hand gegeben hatte ... Der Preis für den Ruhm, wie man so sagt, sie hat ihn wirklich teuer bezahlt ... Für mich bedeutet es, daß 25 Jahre meines Lebens, meiner Karriere mit einem Schlag zu Ende sind. Ich werde ihr Lächeln nie vergessen, denn es kam aus ihrer Seele.«[675] Der genaue Wortlaut ist nicht gesichert, der Zweck seiner Rede jedoch klar. Er möchte beschwichtigen, Spekulationen zerstreuen, weiteren Gerüchten vorbeugen, bestehenden widersprechen. »Romy Schneider hat Selbstmord begangen«, prangt es dennoch auf der Nachmittagsausgabe von »France-Soir«, bereits zu Mittag hat der Filmproduzent Paul Lévy dies dementiert, danach auch Schneiders Anwalt Jean-Michel Darrois.[676]

Jacques Rouffio erfährt im Spital von Romys Ableben, geht, auf einen Stock gestützt, sofort in die Rue Barbet de Jouy. Jean-Claude Brialy bringt 43 Rosen mit, wie jede Zeitung in den folgenden Tagen zitieren wird: für jedes Lebensjahr eine. »Ich hatte wirklich Herzklopfen, als ich vor ihrem Zimmer stand. Doch ich riss mich zusammen, öffnete die Tür, sah eine junge Frau, wunderschön schlafend, lächelnd. Man hatte Lust, sie in die Arme zu nehmen, sie tanzen zu lassen, ihr zu sagen: Bleib noch ein wenig ... Sie war überwältigend.«[677] Die Züge entspannt und gelöst, das Gesicht in seiner Schönheit unantastbar, liegt Romy Schneider auf dem Totenbett.

Michel Piccoli trifft ein, ein Polizist geleitet den Weinenden, der nur Sätze wie »Das ist zu schrecklich« sagen kann, zur Tür. Ihm folgen Raymond Danon, Claude Berri, Romys Anwalt Jean-Michel Darrois, Gérard Depardieu.

Robert Lebeck hört die Meldung in Deutschland. »Als die Nachricht kam, war meine Frau ganz entsetzt, dass ich nicht einmal den Kaugummi aus dem Mund nahm. Ich war, was man betroffen nennt, überrascht, dachte: ›Oh, Gott, meine Romy‹ und dann, was man vielleicht nicht hätte denken dürfen: Es war vielleicht das Beste für sie ...«[678] Nach und nach reagiert die Prominenz auf die Medienberichte. Horst Buchholz, Claus Biederstaedt, Joachim Fuchsberger und Paul Hubschmid sind tief betroffen. Helmut Berger bedauert, eine Schwester verloren zu haben. Curd Jürgens liegt zu jener Zeit in einer Wiener Klinik, sein Gesundheitszustand erlaubt es nicht, dass man ihm die Nachricht übermittelt. Er stirbt drei Wochen später.

Magda Schneider kann am Begräbnis ihrer Tochter nicht teilnehmen. Ihre angegriffene Gesundheit legt nahe, den für Körper und Psyche gleichermaßen strapaziösen Weg zu unterlassen, auf Empfehlung der Ärzte begibt sich die Herzkranke in eine Klinik. Wolfdieter Albach reist umgehend nach Paris, später zitiert Magda Schneider ihren Sohn, der ihr weinend berichtet: »Unser Mausele sah aus wie immer, so schön. Nur, daß sie die Augen geschlossen hatte.«[679] In Berchtesgaden stellt Magda Schneider in der Folge mit dem Recht jeder trauernden Mutter Fotos ihrer toten Tochter wie auf einem Altar um sich auf, nimmt in vielleicht allzu zahlreichen Interviews Stellung zu deren Schicksal. Auch ihre Autobiographie erzählt bezeichnenderweise beinahe zu zwei Drittel Romys Geschichte. Sie überlebt ihre Tochter um vierzehn Jahre.

»Im Morgengrauen brach ihr Herz«, übertitelt man in

Deutschland den Nachruf auf eine »der größten Schauspielerinnen«.[680] Die Aufbereitung ist symptomatisch. Auf zumeist ganzseitigen Fotos und in marginalen Textbeiträgen findet sich ihr Leben als Readers-Digest-Fassung mit teilweise falschen Angaben. Pietät hält man auch jetzt nicht für angebracht. Das Foto des toten David fehlt nicht, ebenso wenig wie ein unscharfer Paparazzi-Abschuss von Romy mit großer Sonnenbrille und Bademantel am Fenster irgendeines Verstecks. »Jedes Glas Alkohol war Gift für sie«, kolportiert man in altbewährter Weise. »Oft suchte sie Trost im Alkohol. Sie trank am liebsten französischen Rotwein, Burgunder oder Bordeaux. In der Nacht vor ihrem Tod, so sagen ihre Freunde, soll sie ›unverhältnismäßig viel‹ getrunken haben.«[681] Der einzige Trauerflor findet sich als Schmutz unter den Fingernägeln, die hastig Fakten ausgraben.

Ein halbes Jahr später läuft *Die Spaziergängerin von Sans-Souci* in Deutschland an, Teile der Presse wollen darin erkennen, »was Romy uns noch sagen wollte«.[682] Man reiht Fotos aus ihren Filmen aneinander und versieht sie mit Adjektiven wie »kindlich« (*Sissi*), »erfahren« (*Ludwig II.*), »verrucht« (*Trio Infernal*), »mondän« (*Nachtblende*), »deutsch« (*Gruppenbild mit Dame*), »erschöpft« (*Der gekaufte Tod*), »elegant« (*Die Bankiersfrau*). Das wahre Gesicht, so liest man, blieb hinter den zahlreichen Rollen verborgen. Ob eine Schauspielerin gerade dieses enthüllen müsse, ist eine rhetorische Frage, im Grunde ist es eine erweiterte Form des sattsam bekannten Vorwurfes, Romy entspräche nicht mehr dem Image ihrer Frühfilme. Im weiteren zitiert man »Psychologen«, die über Künstlerinnen generell wissen wollen: »Sie haben so viele Gesichter, weil sie keine statische Persönlichkeit sind, kein eigenes Gesicht haben.«[683]

Am 11. Juni 1982 erscheint der von Alain Delon autorisierte Nachruf »Adieu ma Puppele« in »Paris Match«. Neun Tage zuvor, am 2. Juni, hatte das von Delon organisierte Begräbnis in Boissy-sans-Avoir stattgefunden. Zeitungen wollen wissen, dass er seit dem Samstag, an dem Schneider starb, jede Nacht ein paar Stunden vor dem Sarg Romy Schneiders, der in ihrem Landhaus aufgebahrt ist, Totenwache gehalten habe. Er sorgt auch dafür, dass David später an Romys Seite beerdigt wird. Schweigend, aber aktiv vollzieht er auf seine Art, was Romy Schneider über ihre Beziehung gesagt hat: »Alain und ich sind keine Liebenden mehr [...] wir sind viel mehr als das – Kumpane, die füreinander einstehen.«[684] An der Beisetzung nimmt er nicht teil, er kommt erst später, allein.

Rund um die kleine steinerne Dorfkirche Saint-Sébastien scharen sich am 2. Juni 1982 etwa fünfzig Menschen. Männer in schwarzen Anzügen mit Krawatten, dazwischen Frauen in gedeckten Farben, zu denen sich, dezent im Hintergrund platziert, einige Sicherheitskräfte gesellen. Auf umliegenden Straßen, Mauern und Dächern in einiger Entfernung postieren sich etwa zehnmal soviel Menschen in Jeans, T-Shirts und Freizeithemden, reichen sich Feldstecher weiter, um etwas von dem Ereignis mitzubekommen, von dem sie ausgeschlossen sind. Auch hier schirmen Beamte ab, unterstützt von Delons Bodyguards. Eine völlige hermetische Abriegelung des Areals hat man dem Schauspielerstar untersagt, doch der schmiedeeiserne Zaun des Friedhofs wird um etliche weniger kunstvolle Absperrgitter ergänzt, mit der man die Öffentlichkeit zurückhält. Von den Prominenten bekommt sie wenige zu Gesicht. Zumeist kursieren nur einige Namen: Raymond Danon, Jean-Loup Dabadie, Jacques Rouffio, Wolfdieter Albach mit seiner Frau, Daniel Biasini, Jean-Claude Brialy, Jean Rochefort, Bernard Fresson, Robert Enrico, Pierre Granier-Deferre, Jacques Deray, Roman Polanski, Romys Coiffeur Alexandre. Michel Piccoli, der eine kleine Ansprache vorbereitet hat, scheint sich an einer Zigarre festhalten zu wollen. Die Maskenbildnerin, die Romy 1980 für *Die Bankiersfrau* geschminkt hat, trägt den Hut aus dem Film, den ihr die Schauspielerin nach den Dreharbeiten geschenkt hat. Die Feier ist schlicht, ohne aufwändiges Zeremoniell, aber sehr emotional. Menschen kämpfen mit Tränen, verbergen das Gesicht hinter vorgehaltenen Händen, schmiegen sich aneinander.

Gegen 10.20 Uhr fährt ein silberner Mercedes vor, neben dem Fahrer sitzt Laurent Pétin. Dem Fond des Leichenwagens entnehmen vier Männer den schlichten hellen Eichensarg, tragen ihn etwas schaukelnd durch die romanische Kirchentür. Die Trauergäste schließen sich an. Nach dem Requiem hält Jacques Rouffio einen Nachruf, der bisweilen von den Rotoren der Hubschrauber übertönt wird, in denen Reporter einige Luftaufnahmen der Szenerie erbeuten wollen. »Kein schöner Friedhof«, findet Robert Lebeck, der erst einige Zeit später in Begleitung von Christiane Höllger den Ort aufsucht, »kaum Bäume, alles so kahl. Man hat das Gefühl, der Leichengeruch hängt in der Luft.«[685]

Noch Tage danach parken Autos mit deutschen Kennzeichen in dem kleinen Ort, ein Busunternehmer aus Süddeutschland disponiert, da Versailles wegen einer internationalen Veranstaltung nicht zu besichtigen ist, um und leitet seine Touristen auf eine Romy-Schneider-Grab-Besichtigungstour. Im Bistro verkauft die Wirtin vergilbte Ansichtskarten von Romys Anwesen, einem 200 Jahre alten Bauernhaus, das nun hinter Platanen verborgen liegt, für über drei Francs das Stück. Der örtliche Camping-Platz wird vorsorglich vergrößert.

Die ursprüngliche Grabplatte ist in schlichtem Grau gehalten, sie hält nur wenige Jahre, wird bald brüchig. Ein deutscher Steinmetz, Jürgen Keil aus Stadtallendorf bei Marburg, beschließt daraufhin in Eigeninitiative, der Verstorbenen anlässlich der Feiern zu ihrem 50. Geburtstag eine neue Grabplatte zu stiften. Es ist ein Exponat aus schwedischem Granit, auf den er die Namen von Mutter und Sohn sowie eine Rose meißelt. Unter dem Applaus der Dorfbewohner von Boissy-sans-Avoir installiert er seine Gabe im September 1988 auf dem französischen Kirchhof.

Aus Angst vor Schulden wagte niemand, Romy Schneiders Erbe anzutreten. Curt Riess verteidigte Harry Meyen postum und behauptete, dessen Abfindung sei als Absicherung für David gedacht gewesen: »Harry hat das Geld dann mündelsicher für seinen Sohn angelegt, wie ich heute glaube, wie wir eigentlich alle glauben, in der Voraussicht, dass Romy eben kein Geld behalten könne, dass es ihr durch die Finger rinnt, und dass der gemeinsame Sohn daher nichts von ihr erben würde. Das hat sich ja auch bewahrheitet.«[686] Die Zeitungen beschäftigt das Schicksal der jungen Sarah, die, als das Begräbnis stattfindet, noch nicht weiß, dass ihre Mutter tot ist. Man spekuliert, wo sie in Zukunft wohnen werde. Bei ihrem Vater, wie es das französische Recht anordnet, bei Pétin, der Familie in Deutschland? Sie bleibt schließlich bei Daniel Biasini, wird selbst Schauspielerin und hat sich eine sehr persönliche Erinnerung an ihre Mutter bewahrt, die sie kaum kannte: »Ich will sie für mich privat halten, die Erinnerungen an sie, ihre Worte, ihre Gesten, ihren Duft. Sie war ein öffentlicher Mensch, aber unser Verhältnis war sehr intim. Das werde und will ich mit niemandem teilen. Das ist eine instinktive Reaktion von mir.«[687]

»Niemals ist eine furchtbar lange Zeit«

Der Vorname der Schauspielerin, Sängerin und Autorin Erika Pluhar ist im allgemeinen Diskurs oft durch den im Österreichischen als Ehrbezeigung alles bestimmenden Artikel »die« ersetzt. Mit sechzehn oder siebzehn, sagt Erika Pluhar, wäre sie gerne ein »Film-Star« – mit Betonung auf beiden Silben – geworden. Damals, Mitte der 1950er Jahre, sieht sie bei einem Ausflug mit ihren Eltern in einem Wiener Restaurant am Nebentisch Romy Schneider sitzen. Diese ist ein Jahr älter, gerade durch *Sissi* endgültig zu Starehren gekommen, und der Teenager Pluhar empfindet sich erdenschwer gegenüber dem ihr astral erscheinenden Wesen. Vom Widerstand des bewunderten Filmstars Romy Schneider gegen weitere Fortsetzungen des imperialen Filmstoffes, gegen ein repressives Stereotyp, das Beruf und Privatleben gleichermaßen betrifft, weiß Pluhar damals ebenso wenig wie das restliche Publikum der »Wirtschaftswunder«-Zeit.

Später scheint Erika Pluhar der Begriff »Schauspielerin« zunehmend als mit etwas Traurigem behaftet, vielfach auf gelebte Äußerlichkeit reduzierbar. Im Laufe ihrer Jahrzehnte am Wiener Burgtheater lebt sie sich langsam, aber kontinuierlich mit dem Schauspielergewerbe auseinander. Viele Jahre ihres Lebens, so ihre Bilanz, erfüllt sie der Beruf mit großer Leidenschaft und Intensität. Sie sieht Rollen auf sich zukommen, in denen sie Dinge, die sie erlebt hat, auch schmerzvolle, in wunderbarer Weise reflektieren kann. Doch das ständige Schlüpfen in Rollen kann Menschen auch zu einer leeren Hülse werden lassen, empfindet sie, und dadurch »unendlich wehrlos« gegen Schicksalsschläge. Wichtig sei das »Eigen-Leben« (als auf allen Silben zu betonender Begriff), abseits der Beobachtung durch andere. Durch das ständige »Rollen-Spiel« gleitet der Beruf langsam von Pluhar ab. Die einstmals so bewunderte junge Romy Schneider, so mutmaßt Erika Pluhar Jahrzehnte nach der ersten und einzigen Begegnung, kann trotz Rollen- und Fachwechsel und internationaler Karriere dem Klischee im Laufe ihres kurzen Lebens nicht mehr entrinnen, sie bleibt Schau-Spielerin bis zum Tod. In Pluhars berührendem Buch über das Sterben ihrer Freundin, der Schauspielerin Marisa Mell, die sich vom Bild primär äußerlicher Weiblichkeit zeitlebens nicht zu lösen wusste, schrieb sie: »Du hast dich in deinem schönen Körper versteckt, er sollte deine Sprache sein. Und darum wurdest du sprachlos.«[688]

Pluhar hat für sich erkannt: »Ich glaube, daß es sehr schwer ist, Schweres zu verkraften, wenn man sich so entäußert hat und gar nicht weiß, wer man ist. Es ist schon schwer genug, Leben zu ertragen, wenn man es weiß.«[689] Schauspielerin zu sein, kann ein »gefährdender« Beruf sein, so Pluhar. Und sie empfindet große innere Abwehr gegen falsche Glorifizierung des Weiblichen, gegen das gut vermarktbare Bild »großer Frauen«, die vor allem »berühmt, schön, jung, unglücklich« zu sein hätten, zu deren Legendenbildung im Idealfall ein früher, tragischer Tod gehört. Es ist ihr gut in Erinnerung, wie vergleichsweise unbemerkt in der medial orchestrierten Trauer um »Lady Di« die für Hochglanzseiten weniger geeignete Mutter Teresa stirbt.

Romy Schneiders Konterfei erweist sich dagegen auch postum als verkaufsträchtig. Vierzehn Tage nach ihrem Begräbnis lächelt es unter einem Sonnenhut entspannt von einer deutschen Illustrierten. Die publizistische Nachbereitung der einstigen Auflagequotengarantin hat begonnen, ein Ende ist nicht abzusehen. Die Todesnachricht, so schreibt man, habe denselben Schock ausgelöst wie das Ableben einer nahen Verwandten. »Dabei wollte sie uns allen so fern wie möglich sein. Sie hatte Angst vor den Fotografen, scheute die Journalisten und flüchtete vor der Menge ihrer Fans.«[690] Vergleichbar erscheinende Beispiele aus der Filmgeschichte sind rasch gefunden: Marilyn Monroe, die Selbstmord beging, Rita Hayworth, die Alkoholikerin wurde, und Greta Garbo, die sich ihrer Umgebung für immer entzog. Sie alle wurden zu Projektionsflächen der Phantasie. »Ist diese Seifenblase geplatzt, stirbt für uns ein Traum. Mit Romy Schneider sind wieder einmal Millionen Illusionen zu Grabe getragen worden.«[691] Über ihr Leid sei zu viel geschrieben worden, stellt die Promi-Illustrierte »Bunte« – freilich ohne damit allzu selbstkritisch sein zu wollen – fest, über ihre Freuden zu wenig.

»Nein, sie hat sich nicht umgebracht. Denn es ist unvorstellbar, daß eine Romy Schneider gegangen wäre ohne dramatischen Abschiedsbrief. Aber: sie hat sich umbringen lassen«,[692] schreibt Alice Schwarzer. Die Interpretation von Alice und Ellen Kessler lautet: »Sie hat sich sterben lassen.«[693] Verhöhnt habe man sie bis über den Tod hinaus, liest man wohl stellvertretend für andere, weniger einsichtige Branchenblätter in einem Hamburger Renommeeblatt, das auf die vereinnahmende Liebe zu dem Kind der Adenauer-Jahre und das Übermaß an Kritik an der freien Frau, die in Frankreich überaus erfolgreich war, verweist. »Österreichs erfolgreichster Filmstar starb, wie er lebte – einsam und allein«,[694] schreibt eine Wiener Zeitung am 30. Mai 1982 und schließt: »In ihrer wichtigsten Rolle als Mensch hat sie alles verloren.«[695]

Wo findet man die Auflösung des Orakelspruchs von Orson Welles, wonach das Geheimnis um Romy Schneider auf »einem enormen Witz«[696] beruhen könnte? Auf der Leinwand hat sie ihr Publikum an das Außergewöhnliche gewöhnt. Romy Schneider ist, wie alle internationalen Filmstars, mehr als bloß die Summe ihres Leinwandschaffens, mehr als »Begabung und Gesicht«.[697] Ihr Faszinosum besteht in dem Umstand, dass sie enigmatisch und offenbarend zugleich wirkt, Frage und Antwort in einem zu sein scheint. Ein Rätsel, das sich erst nach der scheinbaren Lösung entfaltet. Darüber hinaus ist sie längst zu einer Konstante geworden, anhand der man (kultur)geschichtliche Bezüge im 20. Jahrhundert und darüber hinaus herstellen und/oder hinterfragen kann. Romy Schneider erfüllt heute den klassischen Begriff einer Ikone, lebt stärker in der bilderstarrten Statik als in der Bewegung der Filme oder ihrem bewegten Leben. Die postume Reduzierbarkeit auf das Ikonenhafte und die darin begründete unbegrenzte Interpretierbarkeit ist eines der Geheimnisse des scheinbar zeitlosen Interesses an Romy Schneider. Sie bleibt ein Ideal durch die darin konservierte Jugend und Schönheit, die kein Altersbild mehr korrigieren kann.

Der Kabarettist und Autor Helmut Qualtinger prägte den Satz, dass man in Wien erst sterben müsse, bevor man leben dürfe. Aber danach lebe man lang … Das scheint nicht nur für Romy Schneiders Geburtsstadt zu gelten. 1985 wird sie postum mit einem »César der Césare« geehrt. Die französische Post widmet ihr am 3. Oktober 1998 eine Briefmarke, die deutsche Post tut dasselbe im Jahr 2000. Der österreichische Film- und Fernsehpreis erhält den Namen »Romy«. Filmische Hommagen bleiben nicht aus: Pedro Almodóvars Film *Alles über meine Mutter* (1999) ist, wie im Nachspann vermerkt, unter anderem Romy Schneider (als einer der »Schauspielerinnen, die Schauspielerinnen gespielt haben«) zugeeignet. In *8 Frauen* (2002) zeigt Emmanuelle Béart in der Rolle der Louise ein Bild ihrer früheren Arbeitgeberin, auf dem Romy Schneider zu sehen ist. Die Leser von »Le Parisien« wählen Schneider 1999 zur größten Schauspielerin aller Zeiten. »Bild« kürt sie im April 2005 in der Liste der »50 schönsten Deutschen« zur Nummer eins, in einer Umfrage des ZDF nach den »beliebtesten deutschen Schauspielern« belegte sie im November 2006 nach Heinz Rühmann und Mario Adorf den dritten Rang. Stärker als bei vergleichbar kontroversen Künstlerinnen wie Dietrich und Knef scheint bei Schneider die postume Vereinnahmung nahezu grenzenlos.

Mit Romy Schneider verglichen zu werden ist ein Maßstab, der nicht für jede junge Schauspielerin leicht zu bewältigen ist. Ihre Tochter Sarah weiß das vermutlich am besten. Im Rahmen von Schneiders 25-jährigem Todestag 2007 wurden gleich mehrere Filmprojekte über ihr Leben bekannt gegeben. Zeitschriften forderten ihre Leserinnen und Leser auf, nach der Idealbesetzung dafür zu suchen. In einer Umfrage der »Netzeitung« entschieden sich 65 Prozent der etwa 5500 Teilnehmer für Marie Bäumer, die das Attribut »die neue Romy« bereits gewohnt ist. Die Plätze hinter ihr belegten Yvonne Catterfeld, Alexandra Maria Lara, Teri Hatcher und, als sicherlich überraschendste Kandidatin, Stephanie von Monaco.

Im Februar 2008 verkünden die Medien, dass Yvonne Catterfeld in dem von Raymond Danon mit dem deutschen Regisseur und Drehbuchautor Douglas Welbat geplanten Biopic *Eine Frau wie Romy* die Titelrolle übernehmen soll. Im Vorfeld ist von einem 23-Millionen-Euro-Budget zu lesen und dass der vom deutschen Hollywood-Regisseur Josef Rusnak inszenierte Film 2009 in Cannes präsentiert werden soll. Den bereits kolportierten Namen, die man dafür in Betracht zog, fügt man noch die von Eva Green und Jodie Foster hinzu. Die ebenfalls angesprochene

Sarah Biasini sagte von sich aus ab. Wie Danon betont, war eine der Voraussetzungen für die Besetzung der Titelrolle, das Einverständnis von Daniel und Sarah Biasini zu erhalten. Ein im Internet veröffentlichtes Casting-Demoband zeigt Catterfeld, wie sie Szenen aus *Wenn der weiße Flieder wieder blüht*, Syberbergs *Porträt eines Gesichts* und dem letzten französischen Fernsehinterview Schneiders nachspielt. Daniel Biasinis Reaktion darauf zitiert man mit: »Ich kenne diese Dame nicht, aber ich habe eine Gänsehaut bekommen – so identisch und authentisch ist sie«.[698]

Bilder verraten etwas – im doppelten Sinne des Wortes, hierin liegt, wie eingangs bemerkt, der Zugang zum Verständnis des Mythos' von Romy Schneider. Immer neu erscheinende Fotobände erwecken die Illusion von Schneiders ewiger Jugend und Schönheit. Die Fotografie ist wie der Film ein konservatorisches Medium. Das illusionsstörende mechanische Klicken betätigt den sogenannten Auslöser, um ein Bild bewahrend herauszulösen aus dem Fluss der Zeit. Man betrachtet es, staunt beim Anblick über das Phänomen eines uns immer wieder neu erscheinenden vertrauten Gesichts, wie man es sonst nur beim Anblick derer bemerkt, die man liebt. Vielleicht ist es der Versuch, den Satz der Dietrich »I've been photographed to death« umzukehren, der das paradoxe Bemühen symbolisiert, Schneider ins Leben zurückzufotografieren. Schließlich bedeutet Film im Prinzip nichts anderes als 24 Einzelbilder, die, innerhalb von einer Sekunde abgespielt, die Illusion von Bewegtheit ergeben. Vielleicht hat die Suche und Sucht nach immer neuen Fotos von Romy Schneider damit zu tun, dass man sich die auch durch Bewegtbilder der Filme gegebene Illusion ihrer Lebendigkeit erhalten will. Viele suchen darin einen Menschen, den sie im Leben nie getroffen haben, um ihm nun wenigstens in frei interpretierbaren, bildhaften Manifestationen begegnen zu können. Besser so, scheint es, als nie. Denn, wie die sterbliche Wendy in der Verfilmung von *Peter Pan* sagt: »Never is an awfully long time – Niemals ist eine furchtbar lange Zeit.«

ANHANG

Anmerkungen

1 »Im Moment bin ich ganz kaputt«, in: Stern, 23. April 1981.
2 Ebd.
3 Jean-Paul Sartre, Der Idiot der Familie I, in: Jean-Paul Sartre, Gesammelte Werke, Schriften zur Literatur, Reinbek bei Hamburg 1986, S. 8.
4 Süddeutsche Zeitung, 17. September 1988.
5 Renate Seydel (Hg.), Ich, Romy. Tagebuch eines Lebens, München 1988, S. 276.
6 Renate Seydel, Romy Schneider. Bilder ihres Lebens, München 1990, S. 322. Alice Schwarzer bezweifelt in ihrem Buch über Romy Schneider die Autorschaft Delons, der von ihr für den Abschiedsbrief genannte Verfasser ist Jean Cau, der bis 1957 Sekretär von Jean-Paul Sartre und danach Journalist bei »l'Express«, »Le Figaro« und »Paris Match« war. Belege dafür liefert sie nicht. In: Alice Schwarzer, Romy Schneider. Mythos und Leben, Köln 1998, S. 211.
7 Jean-Paul Sartre, Der Idiot der Familie I, in: Jean-Paul Sartre, Gesammelte Werke, Schriften zur Literatur, Reinbek bei Hamburg 1986, S. 7.
8 Paul, Valéry, Werke, Band 3, Zur Literatur, Frankfurt 1989, S. 421.
9 Renate Seydel (Hg.), Ich, Romy. Tagebuch eines Lebens, München 1988, S. 239.
10 Rosa Albach-Retty, So kurz sind hundert Jahre, München, Berlin 1978, S. 266.
11 Ebd., S. 184.
12 Ebd., S. 186.
13 Ebd.
14 Ebd., S. 63.
15 Ebd., S. 145.
16 Ebd., S. 228.
17 Arthur Schnitzler, Tagebuch 1927–1930, Wien 1997, S. 32.
18 Nadja Tiller ist darin in der Rolle der Prostituierten Rosemarie Nitribitt zu sehen, deren Ermordung 1957 in der Bundesrepublik Aufsehen erregte, zumal der Täter nie ermittelt werden konnte und Nitribitt Kontakte in einflussreiche Kreise von Politik und Wirtschaft nachgesagt wurden.
19 Magda Schneider, Wenn ich zurückschau …, München 1990, S. 67.
20 Rosa Albach-Retty, So kurz sind hundert Jahre, München, Berlin 1978, S. 240.

21 Ebd., S. 241.

22 Für die Behauptung, Magda Schneider habe mit dem Erwerb von Mariengrund bewusst ein Anwesen in der näheren Umgebung Adolf Hitlers gewählt, wie Alice Schwarzer sie erhebt, fehlt jeglicher Beleg. Vgl.: Alice Schwarzer, Romy Schneider. Mythos und Leben, Köln 1998, S. 35.

23 Brief Bertrand Taverniers an den Autor vom 26. September 2007.

24 Über das Datum des Grundstückerwerbs gibt es widersprüchliche Angaben. In Magda Schneiders Autobiographie liest man 1936 als Jahr der Grundsteinlegung. Bettina Dahse datiert diese in ihrem Buch über Romy Schneider mit November 1934 und gibt dafür Magda Schneiders private Aufzeichnungen als Quelle an. In: Bettina Dahse, Romy. »Ich hätte Ihnen so gerne noch was gesagt ...«, Hamburg 2002, S. 10.

25 »Im Moment bin ich ganz kaputt«, in: Stern, 23. April 1981.

26 Robert Amos, Mythos Romy, Neu-Isenburg 2006, S. 183.

27 Rosa Albach-Retty, So kurz sind hundert Jahre, München, Berlin 1978, S. 236.

28 Vermutungen, dass die Beziehungen zwischen Hitler und Magda Schneider auf ein intimes Verhältnis hinausliefen, wie es Alice Schwarzer in ihrem Buch andeutet, muss man als reine Spekulation werten. Vgl.: Alice Schwarzer, Romy Schneider. Mythos und Leben, Köln 1998, S. 36.

29 »Das waren die Jahre, in denen so viele jüdische Kollegen Deutschland und Österreich verlassen mußten, in die Emigration gingen. Ihr Platz konnte nie wieder ausgefüllt werden [...] Ihr Fehlen machte sich nicht nur bei unverwechselbar besetzten Rollen bemerkbar, sondern es fehlte ihre Kollegialität, ihre Wärme und Menschlichkeit.« In: Magda Schneider, Wenn ich zurückschau ..., München 1990, S. 63.

30 Ein Verlag, der die Bilder abdruckte, fühlte sich bemüßigt, in einem später eingefügten Einlegeblatt darauf hinzuweisen, dass Schneider zuvor sechs Einladungen ausgeschlagen hätte und man ihr bedeutete, eine weitere Ablehnung könne nicht akzeptiert werden. »Wichtige Information des Verlages«, in: Robert Amos, Mythos Romy, Neu-Isenburg 2006, Einlegeblatt zwischen den Seiten 68 und 69.

31 Oliver Rathkolb, Führertreu und gottbegnadet. Künstlereliten im Dritten Reich, Wien 1991, S 169.

32 Ebd., S. 177 und 178.

33 Wien-Film-Akten Bestand im Filmarchiv Austria, Wien.

34 Rosa Albach-Retty, So kurz sind hundert Jahre, München, Berlin 1978, S. 240.

35 Der Stern, Januar 1939.

36 Magda Schneider, Wenn ich zurückschau …, München 1990, S. 75.
37 Renate Seydel (Hg.), Ich, Romy. Tagebuch eines Lebens, München 1988, S. 355.
38 Petronius, Jeder ist seines Glückes Schmied, in: Stern, 7. November 1959.
39 Magda Schneider, Wenn ich zurückschau …, München 1990, S. 79 f.
40 Aus der Tarifordnung für Filmschaffende, Beiblatt zum Vertrag Magda Schneiders für den Wien-Film *Ein Mann gehört ins Haus* (1945), Wien-Film-Akten Bestand im Filmarchiv Austria, Wien.
41 Dagmar Rathke, Romys erstes Tagebuch, in: Bunte, 22. Juli 1982.
42 »Im Moment bin ich ganz kaputt«, in: Stern, 23. April 1981.
43 Franz Hadamowsky, Max Reinhardt. Ausgewählte Briefe, Reden, Schriften und Szenen aus Regiebüchern, Wien 1963, S. 91.
44 Gespräch des Autors mit Wolf Calebow, 21. Juni 2007.
45 Magda Schneider, Wenn ich zurückschau …, München 1990, S. 85.
46 Gespräch des Autors mit Senta Wengraf, 11. Juni 2007.
47 Daniel Biasini, Meine Romy, München 2000, S. 109.
48 Magda Schneider, Wenn ich zurückschau …, München 1990, S. 90.
49 Ebd., S. 92.
50 Rosa Albach-Retty, So kurz sind hundert Jahre, München, Berlin 1978, S. 243.
51 Romy Schneider – Ein Film von Michael Strauven aus der Serie »Legenden«, ARD 1998.
52 Hildegard Knef, Romy. Betrachtung eines Lebens, Hamburg 1983, S. 59.
53 Renate Seydel (Hg.), Ich, Romy. Tagebuch eines Lebens, München 1988, S. 37.
54 Elisabeth Merck-Wöhler, Romys frühe Geständnisse, in: Bunte, 26. August 1982.
55 Sachte, Mausi, in: Der Spiegel, 13. März 1963.
56 Renate Seydel (Hg.), Ich, Romy. Tagebuch eines Lebens, München 1988, S. 35.
57 Ebd., S. 33.
58 Elisabeth Merck-Wöhler, Romys frühe Geständnisse, in: Bunte, 26. August 1982.
59 Magda Schneider, Wenn ich zurückschau …, München 1990, S. 94.
60 Elisabeth Merck-Wöhler, Romys frühe Geständnisse, in: Bunte, 26. August 1982.
61 Magda Schneider, Wenn ich zurückschau …, München 1990, S. 96.
62 Elisabeth Merck-Wöhler, Romys frühe Geständnisse, in: Bunte, 26. August 1982.
63 Renate Seydel, Ich, Romy. Tagebuch eines Lebens, München 1988, S. 36.

64 Elisabeth Merck-Wöhler, Romys frühe Geständnisse, in: Bunte, 26. August 1982
65 Romy Schneider – Ein Film von Michael Strauven aus der Serie »Legenden«, ARD 1998.
66 Hans-Jürgen Syberberg, Romy – Porträt eines Gesichts, (TV), Bayerischer Rundfunk 1966.
67 »Im Moment bin ich ganz kaputt«, in: Stern, 23. April 1981.
68 Renate Seydel, Ich, Romy. Tagebuch eines Lebens, München 1988, S. 56.
69 Ebd. S. 57.
70 Ebd., S. 61.
71 Ebd., S. 63.
72 Ebd., S. 65.
73 Ebd.
74 Ebd., S. 68.
75 Gespräch des Autors mit Wolf Calebow, 21. Juni 2007.
76 Renate Seydel (Hg.), Ich, Romy. Tagebuch eines Lebens, München 1988, S. 69.
77 Romy Albach-Retty, in: Mein Film, 25. Dezember 1953. Auch die Österreichische Film und Kino Zeitung hielt fest: »Magda Schneider nach langen Jahren wieder auf der Leinwand«, Österreichische Film und Kino Zeitung, 19. Dezember 1953.
78 Romy Albach-Retty, in: Mein Film, 25. Dezember 1953.
79 Ebd.
80 »Im Moment bin ich ganz kaputt«, in: Stern, 23. April 1981.
81 Renate Seydel (Hg.), Ich, Romy. Tagebuch eines Lebens, München 1988, S. 71.
82 Ebd., S. 73.
83 Renate Seydel, Romy Schneider. Bilder ihres Lebens, München 1990, S. 110.
84 Petronius, Jeder ist seines Glückes Schmied, in: Stern, 7. November 1959.
85 »Im Moment bin ich ganz kaputt«, in: Stern, 23. April 1981.
86 Renate Seydel (Hg.), Ich, Romy. Tagebuch eines Lebens, München 1988, S. 77.
87 Ebd., S. 81.
88 Ebd.
89 Gespräch des Autors mit Peter Weck, 11. September 2007.
90 Der Fall Romy Schneider. Eine Reportage von Tamara Duve und Michael Jürgs, DVD-Edition Spiegel TV 2007.
91 Renate Seydel (Hg.), Ich, Romy. Tagebuch eines Lebens, München 1990, S. 91.
92 Ebd., S. 90.
93 Ebd., S. 92.

94 Helene Schrenk, Beststandsliste der Wien-Film aus den Jahren 1938–45, Wien 1984, o. S. (Bestand der Wien-Film-Akten im Filmarchiv Austria).
95 Gespräch des Autors mit Karlheinz Böhm, 10. Mai 2007.
96 Renate Seydel (Hg.), Ich, Romy. Tagebuch eines Lebens, München 1990, S. 93
97 Romy Schneider. Die Tochter-Gesellschaft, in: Der Spiegel, 7. März 1956.
98 Renate Seydel (Hg.), Ich, Romy. Tagebuch eines Lebens, München 1990, S. 94.
99 Ebd.
100 Magda Schneider, Wenn ich zurückschau ..., München 1990, S. 122.
101 »Deutschmeister«-Erfolg in Deutschland, in: Österreichische Film und Kino Zeitung, 3. September 1955.
102 Renate Seydel (Hg.), Ich, Romy. Tagebuch eines Lebens, München 1990, S. 104.
103 Ebd., S. 97.
104 Sachte, Mausi, in: Der Spiegel, 13. März 1963.
105 Hans Albers und Romy Schneider in »Der letzte Mann«, in: Österreichische Film und Kino Zeitung, 31. Dezember 1955.
106 Gespräch des Autors mit Peter Weck, 11. September 2007.
107 Gespräch des Autors mit Senta Wengraf, 11. Juni 2007.
108 Frauke Hanck, Pit Schröder, Romy Schneider und ihre Filme, München 1980, S. 19.
109 Nach dem Abzug der Alliierten 1955 gab es in Österreich ein regionales 1. Programm, dazu ein 2. bundesweites auf Mittelwelle und ein 3. »Versuchsprogramm« auf UKW.
110 Gespräch des Autors mit Karlheinz Böhm, 10. Mai 2007.
111 Das flüchtige Glück der Romy Schneider, in: Bunte, 16. Juni 1982.
112 Renate Seydel (Hg.), Ich, Romy. Tagebuch eines Lebens, München 1990, S. 107.
113 Flechsig-Film Kalender 1958.
114 Renate Seydel (Hg.), Ich, Romy. Tagebuch eines Lebens, München 1990, S. 109.
115 Gespräch des Autors mit Peter Weck, 11. September 2007.
116 Renate Seydel (Hg.), Ich, Romy. Tagebuch eines Lebens, München 1990, S. 116.
117 Gespräch des Autors mit Karlheinz Böhm, 10. Mai 2007.
118 Romy Schneider. Die Tochter-Gesellschaft, in: Der Spiegel, 7. März 1956.
119 Ebd.
120 Ebd.
121 Ebd.
122 Ebd.

123 Gespräch des Autors mit Senta Wengraf, 11. Juni 2007.
124 Romy Schneider. Die Tochter-Gesellschaft, in: Der Spiegel, 7. März 1956.
125 Gespräch des Autors mit Karlheinz Böhm, 10. Mai 2007.
126 Petronius, Jeder ist seines Glückes Schmied, in: Stern, 7. November 1959.
127 Romy Schneider. Die Tochter-Gesellschaft, in: Der Spiegel, 7. März 1956.
128 Ebd.
129 Ebd.
130 »Im Moment bin ich ganz kaputt«, in: Stern, 23. April 1981.
131 Romy Schneider. Die Tochter-Gesellschaft, in: Der Spiegel, 7. März 1956.
132 Hans-Jürgen Syberberg, Romy – Porträt eines Gesichts, (TV), Bayerischer Rundfunk 1966.
133 Renate Seydel (Hg.), Ich, Romy. Tagebuch eines Lebens, München 1990, S. 123.
134 Ebd., S. 124.
135 Romy Schneider. Die Tochter-Gesellschaft, in: Der Spiegel, 7. März 1956. Ursprünglich sollte O. W. Fischer für die Rolle verpflichtet werden.
136 Sissi – die junge Kaiserin, in: Österreichische Film und Kino Zeitung, 13. Oktober 1956.
137 Gespräch des Autors mit Senta Wengraf, 11. Juni 2007.
138 Thomas Koebner (Hg.), Idole des deutschen Films. Eine Galerie von Schlüsselfiguren, München 1997, S. 380.
139 F. P. Molenkamp, »Sissi« schlägt alles, auch in Holland, in: Österreichische Film und Kino Zeitung, 31. Dezember 1956.
140 Eine Abkürzung, bestehend aus den jeweils ersten beiden Buchstaben des Namens Ernst Marischka.
141 Die Zahlen für den amerikanischen Film lagen bei 54,30 Prozent der Termine, 54,23 Prozent der Nettoeinnahmen. Der englische Film verbuchte 8,07 und 8,02, der französische 10,52 und 12,57, der italienische 10,56 und 9,04 Prozent.
142 Auch dieser Film ist ein Remake. Die Vorlage war *Kitty und die Weltkonferenz*, D 1939, Regie Helmut Käutner.
143 Flechsig-Film Kalender 1958.
144 Gespräch des Autors mit Karlheinz Böhm, 10. Mai 2007.
145 Renate Seydel (Hg.), Ich, Romy. Tagebuch eines Lebens, München 1990, S. 127.
146 Robert Amos, Mythos Romy, Neu Isenburg 2006, S. 49.
147 Gábor von Vaszary, Romy, Hamburg 1957, S. 20.
148 Romy Schneider. Die Tochter-Gesellschaft, in: Der Spiegel, 7. März 1956.

149 K. K. (Karl Korn), Ein deutscher »Halbstarken«-Film, in: Frankfurter Allgemeine Zeitung, 9. Oktober 1956.
150 Romy kann auch anders, in: Quick, 26. Januar 1957.
151 Renate Seydel (Hg.), Ich, Romy. Tagebuch eines Lebens, München 1990, S. 129.
152 Gespräch des Autors mit Franz Lederle, 29. Mai 2007.
153 Gerhard Bliersbach, Die Scham-Kur, in: Film-dienst, 4. Januar 1994.
154 Ebd.
155 »Sissi, die junge Kaiserin« erobert die Welt für den deutschsprachigen Film, in: Österreichische Film und Kino Zeitung, 23. März 1957.
156 Den Preis erhielt schließlich William Wylers *Friendly Persuasion*.
157 »Sissi, die junge Kaiserin« erobert die Welt für den deutschsprachigen Film, in: Österreichische Film und Kino Zeitung, 23. März 1957.
158 Laßt Romy in Ruh'!, in: Bravo, 2. Juni 1957.
159 Renate Seydel (Hg.), Ich, Romy. Tagebuch eines Lebens, München 1990, S. 135.
160 Ebd. S. 131.
161 Ebd., S. 129.
162 In *Die Halbstarken* sagt die von Karin Baal gespielte Figur bezeichnenderweise, sie heiße »Sissy« mit »y« wie »Romy«.
163 Renate Seydel (Hg.), Ich, Romy. Tagebuch eines Lebens, München 1990, S. 134.
164 Ebd., S. 148.
165 »Im Moment bin ich ganz kaputt«, in: Stern, 23. April 1981.
166 Karlheinz Böhm, Mein Weg, Bern, München, Wien 1991, S. 127 f.
167 Fotos: Bernhard Wicki, in: Stern, 28. September 1957.
168 Gábor von Vaszary, Romy, Hamburg 1957, S. 58.
169 FSK Protokolle, Prüfverfahren 15069, Monpti, Archiv der Deutschen Kinemathek, Berlin.
170 The New York Times Film Reviews 1913–1968, Volume 5 / 1959–1968, New York 1970, S. 3121.
171 Sissi. Schicksalsjahre einer Kaiserin, Ufa-Filmverleih o. J.
172 Die Weihnachtspremieren der Sascha-Film, in: Österreichische Film und Kino Zeitung, 28. Dezember 1957.
173 Gespräch des Autors mit Senta Wengraf, 11. Juni 2007.
174 »Sissi III« erobert die Welt, in: Österreichische Film und Kino Zeitung, 15. Februar 1958.
175 Ebd.
176 Kino-Königin Romy, in: Quick, 24. November 1956.
177 Der Boykott der deutschen Filme, in: Jedioth Chadashoth, 9. Dezember 1958.

178 Brief von Ernst Luegmayer an den Bundesminister für die Auswärtigen Angelegenheiten, Leopold Figl, vom 8. Dezember 1958, in: »Boykott deutscher und österreichischer Filme in Israel«, Österreichisches Staatsarchiv/Archiv der Republik, 01/BKA/AA, Wirtschaftspolitik 1959.

179 Renate Seydel (Hg.), Ich, Romy. Tagebuch eines Lebens, München 1988, S. 350.

180 Wiesbadener Tageblatt, 12. Januar 1957.

181 The New York Times Film Reviews 1913–1968, Volume 5/1959–1968, New York 1970, S. 3142.

182 Filmforum, Dezember 1957.

183 Der Tag, 18. April 1959.

184 Gerhard Hynek, Im Morgengrauen brach ihr Herz, in: Bunte, 3. Juni 1982.

185 Gespräch des Autors mit Gertraud Jesserer, 19. September 2007.

186 Ebd.

187 Einmal im Jahr ist Familientag, in: Bunte Illustrierte, 18. Januar 1958.

188 Renate Seydel (Hg.), Ich, Romy. Tagebuch eines Lebens, München 1988, S. 160.

189 Alice Schwarzer, Romy Schneider, in: Stefan Bollmann, Christine Naumann (Hg.), Kultfrauen. Vierzehn Begegnungen, München 1999, S. 10.

190 Abendzeitung, 15. Mai 1957.

191 Neue Berliner Woche, 10. Oktober 1958.

192 Renate Seydel (Hg.), Ich, Romy. Tagebuch eines Lebens, München 1988, S. 176.

193 Hildegard Knef, Romy. Betrachtung eines Lebens, Hamburg 1983, S. 41.

194 Renate Seydel (Hg.), Ich, Romy. Tagebuch eines Lebens, München 1988, S. 177.

195 L-nn (Paula Linhart): Christine. In: Film-Dienst, Nr. 52, 25. Dezember 1958.

196 Renate Seydel (Hg.), Ich, Romy. Tagebuch eines Lebens, München 1988, S. 277.

197 Romy Schneider: Für die Liebe ins Exil, in: Quick, 7. Oktober 1962.

198 Hans-Jürgen Syberberg, Romy – Porträt eines Gesichts, (TV), Bayerischer Rundfunk 1966.

199 Ebd.

200 Rosa Albach-Retty, So kurz sind hundert Jahre, München, Berlin 1978, S. 50.

201 »Im Moment bin ich ganz kaputt«, in: Stern, 23. April 1981.

202 Renate Seydel (Hg.), Ich, Romy. Tagebuch eines Lebens, München 1988, S. 183.

203 Der Fall Romy Schneider. Eine Reportage von Tamara Duve und Michael Jürgs, DVD-Edition Spiegel TV 2007.
204 Magda Schneider, Wenn ich zurückschau …, München 1990, S. 189.
205 Ebd., S. 181.
206 Das XII. Festival in Cannes, in: Österreichische Film und Kino Zeitung, 16. Mai 1959, S. 2.
207 Ente für Romy, in: Bravo, 13. Juli 1958.
208 Eine französisch-österreichische Gemeinschaftsproduktion, in: Österreichische Film und Kino Zeitung, 4. April 1959.
209 Romy – beinahe wieder Kaiserin, in: Bravo, 1. November 1959.
210 Gespräch des Autors mit Senta Wengraf, 11. Juni 2007.
211 Petronius, Jeder ist seines Glückes Schmied, in: Stern, 7. November 1959.
212 Hildegard Knef, Romy. Betrachtung eines Lebens, Hamburg 1983, S. 112.
213 Siehe dazu: Christian Schröder, Hildegard Knef. Mir sollten sämtliche Wunder begegnen, Berlin 2005.
214 Bei *Heirate mich, Chérie* nennt man im August 1959 nicht mehr Delon, sondern Carlos Thompson als Romys Partner. Ein Film dieses Titels entsteht in Deutschland schließlich erst 1964, freilich ohne Romy Schneider auf der Besetzungsliste.
215 Bleibt die öffentliche Hand film- und kulturfeindlich?, in: Österreichische Film und Kino Zeitung, 27. September 1958.
216 Brief von Helmut Lohner an den Autor vom 20. März 2007.
217 Union-Film Verleihprogramm 1959/60, in: Österreichische Film und Kino Zeitung, 20. Juni 1959.
218 »Sissi« siegt in Frankreich, in: Österreichische Film und Kino Zeitung, 16. August 1958.
219 Romy als Schutzengel, in: Funk und Film, 27. Juni 1959.
220 thea, Romy wird erwachsen, in: Funk und Film, 11. Juli 1959.
221 Ebd.
222 Ebd.
223 Sachte, Mausi, in: Der Spiegel, 13. März 1963.
224 Ebd.
225 Jean Améry, Teenager Stars, Zürich 1960, S. 58.
226 Brief an O. E. Hasse vom September 1959, Nachlass O. E. Hasse, Akademie der Künste, Berlin.
227 Kehr zurück, Romy!, in: Funk und Film, 8. August 1959.
228 Ebd.
229 Ebd.
230 Ebd.
231 Den gleichnamigen Titelsong lieferte – a posteriori zum fertigen Film – Burt Bacherach, die Asynchronität zum restlichen Soundtrack schien niemanden ernsthaft zu stören.

232 The New York Times Film Reviews 1913–1968, Volume 5 / 1959–1968, New York 1970, S. 3115.
233 Kehr zurück, Romy!, in: Funk und Film, 8. August 1959.
234 Jean Améry, Teenager Stars, Zürich 1960, S. 55.
235 Georg Stefan Troller, Lebensgeschichten, Düsseldorf 2007, S. 22.
236 Heinrich Senfft, Die Hatz war unerträglich, in: Die Zeit/Magazin, 29. Mai 1992.
237 Zit. n. Frauke Hanck, Pit Schröder, Romy Schneider und ihre Filme, München 1980, S. 8.
238 Renate Seydel (Hg.), Ich, Romy. Tagebuch eines Lebens, München 1988, S. 277.
239 Wolfgang Storch (Hg.), Götterdämmerung. Luchino Viscontis deutsche Trilogie, Berlin 2003, S. 27.
240 Brief von Romy Schneider an Paul Kohner vom 28. März 1960, Nachlass Paul Kohner, Archiv der Deutschen Kinemathek, Berlin.
241 Brief von Paul Kohner an Romy Schneider vom 6. Februar 1960, Ebd.
242 Hildegard Knef, Romy. Betrachtung eines Lebens, Hamburg 1983, S. 89.
243 Wolfgang Storch (Hg.), Götterdämmerung. Luchino Viscontis deutsche Trilogie, Berlin 2003, S. 17.
244 Renate Seydel (Hg.), Ich, Romy. Tagebuch eines Lebens, München 1988, S. 195.
245 Ebd., S. 199.
246 Frauke Hanck, Pit Schröder, Romy Schneider und ihre Filme, München 1980, S. 11.
247 Rosa Albach-Retty, So kurz sind hundert Jahre, München, Berlin 1978, S. 245 ff.
248 Gespräch des Autors mit Franz Lederle, 29. Mai 2007.
249 Romy Schneiders Theaterdebüt in Paris, in: Die Bühne, Mai 1961.
250 Renate Seydel (Hg.), Ich, Romy. Tagebuch eines Lebens, München 1988, S. 201.
251 Gespräch zwischen Jochen Wolf und Egon Monk in »Der Film Club«, anlässlich der Wiederausstrahlung von *Die Sendung der Lysistrata*, NDR 1992.
252 Ebd.
253 Zit. n. Marie Louise Steinbauer, Die andere Romy, München 1999, S. 55. Eine Abbildung der Abmachung findet sich ebendort auf Seite 57.
254 Zit. n. ebd., S. 42.
255 Brief von Romy Schneider an Fritz Kortner vom 26. Mai 1961, Nachlass Fritz Kortner, Akademie der Künste, Berlin.
256 Renate Seydel (Hg.), Ich, Romy. Tagebuch eines Lebens, München 1988, S. 353.

257 Zit. n. Robert Amos, Mythos Romy, Neu Isenburg 2006, S. 44.
258 Renate Seydel, Ich, Romy. Tagebuch eines Lebens, München 1988, S. 204.
259 Zit. n. Sachte, Mausi, in: Der Spiegel, 13. März 1963.
260 Zit. n. Marie Louise Steinbauer, Die andere Romy, München 1999, S. 19.
261 Hamburger Abendblatt, 30. November. 1961.
262 Wolfgang Storch (Hg.), Götterdämmerung. Luchino Viscontis deutsche Trilogie, Berlin 2003, S. 61.
263 Hamburger Abendblatt, 30. November1961.
264 Der Tagesspiegel, 11. Februar 1962.
265 Gespräch des Autors mit Volker Schlöndorff, 10. Dezember 2007.
266 Ebd.
267 Ebd.
268 Die Welt, 14. Januar 1963.
269 Renate Seydel (Hg.), Ich, Romy. Tagebuch eines Lebens, München 1988, S. 214.
270 Hans-Jürgen Syberberg, Romy – Porträt eines Gesichts, (TV), Bayerischer Rundfunk 1966.
271 Ebd.
272 Georg Stefan Troller, Lebensgeschichten, Düsseldorf 2007, S. 71.
273 Zit. n. Marie Louise Steinbauer, Die andere Romy, München 1999, S. 43.
274 Welt am Sonntag, 2. März 1969.
275 Alice Schwarzer, Romy Schneider, in: Stefan Bollmann, Christine Naumann (Hg.), Kultfrauen. Vierzehn Begegnungen, München 1999, S. 8.
276 Hans-Jürgen Syberberg, Romy – Porträt eines Gesichts, (TV), Bayerischer Rundfunk 1966.
277 Ebd.
278 Brief von Romy Schneider an Fritz Kortner vom 27. Januar 1963, Nachlass Fritz Kortner, Akademie der Künste, Berlin.
279 Ebd.
280 Thea Fuchs, »Der Kardinal«, in: Österreichische Film und Kino Zeitung, 6. April 1963.
281 Gespräch mit Peter Weck, 11. September 2007.
282 Clyde Jeavons, A Pictorial History of War Films, London 1974, S. 231.
283 Wie hoch sind die Gagen festgesetzt?, in: Österreichische Film und Kino Zeitung, 14. September 1963.
284 Renate Seydel (Hg.), Romy Schneider. Bilder ihres Lebens, München 1990, S. 151.
285 Zit. n. Bernard Pasciuto, Romy, »Wenn nichts mehr vom Leben übrig bleibt«, München 2003, S. 97.

286 Sachte, Mausi, in: Der Spiegel, 13. März 1963.
287 Ebd.
288 Romy Schneider: Für die Liebe ins Exil, in: Quick, 7. Oktober 1962.
289 Sachte, Mausi, in: Der Spiegel, 13. März 1963.
290 Ebd.
291 Revue, 5. August 1962.
292 »So oder so ist das Leben …«, in: Film und Frau, Januar 1964.
293 Kritik an Hildegard Knef, in: Film und Frau, Mai 1964.
294 Sex ohne Liebe. Ist so das Leben?, in: Film und Frau, September 1964.
295 Ungeschminkt durch Toledo, in: Film und Frau, Juni 1964
296 Romy – Wie sie wirklich ist, in: Film und Frau, August 1964.
297 Auf neuen Wegen, in: Film und Frau, März 1964.
298 Romy – Wie sie wirklich ist, in: Film und Frau, August 1964.
299 Romy Schneider: Für die Liebe ins Exil, in: Quick, 7. Oktober 1962.
300 Postkarte von Romy Schneider an Fritz Kortner, Nachlass Fritz Kortner, Akademie der Künste, Berlin.
301 Magda Schneider, Wenn ich zurückschau …, München 1990, S. 127.
302 Heinrich Senfft, Die Hatz war unerträglich, in: Die Zeit/Magazin, 29. Mai 1992.
303 Sachte, Mausi, in: Der Spiegel, 13. März 1963.
304 Frauke Hanck, Pit Schröder, Romy Schneider und ihre Filme, München 1980, S. 12.
305 Renate Seydel (Hg.), Ich, Romy. Tagebuch eines Lebens, München 1988, S. 212.
306 Renate Seydel, Romy Schneider. Bilder ihres Lebens, München 1990, S. 147.
307 Renate Seydel (Hg.), Ich, Romy. Tagebuch eines Lebens, München 1988, S. 216.
308 Romy Schneider – Ein Film von Michael Strauven aus der Serie »Legenden«, ARD 1998.
309 Renate Seydel (Hg.), Romy Schneider. Bilder ihres Lebens, München 1990, S. 152.
310 Hildegard Knef, Romy. Betrachtung eines Lebens, Hamburg 1983, S. 121.
311 Renate Seydel (Hg.), Ich, Romy. Tagebuch eines Lebens, München 1988, S. 218.
312 Karlheinz Böhm, Mein Weg, Bern, München, Wien 1991, S. 130.
313 Alice Schwarzer, Romy Schneider, in: Stefan Bollmann, Christine Naumann (Hg.), Kultfrauen. Vierzehn Begegnungen, München 1999, S. 10.

314 Renate Seydel (Hg.), Ich, Romy. Tagebuch eines Lebens, München 1988, S. 212.
315 Ebd., S. 274.
316 Renate Seydel, Romy Schneider. Bilder ihres Lebens, München 1990, S.142.
317 Renate Seydel (Hg.), Ich, Romy. Tagebuch eines Lebens, München 1988, S. 227.
318 Stern, 24. Januar 1965.
319 Marie Louise Steinbauer, Die andere Romy, München 1999, S. 71.
320 Hamburger Abendblatt, 3. April 1966.
321 Renate Seydel (Hg.), Ich, Romy. Tagebuch eines Lebens, München 1988, S. 238.
322 Zit. n. Marie Louise Steinbauer, Die andere Romy, München 1999, S. 81.
323 Renate Seydel, Romy Schneider. Bilder ihres Lebens, München 1990, S. 177
324 Marie Louise Steinbauer, Die andere Romy, München 1999, S. 96.
325 Hildegard Knef, Romy. Betrachtung eines Lebens, Hamburg 1983, S. 127.
326 Marie Louise Steinbauer, Die andere Romy, München 1999, S. 84.
327 Zit. n. ebd., S. 96.
328 Staatsarchiv Hamburg. Bestand: Polizeibehörde II, 18. September 1984, Bd.2. Der Autor dankt Christoph Fuchs für die Unterstützung bei diesen Recherchen.
329 Norddeutsche Nachrichten, 2. September 1954.
330 Hamburger Abendblatt, 17. April 1979.
331 Die Welt, 17. April 1979.
332 Glenzdorfs Internationales Film-Lexikon, 2. Band, Bad Münder 1961, S. 1125.
333 Paul S. Ulrich, Biographisches Verzeichnis für Theater, Tanz und Musik. Fundstellennachweis aus deutschsprachigen Nachschlagewerken und Jahrbüchern / Biographical index for theatre, dance and music / Teil: Bd. 1: A – L., Berlin 1997. Der Eintrag »Haubenstock, Bernhard« findet sich auf S. 724, »Meyen, Harry und Meyen, Will« auf S. 1235 f.
334 Karl H. Pütz (Hg.), ... und abends in die Scala, Berlin 1991, S. 67. Auf Seite 88 kann man lesen. dass die Tänzerin Maria Milde angibt, dass Harry Meyer, der Sohn des Scala-Pressechefs, der sich später Harry Meyen nannte, ein Autogramm von ihr wollte.
335 Der Spiegel, 21. Februar 1948
336 Renate Seydel, Romy Schneider. Bilder ihres Lebens, München 1990, S. 157.
337 Marie Louise Steinbauer, Die andere Romy, München 1999, S. 100.

338 Dokumentiert sind sie unter anderem in: Hans-Jürgen Syberberg, Romy – Porträt eines Gesichts, (TV), Bayerischer Rundfunk 1966.
339 Ebd.
340 Ebd.
341 Ebd.
342 Ebd.
343 Hildegard Knef, Romy. Betrachtung eines Lebens, Hamburg 1983, S. 31.
344 Ebd.
345 Renate Seydel (Hg.), Ich, Romy. Tagebuch eines Lebens, München 1988, S. 237.
346 Gespräch des Autors mit Gertraud Jesserer, 19. September 2007.
347 Renate Seydel (Hg.), Ich, Romy. Tagebuch eines Lebens, München 1988, S. 240.
348 Marie Louise Steinbauer, Die andere Romy, München 1999, S. 106.
349 Hans-Jürgen Syberberg, Romy – Porträt eines Gesichts, (TV), Bayerischer Rundfunk 1966.
350 Ebd.
351 Die Einzelkämpferin – Christiane Höllger über ihre Freundin Romy Schneider, ein Film von Robert Fischer, Deutschland 2007.
352 Ebd.
353 Volksstimme Österreich, 10. Dezember 1966.
354 Filmzentrum notiert für Sie, in: Österreichische Film und Kinozeitung, 27. August 1966.
355 Renate Seydel, Romy Schneider. Bilder ihres Lebens, München 1990, S. 160.
356 Renate Seydel (Hg.), Ich, Romy. Tagebuch eines Lebens, München 1988, S. 237.
357 Marie Louise Steinbauer, Die andere Romy, München 1999, S. 72.
358 Ebd., S. 72 f.
359 Magda Schneider, Wenn ich zurückschau ..., München 1990, S. 196.
360 Marie Louise Steinbauer, Die andere Romy, München 1999, S. 27.
361 Magda Schneider, Wenn ich zurückschau ..., München 1990, S. 193.
362 Gerhard Hynek, Im Morgengrauen brach ihr Herz, in: Bunte, 3. Juni 1982.
363 Gespräch des Autors mit Senta Wengraf, 11. Juni 2007.
364 Die Welt, 28. März 1967.
365 Renate Seydel, Romy Schneider. Bilder ihres Lebens, München 1990, S. 159.
366 Romy, das Privatleben und ein Film, in: Bunte, 25. November 1976.
367 Brief von Harun Farocki an den Autor vom 20. Juni 2007.
368 Zit. n. Pierre Benichou, Sylviane Pommier, Romy Schneider. Ihre Filme – ihr Leben, München 1986, S. 92.

369 Der Spiegel, 28. November 1966.
370 Hans-Jürgen Syberberg, Romy – Porträt eines Gesichts, (TV), Bayerischer Rundfunk 1966.
371 Fotoalbum von Romy Schneider im Nachlass Harry Meyen/Romy Schneider, Akademie der Künste, Berlin.
372 Ebd.
373 Ebd.
374 Zit. n. Pierre Benichou, Sylviane Pommier, Romy Schneider. Ihre Filme – ihr Leben, München 1986, S. 173.
375 Welt am Sonntag, 2. März 1969.
376 Renate Seydel (Hg.), Ich, Romy. Tagebuch eines Lebens, München 1988, S. 259.
377 Süddeutsche Zeitung, 17. September 1988.
378 Gespräch des Autors mit Peter Weck, 11. September 2007.
379 Eine Bezeichnung, die sowohl negative wie positive Konnotation haben kann, im konkreten Falle bedeutet es ein augenzwinkerndes »Gauner«. Gespräch des Autors mit Senta Wengraf, 11. Juni 2007.
380 Marie Louise Steinbauer, Die andere Romy, München 1999, S. 15.
381 Gespräch des Autors mit Gertraud Jesserer, 19. September 2007.
382 Hildegard Knef, Romy. Betrachtung eines Lebens, Hamburg 1983, S. 49.
383 Gespräch des Autors mit Gertraud Jesserer, 19. September 2007.
384 Marie Louise Steinbauer, Die andere Romy, München 1999, S. 27.
385 Zit. n. ebd., S. 29.
386 Rosa Albach-Retty, So kurz sind hundert Jahre, München, Berlin 1978, S. 258.
387 Renate Seydel (Hg.), Ich, Romy. Tagebuch eines Lebens, München 1988, S. 245.
388 »Im Moment bin ich ganz kaputt«, in: Stern, 23. April 1981.
389 Matthias Matussek, Lars-Olav Beier, Die Königin der Schmerzen, in: Der Spiegel, 21. Mai 2007.
390 Ebd.
391 Renate Seydel (Hg.), Ich, Romy. Tagebuch eines Lebens, München 1988, S. 256.
392 Kurz notiert, in: Österreichische Film und Kino Zeitung, 29. Juni 1968, S. 4.
393 Renate Seydel, Romy Schneider. Bilder ihres Lebens, München 1990, S. 166.
394 Zit. n. Marie Louise Steinbauer, Die andere Romy, München 1999, S. 34.
395 Gespräch des Autors mit Gertraud Jesserer, 19. September 2007.
396 Ebd.
397 Bernard Pasciuto, Romy, »Wenn nichts mehr vom Leben übrig bleibt.«, München 2003, S. 119.

398 Renate Seydel (Hg.), Ich, Romy. Tagebuch eines Lebens, München 1988, S. 251.
399 Marie Louise Steinbauer, Die andere Romy, München 1999, S. 75.
400 Der Fall Romy Schneider. Eine Reportage von Tamara Duve und Michael Jürgs, DVD-Edition Spiegel TV 2007.
401 Renate Seydel, Romy Schneider. Bilder ihres Lebens, München 1990, S. 178.
402 Geht Romys Meyen-Zeit zu Ende?, in: Bunte, 11. September 1968.
403 Stern, 6. März 1969.
404 Welt der Arbeit, 10. Juli 1970.
405 Renate Seydel (Hg.), Ich, Romy. Tagebuch eines Lebens, München 1988, S. 252.
406 Ebd, S. 258.
407 Welt am Sonntag, 2. März 1969.
408 Renate Seydel (Hg.), Ich, Romy. Tagebuch eines Lebens, München 1988, S. 257.
409 Ebd, S. 261.
410 Romy Schneider: Ich bin glücklich wie noch nie!, in: Bunte, 8. Januar 1969.
411 Renate Seydel (Hg.), Ich, Romy. Tagebuch eines Lebens, München 1988, S. 262.
412 Spandauer Volksblatt, 1. Oktober 1969.
413 Kommentar zu einem Standfoto aus *Inzest*, Wien, Kurier-Fotoarchiv.
414 Die Welt, 11. März 1975.
415 Renate Seydel (Hg.), Ich, Romy. Tagebuch eines Lebens, München 1988, S. 262 f.
416 Gespräch des Autors mit Raymond Danon, 13. November 2007.
417 Ebd.
418 Hamburger Abendblatt, 1. Juni 1982.
419 Renate Seydel (Hg.), Ich, Romy. Tagebuch eines Lebens, München 1988, S. 263.
420 Süddeutsche Zeitung, 25. September 2007.
421 Gespräch des Autors mit Raymond Danon, 13. November 2007.
422 Der Zauber einer schönen Frau, in: Quick, Nr. 51, 11. Dezember 1980.
423 Romy Schneider – Ein Film von Michael Strauven aus der Serie »Legenden«, ARD 1998.
424 Neue Zürcher Zeitung, 29. 5. 1970.
425 Jetzt wird Romy ein Weltstar, in: Bunte, 1. Oktober 1969.
426 Frankfurter Allgemeine Zeitung, 6. Oktober 1971.
427 Der Telegraf, 29. Juni 1971.
428 Die Einzelkämpferin – Christiane Höllger über ihre Freundin Romy Schneider, ein Film von Robert Fischer, Deutschland 2007.

429 Der Abend, 10. November 1971.
430 Catherine Hermary-Vielle, Romy, Düsseldorf, Wien, New York, Moskau 1992, S. 120.
431 Renate Seydel, Romy Schneider. Bilder ihres Lebens, München 1990, S. 189.
432 Gespräch des Autors mit Gertraud Jesserer, 19. September 2007.
433 Renate Seydel, Romy Schneider. Bilder ihres Lebens, München 1990, S. 187.
434 Hildegard Knef, Romy. Betrachtung eines Lebens, Hamburg 1983, S. 36.
435 Renate Seydel (Hg.), Ich, Romy. Tagebuch eines Lebens, München 1988, S. 268.
436 Ebd., S. 271.
437 Zit. n. Renate Seydel, Romy Schneider. Bilder ihres Lebens, München 1990, S. 195.
438 Zit. n. Pierre Benichou, Sylviane Pommier, Romy Schneider. Ihre Filme – ihr Leben, München 1986, S. 181.
439 Romy Schneider – Ein Film von Michael Strauven aus der Serie »Legenden«, ARD 1998.
440 Frankfurter Allgemeine Zeitung, 5. Mai 1971.
441 Neue Zeit, 25. August 1972.
442 Frankfurter Allgemeine Zeitung, 5. Mai 1971.
443 »Im Moment bin ich ganz kaputt«, in: Stern, 23. April 1981.
444 Die Welt, 22. September 1972.
445 Volksstimme Österreich, 24. Dezember 1972.
446 Stefan Bollmann, Christine Naumann (Hg.), Kultfrauen. Vierzehn Begegnungen, München 1999, S. 10.
447 Der Fall Romy Schneider. Eine Reportage von Tamara Duve und Michael Jürgs, DVD-Edition Spiegel TV 2007.
448 Romy Schneider: Für die Liebe ins Exil, in: Quick, Nr. 40, 7. Oktober 1962.
449 Bonner Rundschau, 10. September 1971
450 Stern, 6. März 1969.
451 Ebd.
452 Die Einzelkämpferin – Christiane Höllger über ihre Freundin Romy Schneider, ein Film von Robert Fischer, Deutschland 2007.
453 Romy: Bei deutschen Filmen schlafe ich ein!, in: Bunte, 8. September 1970.
454 Renate Seydel (Hg.), Ich, Romy. Tagebuch eines Lebens, München 1988, S. 271.
455 Die Einzelkämpferin – Christiane Höllger über ihre Freundin Romy Schneider, ein Film von Robert Fischer, Deutschland 2007.
456 Gespräch des Autors mit Karlheinz Böhm, 10. Mai 2007.

457 Renate Seydel (Hg.), Ich, Romy. Tagebuch eines Lebens, München 1988, S. 304.
458 Gespräch des Autors mit Volker Schlöndorff, 10. Dezember 2007.
459 Wolfgang Storch (Hg.), Götterdämmerung. Luchino Viscontis deutsche Trilogie, Berlin 2003, S. 61.
460 Frauke Hanck, Pit Schröder, Romy Schneider und ihre Filme, München 1980, S. 167.
461 Wolfgang Storch (Hg.), Götterdämmerung. Luchino Viscontis deutsche Trilogie, Berlin 2003, S. 59.
462 Neue Zürcher Zeitung, 14. Mai 1981.
463 Hildegard Knef, Romy. Betrachtungen eines Lebens, Hamburg 1983, S. 174.
464 Renate Seydel (Hg.), Ich, Romy. Tagebuch eines Lebens, München 1988, S. 270 f.
465 Ebd.
466 Gespräch des Autors mit Gertraud Jesserer, 19. September 2007.
467 Marie Louise Steinbauer, Die andere Romy, München 1999, S. 136.
468 Brief von Otto Sander an den Autor vom 8. September 2007.
469 Angelika Hager, »Armes Hascherl«, in: Profil, 7. Mai 2007.
470 Ebd.
471 Marie Louise Steinbauer, Die andere Romy, München 1999, S. 141.
472 Nun ist Romy wieder allein, in: Stern, 2. März 1973.
473 Ebd.
474 Erich W. Wolf, Warum Romys Ehe scheiterte, in: Bunte, 8. März 1973.
475 Zit. n. Pierre Benichou, Sylviane Pommier, Romy Schneider. Ihre Filme – ihr Leben, München 1986, S. 128.
476 Matthias Matussek, Lars-Olav Beier, Die Königin der Schmerzen, in: Der Spiegel, 21. Mai 2007.
477 Angelika Hager, »Armes Hascherl«, in: Profil, 7. Mai 2007.
478 Zit. n. Renate Seydel, Romy Schneider. Bilder ihres Lebens, München 1990, S. 206.
479 Süddeutsche Zeitung, 14. März 1973.
480 Bonner Rundschau. 18. Juni 1974.
481 Zündstoff mit hübschen Augen, in: Bunte, 25. Juli 1974.
482 Zit. n. Frauke Hanck, Pit Schröder, Romy Schneider und ihre Filme, München 1980, S. 90.
483 Matthias Matussek, Lars-Olav Beier, Die Königin der Schmerzen, in: Der Spiegel, 21. Mai 2007.
484 Zit. n. Marie Louise Steinbauer, Die andere Romy, München 1999, S. 137.
485 Stefan Bollmann, Christine Naumann (Hg.), Kultfrauen. Vierzehn Begegnungen, München 1999, S. 10.
486 Gespräch des Autors mit Gertraud Jesserer, 19. September 2007.

487 Der Fall Romy Schneider. Eine Reportage von Tamara Duve und Michael Jürgs, DVD-Edition Spiegel TV 2007.
488 Renate Seydel (Hg.), Ich, Romy. Tagebuch eines Lebens, München 1988, S. 291.
489 Bonner Rundschau, 18. Juni 1974.
490 Renate Seydel (Hg.), Ich, Romy. Tagebuch eines Lebens, München 1988, S. 349.
491 Gespräch des Autors mit Volker Schlöndorff, 10. Dezember 2007.
492 Gespräch des Autors mit Peter Weck, 11. September 2007.
493 Georg Stefan Troller, Lebensgeschichten, Düsseldorf 2007, S. 23.
494 »Im Moment bin ich ganz kaputt«, in: Stern, 23. April 1981.
495 Zit. n. Marie Louise Steinbauer, Die andere Romy, München 1999, S. 102.
496 Die Einzelkämpferin – Christiane Höllger über ihre Freundin Romy Schneider, ein Film von Robert Fischer, Deutschland 2007.
497 Matthias Matussek, Lars-Olav Beier, Die Königin der Schmerzen, in: Der Spiegel, 21. Mai 2007.
498 Brief von Bertrand Tavernier an den Autor vom 18. Juni 2007.
499 Gespräch des Autors mit Robert Lebeck, 27. November 2007
500 Ebd.
501 Ebd.
502 Stefan Bollmann, Christine Naumann (Hg.), Kultfrauen. Vierzehn Begegnungen, München 1999, S. 12.
503 Matthias Matussek, Lars-Olav Beier, Die Königin der Schmerzen, in: Der Spiegel, 21. Mai 2007.
504 Ebd.
505 Rosa Albach-Retty, So kurz sind hundert Jahre, München, Berlin 1978, S. 245.
506 Robert Amos, Mythos Romy, Neu-Isenburg 2006, S. 183.
507 Zündstoff mit hübschen Augen, in: Bunte, 25. Juli 1974.
508 Romy Schneider – Ein Film von Michael Strauven aus der Serie »Legenden«, ARD 1998.
509 Zit. n. Frauke Hanck, Pit Schröder, Romy Schneider und ihre Filme, München 1980, S. 198.
510 Rosa Albach-Retty, So kurz sind hundert Jahre, München, Berlin 1978, S. 244.
511 Ebd., S. 245.
512 Renate Seydel (Hg.), Ich, Romy. Tagebuch eines Lebens, München 1988, S. 278.
513 Ebd., S. 280.
514 Zit. n. Renate Seydel, Romy Schneider. Bilder ihres Lebens, München 1990, S. 208.
515 Renate Seydel (Hg.), Ich, Romy. Tagebuch eines Lebens, München 1988, S. 280.

516 Ebd., S. 282.
517 Ebd.
518 Matthias Matussek, Lars-Olav Beier, Die Königin der Schmerzen, in: Der Spiegel, 21. Mai 2007.
519 Gespräch des Autors mit Robert Lebeck, 27. November 2007.
520 Zit. n. Daniel Biasini, Meine Romy, München 2000, S. 41.
521 Die Zeit, 3. Januar 1975.
522 Renate Seydel (Hg.), Ich, Romy. Tagebuch eines Lebens, München 1988, S. 312.
523 Das flüchtige Glück der Romy Schneider, in: Bunte, 16. Juni 1982.
524 Der Zauber einer schönen Frau, in: Quick, Nr. 51, 11. Dezember 1980.
525 Der Abend, 10. August 1974.
526 Zit. n. Pierre Benichou, Sylviane Pommier, Romy Schneider. Ihre Filme – ihr Leben, München 1986, S. 134.
527 Renate Seydel (Hg.), Ich, Romy. Tagebuch eines Lebens, München 1988, S. 287.
528 Das flüchtige Glück der Romy Schneider, in: Bunte, 16. Juni 1982.
529 Ebd.
530 Hamburger Abendblatt, 28. Juli 1974.
531 Renate Seydel (Hg.), Ich, Romy. Tagebuch eines Lebens, München 1988, S. 285.
532 Zit. n. Renate Seydel, Romy Schneider. Bilder ihres Lebens, München 1990, S. 227.
533 Süddeutsche Zeitung, 14. Juli 1990.
534 Zit. n. Harry klagt auf elf Millionen, in: Bunte, 24. April 1975.
535 Ebd.
536 Ebd.
537 Renate Seydel (Hg.), Ich, Romy. Tagebuch eines Lebens, München 1988, S. 286.
538 Das flüchtige Glück der Romy Schneider, in: Bunte, 16. Juni 1982.
539 Sex im Kopf. Claude Chabrol zu Die zweigeteilte Frau, in: Skip, September 2007.
540 Süddeutsche Zeitung, 30. Juni 1975.
541 Pierre Benichou, Sylviane Pommier, Romy Schneider. Ihre Filme – ihr Leben, München 1981, S. 145.
542 Zit. n. ebd., S. 183.
543 Ebd., S. 148.
544 Der Spiegel, 22. September 1975.
545 Die Wahrheit, 22. November 1975.
546 Westfälische Rundschau, 17. Januar 1975.
547 Daniel Biasini, Meine Romy, München 2000, S. 24.
548 Ebd., S. 33 f.
549 Ebd., S. 39.

550 Michael Jürgs, Der Fall Romy Schneider, München 1991, S. 159.
551 Eine Einkommensaufschlüsselung zwischen Romy Schneider und der Cinecustodia liefert Daniel Biasini aus seiner Sicht in: Meine Romy, München 2000, S.58–62.
552 Zit. n. Harry klagt auf elf Millionen, in: Bunte, 24. April 1975.
553 Angelika Hager, »Armes Hascherl«, in: Profil, 7. Mai 2007.
554 Renate Seydel (Hg.), Ich, Romy. Tagebuch eines Lebens, München 1988, S. 301.
555 Romys Baby kommt zu Weihnachten, in: Bunte, 26. Juni 1975.
556 Renate Seydel (Hg.), Ich, Romy. Tagebuch eines Lebens, München 1988, S. 300.
557 Ebd., S. 301.
558 Daniel Biasini, Meine Romy, München 2000, S. 201–205.
559 Zit. n. Renate Seydel, Romy Schneider. Bilder ihres Lebens, München 1990, S. 251.
560 Ebd.
561 Alice Schwarzer, Romy Schneider. Mythos und Leben, Köln 1998, S. 22.
562 Der Fall Romy Schneider. Eine Reportage von Tamara Duve und Michael Jürgs, DVD-Edition Spiegel TV 2007.
563 Renate Seydel (Hg.), Ich, Romy. Tagebuch eines Lebens, München 1988, S. 303.
564 Robert Amos, Mythos Romy, Neu-Isenburg 2006, S. 18.
565 Renate Seydel (Hg.), Ich, Romy. Tagebuch eines Lebens, München 1988, S. 305.
566 Ebd., S. 309.
567 Zit. n. Frauke Hanck, Pit Schröder, Romy Schneider und ihre Filme, München 1980, S. 201.
568 Alice Schwarzer, Romy Schneider. Mythos und Leben, Köln 1998, S. 24.
569 »Im Moment bin ich ganz kaputt …«, in: Stern, 23. April 1981.
570 Zit. n. Frauke Hanck, Pit Schröder, Romy Schneider und ihre Filme, München 1980, S. 10.
571 Zündstoff mit hübschen Augen, in: Bunte, 25. Juli 1974.
572 Welt am Sonntag, 2. März 1969.
573 Matthias Matussek, Lars-Olav Beier, Die Königin der Schmerzen, in: Der Spiegel, 21. Mai 2007.
574 Die Einzelkämpferin – Christiane Höllger über ihre Freundin Romy Schneider, ein Film von Robert Fischer, Deutschland 2007.
575 Frauke Hanck, Pit Schröder, Romy Schneider und ihre Filme, München 1980, S. 8.
576 Matthias Matussek, Lars-Olav Beier, Die Königin der Schmerzen, in: Der Spiegel, 21. Mai 2007.
577 Zündstoff mit hübschen Augen, in: Bunte, 25. Juli 1974.

578 Die Einzelkämpferin – Christiane Höllger über ihre Freundin Romy Schneider, ein Film von Robert Fischer, Deutschland 2007.
579 Romy, das Privatleben und ein Film, in: Bunte, 25. November 1975.
580 Gespräch des Autors mit Robert Lebeck, 27. November 2007.
581 Ebd.
582 Renate Seydel (Hg.), Ich, Romy. Tagebuch eines Lebens, München 1988, S. 309.
583 Ebd, S. 303.
584 Zit. n. Frauke Hanck, Pit Schröder, Romy Schneider und ihre Filme, München 1980, S. 10.
585 Mit vierzig wird sie artig, in: Bunte, 31. August 1978.
586 Süddeutsche Zeitung, 8. Januar 1979.
587 Der Tagesspiegel, 23. Dezember 1979.
588 Der Abend, 29. September 1979.
589 Die Welt, 18. September 1979.
590 Matthias Matussek, Lars-Olav Beier, Die Königin der Schmerzen, in: Der Spiegel, 21. Mai 2007.
591 Renate Seydel (Hg.), Ich, Romy. Tagebuch eines Lebens, München 1988, S. 311.
592 Daniel Biasini, Meine Romy, München 2000, S. 261–264.
593 Hildegard Knef, Romy. Betrachtungen eines Lebens, Hamburg 1983, S. 186.
594 Gerhard Hynek, Im Morgengrauen brach ihr Herz, in: Bunte, 3. Juni 1982.
595 Wird Sissi wieder Kaiserin?, in: Bunte, 13. September 1979.
596 Brief von Bertrand Tavernier an den Autor vom 18. Juni 2007.
597 Ebd.
598 Der Zauber einer schönen Frau, in: Quick, 11. Dezember 1980.
599 Sachte, Mausi, in: Der Spiegel, 13. März 1963.
600 Robert Amos, Mythos Romy, Neu-Isenburg 2006, S. 168.
601 Renate Seydel (Hg.), Ich, Romy. Tagebuch eines Lebens, München 1988, S. 313.
602 Die Welt, 24. April 1981.
603 Renate Seydel (Hg.), Ich, Romy. Tagebuch eines Lebens, München 1988, S. 315.
604 Romy – Wie sie wirklich ist, in: Film und Frau, August 1964.
605 Marie Louise Steinbauer, Die andere Romy, München 1999, S. 174.
606 »Im Moment bin ich ganz kaputt …«, in: Stern, 23. April 1981.
607 Daniel Biasini, Meine Romy, München 2000, S. 11.
608 Renate Seydel (Hg.), Ich, Romy. Tagebuch eines Lebens, München 1988, S. 357.
609 Zit. n. Frauke Hanck, Pit Schröder, Romy Schneider und ihre Filme, München 1980, S. 125.

610 Marie Louise Steinbauer, Die andere Romy, München 1999, S. 102.
611 Ebd., S. 166.
612 Ebd., S. 167.
613 Bildaufschrift auf der Rückseite eines Fotos, das Schneider mit Blatzheim auf einem Filmball 1958 tanzend zeigt, Kurier Bildarchiv, Wien.
614 Frauke Hanck, Pit Schröder, Romy Schneider und ihre Filme, München 1980, S. 10.
615 Marie Louise Steinbauer, Die andere Romy, München 1999, S. 93.
616 Gespräch des Autors mit Raymond Danon, 13. November 2007.
617 Zit. n. Pierre Benichou, Sylviane Pommier, Romy Schneider. Ihre Filme – ihr Leben, München 1986, S. 174.
618 Brief von Laurent Pétin an den Autor vom 9. Mai 2007.
619 Daniel Biasini, Meine Romy, München 2000, S. 18 f.
620 Der Fall Romy Schneider. Eine Reportage von Tamara Duve und Michael Jürgs, DVD-Edition Spiegel TV 2007.
621 Marie Louise Steinbauer, Die andere Romy, München 1999, S. 94.
622 »Im Moment bin ich ganz kaputt«, in: Stern, 23. April 1981.
623 Gespräch des Autors mit Senta Wengraf, 11. Juni 2007.
624 Gespräch des Autors mit Robert Lebeck, 27. November 2007.
625 »Im Moment bin ich ganz kaputt ...«, in: Stern, 23. April 1981.
626 Gespräch des Autors mit Karlheinz Böhm, 10. Mai 2007.
627 Ebd.
628 Gespräch des Autors mit Robert Lebeck, 27. November 2007.
629 Ebd.
630 Im amerikanischen Remake des Stoffes *Under Suspicion – Mörderisches Spiel* (2000) spielt Monica Belucci die Rolle von Romy Schneider.
631 Daniel Biasini, Meine Romy, München 2000, S. 264.
632 Valerio Caprara, Dino Risi, Maîtr de la comédie italienne, Rom 1993, S. 122.
633 Robert Amos, Mythos Romy, Neu-Isenburg 2006, S. 66.
634 Renate Seydel, Romy Schneider. Bilder ihres Lebens, München 1990, S. 177.
635 Ebd, S. 198.
636 Die Welt, 30. April 1982.
637 Renate Seydel (Hg.), Ich, Romy. Tagebuch eines Lebens, München 1988, S. 326
638 Ebd., S. 320.
639 Daniel Biasini, Meine Romy, München 2000, S. 13.
640 Renate Seydel (Hg.), Ich, Romy. Tagebuch eines Lebens, München 1988, S. 307.
641 Stefan Bollmann, Christine Naumann (Hg.), Kultfrauen. Vierzehn Begegnungen, München 1999, S. 13.

642 Zit. n. Marie Louise Steinbauer, Die andere Romy, München 1999, S. 50.
643 Michael Jürgs, Das zweite Leben der Romy Schneider, in: Stern, 1. Oktober 1981.
644 Ebd.
645 So stellte es Curt Riess dar in: Hildegard Knef, Romy. Betrachtungen eines Lebens, Hamburg 1983, S. 20 f.
646 Heinrich Senfft, Die Hatz war unerträglich, in: Die Zeit/Magazin, 29. Mai 1992.
647 Daniel Biasini, Meine Romy, München 2000, S. 250 f.
648 Das flüchtige Glück der Romy Schneider, in: Bunte, 16. Juni 1982.
649 Zit. n. Robert Amos, Mythos Romy, Neu-Isenburg 2006, S. 26.
650 Ebd.
651 In der deutschen Fassung fehlte im Gegensatz zur französischen dieser Text zunächst, sie endete mit einem Standbild, auf dem sich Schneider und Piccoli umarmen. Erst nach Romys Tod wurde er hinzugefügt.
652 Renate Seydel (Hg.), Ich, Romy. Tagebuch eines Lebens, München 1988, S. 331.
653 Ebd, S. 333.
654 Ebd., S. 337.
655 Ebd., S. 336.
656 Ebd., S. 335.
657 Zit. n. Die Welt am Sonntag, 1. Mai 1982.
658 Zit. n. Marie Louise Steinbauer, Die andere Romy, München 1999, S. 176.
659 »Im Moment bin ich ganz kaputt ...«, in: Stern, 23. April 1981.
660 Renate Seydel (Hg.), Ich, Romy. Tagebuch eines Lebens, München 1988, S. 336.
661 Magda Schneider, Wenn ich zurückschau ..., München 1990, S. 237.
662 Renate Seydel (Hg.), Ich, Romy. Tagebuch eines Lebens, München 1988, S. 337.
663 Zit. n. Hildegard Knef, Romy. Betrachtung eines Lebens, Hamburg 1983, S. 10 f.
664 Heinrich Senfft, Die Hatz war unerträglich, in: Die Zeit/Magazin, 29. Mai 1992.
665 Zit. n. Robert Amos, Mythos Romy, Neu-Isenburg 2006, S. 208.
666 Zit. n. Berliner Zeitung, 29. Mai 1992.
667 Zit. n. Robert Amos, Mythos Romy, Neu-Isenburg 2006, S. 201.
668 Die Einzelkämpferin – Christiane Höllger über ihre Freundin Romy Schneider, ein Film von Robert Fischer, Deutschland 2007.
669 Zit. n. Angelika Hager, »Armes Hascherl«, in: Profil, 7. Mai 2007.
670 Hamburger Abendblatt, 1. Juni 1982.

671 Bernard Pasciuto, Romy, »Wenn nichts mehr vom Leben übrig bleibt.«, München 2003, S. 252.
672 Ebd., S. 253.
673 Zit. n. Robert Amos, Mythos Romy, Neu-Isenburg 2006, S. 28.
674 Matthias Matussek, Lars-Olav Beier, Die Königin der Schmerzen, in: Der Spiegel, 21. Mai 2007.
675 Gerhard Hynek, Im Morgengrauen brach ihr Herz, in: Bunte, 3. Juni 1982.
676 Der deutsche Journalist Michael Jürgs gibt an, dass Pétin ihn als ersten von Romys Freunden am 29. Mai 1982 gegen 8.20 Uhr kontaktiert hätte. In: Marie Louise Steinbauer, Die andere Romy, München 1999, S. 167.
677 Matthias Matussek, Lars-Olav Beier, Die Königin der Schmerzen, in: Der Spiegel, 21. Mai 2007.
678 Gespräch des Autors mit Robert Lebeck, 27. November 2007.
679 Magda Schneider, Wenn ich zurückschau ..., München 1990, S. 241.
680 Gerhard Hynek, Im Morgengrauen brach ihr Herz, in: Bunte, 3. Juni 1982.
681 Ebd.
682 Von Sissi bis Sans-Souci, in: Bunte, 18. November 1982.
683 Ebd.
684 Gerhard Hynek, Im Morgengrauen brach ihr Herz, in: Bunte, 3. Juni 1982.
685 Gespräch des Autors mit Robert Lebeck, 27. November 2007.
686 Brief von Curt Riess am Magda Schneider vom 13. Dezmeber 1982, Nachlass Curt Riess, Bundesarchiv Koblenz.
687 Susanne Lintl, Romy Schneiders Duft wird mit niemandem geteilt, in: Kurier, Freitag, 23. März 2007.
688 Erika Pluhar, Marisa. Rückblenden auf eine Freundschaft, Hamburg 1996, S. 209.
689 In: Willemsens Woche, ZDF 1998.
690 Das flüchtige Glück der Romy Schneider, in: Bunte, 16. Juni 1982.
691 Ebd.
692 Alice Schwarzer, Romy Schneider. Mythos und Leben, Köln 1998, S. 210.
693 Marie Louise Steinbauer, Die andere Romy, München 1999, S. 123.
694 Kurier, 30. Mai 1982.
695 Ebd.
696 Romy Schneider – Ein Film von Michael Strauven aus der Serie »Legenden«, ARD 1998.
697 Berliner Zeitung, 2. Juni 1982.
698 »Ich will keine Kopie sein«, in: Österreich, 17. Februar 2008.

Zeittafel

1938	23. September, Geburt von Rosemarie Magdalena Albach als Tochter des Schauspielerehepaares Magda Schneider und Wolf Albach-Retty in Wien. Im Oktober wird Romy auf den Familienbesitz »Mariengrund« in Bad Schönau bei Berchtesgaden gebracht.
1941	21. Juni, Romys Bruder Wolf-Dietrich (Wolfdieter) Albach wird in Wien geboren.
1945	Magda Schneider und Wolf Albach-Retty lassen sich scheiden.
1949–1953	Nach der Volksschule in der Schönau kommt Romy Schneider in das Internat Goldenstein bei Salzburg.
1953	Magda Schneider heiratet in zweiter Ehe den Kölner Gastronomen Hans Herbert Blatzheim. Romy wird nach dem Schulabgang im Juli zu Probeaufnahmen nach Berlin eingeladen. Mit *Wenn der weiße Flieder wieder blüht* beginnt ihre Filmkarriere.
1954	Begegnung mit Ernst Marischka.
1955–1957	Romys Darstellung der Kaiserin Elisabeth von Österreich in der kommerziell überaus erfolgreichen *Sissi*-Trilogie macht sie zu einer europaweit bekannten Schauspielerin.
1957	Reise nach Indien, danach Promotiontour für *Sissi, die junge Kaiserin* durch Griechenland und Spanien.
1958	Januar, USA-Reise mit der Mutter mit den Etappen New York und Los Angeles. Zurück in Europa, lernt sie im Sommer Alain Delon kennen, zu dem sie Ende des Jahres nach Paris zieht.
1959	22. März, Verlobung mit Alain Delon in Lugano.
1960	Begegnung mit Luchino Visconti. Fernseharbeit mit Fritz Kortner.
1961	Theaterarbeit mit Luchino Visconti in John Fords *Dommage, qu'elle soit une putain / Schade, dass sie eine Dirne ist* am Petit Théâtre de Paris, die Premiere muss wegen einer Blinddarmoperation Romy Schneiders auf den 29. März verschoben werden.
1962	Januar, Theaterarbeit mit Sacha Pitoëff in Anton Tschechows *Die Möwe*. Regieassistent ist Volker Schlöndorff. Nach dem Start am Petit Théâtre de Paris geht das Stück des

Ensembles Georges Herbert/Sacha Pitoëff auf Tournee durch Europa und Nordafrika. März, Dreharbeiten für *Der Prozeß/Le procès* unter der Regie von Orson Welles. Columbia Pictures bietet Schneider einen Sieben-Jahres-Vertrag an.

1963 Juni, Schneider erhält in Frankreich den Preis als beste ausländische Darstellerin für ihre Rolle in *Der Prozeß*. Im Herbst wohnt und arbeitet Schneider in Beverly Hills.

1964 Frühjahr, Arbeit mit Henri-Georges Clouzot an dem unvollendet gebliebenen Film *L'Enfer*. Alain Delon löst die Verlobung.

1965 2. April, Schneider lernt in Berlin den Schauspieler und Regisseur Harry Meyen, (eigtl. Haubenstock) kennen, mit dem sie sich am 13. Juli in St. Tropez verlobt.

1966 Februar, Hans Jürgen Syberberg beginnt mit den Dreharbeiten zu der Dokumentation *Romy – Porträt eines Gesichts*. 15. Juli, Hochzeit mit Harry Meyen in Saint Jean Cap Ferrat. 3. Dezember, Geburt des Sohnes David-Christopher Haubenstock in Berlin, wo die Familie nun wohnt.

1967 21. Februar, Wolf Albach-Retty stirbt in Wien.

1968 1. Mai, Tod Hans Herbert Blatzheims in Köln. August, Alain Delon bietet Schneider eine Rolle in *Der Swimming Pool* an. Schneiders französische Karriere beginnt.

1969 Die Haubenstocks übersiedeln nach Hamburg. Beginn der Zusammenarbeit mit Claude Sautet.

1970 Filmarbeit in Israel und Italien. Schneider übersiedelt wieder nach Paris.

1971 6. Juni, im »Stern« erscheint ein Artikel, in dem prominente Frauen, darunter auch Schneider, sich für die Legalisierung von Schwangerschaftsabbrüchen einsetzen. 23. Juni, Schneider ist zu Gast bei Kanzler Willy Brandt in Bonn.

1972 Januar–April, zweite Filmarbeit mit Luchino Visconti bei *Ludwig II*. Schneider lernt in Berlin Bruno Ganz kennen. Im September wird Daniel Biasini ihr Privatsekretär.

1973 Die »vorläufige Trennung« von Harry Meyen und Schneider wird bekannt gegeben. Ab September wohnt David bei seiner Mutter in Paris.

1974 Filmarbeiten mit Andrzej Zulawski und Claude Chabrol. 31. Oktober, Schneider ist zu Gast in Dietmar Schönherrs Talkshow »Je später der Abend ...«

1975 5. Juli, Scheidung von Harry Meyen. 18. Dezember, Hochzeit mit Daniel Biasini in Berlin.

1976 Februar, »Grand Prix International« der Zeitschrift »Cine-Revue«. 3. April, César für *Nachtblende*. 17. März, Tod

Luchino Viscontis. 6. Dezember, Treffen mit Heinrich Böll anlässlich ihrer Rolle in *Gruppenbild mit Dame* in Köln.

1977 4. Juni, Filmband in Gold des Bundesfilmpreises für *Gruppenbild mit Dame*. 21. Juli, Geburt der Tochter Sarah Magdalena Biasini in Gassin, Var, bei Saint-Tropez.

1978 Fünfter und letzter Film mit Claude Sautet: *Une histoire simple / Eine einfache Geschichte*.

1979 3. Februar, Schneider erhält den César für *Eine einfache Geschichte*. Filmarbeit mit Costa Gavras und Bertrand Tavernier. 15. April, Selbstmord von Harry Meyen in Hamburg.

1980 Die Leser von »Paris Match« wählen Schneider und Delon zu den »Stars des Jahres«. 26. August, Tod von Romys Großmutter Rosa Albach-Retty in Baden bei Wien.

1981 März, Kuraufenthalt in Quiberon. Bei einem Fotoshooting im April bricht sie sich das Bein. 22. Mai, Schneider wird eine Niere entfernt. 5. Juli, ihr Sohn David Haubenstock stirbt nach einem Unfall und wird am 7. Juli in Saint-Germain-en-Laye beerdigt. Die französische Finanzbehörde leitet gegen Schneider ein Verfahren wegen Steuerhinterziehung in Millionenhöhe ein. Oktober, Scheidung von Daniel Biasini. Schneiders neuer Lebenspartner ist Laurent Pétin. Oktober bis Dezember, Arbeiten an Schneiders letztem Film *La Passante du Sans-Souci / Die Spaziergängerin von Sans-Souci*.

1982 März, Schneider kauft ein Landhaus in Boissy-sans-Avoir. 10. Mai, Schneider besucht ihren Anwalt Heinrich Senfft in Zürich aufgrund des gegen sie eingeleiteten Prozesses wegen Steuerhinterziehung, sie schreibt ihr Testament. 29. Mai, Romy Schneider stirbt an Herzversagen in Paris und wird am 2. Juni in Boissy-sans-Avoir beigesetzt.

Filmographie

Erstellt von Hans-Michael Bock auf Basis der CineBase-Datenbank bei CineGraph – Hamburgisches Centrum für Filmforschung unter Berücksichtigung französischer, italienischer und britischer Quellen.

1953 *Wenn der weiße Flieder wieder blüht*

Regie: Hans Deppe. *Buch:* Eberhard Keindorff, Johanna Sibelius. *Vorlage:* Novelle von Fritz Rotter. *Kamera:* Kurt Schulz. *Musik:* Franz Doelle; *Liedtexte:* Fritz Rotter, Bruno Balz, Fred Ignor. *Ausführung:* Orchester Egon Kaiser.

Darsteller: Magda Schneider (Therese Forster), Willy Fritsch (Willy Forster), Romy Schneider (Evchen Forster), Hertha Feiler (Ellen), Paul Klinger (Peter Schröder).

Produktion: Berolina-Filmproduktion GmbH, Berlin/West. *Produzent:* Kurt Ulrich. *Länge:* 99 min, 2713 m. *Uraufführung:* 24. 11. 1953, Stuttgart (Universum).

1954 *Feuerwerk*

Regie: Kurt Hoffmann. *Buch:* Herbert Witt, Felix Lützkendorf, Günther Neumann. *Vorlage:* musikalisches Lustspiel »Feuerwerk« (1930) von Erik Charell, Jürg Amstein. *Kamera:* Günther Anders. *Musik:* Paul Burkhard; *Musikalische Leitung:* Franz Grothe. *Liedtexte:* Jürg Amstein, Robert Gilbert. *Musik-Titel:* »Oh, mein Papa«, »Ponylied«. *Gesang:* Karl Schönböck, Romy Schneider, Claus Biederstaedt.

Darsteller: Lilli Palmer (Iduna Obolsky), Karl Schönböck (Alexander Obolsky), Romy Schneider (Anna Oberholzer), Claus Biederstaedt (Gärtner Robert Busch), Werner Hinz (Albert Oberholzer).

Produktion: NDF Neue Deutsche Filmgesellschaft mbH, München. *Länge:* 98 min, 2680 m. *Uraufführung:* 16. 9. 1954, Düsseldorf (Apollo).

1954 *Mädchenjahre einer Königin*

Regie/Buch: Ernst Marischka. *Vorlage:* Komödie »Mädchenjahre einer Königin« (1933) von Sil-Vara [= Geza Silberer]. *Kamera:* Bruno Mondi. Musik: Anton Profes.

Darsteller: Romy Schneider (Prinzessin Victoria – Königin Victoria), Adrian Hoven (Prinz Albert), Magda Schneider (Baroness Lehzen),

Karl Ludwig Diehl (Lord Melbourne), Christl Mardayn (Herzogin von Kent).
Produktion: Erma-Filmproduktionsges. Ernst Marischka & Co., Wien. *Länge:* 109 min, 2980 m. *Uraufführung:* 16. 12. 1954, Köln.

1955 *Die Deutschmeister*
Regie/Buch: Ernst Marischka. *Vorlage:* »Frühjahrsparade« (1934) von Ernst Marischka, Gustav Holm, Robert Stolz. *Kamera:* Bruno Mondi. *Musik:* Robert Stolz. *Lieder:* Robert Stolz; *Liedtexte:* Kurt Robitschek, Ernst Marischka. *Deutschmeistermärsche:* Wilhelm August Jurek, Josef Ertl, Franz Sioly.
Darsteller: Romy Schneider (Constanze »Stanzi« Hübner), Magda Schneider (Therese Hübner), Siegfried Breuer Jr. (Korporal Wilhelm August »Willy« Jurek); Hans Moser (Jeremias Swoboda).
Produktion: Erma-Filmproduktionsges. Ernst Marischka & Co., Wien. *Länge:* 106 min, 2910 m. *Uraufführung:* 11. 8. 1955, Essen (Lichtburg); 21. 9. 1955, Wien.

1955 *Der letzte Mann*
Regie: Harald Braun. *Buch:* Georg Hurdalek, Herbert Witt. *Vorlage:* Drehbuch »Der letzte Mann« (1924) von Carl Mayer. *Kamera:* Richard Angst. *Musik:* Werner Eisbrenner.
Darsteller: Hans Albers (Karl Knesebeck, Oberkellner), Romy Schneider (Niddy Hövelmann), Rudolf Forster (Herr Claassen), Joachim Fuchsberger (Vetter Alwin), Michael Heltau (Helmuth Bühler).
Produktion: NDF Neue Deutsche Filmgesellschaft mbH, München. *Länge:* 105 min, 2863 m. *Uraufführung:* 14. 10. 1955, Düsseldorf (Universum).

1955 *Sissi*
Regie/Buch: Ernst Marischka. *Vorlage:* Roman »Sissi« (1952) von Marie Blank-Eismann. *Kamera:* Bruno Mondi. *Musik:* Anton Profes.
Darsteller: Romy Schneider (Sissi, Prinzessin Elisabeth, Kaiserin Elisabeth von Österreich), Karlheinz Böhm (Kaiser Franz Joseph), Magda Schneider (Vickie, Herzogin Ludovika von Bayern), Gustav Knuth (Herzog Max von Bayern).
Produktion: Erma-Filmproduktionsges. Ernst Marischka & Co., Wien. *Länge:* 84 min, 2288 m. *Uraufführung:* 21. 12. 1955, Wien; *Deutsche Erstaufführung:* 22. 12. 1955, München.
– Bambi 1957 für den »geschäftlich erfolgreichsten ausländischen Film 1956«

1956 *Kitty und die große Welt*
Regie: Alfred Weidenmann. *Buch:* Herbert Reinecker; *Adaptation:* Emil Burri, Johannes Mario Simmel. *Vorlage:* Bühnenstück »Weltkonferenz« von Stefan Donat. *Kamera:* Helmuth Ashley. *Musik:* Hans-Martin Majewski, *Liedtexte:* Trude Hoffmeister.
Darsteller: Romy Schneider (Kitty Dupont), Karlheinz Böhm (Robert Ashlin), O. E. Hasse (Sir William Ashlin), Ernst Schröder (Sekretär Crawford), Paul Dahlke (Henry Dupont).
Produktion: Rhombus-Film GmbH, München. *Länge:* 94 min, 2582 m. *Uraufführung:* 13. 9. 1956, Frankfurt/Main (Turm-Palast).

1956 *Sissi, die junge Kaiserin*
Regie/Buch: Ernst Marischka. *Kamera:* Bruno Mondi. *Musik:* Anton Profes.
Darsteller: Romy Schneider (Sissi – Kaiserin Elisabeth von Österreich), Karlheinz Böhm (Kaiser Franz Joseph), Magda Schneider (Vickie – Herzogin Ludovika von Bayern), Gustav Knuth (Herzog Max von Bayern), Vilma Degischer (Erzherzogin Sophie, Franz Josefs Mutter).
Produktion: Erma-Filmproduktionsges. Ernst Marischka & Co., Wien. *Länge:* 106 min, 2900 m. *Uraufführung:* 19. 12. 1956, München (Stachus).

1956/57 *Robinson soll nicht sterben*
Regie: Josef von Baky. *Buch:* Emil Burri, Johannes Mario Simmel. *Vorlage:* Bühnenstück »Robinson soll nicht sterben« (1932) von Friedrich Forster. *Kamera:* Günther Anders. *Musik:* Georg Haentzschel.
Darsteller: Romy Schneider (Maud), Horst Buchholz (Tom), Erich Ponto (Daniel Defoe), Magda Schneider (Mrs. Cantley), Gustav Knuth (Carlton Heep).
Produktion: NDF Neue Deutsche Filmgesellschaft mbH, München. *Länge:* 97 min, 2666 m. *Uraufführung:* 7. 2. 1957, Köln (Ufa-Palast). – *FBW-Prädikat: Wertvoll*

1957 *Monpti*
Regie: Helmut Käutner. *Buch:* Helmut Käutner, Gábor von Vaszary; *Mitarbeit:* Willibald Eser. *Vorlage:* Roman »Monpti« (1934) von Gábor von Vaszary. *Kamera:* Heinz Pehlke. *Musik:* Bernhard Eichhorn.
Darsteller: Romy Schneider (Anne-Claire), Horst Buchholz (Monpti), Mara Lane (Nadine), Boy Gobert (Monpti II), Olive Moorefield (Zaza).
Produktion: NDF Neue Deutsche Filmgesellschaft mbH, München.

Länge: 101 min, 2763 m. *Uraufführung:* 12. 9. 1957, Essen (Lichtburg).

1957 *Sissi – Schicksalsjahre einer Kaiserin*
Regie/Buch: Ernst Marischka. *Kamera:* Bruno Mondi. *Musik:* Anton Profes.
Darsteller: Romy Schneider (Sissi – Kaiserin Elisabeth von Österreich), Karlheinz Böhm (Kaiser Franz Josef von Österreich), Magda Schneider (Herzogin Ludovika von Bayern), Gustav Knuth (Herzog Max von Bayern), Uta Franz (Nene – Prinzessin Helene von Bayern).
Produktion: Erma-Filmproduktionsges. Ernst Marischka & Co., Wien. *Länge:* 109 min, 2974 m. *Uraufführung:* 18. 12. 1957, München (Kammer-Lichtspiele).

1957 *Scampolo*
Regie: Alfred Weidenmann. *Buch:* Ilse Lotz-Dupont, Franz Höllering, Herbert Reinecker. *Vorlage:* Bühnenstück »Scampolo« (1915) von Dario Niccodemi. *Kamera:* Bruno Mondi. *Musik:* Hans-Martin Majewski.
Darsteller: Romy Schneider (Scampolo), Paul Hubschmid (Costa), Georg Thomalla (Modefotograf Andreas Michaelis), Eva-Maria Meineke (Sabina), Franca Parisi (Franca).
Produktion: Rhombus-Film GmbH, München. *Länge:* 108 min, 2959 m.*Uraufführung:* 26. 2. 1958, Hamburg (Ufa-Palast).

1958 *Mädchen in Uniform / Jeunes filles en uniformes*
Regie: Géza von Radványi. *Buch:* F. D. Andam, Franz Höllering. *Vorlage:* Bühnenstück »Gestern und heute« (1930) von Christa Winsloe. *Kamera:* Werner Krien. *Musik:* Peter Sandloff.
Darsteller: Lilli Palmer (Fräulein Elisabeth von Bernburg), Romy Schneider (Manuela von Meinhardis), Therese Giehse (Direktorin), Blandine Ebinger (Fräulein von Racket), Adelheid Seeck (Prinzessin).
Produktion: CCC Filmkunst GmbH, Berlin/West / Les Films Modernes S.A., Paris / Emile Nathan S.N.C., Paris. *Länge:* 95 min, 2600 m. *Uraufführung:* 8. 7. 1958, Berlin/West (IFF).
– FBW-Prädikat: Wertvoll

1958 *Christine / L'amante pura*
Regie: Pierre Gaspard-Huit. *Buch:* Pierre Gaspard-Huit, Hans Wilhelm, Charles Spaak; *Dialoge:* Georges Neveux. *Vorlage:* Bühnenstück »Liebelei« (1895) von Arthur Schnitzler. *Kamera:* Christian Matras. *Musik:* Georges Auric.

Darsteller: Romy Schneider (Christine Weiring), Alain Delon (Franz Lobheiner), Micheline Presle (Baronne Lena Eggersdorf), Fernand Ledoux (Weyring), Jean-Claude Brialy (Theo Kaiser).
Produktion: Spéva Films, Paris / Play-Art, Paris / Rizzoli Film di Angelo Rizzoli, Rom. *Länge:* 100 min / *Deutsche Fassung:* 102 min, 2782 m. *Uraufführung:* 19.12.1958, Kinostart BRD; *Französische Erstaufführung:* 24. 12. 1958, Paris.

1958/1959 *Die Halbzarte*
Regie: Rolf Thiele. *Buch:* Hans Jacoby. *Vorlage:* Hans Jacoby, Fritz Rotter. *Kamera:* Klaus von Rautenfeld. *Musik:* Hans-Martin Majewski.
Darsteller: Romy Schneider (Nicole Dassau), Carlos Thompson (Erwin Dott), Magda Schneider (Mutter Dassau), Josef Meinrad (Vater Dassau), Gertraud Jesserer (Brigitte Dassau).
Produktion: Cosmopol-Film GmbH, Wien. *Länge:* 91 min, 2500 m. *Uraufführung:* 11. 2. 1959, München (Stachus-Filmpalast).
– *Arbeitstitel: »Eva – Memoiren einer Siebzehnjährigen«, »Die Memoiren der Nicole«.*

1959 *Ein Engel auf Erden / Mademoiselle Ange*
Regie: Géza von Radványi. *Buch:* René Barjavel, Géza von Radványi. *Idee:* Géza von Radványi. *Kamera:* Roger Hubert. *Musik:* Jean Wiener, Gerhard Becker.
Darsteller: Romy Schneider (Engel und Stewardess), Henri Vidal (Pierre Chaillot), Michèle Mercier (Prinzessin Augusta von Münchenberg), Jean-Paul Belmondo (Michel Barrot), Margarete Haagen (Oberengel).
Produktion: CCC Film GmbH, Berlin/West / Critérion Film S.A., Paris / Régina S.A., Paris. *Länge:* 89 min, 2449 m. *Uraufführung:* 28. 8. 1959, Köln (Ufa-Palast); *Französische Erstaufführung:* 23. 11. 1960, Sortie.

1959 *Die schöne Lügnerin / La belle et l'Empereur*
Regie: Axel von Ambesser. *Buch:* Maria Matray, Answald Krüger. *Adaptation:* Jean-Bernard Luc, Pierre O'Connell; *Dialoge:* Jean-Bernard Luc. *Vorlage:* Bühnenstück »Die schöne Lügnerin« (1953) von Just Scheu, Ernst Nebhut. *Kamera:* Christian Matras. *Musik:* Bernhard Eichhorn.
Darsteller: Romy Schneider (Fanny Emmetsrieder), Jean-Claude Pascal (Zar Alexander I.), Helmuth Lohner (Martin Graf Waldau), Charles Régnier (Fürst Metternich), Hans Moser (Großvater Emmetsrieder).
Produktion: Real-Film GmbH, Hamburg / Régina S.A., Paris. *Länge:*

98 min, 2683 m. *Uraufführung:* 10. 9. 1959, Frankfurt/Main (Turm-Palast); 1. 6. 1960, Paris.

1959 *Katia / Katja, die ungekrönte Kaiserin*
Regie: Robert Siodmak. *Buch:* Charles Spaak; *Dialoge:* Georges Neveux; Hans Wilhelm (Deutsche Fassung). *Vorlage:* Roman »Katia, le démon bleu du tsar Alexandre« (1938) von Prinzessin Marthe Lucie Bibesco. *Kamera:* Michel Kelber. *Musik:* Joseph Kosma.
Darsteller: Romy Schneider (Katia), Curd Jürgens (Alexander II), Pierre Blanchar (Koubaroff), Antoine Balpêtré (Kilbatchich), Françoise Brion (Sophie).
Produktion: Spéva Films, Paris. *Länge:* 95 min / Deutsche Fassung: 97 min. *Uraufführung:* 22. 12. 1959, Kinostart BRD; *Französische Erstaufführung:* 20. 1. 1960, Paris.

1959/60 *Plein soleil / Delitto in pieno sole / Nur die Sonne war Zeuge*
Regie: René Clément. *Buch:* René Clément, Paul Gégauff. *Vorlage:* Roman »The Talented Mr. Ripley« (1955) von Patricia Highsmith. *Kamera:* Henri Decae. *Musik:* Nino Rota.
Darsteller: Alain Delon (Tom Ripley / Philippe Greenleaf), Maurice Ronet (Philippe Greenleaf), Marie Laforêt (Marge Duval), Elvire Popesco (Mrs. Popova); Romy Schneider.
Produktion: Paris Films Productions, Paris / Titanus, Rom. *Länge:* 117 min, 3194 m. *Uraufführung:* 10. 3. 1960, Paris; *Deutsche Erstaufführung:* 16. 9. 1960.

1960/61 *Die Sendung der Lysistrata*
Regie/Buch: Fritz Kortner. *Vorlage:* Motive der Komödie »Lysistrate« von Aristophanes. *Kamera:* Wolfgang Zeh, Frank A. Banuscher. *Musik:* Herbert Brün.
Darsteller: Barbara Rütting (Lysistrata / Agnes Salbach), Romy Schneider (Myrrhine / Uschi), Karin Kernke (Kalonike), Ruth-Maria Kubitschek (Lampito), Peter Arens (Kinesias / Hans Flims).
Produktion: Gyula Trebitsch Produktion GmbH, Hamburg; für: Nord- und Westdeutscher Rundfunkverband (NWRV), Hamburg. *Länge:* 108 min / 101 min, 2772 m. *Erstsendung:* 17. 1. 1961, ARD (außer Bayerischer Rundfunk); *Kino-Erstaufführung:* 17. 1. 1961, München (Universum).
– *TV-Film; auch Kino-Aufführung.*

1961/62 *Boccaccio '70 / Boccacè 70 / Boccaccio 70*
Episode 2: Il lavoro / Le travail / Der Job
Regie: Luchino Visconti. *Buch:* Suso Cecchi D'Amico, Luchino Visconti. *Idee:* Cesare Zavattini; in Anlehnung an »Au bord du lit«

von Guy de Maupassant. *Kamera:* Giuseppe Rotunno. *Musik:* Nino Rota.
Darsteller: Romy Schneider (Pupe), Tomas Milian (Ottavio), Paolo Stoppa (Alcamo), Romolo Valli (Zacchi).
Produktion: Cineriz di Angelo Rizzoli, Rom / Concordia Compagnia Cinematografica, Rom / Francinex, Paris / Gray Film, Paris. *Länge:* 198 min, 5412 m / *Deutsche Fassung:* 122 min, 3333 m. *Uraufführung:* 23. 2. 1962.
– *Episodenfilm, Regie der Episoden: Mario Monicelli, Federico Fellini, Luchino Visconti, Vittorio de Sica.*
– *Die Episode von Monicelli wurde nach der Premiere geschnitten.*

1961/62 *Le combat dans l'île / Der Kampf auf der Insel*
Regie: Alain Cavalier. Supervision: Louis Malle. *Buch:* Alain Cavalier; *Dialoge:* Jean-Paul Rappeneau. *Kamera:* Pierre Lhomme. *Musik:* Serge Nigg.
Darsteller: Romy Schneider (Anne), Jean-Louis Trintignant (Clément Lesser), Henri Serre (Paul), Diane Lepvrier (Cécile), Pierre Asso (Serge).
Produktion: Nouvelles Éditions de Films S.A., Paris. *Länge:* 103 min, 2832 m. *Uraufführung:* 7. 9. 1962, Paris; *Deutsche Erstaufführung:* 17. 8. 1962.

1962 *Sissi – Forever My Love*
Regie/Buch: Ernst Marischka. *Kamera:* Bruno Mondi. *Musik:* Anton Profes, Burt Bacharach.
Darsteller: Romy Schneider (Princess Elisabeth), Karlheinz Böhm (Emperor Franz Josef), Magda Schneider (Duchess Ludovika), Vilma Degischer (Archduchess Sophie), Gustav Knuth (Duke Max of Bavaria).
Produktion: Erma-Filmproduktionsges. Ernst Marischka & Co., Wien. für: Paramount Pictures Corp., New York. *Länge:* 147 min. *Uraufführung:* 27. 3. 1962, New York (72nd Street Playhouse).
– *Einteilige, synchronisierte US-Fassung der »Sissi«-Trilogie (1955-57).*

1962 *Le procès / Der Prozeß / Il processo*
Regie: Orson Welles. *Buch:* Orson Welles, Antoine Tudal. *Vorlage:* Roman-Fragment »Der Prozeß« (1914/15) von Franz Kafka. *Kamera:* Edmond Richard. *Musik:* Jean Ledrut, Tommaso Albinoni (Adagio g-moll).
Darsteller: Anthony Perkins (Joseph K.), Jeanne Moreau (Mademoiselle Burnstner), Romy Schneider (Leni), Orson Welles (l'avocat), Elsa Martinelli (Hilda).
Produktion: Paris-Europa Productions, Paris / Hisa-Film GmbH,

München / FI-C-IT, Rom. *Länge:* 118 min, 3230 m. *Uraufführung:* 21. 12. 1962, Paris; *Deutsche Erstaufführung:* 2. 4. 1963, Berlin (Astor).
– *FBW-Prädikat: Besonders wertvoll*

1962/63 *The Victors / Die Sieger*
Regie/Buch: Carl Foreman. *Vorlage:* Roman »The Human Kind« (1953) von Alexander Baron. *Kamera:* Christopher Challis. *Musik:* Sol Kaplan.
Darsteller: Vince Edwards (Baker), Albert Finney (Russian Soldier), George Hamilton (Trower), Melina Mercouri (Magda), Jeanne Moreau (French Woman), George Peppard (Cpl. Chase), Maurice Ronet (French Lieutenant), Rosanna Schiaffino (Maria), Romy Schneider (Regine), Elke Sommer (Helga), Eli Wallach (Sgt. Craig).
Produktion: Open Road Films, Ltd., London / Highroad Productions, Inc. für: Columbia Pictures Corporation, New York. *Länge:* 175 min, 15750 ft = 4803 m. *Uraufführung:* 22. 11. 1963, London; *Deutsche Erstaufführung:* 19. 2. 1964.

1963 *The Cardinal / Der Kardinal*
Regie: Otto Preminger. *Buch:* Robert Dozier. *Vorlage:* Roman »The Cardinal« (1950) von Henry Morton Robinson. *Kamera:* Leon Shamroy; 2. *Kamera:* Piero Portalupi. *Musik:* Jerome Moross.
Darsteller: Tom Tryon (Stephen Fermoyle), Romy Schneider (Annemarie von Hartman), Carol Lynley (Mona Fermoyle / Regina Fermoyle), Jill Haworth (Lalage Menton), Raf Vallone (Cardinal Quarenghi).
Produktion: Gamma Productions Inc., Hollywood; für: Columbia Pictures Corporation, New York. *Länge:* 175 min, 4790 m. *Uraufführung:* 11. 12. 1963, Boston; *Deutsche Erstaufführung:* 17. 1. 1964.

1963 *Good Neighbour Sam / Leih mir deinen Mann*
Regie: David Swift. *Buch:* James Fritzell, Everett Greenbaum, David Swift. *Vorlage:* Roman »Good Neighbour Sam« (1963) von Jack Finney. *Kamera:* Burnett Guffey. *Musik:* Frank Devol.
Darsteller: Jack Lemmon (Sam Bissell), Romy Schneider (Janet Lagerlof), Dorothy Provine (Minerva Bissell), Michael Connors (Howard Ebbets), Edward Andrews (Mr. Burke).
Produktion: David Swift Productions, Hollywood; für: Columbia Pictures Corporation, New York. *Länge:* 116 min, 3169 m. *Uraufführung:* 22. 7. 1964, New York (Baronet u. a.); *Deutsche Erstaufführung:* 11. 9. 1964.

1962 *L'Amour à la mer*

Regie/Buch: Guy Gilles. *Kamera:* Jean-Marc Ripert. *Musik:* Jean-Pierre Sarrot; Antonio Vivaldi.
Darsteller: Daniel Moosmann (Daniel), Guy Gilles (Guy), Geneviève Thénier (Geneviève), Simone Paris (La logeuse); Gäste u.a.: Juliette Gréco (L'actrice du film), Alain Delon (L'acteur du film), Romy Schneider (La vedette), Jean-Claude Brialy (L'homme qui aime la jeunesse), Jean-Pierre Léaud (Le gars du métro).
Produktion: Films Galilée, Paris. *Länge:* 82 min. *Uraufführung:* 27. 7. 1965, Sortie.

1964 *L'Enfer*

Regie/Buch: Henri-Georges Clouzot.
Darsteller: Romy Schneider (Odette), Serge Reggiani (Marcel 1), Jean-Louis Trintignant (Marcel 2).
Produktion: Orfay Films, Paris. *Drehzeit:* ab 6.7.1964.
– Bei den am 6. 7. 1964 begonnenen Dreharbeiten musste zunächst Serge Reggiani wegen Erkrankung durch Jean-Louis Trintignant ersetzt werden, schließlich wurde die Arbeit nach vier Wochen wegen Erkrankung Clouzots abgebrochen. Der Film blieb unvollendet. Das Drehbuch wurde 1993 von Claude Chabrol verfilmt.

1964/65 *What's New, Pussycat? / Was gibt's Neues, Pussy*

Regie: Clive Donner. *Buch:* Woody Allen. *Kamera:* Jean Badal. *Musik:* Burt Bacharach; *Liedtexte:* Hal David. *Gesang:* Tom Jones, Dionne Warwick, Manfred Mann. *Musik-Titel:* »What's New, Pussicat«, »Here I Am«, »Little Red Book«.
Darsteller: Peter Sellers (Dr. Fritz Fassbender), Peter O'Toole (Michael James), Romy Schneider (Carole Werner), Capucine (Renée Lefèbvre), Woody Allen (Victor Shakapopulis).
Produktion: Charles K. Feldman Group Productions Inc., Beverly Hills. für: United Artists Corp., New York. *Länge:* 108 min, 2963 m. *Uraufführung:* 22. 6. 1965, Release; *Deutsche Erstaufführung:* 8. 10. 1965.

1966 *Romy – Porträt eines Gesichts*

Regie/Buch: Hans Jürgen Syberberg. *Kamera:* Kurt Lorenz.
Mitwirkende: Romy Schneider.
Produktion: Rob Houwer-Film, Film- und Fernsehproduktion, München; für: Bayerischer Rundfunk (BR), München. *Länge:* 90 min / 60 min. *Erstsendung:* 21. 1. 1967, BR3.
– Dokumentarfilm.
– Von Syberberg auf Veranlassung des BR auf 60 min gekürzt, für die Wiederholungssendung unautorisiert verändert.

1965/66 *10:30 p.m. Summer / Halb elf in einer Sommernacht*

Regie: Jules Dassin. *Buch:* Jules Dassin; Adaptation: Marguerite Duras. *Vorlage:* Roman »Dix heures et demie du soir en été« (1960) von Marguerite Duras. *Kamera:* Gábor Pogány. *Musik:* Christobal Halffter.

Darsteller: Melina Mercouri (Maria), Romy Schneider (Claire), Peter Finch (Paul), Julián Mateos (Rodrigo Palestra), Isabel María Pérez (Judith).

Produktion: Jorilie Productions (USA) / Argos Films (ES) für: Lopert Pictures Corporation, New York. *Länge:* 85 min. *Uraufführung:* 24. 10. 1966, New York (Baronet Theatre) ; Deutsche *Erstaufführung:* 28. 10. 1966.

1966 *La voleuse / Schornstein Nr. 4*

Regie: Jean Chapot. *Buch:* Jean Chapot; *Dialoge:* Marguerite Duras. *Story:* Alain Fatou, Jean Chapot. *Kamera:* Jean Penzer. *Musik:* Antoine Duhamel.

Darsteller: Romy Schneider (Julia Kreuz), Michel Piccoli (Werner Kreuz), Hans Christian Blech (Radek Kostrowicz), Sonja Schwarz (Mme Kostrowicz), Mario Huth (Carlo).

Produktion: Chronos Films S.a.r.l., Paris / Procinex, Paris / Hans Oppenheimer Film GmbH & Co. KG, Berlin. *Länge:* 88 min, 2409 m. *Uraufführung:* 26. 8. 1966, Kinostart BRD; *Französische Erstaufführung* 18. 11. 1966, Sortie.

– *Arbeitstitel: »Cheminée 4«.*

1966 *Triple Cross – La fantastique histoire vraie d'Eddie Chapman / Spion zwischen zwei Fronten / Im Dienst der deutschen Armee*

Regie: Terence Young. *Buch:* René Hardy. *Vorlage:* Erzählung »The Eddie Chapman Story« (1953) von Edward Chapman, Frank Owen. *Kamera:* Henri Alekan. *Musik:* Georges Garvarentz.

Darsteller: Christopher Plummer (Eddie Chapman), Romy Schneider (Countess), Yul Brynner (Baron von Grunen), Trevor Howard (Distinguished Civilian), Gert Fröbe (Colonel Steinhager).

Produktion: Cinéurop S.a.r.l., Neuilly-sur-Seine. *Länge:* 126 min, 3453 m. *Uraufführung:* 9. 12. 1966, Paris; *Deutsche Erstaufführung:* 24. 2. 1967.

1968 *Otley*

Regie: Dick Clement. *Buch:* Ian la Frenais, Dick Clement. *Vorlage:* Roman »Otley« (1966) von Martin Waddell. *Kamera:* Austin Dempster. *Musik:* Stanley Myers.

Darsteller: Tom Courtenay (Gerald Arthur Otley), Romy Schneider

(Imogen), Alan Badel (Sir Alex Hadrian), James Villiers (Hendrickson), Leonard Rossiter (Johnson).
Produktion: Bruce Cohn Curtis Films Ltd. / Highroad Productions, Inc. / Open Road Films, Ltd., London; für: Columbia (British) Productions, London. *Länge:* 91 min, 8172 ft = 2491 m. *Uraufführung:* Oktober 1968, Release GB; 11. 3. 1969, New York.

1968 *La piscine / La piscina / Der Swimmingpool*
Regie: Jacques Deray. *Buch:* Jean-Emmanuel Conil (Szenario); *Adaptation/Dialoge:* Jean-Claude Carrière, Jacques Deray. *Kamera:* Jean-Jacques Tarbès. *Musik:* Michel Legrand.
Darsteller: Alain Delon (Jean-Paul), Romy Schneider (Marianne), Maurice Ronet (Harry), Jane Birkin (Penelope), Paul Crauchet (Leveque).
Produktion: Société Nouvelle de Cinématographie (S.N.C.), Paris / Tritone Films Industria, Rom. *Länge:* 121 min / 113 min, 3091 m (Ital. F.). *Uraufführung:* 31. 1. 1969, Paris; *Italienische Erstaufführung:* 5. 4. 1969; *Deutsche Erstaufführung:* 8. 5. 1970.

1969 *My Lover, My Son / Inzest*
Regie: John Newland. *Buch:* William Marchant, Jenni Hall. *Vorlage:* Story »Second Level« von Wilbur Stark, Roman »Reputation for a Song« (1952) von Edward Grierson. *Kamera:* David Muir. *Musik:* Mike Vickers, Norrie Parramor.
Darsteller: Romy Schneider (Francesca Anderson), Donald Houston (Robert), Dennis Waterman (James Anderson), Patricia Brake (Julie), Peter Sallis (Sir Sidney Brent).
Produktion: Sagittarius Productions, London; für: Metro-Goldwyn-Mayer British Studios Ltd., London. *Länge:* 95 min. *Uraufführung:* März 1970, London; *Deutsche Erstaufführung:* 13. 11. 1970.
– Arbeitstitel: »Don't you cry«

1969 *Les choses de la vie / L'amante / Die Dinge des Lebens*
Regie: Claude Sautet. *Buch:* Paul Guimard, Claude Sautet, Jean-Loup Dabadie. *Vorlage:* Roman »Les choses de la vie« (1967) von Paul Guimard. *Kamera:* Jean Boffety. *Musik:* Philippe Sarde.
Darsteller: Michel Piccoli (Pierre Bérard), Romy Schneider (Hélène), Lea Massari (Catherine Bérard), Gérard Lartigau (Bertrand Bérard), Jean Bouise (François).
Produktion: Lira Films S.A., Paris / Sonocam, Paris / Fida Cinematografica di Edmondo Amati, Rom. *Länge:* 89 min, 2431 m. *Uraufführung:* 13.3.1970, Paris; *Italienische Erstaufführung:* 18. 4. 1970; *Deutsche Erstaufführung:* 19. 9. 1970.

1969/70 *Bloomfield*

Regie: Richard Harris; [Uri Zohar]. *Buch:* Wolf Mankowitz. *Story:* Joseph Gross. *Kamera:* Otto Heller; [David Gurfinkel]. *Musik:* Johnny Harris.

Darsteller: Richard Harris (Eitan), Romy Schneider (Nira), Kim Burfield (Nimrod), Maurice Kaufmann (Yasha), Yossi Yadin (Weiner).

Produktion: World Film Services Ltd., London / Limbridge, London / CenfilCo., Tel-Aviv. *Länge:* 95 min, 8579 ft = 2615 m. *Uraufführung:* Dezember 1970, Release; *Deutsche Erstaufführung:* Juni 1971, Berlin (IFF).

– *Arbeitstitel: »The Hero«*

1970 *Qui? / Il Cadavere dagli artigli d'acciaio / Die Geliebte des anderen*

Regie: Léonard Keigel. *Buch:* Léonard Keigel, Paul Gégauff. *Kamera:* Jean Bourgoin. *Musik:* Claude Bolling.

Darsteller: Romy Schneider (Marina), Maurice Ronet (Serge), Gabriele Tinti (Claude).

Produktion: Lira Films S.A., Paris / Fida Cinematografica di Edmondo Amati, Rom. *Länge:* 80 min / 102 min, 2780 m (IT). *Uraufführung:* 23. 9. 1970, Paris; *Italienische Erstaufführung:* 17. 10. 1970; *Deutsche Erstaufführung:* 30. 9. 1971.

1970 *La Califfa*

Regie/Buch: Alberto Bevilacqua. *Vorlage:* Roman »La Califfa« (1964) von Alberto Bevilacqua. *Kamera:* Roberto Gerardi. *Musik:* Ennio Morricone.

Darsteller: Romy Schneider (Irene Corsini, La Califfa), Ugo Tognazzi (Annibale Doberdò), Massimo Farinelli (Giampiero Doberdò figlio), Marina Berti (Clementine Doberdò), Guido Alberti (Il monsignore).

Produktion: Fair Film S.p.A., Rom / Les Films Corona S.a.r.l., Nanterre / Labrador Films, Paris. *Länge:* 97 min, 2653 m (IT) / 107 min (FR). *Uraufführung:* 31. 12. 1970, Italien; *Deutsche Erstaufführung:* 9. 11. 1971; *Französische Erstaufführung:* 16. 6. 1972.

1970 *Max et les ferrailleurs / Il commissario Pelissier / Das Mädchen und der Kommissar*

Regie: Claude Sautet. *Buch:* Claude Sautet, Claude Néron, Jean-Loup Dabadie. *Vorlage:* Roman von Claude Néron. *Kamera:* René Mathelin. *Musik:* Philippe Sarde.

Darsteller: Michel Piccoli (Max), Romy Schneider (Julia Anna Ackermann aka »Lily«), Georges Wilson (Le Commissaire), Bernard Fresson (Abel Maresco).

Produktion: Lira Films S.A., Paris / Sonocam, Paris / Fida Cinematografica di Edmondo Amati, Rom. *Länge:* 112 min (FR) / 108 min, 2950 m (IT). *Uraufführung:* 17. 2. 1971, Paris; *Italienische Erstaufführung:* 12. 3. 1971; *Deutsche Erstaufführung:* 18. 5. 1971.

1971 *L'assassinio di Trotsky / L'Assassinat de Trotsky / The Assassination of Trotsky / Das Mädchen und der Mörder – Die Ermordung Trotzkis*
Regie: Joseph Losey. *Buch:* Nicholas Mosley, Masolino D'Amico. *Kamera:* Pasquale De Santis. *Musik:* Egisto Macchi.
Darsteller: Richard Burton (Leon Trotsky), Alain Delon (Frank Jackson), Romy Schneider (Gita Samuels), Valentina Cortese (Natalia Sedowa Trotsky), Giorgio Albertazzi (Salazar).
Produktion: Dino De Laurentiis Cinematografica, Rom / Compagnia Internazionale Alessandra Cinematografica (C.I.A.C.), Rom / Cinétel, Paris / Associate: Joseph Shaftel Productions, London. *Länge:* 103 min, 2820 m. *Uraufführung:* 30. 3. 1972, Paris; *Italienische Erstaufführung:* 20. 4. 1972; *Deutsche Erstaufführung:* 26. 10. 1972.

1972 *César et Rosalie / È simpatico, ma gli romperei il muso / César und Rosalie*
Regie: Claude Sautet. *Regie-Assistenz:* Jean-Claude Sussfeld, Jean-Claude Ventura, Jacques Senti, Agnès Folgoas. *Buch:* Claude Sautet, Jean-Loup Dabadie, Claude Néron. *Kamera:* Jean Boffety, *KAS:* Christian Guillouet, Henri Clairon. *Bauten:* Pierre Guffroy. *Kostüme:* Annalisa Nasalli-Rocca, *MAS:* Irène Servet, Jean-Pierre Eychenne, Alexandre de Paris. *Schnitt:* Jacqueline Thiédot. *Ton:* William Sivel. *Musik:* Philippe Sarde, *MLT:* Hubert Rostaing.
Darsteller: Yves Montand (César), Romy Schneider (Rosalie), Sami Frey (David), Bernard Le Coq (Michel), Umberto Orsini (Antoine).
Produktion: Fildebroc, Paris / Mega Film, Rom / Paramount Orion-Production Deutschland GmbH, München. *Länge:* 109 min, 2979 m. *Uraufführung:* 27. 10. 1972, Paris; *Deutsche Erstaufführung:* 21. 12. 1972; *Italienische Erstaufführung:* 16. 2. 1973.

1972 *Ludwig / Ludwig ... ou le crépuscule des dieux / Ludwig II.*
Regie: Luchino Visconti. *Buch:* Luchino Visconti, Enrico Modioli, Suso Cecchi D'Amico. *Kamera:* Armando Nannuzzi. *Musik:* Richard Wagner, Robert Schumann, Jacques Offenbach.
Darsteller: Helmut Berger (Ludwig), Romy Schneider (Elisabeth von Österreich), Trevor Howard (Richard Wagner), Silvana Mangano (Cosima von Bülow), Gert Fröbe (Pater Hoffmann).
Produktion: Mega Film, Bari – Rom / Cinetel S.A., Paris / Dieter Geissler Filmproduktion GmbH, München / KG Divina Film

GmbH & Co., München. *Länge:* 189 min, 5170 m / *Deutsche Fassung:* 143 min, 3924 m / *Restaurierte Fassung:* 237 min. *Uraufführung:* 18. 1. 1973, Bonn; *Italienische Erstaufführung:* 7. 3. 1973; *Französische Erstaufführung:* 15. 3. 1973.

1973 *Le train / Noi due senza domani / Le Train – Nur ein Hauch von Glück*
Regie: Pierre Granier-Deferre. *Buch:* Pierre Granier-Deferre, Pascal Jardin. *Vorlage:* Roman von Georges Simenon. *Kamera:* Walter Wottitz. *Musik:* Philippe Sarde.
Darsteller: Jean-Louis Trintignant (Julien Maroyeur), Romy Schneider (Anna Kupfer), Maurice Biraud (Maurice), Paul Amiot (François le Verdun), Nike Arrighi (Monique Maroyeur).
Produktion: Lira Films S.A., Paris / Capitolina Produzioni Cinematografiche, Rom. *Länge:* 100 min / 102 min, 2780 m (IT). *Uraufführung:* 31. 10. 1973, Paris; *Italienische Erstaufführung:* 11. 8. 1974; *Deutsche Erstaufführung:* 1. 11. 1974.

1973 *Un amour de pluie / Male d'amore / Sommerliebelei*
Regie: Jean-Claude Brialy. *Buch:* Jean-Claude Brialy, Yves Simon; *Dialoge:* Jean-Claude Carrière. *Kamera:* Andreas Winding. *Musik:* Francis Lai.
Darsteller: Romy Schneider (Elizabeth); Jean-Claude Brialy (Le dragueur); Nino Castelnuovo (Giovanni); Suzanne Flon (Mme Edith); Mehdi El Glaoui (Georges).
Produktion: Lira Films S.A., Paris / T.R.A.C. Cinematografica S.r.l., Rom / Terra-Filmkunst GmbH, Berlin/West. *Länge:* 90 min (FR) / 93 min, 2546 m (IT) / 97 min, 2654 m (DE). *Uraufführung:* 4. 3. 1974, Paris; *Deutsche Erstaufführung:* 29. 3. 1974; *Italienische Erstaufführung:* 7. 5. 1974.

1973 *Le mouton enragé / Il montone infuriato / Das wilde Schaf*
Regie: Michel Deville. *Buch:* Christopher Frank. *Vorlage:* Roman von Roger Blondel. *Kamera:* Claude Lecomte. *Musik:* Camille Saint-Saens; *Bearbeitung:* José Berghmans.
Darsteller: Jean-Louis Trintignant (Nicolas Mallet), Romy Schneider (Roberte Groult), Jean-Pierre Cassel (Claude Fabre), Georges Wilson (Lourceuil), Florinda Bolkan (Flora Danieli).
Produktion: Viaduc Productions, Paris / T.R.A. C. – Torino Roma Attività Cinematografiche S.r.l., Turin – Rom. *Länge:* 105 min, 2890 m. *Uraufführung:* 13. 3. 1974, Paris; *Italienische Erstaufführung:* 14. 3. 1974; *Deutsche Erstaufführung:* 31. 7. 1974.

1973/74 *Le trio infernal / Trio infernale / Trio Infernal*
Regie: Francis Girod. *Buch:* Francis Girod, Jacques Rouffio. *Vorlage:* Erzählung von Solange Fasquelle. *Kamera:* Andreas Winding. *Musik:* Ennio Morricone.
Darsteller: Michel Piccoli (Georges Sarret), Romy Schneider (Philomena Schmidt), Mascha Gonska (Catherine Schmidt), Andréa Ferréol (Noemi), Monica Fiorentini (Magali), Philippe Brizard (Chambon), Jean Rigaux (Vilette).
Produktion: Lira Films S.A., Paris / Belstar Productions S.A., Nanterre / Films 66, Paris / Productions Fox Europa (SAF), Paris / Occania Produzioni Internazionali Cinematografiche S.r.l., Rom / T.I.T. Filmproduktion GmbH, München. *Länge:* 106 min, 2909 m (FR) / 100 min, 2747 m (IT) / 105 min, 2874 m (DE). *Uraufführung:* 13. 5. 1974, Cannes (IFF); 22. 5. 1974, Sortie; *Deutsche Erstaufführung:* 30. 8. 1974; *Italienische Erstaufführung:* 27. 9. 1974.

1974 *Les innocents aux mains sales / Die Unschuldigen mit den schmutzigen Händen / Gli innocenti dalle mani sparche*
Regie/Buch: Claude Chabrol. *Vorlage:* Roman »The Damned Innocents« (1971) von Richard Neely. *Kamera:* Jean Rabier. *Musik:* Pierre Jansen.
Darsteller: Romy Schneider (Julie Wormser), Rod Steiger (Louis Wormser), Jean Rochefort (Maître Albert Légal), François Maistre (Commissaire Lamy), Paolo Giusti (Jeff Marle).
Produktion: Les Films La Boétie S.A., Paris / Terra-Filmkunst GmbH, Berlin/West / Juppiter Generale Cinematografica S.p.A., Rom. *Länge:* 120 min (FR) / 125 min, 3425 m (DE) / 114 min, 3115 m (IT). *Uraufführung:* 26. 3. 1975, Paris; *Deutsche Erstaufführung:* 22. 5. 1975; *Italienische Erstaufführung:* 21. 8. 1975.

1974/75 *L' Important, c'est d'aimer / L'Importante è amare / Nachtblende*
Regie: Andrzej Zulawski. *Buch:* Christopher Frank, Andrzej Zulawski. *Vorlage:* Roman »La nuit américaine« (1972) von Christopher Frank. *Kamera:* Ricardo Aronovich. *Musik:* Georges Delerue.
Darsteller: Romy Schneider (Nadine Chevalier), Fabio Testi (Servais Mont), Jacques Dutronc (Jacques Chevalier), Claude Dauphin (Mazelli), Klaus Kinski (Karl-Heinz Zimmer).
Produktion: Albina Productions S.a.r.l., Paris / Rizzoli Film di Angelo Rizzoli, Rom / T.I.T. Filmproduktion GmbH, München. *Länge:* 113 min, 3095 m (FR) / 111 min, 3045 m (IT) / 113 min, 3086 m (DE). *Uraufführung:* 12. 2. 1975, Paris; *Deutsche Erstaufführung:* 21. 2. 1975; *Italienische Erstaufführung:* 10. 8. 1975.

1975 *Le vieux fusil / Das alte Gewehr*

Regie: Robert Enrico. *Buch:* Pascal Jardin, Robert Enrico, Claude Veillot. *Vorlage:* Erzählung von Pascal Jardin. *Kamera:* Étienne Becker. *Musik:* François de Roubaix.

Darsteller: Philippe Noiret (Julien Dandieu), Romy Schneider (Clara Dandieu), Jean Bouise (François), Joachim Hansen (L'officier SS), Robert Hoffmann (Le lieutenant).

Produktion: Les Productions Artistes Associés, Paris / Mercure Productions, Paris / T.I.T. Filmproduktion GmbH, München. *Länge:* 102 min, 2804 m. *Uraufführung:* 22. 8. 1975, Paris; *Deutsche Erstaufführung:* 6. 11. 1975.

– Arbeitstitel: »Abschied in der Nacht«

1976 *Mado*

Regie: Claude Sautet. *Buch:* Claude Sautet, Claude Néron. *Kamera:* Jean Boffety. *Musik:* Philippe Sarde.

Darsteller: Michel Piccoli (Simon Léotard), Jacques Dutronc (Pierre), Ottavia Piccolo (Mado), Romy Schneider (Hélène), Claude Dauphin (Vaudable).

Produktion: Les Films La Boétie S.A., Paris / Italgema, Rom / Terra-Filmkunst GmbH, Berlin/West. *Länge:* 133 min, 3632 m (FR)/ 135 min (DE). *Uraufführung:* 27. 10. 1976, Paris; *Deutsche Erstaufführung:* 16. 12. 1976.

1976 *Une femme à sa fenêtre / Una donna alla finestra / Die Frau am Fenster*

Regie: Pierre Granier-Deferre. *Buch:* Jorge Semprún, Pierre Granier-Deferre. *Vorlage:* Roman »Une femme à sa fenêtre« (1930) von Pierre Drieu La Rochelle. *Kamera:* Aldo Tonti. *Musik:* Carlo Rustichelli.

Darsteller: Romy Schneider (Margot Santorini), Philippe Noiret (Raoul Malfosse), Victor Lanoux (Michel Boutros), Umberto Orsini (Rico Santorini), Gastone Moschin (Primoukis).

Produktion: Albina Productions S.a.r.l., Paris / T.C. Productions Carlton Continensit, Paris / Rizzoli Film di Angelo Rizzoli, Rom / Cinema 77 Beteiligungs-GmbH & Co. Dritte Produktions KG, Berlin.

Länge: 110 min, 3015 m (FR) / 110 min, 3006 m (DE) / 108 min, 2950 m (IT). *Uraufführung:* 10. 11. 1976, Paris, *Deutsche Erstaufführung:* 25. 2. 1977; *Italienische Erstaufführung:* 6. 8. 1977.

1976/77 *Tausend Lieder ohne Ton*

Regie: Claudia Holldack. *Buch:* Christiane Höllger. *Kamera:* Wolfgang Mackrodt.

Darsteller: Eva Mattes (Iselore), Michael Tregor (Fabian), Dorothea

Moritz (Iselores Mutter), Jo Herbst (Iselores Vater); Romy Schneider (Die Geliebte).
Produktion: Ifage Filmproduktion Internationale Fernsehagentur GmbH, Wiesbaden. *für:* Zweites Deutsches Fernsehen (ZDF), Mainz. *Länge:* 85 min. *Format:* 16 mm, s/w, *Erstsendung:* 24. 2. 1977, ZDF.
– *TV-Film*

1976/77 *Gruppenbild mit Dame / Portrait de groupe avec dame*
Regie: Aleksandar Petrović. *Buch:* Aleksandar Petrović, Jürgen Kolbe, Heinrich Böll; *Dialoge:* Ginette Billard. *Vorlage:* Roman »Gruppenbild mit Dame« (1972) von Heinrich Böll. *Kamera:* Pierre-William Glenn. *Musik:* Wolfgang Amadeus Mozart, Franz Schubert.
Darsteller: Romy Schneider (Leni Gruyten), Brad Dourif (Boris Koltowski), Michel Galabru (Walter Pelzer), Vadim Glowna (Erhard Schweigert), Richard Münch (Hubert Gruyten).
Produktion: Stella-Film GmbH, München / Cinema 77 Beteiligungs GmbH & Co. Vierte Produktions KG, Berlin / Zweites Deutsches Fernsehen (ZDF), Mainz / Productions Artistes Associés, Paris. *Länge:* 103 min, 2820 m. *Uraufführung:* 25. 5. 1977, Cannes (IFF); *Deutsche Erstaufführung:* 26. 5. 1977.

1978 *Une histoire simple / Eine einfache Geschichte*
Regie: Claude Sautet. *Buch:* Claude Sautet, Jean-Loup Dabadie. *Kamera:* Jean Boffety. *Bauten:* Georges Levy. *Schnitt:* Jacqueline Thiédot, Gisela Bestian. *Ton:* Pierre Lenoir, Hubertus Schmandke. *Musik:* Philippe Sarde.
Darsteller: Romy Schneider (Marie), Bruno Cremer (Georges), Claude Brasseur (Serge), Arlette Bonnard (Gabrielle), Sophie Daumier (Esther).
Produktion: Renn Productions S.A., Paris / Sara Films S.A., Paris / F.R. 3, Paris / Rialto Film Preben Philipsen GmbH & Co. KG, Berlin / Zweites Deutsches Fernsehen (ZDF), Mainz. *Länge:* 107 min (FR) / 111 min, 3053 m (DE). *Uraufführung:* 22. 11. 1978, Paris; *Deutsche Erstaufführung:* 19. 1. 1979.

1978/79 *Bloodline / Blutspur*
Regie: Terence Young. *Buch:* Laird Koenig. *Vorlage:* Roman »Bloodline« (1977) von Sidney Sheldon. *Kamera:* Freddie Young. *Musik:* Ennio Morricone.
Darsteller: Audrey Hepburn (Elizabeth Roffe), Ben Gazzara (Rhys Williams), James Mason (Sir Alec Nichols), Claudia Mori (Donatella), Romy Schneider (Hélène Martin).

Produktion: Geria Filmgesellschaft mbH, München. für: Paramount Pictures Corp., Los Angeles + New York. *Länge:* 117 min, 3201 m. *Uraufführung:* 29. 6. 1979, USA.

1978/79 *Clair de femme / Chiaro di donna / Die Liebe einer Frau*
Regie: Costa-Gavras. *Buch:* Christopher Frank, Costa-Gavras. *Vorlage:* Roman »Clair de femme« (1977) von Romain Gary. *Kamera:* Ricardo Aronovich. Musik: Jean Musy.
Darsteller: Yves Montand (Michel), Romy Schneider (Lydia), Romolo Valli (Galba), Lila Kedrova (Sonia), Heinz Bennent (Georges).
Produktion: Société des Films Gibé S.A., Paris / Les Films Corona S.a.r.l., Nanterre / Andréa Films, Paris / K6 Productions, Paris / Parva Cinematografica S.r.l., Rom / Filmproduktion Janus GmbH, Frankfurt / Iduna Film GmbH Produktionsgesellschaft & Co., München. *Länge:* 105 min (FR) / 109 min, 2979 m (IT) / 103 min, 2807 m (DE). *Uraufführung:* 29. 8. 1979, Paris, *Deutsche Erstaufführung:* 13. 9. 1979; *Italienische Erstaufführung:* 15. 9. 1979.
– Arbeitstitel: »Un attimo una vita«

1979/80 *La mort en direct / Death Watch – Der gekaufte Tod*
Regie: Bertrand Tavernier. *Buch:* David Ryfiel, Bertrand Tavernier. *Vorlage:* Roman »The Unsleeping Eye / The Continious Katherine Mortenhoe« (1973) von D. G. Compton. *Kamera:* Pierre-William Glenn. *Musik:* Antoine Duhamel, Harry Rabinowitz.
Darsteller: Romy Schneider (Katherine Mortenhoe), Harvey Keitel (Roddy), Harry Dean Stanton (Vincent Ferriman), Thérèse Liotard (Tracey), Max von Sydow (Gerald Mortenhoe).
Produktion: Selta Films, Paris / Little Bear, Paris / Sara Films S.A., Paris / Gaumont International S.A., Neuilly / Antenne 2, Paris / Société Française de Production (S.F.P.), Paris / TV 13 Fernseh- und Filmgesellschaft mbH, München / Corona Filmproduktion GmbH, München. *Länge:* 128 min, 3502 m (FR) / 115 min, 3146 m (DE). *Uraufführung:* 23. 1. 1980, Paris; *Deutsche Erstaufführung:* 23. 2. 1980, Berlin (IFF); *Kinostart:* 9. 5. 80, Aachen.
– IFF Triest (Science Fiction) 1980: Goldener Asteroid
– FBW-Prädikat: Besonders wertvoll

1980 *La Banquière / Die Bankiersfrau*
Regie: Francis Girod. *Buch:* Georges Conchon, Francis Girod, *Dialoge:* Georges Conchon. *Kamera:* Bernard Zitzermann. *Musik:* Ennio Morricone.
Darsteller: Romy Schneider (Emma Eckhert), Jean-Louis Trintignant (Horace Vannister), Jean-Claude Brialy (Paul Cisterne), Claude Brasseur (Largué), Jean Carmet (Duvernet).

Produktion: Partner's Production / France Régions (FR3), Paris; in Zusammenarbeit mit: Société Française de Production (S.F.P.), Paris. *Länge:* 131 min. *Uraufführung:* 23. 1. 1980, Paris; *Deutsche Erstaufführung:* 2. 4. 1981.

1980/81 *Fantasma d'amore / Fantôme d'amour / Die zwei Gesichter einer Frau*
Regie: Dino Risi. *Buch:* Bernardino Zapponi, Dino Risi. *Vorlage:* Roman »Fantasma d'amore« (1978) von Mino Milani. *Kamera:* Tonino Delli Colli. *Musik:* Riz Ortolani.
Darsteller: Romy Schneider (Anna Brigatti), Marcello Mastroianni (Nino Monti), Eva Maria Meineke (Teresa Monti), Wolfgang Preiss (Zighi), Michael Kröscher (Don Gaspare).
Produktion: International Dean Film S.r.l., Rom / CAM Production, Rom / A.M.L.F., Marseille / Roxy-Film GmbH & Co. KG Luggi Waldleitner, München / Bayerischer Rundfunk (BR), München.
Länge: 95 min, 2614 m (IT) / 95 min (FR) / 97 min, 2665 m (DE). *Uraufführung:* 3. 4. 1981, Italien; *Französische Erstaufführung:* 29. 4. 1981; *Deutsche Erstaufführung:* 29. 4. 1982.

1981 *Garde à vue/ Das Verhör*
Regie: Claude Miller. *Buch:* Claude Miller, Jean Hermann, *Dialoge:* Michel Audiard. *Vorlage:* Roman »BrainWash (A table!)« (1977) von John Wainwright. Kamera: Bruno Nuytten. *Musik:* Georges Delerue.
Darsteller: Lino Ventura (L'inspecteur Antoine Gallien), Michel Serrault (Maître Jérôme Martinaud), Romy Schneider (Chantal Martinaud), Guy Marchand (L'inspecteur Marcel Belmont).
Produktion: Les Films Ariane, Paris / TF 1 Films Production, Paris. *Länge:* 86 min. *Uraufführung:* 23. 9. 1981, Paris; *Deutsche Erstaufführung:* 18. 2. 1982.

1981/82 *La passante du Sans-Souci / Die Spaziergängerin von Sans-Souci*
Regie: Jacques Rouffio. *Buch:* Jacques Kirsner, Jacques Rouffio; *Dialoge:* Jacques Kirsner. *Vorlage:* Roman »La passante du Sans-Souci« (1936) von: Joseph Kessel. *Kamera:* Jean Penzer. *Musik:* Georges Delerue.
Darsteller: Romy Schneider (Elsa Wiener/Lisa Baumstein), Michel Piccoli (Max Baumstein), Helmut Griem (Michel Wiener), Dominique Labourier (Charlotte Maupas), Gérard Klein (Maurice Bouillard).
Produktion: Éléphant Production S.A., Neuilly / Les Films A2 S.A., Paris / CCC Filmkunst GmbH, Berlin/West. Länge: 115 min (FR) / 102 min, 2788 m (DE). *Uraufführung:* 14. 4. 1982, Paris; *Deutsche Erstaufführung:* 22. 10. 1982.
– Arbeitstitel: »Hemmungslos«

Personenregister

Bildnachweis

Filmarchiv Austria, Wien 1 (Foto: Berolina/Herzog Film – Wesel, Rüdel Verlag), 2 (Foto: R. Krziwanek), 3, 21, 24 (Foto: Jürgen Vollmer), 28, 51, 65 (Foto: Robert Lebeck)

Deutsche Kinemathek – Museum für Film und Fernsehen, Berlin 4, 6, 7, 12, 14, 15, 16 (Foto: Harry Croner), 19 (Foto: Ursula Schulz), 20, 22, 26, 27, 29, 30, 45, 47, 52, 53, 54, 55, 57, 58, 60, 61, 62, 63, 66

Samlung Heinz Köster, Deutsche Kinemathek – Museum für Film und Fernsehen, Berlin 9, 10, 11, 13, 17, 18, 23, 34, 35, 36, 37, 38, 39, 40, 41, 42, 43, 44

Kurier Bildarchiv, Wien 5 (Foto: F. W. Scheidl), 8 (Foto: International News Photos, Frankfurt/Main), 25 (Foto: Rodrigue), 32, 33, 46 (Foto: Emil Schulthess), 48 (Foto: Saul Kahan), 49, 50 (Foto: Contrast Photo), 56 (Foto: François Lochon-Gamma), 59 (Foto: Philippe Ledru), 64 (Foto: Sola/Sipa Press), 67, 68 (Foto: Photoreport/Sipa)

Associated Press, Frankfurt/Main 31

Trotz intensiver Recherchen konnten nicht alle Rechteinhaber ausfindig gemacht werden. Berechtigte Forderungen bitten wir an den Verlag zu richten.

Dank

Das vorliegende Buch darf auch als ein Symbol der ebenso kollegialen wie freundschaftlichen Zusammenarbeit zwischen der Deutschen Kinemathek/Museum für Film und Fernsehen, Berlin, und dem Filmarchiv Austria, Wien, gesehen werden. Mein Dank gilt Rolf Aurich und Wolfgang Jacobsen, allen Kolleginnen und Kollegen beider Häuser sowie meiner Lektorin Franziska Günther.

Darüber hinaus danke ich folgenden Institutionen und Personen:

Stiftung Archiv Akademie der Künste, Berlin; Bundesarchiv, Koblenz; Bundesarchiv-Filmarchiv, Berlin; Bundesbüro Grüne Bildungswerkstatt, Wien; Chanel GmbH, Hamburg; Deutsches Filminstitut – DIF e.V., Frankfurt; Eliette und Herbert von Karajan Institut, Salzburg; Filmmuseum München; Filmmuseum Potsdam; Harun Farocki Filmproduktion, Berlin; Hilde-Wagener Künstlerheim, Baden; Historisches Archiv der Stadt Köln; Hochschule für Film und Fernsehen Konrad Wolf, Potsdam; Kurier Bildarchiv, Wien; Little Bear, Paris; movieCompany, Hamburg; Österreichisches Bundesministerium für europäische und internationale Angelegenheiten, Wien; Österreichisches Filmmuseum, Wien; Österreichisches Kulturforum, Paris; Österreichisches Theatermuseum, Wien; Pan y Arte, Münster; Rainer Werner Fassbinder Foundation, Berlin; Romy-Schneider-Archiv, Hamburg; Rudolfinerhaus BetriebsGmbH, Wien; Théâtre de l'Odéon. Paris; VOLKSFILM, Potsdam; Wiener Stadt- und Landesarchiv; Die Welt-Kundenbetreuung, Hamburg; Willy-Brandt-Archiv, Bonn; ZDF, Mainz; Die Zeit-Archiv, Hamburg.

Annemarie Abel, Michael Achenbach, Marie Andrieux, Thomas Arbez, Thomas Ballhausen, Siegrid Bigot-Baumgartner, Karlheinz Böhm, René Böll, Francesco Bono, Barbara Bric, Wolf Calebow, Paolo Caneppele, Dietmar Clees, Béatrice Compagnon, Nadia Costes, Julia Danielczyk, Raymon Danon, Barbara Diesner, Stefan Drößler, Harun Farocki, Marion Fey, Daniela Fohringer, Christoph Fuchs, Renate Göthe, Mathilde Gotthardt, Stefanie Gratzer, Sven Haarmann, Wolfgang Holba, Kurt Ifkovits, Eberhard Illner, Gertraud Jesserer, Ernst Kieninger, Deborah Kindermann-Zeilinger, Marianne Kleinert, Kornelia Knospe, Kathrin Kuna, Barbara Kunze, Robert Lebeck, Franz Lederle, Nina Maria Leisch, Hermann Leitner, Helmuth Lohner, Peter Mänz, Maziar Mafee, Jill Amanda Meißner, Gwendolyne Melchinger, Regina Mohr, Karin Moser, Guido Neumann, Andreas Pawlitschek, Laurent Pétin, Ulrike Pieper, Erika Pluhar, Susanne Rocca, Rainer Rother, Uschi Rühle, Otto Sander, Daniela Sannwald, Christa Sauer, Karl Schall, Laura Scherwitzl, Elke Schieber, Volker Schlöndorff, Marlis Schmidt, Alexander Slotty, Peter Spiegel, Alexander Stamm, Marie Louise Steinbauer, Elisabeth Streit, Bertrand Tavernier, Gerrit Thies, Sigrid Thiemann, Lotte Tobisch-Labotyn, Georg Tscholl, Synke Vollring, Helmut Vogrin, Peter Weck, Senta Wengraf-Herberstein, Herbert Wilfinger, Christa Willander.

Persönlichen Dank schulde ich Maria-Luise Bric, die mit Geduld und Verständnis meinen arbeitsbedingten Autismus ertrug. Daher sei ihr das Buch ebenso zugeeignet wie einer anderen Lady, die mich die Hälfte des Weges noch begleiten konnte.